NOSSA CULTURA...
OU O QUE RESTOU DELA
26 ENSAIOS SOBRE A DEGRADAÇÃO DOS VALORES

Copyright © Publicado originalmente nos Estados Unidos por Ivan R. Dee, Inc. Lanham, Maryland, U.S.A. Tradução e publicação autorizada. Todos os direitos reservados.
[First Published in the United States by Ivan R. Dee, Inc. Lanham, Maryland U.S.A. Translated and published by permission. All rights reserved.]

Copyright da edição brasileira © 2015 É Realizações
Título original: *Our Culture, What's Left of It: The Mandarins and the Masses*

Editor
Edson Manoel de Oliveira Filho

Produção editorial, capa e projeto gráfico
É Realizações Editora

Preparação de texto:
Babilonia Cultura Editorial

Revisão
Babilonia Cultura Editorial e Geisa Mathias de Oliveira

Reservados todos os direitos desta obra. Proibida toda e qualquer reprodução desta edição por qualquer meio ou forma, seja ela eletrônica ou mecânica, fotocópia, gravação ou qualquer outro meio de reprodução, sem permissão expressa do editor.

CIP-BRASIL. CATALOGAÇÃO NA PUBLICAÇÃO
SINDICATO NACIONAL DOS EDITORES DE LIVROS, RJ

D158n

Dalrymple, Theodore, 1949-
   Nossa cultura... ou o que restou dela: 26 ensaios sobre a degradação dos valores / Theodore Dalrymple ; tradução Maurício G. Righi. - 1. ed. - São Paulo : É Realizações Ed., 2015.
   400 p. ; 23 cm. (Abertura Cultural)

   Tradução de: Our Culture, What's Left of It: The Mandarins and the Masses
   Inclui índice
   ISBN 978-85-8033-163-9

   1. Literatura - História e crítica. I. Título.

14-12989   CDD: 809
                                                         CDU: 82.09

É Realizações Editora, Livraria e Distribuidora Eireli
Rua França Pinto, 498 · São Paulo SP · 04016-002
Telefone: (5511) 5572 5363
atendimento@erealizacoes.com.br · www.erealizacoes.com.br

Este livro foi reimpresso pela Mundial Gráfica, em junho de 2023.
Os tipos são da família Joanna MT. O papel do miolo é o Lux Cream LD 70g, e o da capa, cartão Ningbo CS2 300 g.

NOSSA CULTURA...
OU O QUE RESTOU DELA
26 ENSAIOS SOBRE A DEGRADAÇÃO DOS VALORES

Theodore Dalrymple

APRESENTAÇÃO DE
RODRIGO CONSTANTINO

TRADUÇÃO DE
MAURÍCIO G. RIGHI

6ª impressão

É Realizações
Editora

Para Agnès, com todo o meu amor.

Sumário

Apresentação por Rodrigo Constantino 9
Prefácio 19

ARTES E LETRAS

A Frivolidade do Mal 27
Um Gosto pelo Perigo 41
Por que Shakespeare é Universal 53
Sexo e o Leitor de Shakespeare 67
O Que Há de Errado com Nádegas Reluzentes? 79
A Cólera de Virginia Woolf 91
Como Amar a Humanidade – e Como Não a Amar 107
Um Gênio Descuidado 121
Imaginação Distópica 135
Uma Arte Perdida 149
A Desassombrada Moral de Gillray 161
Lixo, Violência e Versace: Mas Isso é Arte? 175

SOCIEDADE E POLÍTICA

O Que Temos a Perder 193
Como Ler uma Sociedade 205
Por que Havana Estava Condenada 221
As Conveniências da Corrupção 231

A Deusa das Tribulações Domésticas 243
O Criminoso Faminto..253
Não Legalizem as Drogas..265
Sexo e Mais Sexo, o Tempo Todo 279
Quem Matou a Infância?...297
Uma História de Terror...307
O Homem que Previu os Distúrbios Raciais 321
Quando o Islã Desmorona 333
Os Bárbaros nos Portões de Paris 347
Depois do Império 363

Índice 379

Apresentação

Se há um autor de língua inglesa que faltava ser traduzido para o português, este é sem dúvida Theodore Dalrymple. O médico britânico, cujo nome verdadeiro é Anthony Daniels, é um dos mais influentes pensadores da atualidade. Com um viés conservador, e por isso mesmo avesso às ideologias e fórmulas mágicas ou abstratas, Dalrymple traz ao leitor profundo conhecimento de campo, empírico, formado de baixo para cima.

Afinal, poucos possuem sua experiência quando se trata da vida daquelas pessoas mais pobres, cobaias da engenharia social parida no conforto das universidades pela elite politicamente correta e progressista.

Dalrymple rodou boa parte do mundo emergente, inclusive países comunistas, e mesmo no Reino Unido atua há décadas em prisões e hospitais de bairros pobres. Esse contato direto com as vítimas do esquerdismo lhe deu uma visão acurada dos efeitos práticos perversos das "lindas" e "nobres" ideias colocadas no papel por intelectuais muitas vezes alienados, vivendo em suas bolhas teóricas.

Confesso que não conhecia o autor há alguns anos, quando li pela primeira vez sobre suas ideias em uma coluna do filósofo Luiz Felipe Pondé. Foi "amor à primeira vista". Desde então, devorei diversos livros de sua autoria, e a cada página ficava mais encantado com sua lucidez, com sua capacidade de se expressar de forma clara e objetiva, com sua visão de mundo. Dalrymple foi talvez a maior influência isolada em minha guinada à direita nos últimos anos, ou seja, minha adesão maior ao que chamo de "conservadorismo de boa estirpe".

Passei a enxergar com bons olhos a luta pela preservação de muitos valores tradicionais, entendi melhor a importância de certos pilares culturais para a própria liberdade individual, e compreendi de forma mais clara o papel da crença religiosa nesse legado ocidental. Dalrymple, assim como eu, não é uma pessoa religiosa, mas isso não o impediu de reconhecer a relevância da fé na proteção do tecido social, especialmente nas camadas mais baixas da população.

Entre seus melhores livros, talvez o mais impactante e necessário seja *Nossa Cultura... ou Que Restou Dela*. Lembro-me muito bem da ocasião em que o li, pois era feriado. Foi durante o último carnaval, e troquei o hedonismo pelas lições de Dalrymple. Uma escolha apropriada, pois me permitiu ter uma clareza ainda maior do choque entre a "cultura" moderna e a clássica, defendida pelo autor.

O livro é uma ode à civilização contra o grito dos ressentidos. No mesmo feriado, assisti ao filme *A Menina Que Roubava Livros*, no qual há uma cena em que a personagem principal começa a recitar trechos de literatura, no caso um livro de H. G. Wells, em um abrigo em meio a um bombardeio aéreo durante a Segunda Guerra. A cena retrata bem o esforço individual para preservar a beleza, a cultura e a própria civilização quando tudo em volta parece ruir. A própria beleza da menina já era um obstáculo a toda a feiura que os bárbaros nazistas espalhavam pelo mundo.

Uma cena semelhante se passa em *Titanic*, quando um quarteto segue tocando música clássica mesmo com o navio já afundando. É verdade que, aqui, a desgraça que se abateu sobre eles foi natural, causada por um *iceberg*, e não por seres humanos bárbaros. Mas a plasticidade da cena continua tocante: mesmo quando a morte certa está à espreita, há aqueles que conseguem manter vivo o último suspiro de civilização.

Esse é o tema central de *Nossa Cultura... ou Que Restou Dela*, uma tentativa de preservar a cultura em meio às ruínas, ainda que seja um esforço individual fadado ao fracasso. No livro, Dalrymple nos conta uma história bem similar a esta acima: um grupo de amigos realmente teria continuado a tocar música clássica – quartetos de Beethoven –, mesmo quando os nazistas da Gestapo efetuavam prisões e eles poderiam ser os próximos alvos. Esse tipo de coisa ocorre na vida real.

O médico britânico, em vários ensaios, mostra como a civilização vem sendo atacada há décadas por gente que deliberadamente deseja destruir em vez de criar. É o grito dos ressentidos, que abominam o que há de mais belo no mundo. Após a tragédia da Segunda Guerra, Theodor Adorno chegou a declarar a morte da arte: não seria mais possível fazer poesia depois do Holocausto. Mas essa desistência seria fatal, seria a derrota final da civilização pela barbárie.

Várias obras magníficas foram criadas justamente em épocas de terror, de guerras, de desgraças. Vermeer, por exemplo, viveu durante a Guerra dos Trinta Anos, que dizimou boa parte da população alemã e instaurou o caos social na região, mas isso não o impediu de pintar lindos quadros, capturando momentos sublimes do cotidiano, como em The Milkmade, onde um simples derramar de leite se torna eternamente belo por seus pincéis.

Se Adorno tivesse decretado o final do prazer sexual ou da boa culinária, não seria levado tão a sério. Mas, ao decretar a morte da arte, muitos aceitaram passivamente, pensando que a arte não é necessariamente o campo do belo. Estava inaugurada a época em que a arte seria o campo da feiura, do ataque ao belo, do "vale tudo". Miró chegou a declarar abertamente que sua intenção era "assassinar a pintura", rebelar-se contra todas as convenções.

Os revolucionários acreditam que nenhum tributo precisa ser prestado ao passado, aos gênios que nos antecederam, que ajudaram a criar aquilo que chamamos cultura. Podem fazer "tábula rasa" da civilização e começar do zero. Lênin, ícone desse senso de destruição, chegou a se negar os prazeres de escutar Beethoven porque isso o reconciliava com o mundo, uma fraqueza terrível em alguém que desejava bater com força no mundo todo, que acreditava no poder liberador da violência.

Os artistas pós-modernos passaram a ver a transgressão como desejável por si mesma. Quebrar tabus era louvável, independentemente de qual tabu fosse o alvo, de sua importância ou não para o mundo (o incesto, por exemplo, é um tabu). Oscar Wilde certa vez disse que não há algo como um livro imoral, e sim livros bem ou mal escritos. Se Hitler tivesse uma habilidade maior como escritor, devemos supor que *Mein Kampf* não seria imoral então?

Se quebrar tabus passa a ser o maior mérito da arte, então toda quebra de tabu se torna arte. Além disso, por que o privilégio de somente artistas poderem quebrar tabus em obras de "arte"? O tabu existe para todos, e logo muitos pensarão que também têm direito de ignorar os tabus não apenas simbolicamente, mas na realidade. Artistas são, para o bem e para o mal, formadores de opinião.

O niilismo estético é uma forma de destruição da civilização. Os artistas pós-modernos acreditam que não há padrão algum que não deva ser violado, o que em si se torna o novo padrão "artístico". Como dizia Ortega y Gasset, esse é o começo da barbárie. Duchamp com seu penico, Damien Hirst com seus pedaços de animais em formol, quanto mais "ousado" contra tudo aquilo que é tradicional, melhor. A virtude está em chocar.

O homem autêntico moderno é aquele que rejeita todas as convenções sociais, que não encontra restrição alguma a seus apetites, ao livre exercício de suas vontades. Isso se aplica tanto à estética como à moral. É o relativismo como nova convenção social: só aquele que cospe em tudo que existe tem valor.

Uma combinação venenosa entre o pedantismo intelectual dos artistas esnobes e a admiração por tudo aquilo que é popular, como se a voz das massas fosse a voz de Deus, gerou um quadro de desprezo a toda arte nobre, vista como elitista e preconceituosa. A sua destruição deliberada é o tributo que os "intelectuais" prestam não exatamente ao proletário, mas àquilo que eles julgam ser o proletário. Precisam provar a pureza de seu sentimento ideológico com a estupidez de sua produção "artística".

Nesse ambiente mental, os artistas são levados a produzir aquilo que é visualmente revoltante, chocante, para estar em sintonia com o mundo violento, injusto. Sem isso, o artista não consegue provar sua boa fé ideológica, teme ser visto como elitista, preconceituoso, reacionário. Tudo aquilo que é convencionalmente belo deve ser atacado, destruído.

Civilização, segundo Dalrymple, é a soma total daquelas atividades que permitem ao homem transcender a mera existência biológica e alcançar uma vida espiritual, mental, estética e material mais elevada. Restringir instintos básicos e apetites é fundamental nessa empreitada civilizatória. Fracassar nisso é liberar a besta dentro de nós, o que nos torna piores do que os animais, pois temos a capacidade de agir diferente, de forma mais refinada, civilizada.

A paixão pela destruição pode se alimentar de si mesma, em vez de ser também construtora, como acreditava o anarquista russo Bakunin. Uma vez que as forças destrutivas são liberadas, elas podem se tornar autônomas, sem propósito algum além da própria destruição. Destruir por destruir, algo que acaba arrastando uma legião de ressentidos. É um grito de angústia e desespero daqueles incapazes de apreciar o que existe de melhor no mundo.

Alguns dão vazão a este sentimento poderoso com máscaras no rosto e pedras nas mãos, outros com pincéis e canetas. A ignorância se revolta contra o conhecimento. O feio contra o belo. O inferior contra tudo aquilo que enxerga como superior, mais elevado. O próprio conceito de civilização precisa ser destruído ou relativizado: quem somos nós para saber o que é civilizado ou bárbaro? Civilização existe tanto quanto o monstro de Loch Ness ou o abominável Homem das Neves; um mito no qual apenas os ingênuos acreditam.

Ao mesmo tempo, todas as conquistas da civilização são tomadas como dadas, garantidas, como se sempre tivessem existido, e como se não corressem o menor risco de desaparecer. Nada precisa, então, ser preservado com nosso esforço, porque tudo vem de graça como um presente da Natureza. Infelizmente, parafraseando Burke, tudo que é necessário para o triunfo da barbárie é que os homens civilizados nada façam.

Vivemos, hoje, uma situação pior: os homens civilizados, em vez de nada fazer, têm ativamente colaborado com a destruição dos valores civilizados. Eles têm negado qualquer distinção entre o melhor e o pior, quase sempre preferindo o último. Eles têm rejeitado as grandes conquistas culturais em troca de diversões efêmeras e puro entretenimento vulgar. Eles têm tratado com estima qualquer sinal de comportamento depravado. Eles têm colaborado com o avanço da barbárie e com a destruição da civilização. E vale lembrar que Roma não foi destruída em um só dia; foi obra de contínuos ataques, tanto de fora como de dentro.

"A fragilidade da civilização foi uma das grandes lições do século XX." Assim Dalrymple começa o livro, logo no prefácio. Uma das observações feitas ao longo desses anos por Dalrymple é que o mal, para florescer, precisa apenas de ter suas barreiras derrubadas. Sua vida matou nele a tentação de crer em uma bondade fundamental do homem, ou que a maldade é algo excepcional ou estranho à sua natureza. Basta ver o que o povo alemão, teoricamente civilizado, foi capaz de fazer, com a cumplicidade de muitos.

Retirar a responsabilidade individual dos atos dos indivíduos, eis uma das barreiras mais importantes que acabou enfraquecida ou derrubada no mundo moderno. As teorias que transformam todo criminoso em vítima de forças maiores, da "sociedade", ou o relativismo moral que proíbe julgamentos objetivos, contribuíram sobremaneira com o avanço do mal nas sociedades ditas civilizadas, como a própria Inglaterra. Um médico ou um intelectual, atentos a essa realidade, deveriam responsabilizar os indivíduos, em vez de pretender possuir alguma cura objetiva de fora, além de sua (do indivíduo) própria moral.

Isso, para Dalrymple, é a frivolidade do mal, mais até do que a banalidade, como disse Hannah Arendt: colocar o próprio prazer pessoal acima da miséria de longo prazo causada naqueles com quem você tem um dever. O médico ou o intelectual que sentem regozijo por posar como "salvadores da pátria", como os engenheiros sociais, os burocratas ungidos capazes de consertar os males sociais de cima para baixo, esses são cúmplices da escalada do mal.

O próprio estado de bem-estar social, ao retirar a responsabilidade dos indivíduos e colocar o estado no papel de pai dos outros, acaba contribuindo para esse caos social – com pais que abandonam seus filhos e suas mulheres, com gente que não assume as rédeas da própria vida, pois sabe que há "alguém" para fazê-lo em seu lugar. O paternalismo cria uma legião de "crianças" mimadas, petulantes, que demandam mais e mais e nunca aceitam se implicar em seus problemas.

Mas, como reconhece Dalrymple, o "welfare state" pode ser uma condição necessária, mas não é suficiente para explicar o mal da atualidade. É aqui que entra o campo das ideias, da cultura, tema predominante de seus livros. Não basta esses indivíduos terem incentivos econômicos para agir assim; é preciso ter o estímulo moral. Isso vem da visão moderna que enaltece o egoísmo, que oferece uma desculpa moral para a irresponsabilidade individual.

Dalrymple atendeu milhares de pacientes com vidas destroçadas, problemas com drogas, maridos ou namorados que batem nas suas mulheres, filhos com vários parceiros diferentes, e em quase todos os casos ele era claramente capaz de identificar o reconhecimento da própria escolha nessas tragédias, apesar do gozo no discurso de vítima. Consolar essas pessoas jogando para ombros alheios o fardo de seus erros pode ser prazeroso, mas é desumano.

"Ninguém é melhor do que ninguém", "quem somos nós para julgar o outro?", "ele é apenas humano", "não existe certo ou errado", "não devemos ser preconceituosos" e por aí vai, tudo criando o clima perfeito para o indivíduo fugir de sua culpa em sua própria miséria, para ignorar sua responsabilidade em suas escolhas equivocadas. A amoralidade se tornou a forma superior de "moralidade". Não tem como dar certo. A civilização é uma escolha. Infelizmente, muitos intelectuais escolhem a barbárie.

Ao dissecar essa crise de valores, um dos sintomas apontados por Dalrymple é o excesso de sentimentalismo na atualidade, quando as pessoas confundem liberdade com deixar todas as suas emoções tomarem conta de suas ações, sem nenhum tipo de freio.

Ele cita como exemplo a celeuma com a morte da princesa Diana, o sensacionalismo que tomou conta da imprensa, e a pressão popular para que a rainha expressasse publicamente algum sofrimento mais forte. Logo a família real, conhecida por não demonstrar em público fortes emoções, por ser contida, discreta e reservada. Como resume Dalrymple, os britânicos modernos imaginam que a resposta para a constipação é a diarreia. De um extremo ao outro, não há lugar para nenhum meio termo.

Em seguida, Dalrymple visita Shakespeare, em especial *Macbeth*, para nos lembrar da importância dos freios aos apetites humanos. O bardo nos esfrega na cara a realidade de que não existem consertos técnicos para a humanidade, algum tipo de panaceia capaz de nos livrar de nosso "pecado original", de nossa natureza humana suscetível às paixões (no caso de Macbeth, a ambição).

O mal, em outras palavras, estará sempre à espreita, dentro de nós, pronto para ser despertado quando a vigília cai em sonolência. A linha divisória nem sempre é clara, e Shakespeare argumenta que todos nós somos, em potencial, agentes do mal, pois ele habita nossos corações. Praticar o bem não seria tanto uma questão de conhecimento, como pensava Platão, e sim de escolha moral, de um contínuo exercício de controlar nossos apetites mais básicos e "instintivos".

O que Shakespeare destrói, portanto, é a utopia de que bastam novos arranjos sociais para eliminar o mal do mundo. O conceito de "pecado original" seria antagônico a esta visão otimista e ingênua. A tentação do mal será parte de nossas vidas como seres humanos imperfeitos. A busca da perfeição por meio da manipulação do ambiente estará sempre fadada ao fracasso, a despeito do que pensam os "engenheiros sociais".

O autocontrole e o limite de nossos apetites são fundamentais nessa batalha eterna contra o mal, e dependem, em última instância, de cada indivíduo. Claro que as características do ambiente podem influenciar, ajudar ou atrapalhar esta luta contínua, mas não determinam seu resultado.

A lição, segundo Dalrymple, é que fortes emoções ou desejos, por mais que virtuosos em certas ocasiões, podem ser usados para maus propósitos se escaparem do controle ético. Shakespeare não era um defensor da ideia do bom selvagem que dá vazão às suas emoções e seus instintos apenas. Ao contrário: ele temia essa besta presente nos homens.

Em outras palavras, as restrições às nossas inclinações naturais, que, se deixadas livres e soltas, não levam automaticamente à prática do bem e com frequência nos levam à prática do mal, são uma condição necessária e indispensável para a existência civilizada da humanidade.

Pela ótica de Dalrymple, Shakespeare estaria entre os totalitários utópicos e os libertários fundamentalistas. Ele não nos oferecia resposta fácil para o dilema humano. Sua resposta não era nem a repressão severa e draconiana, nem a total leniência e permissividade, extremos defendidos por aqueles que caem na tentação de argumentar com princípios absolutos válidos inquestionável e invariavelmente. Há que se buscar uma proporção entre ambos, o que nos torna humanos.

Prudência, especialmente contra os modismos intelectuais; cautela, principalmente com experimentos sociais jamais testados; autocontrole, para não deixar nossos apetites tomarem conta de nossas ações; e mais respeito às tradições e, acima de tudo, às limitações do animal homem: eis algumas das fundamentais mensagens de Theodore Dalrymple.

Quando olhamos para o Brasil de hoje, com uma total degradação de valores estéticos e morais, com tudo que é porcaria sendo elogiada pelos "formadores de opinião", com a periferia completamente arrasada pelo lixo ideológico vendido por elites culpadas ou oportunistas, fica mais fácil entender por que ler Dalrymple não é apenas importante; é necessário!

Rodrigo Constantino

Prefácio

A fragilidade da civilização foi uma das grandes lições do século XX. No início desse século, o otimismo de que os progressos técnico e moral andavam de mãos dadas, embora não fosse uma percepção universal, ao menos se disseminara. O escritor russo V. G. Korolenko, do final do século XIX, expressou esse sentimento ao dizer que o homem nascera para a felicidade da mesma forma que um pássaro nascera para voar. Graças a um crescente domínio científico e tecnológico, a humanidade iria se tornar cada vez mais próspera e saudável, e, portanto, mais feliz. A sabedoria viria como um desdobramento natural.

De fato, a humanidade se tornou mais próspera e saudável. A realidade do progresso é visível. Hoje em dia, por exemplo, a expectativa de vida de um camponês indiano supera em muito a que um membro da família real tivera outrora, durante o apogeu do poder britânico. Em muitas partes do mundo a pobreza não reina mais absoluta, na falta de comida, abrigo e vestimenta; ela se tornou relativa. As misérias não são mais avaliadas apenas como rude privação física, mas são agora induzidas pelas comparações feitas aos grandes contingentes de pessoas prósperas, com os quais os relativamente mais pobres hoje mantêm maior contato, ressentindo-se de sua riqueza como se fosse uma ferida, uma reprovação e uma injustiça.

Por um lado, se a esperança no progresso mostrou não ser totalmente ilusória, por outro, o temor de um retrocesso não parece ser injustificado.

A Grande Guerra[1] destruiu o doce otimismo segundo o qual o progresso rumo ao paraíso na terra seria inevitável, ou mesmo possível. Os povos mais civilizados provaram ser capazes de adotar as formas mais horrendas de violência organizada. Tivemos, em seguida, o comunismo e o nazismo, que em conjunto destruíram milhões de vidas, valendo-se de meios que apenas algumas décadas mais cedo teriam soado absolutamente inconcebíveis. Nesse sentido, muitos dos desastres do século XX poderiam ser caracterizados como revoltas contra a própria civilização; por exemplo, a Revolução Cultural na China e a experiência do Khmer Vermelho no Camboja. Faz apenas dez anos que, em Ruanda, milhares de pessoas comuns se transformaram em assassinos impiedosos ao seguirem apelos demagógicos transmitidos pelo rádio. Essas pessoas, em posse de seus facões, perpetraram massacres em níveis que nem mesmo os nazistas, com suas câmaras de gás, conseguiram atingir. Quem, hoje em dia, apostaria todas as fichas contra a possibilidade de fatos como esses acontecerem novamente no mundo?

Diante dessas circunstâncias, é possível imaginar que uma preocupação central dos intelectuais – de quem, afinal de contas, espera-se que enxerguem mais longe e pensem mais profundamente – seria com a manutenção das fronteiras que separam a civilização da barbárie, uma vez que essas fronteiras frequentemente se mostraram bastante frágeis nos últimos cem anos. Todavia, ao se esperar tal fato, um grande equívoco estaria sendo cometido. De forma explícita, alguns intelectuais abraçaram o barbarismo; outros simplesmente ignoraram a ideia de que as fronteiras não podem ser mantidas por si mesmas, precisando passar por manutenções e, por vezes, tendo que ser defendidas com vigor. Quebrar um tabu ou transgredi-lo se tornaram termos que gozam da mais alta estima no vocabulário dos críticos modernos, ignorando-se o que foi transgredido ou qual foi o tabu quebrado. Uma recente resenha biográfica sobre o filósofo positivista e especialista em lógica A. J. Ayer, escrita no *Times Literary Supplement*, enumerava as virtudes pessoais desse filósofo. Dentre elas, encontrava-se

---

[1] O autor se refere à Primeira Guerra Mundial, na época chamada de "Grande Guerra". (N. T.)

o fato de ele não ser convencional. No entanto, quem escreveu a resenha achou desnecessário dizer em que sentido Ayer não era convencional. Para o autor dessa resenha o suposto desdém que Ayer nutria pelas convenções caracterizava-se como uma virtude em si mesma.

Certamente isso poderia ser uma virtude, mas também poderia se tratar, igualmente, de um vício, dependendo do conteúdo ético e da magnitude social dessa convenção. Restam, porém, poucas dúvidas de que uma atitude de hostilidade contra as regras sociais tradicionais é aquilo que laureia o intelectual moderno aos olhos de seus semelhantes. E esse prestígio que os intelectuais conferem ao antinomianismo é rapidamente transferido aos não intelectuais. Mais cedo ou mais tarde, aquilo que é tido como bom para o boêmio da elite também será bom para o trabalhador desqualificado, para o desempregado e para aquele que recebe ajuda do governo — exatamente aquelas pessoas que mais precisam de limites, a fim de tornar suas vidas viáveis para que possam realmente crescer e prosperar. O resultado é uma imundície moral, espiritual e emocional, engendrando prazeres passageiros e sofrimentos prolongados.

Isso não significa, obviamente, que toda crítica direcionada às convenções sociais e às tradições seja destrutiva e injustificada. Certamente nunca existiu sociedade alguma no mundo contra a qual não houvesse muita coisa passível de uma justa crítica. Mas as críticas em relação às instituições sociais e tradições, inclusive a literatura de ficção, devem sempre estar cientes de que a civilização precisa de conservação, tanto quanto de mudança, e que uma crítica imoderada ou que atua a partir de princípios utópicos é capaz de causar grandes males, muitas vezes devastadores. Nenhum ser humano é suficientemente brilhante a ponto de sozinho poder compreender tudo, ao concluir que a sabedoria acumulada ao longo dos séculos nada tem de útil a lhe ensinar. Imaginar o contrário seria entregar-se ao mais presunçoso egoísmo.

Tendo passado uma considerável parte de minha carreira profissional em países do Terceiro Mundo — onde a execução de ideias e de ideais abstratos transformaram situações que já eram ruins em coisas muito piores —, e o resto de minha carreira em meio à extensa classe baixa da Grã-Bretanha, cujas noções desastrosas sobre o modo de vida derivam, em última instância, de irrealistas, egoístas e frequentemente pretensiosas ideias advindas da crítica social, cheguei à conclusão de que a vida intelectual e artística têm uma importância e um efeito prático incalculáveis.

Em uma famosa passagem de *As Consequências Econômicas da Paz*, John Maynard Keynes escreveu que os homens práticos talvez não tenham muito tempo para as considerações teóricas, mas, de fato, o mundo é governado por nada menos que ideias ultrapassadas ou mortas de economistas e filósofos sociais. Concordo com ele, mas apenas acrescentaria à lista os romancistas, dramaturgos, diretores de cinema, jornalistas, artistas e até mesmo cantores populares. São eles os legisladores invisíveis do mundo, e devemos prestar muita atenção àquilo que dizem e como dizem.

NOSSA CULTURA...
OU O QUE RESTOU DELA

ARTES E LETRAS

A Frivolidade do Mal

Quando soltos, os presidiários frequentemente dizem que pagaram sua dívida com a sociedade. Isso é um evidente absurdo. O crime não pode ser tratado como um registro contábil. Você não pode pagar um valor ao contrair uma dívida muito maior, tampouco seria possível pagar adiantado um assalto a banco, oferecendo-se para cumprir a pena antes de cometer o crime. Talvez, metaforicamente, quando o preso sai da prisão, ele deixa o seu passado para trás; a dívida, porém, permanece.

Seria igualmente absurdo dizer que perto de minha aposentadoria, depois de quatorze anos de trabalho em hospitais e penitenciárias, paguei minha dívida com a sociedade. Tive a chance de escolher algo mais agradável para fazer, caso assim tivesse desejado. Além do mais, fui pago para realizar esse trabalho, se não prodigamente, ao menos adequadamente. Escolhi esse desagradável convívio, no qual exerci minha profissão porque, do ponto de vista médico, os pobres são mais interessantes do que os ricos, ao menos para mim. Suas patologias têm mais cor, e a necessidade que têm de cuidado é maior. Seus dilemas, embora mais brutos, parecem mais inspiradores e se aproximam mais das bases da existência humana. Sem dúvida senti que meus serviços seriam mais valiosos nesse contexto, ou seja, que eu tinha uma espécie de missão a cumprir. Talvez por essa razão, como o detento que é solto, posso vir a sentir que paguei minha dívida com a sociedade. Certamente o meu trabalho cobrou o seu preço sobre mim, e é chegado o momento de fazer outra coisa. Fazer outra coisa significa combater a patologia social, em processo de metástase na Grã-Bretanha, ao mesmo tempo que tenho uma vida esteticamente mais agradável.

Talvez, de um modo insalubre, meu trabalho tenha me tornado preocupado com o problema do mal. Por que as pessoas cometem atos malignos? Quais são as condições que permitem que o mal floresça? Como ele pode ser mais eficientemente prevenido e, quando necessário, suprimido? Cada vez que ouço um paciente narrar a crueldade com a qual ele ou ela foi tratado, ou mesmo a crueldade que cometeram – e tenho escutado muitos pacientes com esses dramas ao longo de quatorze anos –, essas questões ficam revolvendo em minha mente sem parar.

Sem dúvida minhas experiências de infância promoveram uma preocupação particular com esse tipo de problema. Minha mãe foi uma refugiada da Alemanha nazista e, embora ela falasse muito pouco sobre sua vida antes de chegar à Grã-Bretanha, o mero fato de que havia muitas coisas sobre as quais ela nada falava conferia ao mal uma presença fantasmagórica em nosso lar.

Mais tarde, passei muitos anos viajando pelo mundo, com frequência em lugares onde atrocidades eram cometidas, recentemente perpetradas ou mesmo em pleno acontecimento. Na América Central, testemunhei uma guerra civil conflagrada por grupos guerrilheiros dispostos a impor regimes totalitários sobre suas sociedades, os quais eram confrontados por exércitos que não hesitavam em recorrer a massacres. Na Guiné Equatorial, o ditador da época, sobrinho e capanga de seu antecessor, assassinara ou exilara um terço da população, executando toda e qualquer pessoa que usasse óculos ou que estivesse em posse de material impresso. Cometer um desses atos implicava na sumária condenação como intelectual desafeto ou potencialmente desafeto. Na Libéria, visitei uma igreja na qual mais de seiscentas pessoas haviam se refugiado e lá foram massacradas, possivelmente pelo próprio presidente, que logo depois seria filmado sendo torturado até a morte. Quando cheguei ao local, ainda era possível ver os contornos de corpos devido ao sangue seco, espalhado pelo chão da igreja; a longa pilha de cadáveres enterrados se localizava a apenas alguns metros da entrada. Na Coreia do Norte, presenciei o apogeu da tirania, com milhões de pessoas em aterrorizada e abjeta obediência ao culto de personalidade, cujo objeto, o grande líder Kim Il Sung, tornara o Rei Sol[1] a personificação da modéstia. Não obstante, todos esses eram males políticos aos quais o meu país escapara completamente. De forma otimista, supus que, na ausência das piores deformações políticas, a disseminação do mal seria impossível. Não demorou muito para que eu descobrisse que estava errado. Certamente, nada do que eu veria nos guetos britânicos se aproximaria da escala ou da profundidade daquilo que havia testemunhado em outros lugares. Bater numa mulher por ciúmes, trancá-la no armário, quebrar os seus braços de forma deliberada, por mais que seja terrível, encontra-se, no entanto, muito longe de um genocídio.

Um número mais do que suficiente de regras constitucionais, tradicionais, institucionais e sociais contra práticas de crueldade política em larga escala ainda existem na Grã-Bretanha, a fim de prevenir qualquer coisa que se assemelhasse ao que eu testemunhara em outros lugares.

No entanto, a escala de mal de um ser humano não se esgota completamente em suas consequências práticas. Os homens cometem o mal dentro de um escopo disponível. Certamente, alguns gênios malignos dedicam suas vidas no intuito de aumentar esse escopo o mais que puderem, mas uma personalidade como essa ainda não surgiu na Grã-Bretanha, e a maior parte dessas pessoas procura simplesmente tirar o máximo proveito daquilo que a oportunidade lhes oferece. Fazem o que podem para conseguir o que querem.

Embora muito mais modesta do que os desastres da história moderna, a extensão do mal que encontrei na Grã-Bretanha é, mesmo assim, impressionante. A partir do contexto de uma enfermaria hospitalar de seis leitos, deparei-me, no mínimo, com cinco mil perpetradores do tipo de violência que acabei de descrever, e cerca de cinco mil vítimas dessa violência; aproximadamente 1% da população de minha cidade – ou uma porcentagem

---

[1] O autor faz um trocadilho, em inglês, entre o cognome do rei francês Luís XIV, o Rei Sol [Sun King], e o nome do líder norte-coreano Kim Il Sung. (N.T.)

maior, caso se considere a especificidade etária desses comportamentos. E quando se toma conhecimento das histórias de vida dessas pessoas, como foi o meu caso, logo se percebe que a existência delas está igualmente saturada do mesmo tipo de violência arbitrária que observamos nas vidas dos habitantes de muitas ditaduras. Todavia, nesse caso, em vez de um grande ditador, existem milhares de pequenos, cada um sendo o governante absoluto de sua própria e diminuta esfera, com o seu poder circunscrito pela proximidade de outro semelhante a ele.

O conflito violento não fica confinado ao ambiente doméstico, espalha-se pelas ruas. Além do mais, descobri que as cidades britânicas, inclusive a minha, dispunham de câmaras de tortura, embora não fossem mantidas pelo governo, como acontece nos regimes ditatoriais, e sim por aqueles que representam o poder econômico das zonas mais pobres, os traficantes de droga. Jovens – homens e mulheres – em dívida com esses traficantes são sequestrados, levados às câmaras de tortura, amarrados às camas e espancados ou açoitados. Não há qualquer remorso – apenas um medo residual das consequências de ter se excedido.

Talvez, a característica mais alarmante desse mal de baixa patente e altamente endêmico, justamente aquele tipo de mal que nos aproxima da concepção de pecado original, seja o fato de ser espontâneo e não ser compulsório. Ninguém obriga que as pessoas o cometam. Nos regimes ditatoriais mais horrendos, parte do mal que as pessoas comuns perpetram, elas o fazem por medo de não o cometerem. Nesses lugares, fazer o bem requer heroísmo. Por exemplo, na ex-União Soviética, durante a década de 1930, um homem que não reportasse uma piada política para as autoridades era considerado culpado por um crime que poderia levar à deportação ou mesmo à execução. Mas, na Grã-Bretanha moderna, condições como essas não existem; o governo não exige que os cidadãos se comportem da forma como descrevi, punindo-os caso não o façam. O mal é livremente escolhido.

Não que o governo seja inocente nessa questão – longe disso. Os intelectuais propuseram a ideia de que o homem precisava se libertar das correntes da convenção social e do autocontrole, e o governo, livre de constrangimentos, passaria leis que promovessem comportamentos desimpedidos e criaria um sistema de bem-estar social que protegesse as pessoas das consequências econômicas dessa política. Aprendi que quando as barreiras que seguram o mal são derrubadas, o mal floresce; e nunca mais ficarei tentado a acreditar na bondade fundamental do homem, ou que o mal é um estado excepcional ou estranho à natureza humana.

É fato que minha experiência pessoal se limita a isso – uma experiência pessoal. Reconhecidamente, avalio o mundo social de minha cidade e de meu país sob um ponto de vista peculiar e largamente excepcional: o de uma prisão e da enfermaria de um hospital, onde quase todos os pacientes tentaram se matar, ou ao menos cometeram atitudes suicidas. Mas isso não representa uma pequena ou desprezível experiência pessoal, e cada um dos milhares de casos que testemunhei me abriu uma janela para o mundo no qual vivem essas pessoas.

E quando minha mãe me questiona se não corro perigo de que minha experiência profissional me torne amargo ou que me faça olhar para o mundo com lentes sombrias, pergunto-lhe por que, junto a todas as pessoas mais velhas na Grã-Bretanha de nossos dias, ela sente a necessidade de ficar em casa depois do pôr do sol, ou sofrerá o risco das consequências, e por que deveria ser esse o caso num país que até então sempre fora seguro e cumpridor das leis? Não foi ela quem me disse que, quando jovem, durante os apagões causados pelos bombardeios alemães, sentia-se perfeitamente segura, ao menos em relação às depredações de seus compatriotas, e costumava caminhar de volta para casa na total escuridão e que nunca lhe ocorrera que pudesse ser vítima de um crime, ao passo que hoje em dia basta ela colocar o nariz para fora de casa, à noite, para não pensar em outra coisa? Não é verdade que sua bolsa foi roubada duas vezes nos últimos dois anos, em plena luz do dia, e não é verdade que as estatísticas – embora manipuladas pelos governos a fim de maquiar os dados da melhor maneira possível – dão testemunho da precisão das conclusões que tirei a partir de minhas experiências pessoais? Em 1921, o ano em que minha mãe nasceu, havia um crime registrado para cada 370 habitantes da Inglaterra e de Gales; oitenta anos depois, havia um crime para cada dez habitantes. Houve um crescimento de doze vezes desde 1941, e um crescimento ainda maior em relação aos crimes com violência. Portanto, embora minha experiência pessoal não compreenda, absolutamente, um guia completo da realidade social, os dados históricos certamente corroboram as minhas impressões.

Um único caso pode ser ilustrativo, sobretudo quando é estatisticamente banal – em outras palavras, pouco excepcional. Ontem, por exemplo, uma mulher de 21 anos me consultou, alegando estar deprimida. Ela ingeriu uma *overdose* de antidepressivos e depois chamou a ambulância.

Nesse caso, é preciso dizer algo a respeito do termo "depressão", que eliminou quase por completo o termo "infelicidade" ou mesmo o seu conceito na vida moderna. Dos milhares de pacientes que tratei, apenas dois ou três disseram que eram infelizes, todos os outros alegaram estar deprimidos. Essa mudança semântica é altamente significativa, pois implica que a insatisfação com a vida é em si patológica, uma condição médica, e que seria responsabilidade do médico aliviá-la por meios médicos. Dentro dessa lógica, todos têm direito à saúde; depressão é falta de saúde; portanto, todos têm direito de ser feliz (oposto de ficar deprimido). Essa ideia, por sua vez, implica que o estado mental de alguém – ou o humor de um sujeito – atua de forma independente do modo como esse sujeito leva a vida, uma crença que necessariamente priva a existência de todo o seu significado humano, desconectando, de forma radical, a recompensa da conduta.

Vemos então um ridículo *pas de deux* entre médico e paciente: o paciente finge estar doente, e o médico finge curá-lo. Durante o processo, o paciente permanece deliberadamente cego à conduta que em primeiro lugar e de modo inevitável causou sua miséria. Portanto, cheguei à conclusão de que uma das tarefas mais importantes dos médicos de nossos tempos é o repúdio de seu próprio poder e responsabilidade. A noção do paciente de que ele está doente obstrui a compreensão de sua situação, sem a qual uma mudança moral não pode ocorrer. O médico que finge tratar se torna um obstáculo para a mudança necessária, cegando em vez de esclarecer.

Minha paciente tivera três filhos com três homens diferentes, um dado nada incomum entre meus pacientes, ou mesmo no país como um todo. O pai de seu primeiro filho era violento, ela o abandonara; o segundo morreu num acidente enquanto dirigia um carro roubado; o terceiro, com o qual estava morando, exigira que ela deixasse o apartamento porque, uma semana depois que o filho do casal nascera, ele decidiu que não queria mais viver com ela. A descoberta da incompatibilidade, uma semana depois do nascimento de uma criança, tornou-se recorrente a ponto de ser estatisticamente comum. Ela não tinha para onde ir, tampouco ninguém que pudesse ampará-la, e o hospital era um santuário temporário para seu sofrimento. Ela esperava que pudéssemos resolvê-lo, dando-lhe acomodação.

Essa moça não podia retornar à casa de sua mãe devido ao conflito com seu "padrasto", ou melhor, o último namorado de sua mãe, que era apenas nove anos mais velho do que ela, e sete anos mais novo do que sua mãe. Essa compressão de gerações tornou-se, atualmente, um padrão comum e raramente se revela uma boa receita para a felicidade. Não seria preciso dizer que seu pai sumiu logo depois que ela nasceu, e eles nunca mais se viram. Nesse tipo de *ménage*, ou o último namorado da mãe quer ver a filha por perto a fim de abusá-la sexualmente, ou a quer fora de casa por considerá-la um transtorno e uma despesa desnecessária. No caso de minha paciente, o namorado de sua mãe a queria fora de casa, e tratou logo de criar uma atmosfera que assegurasse que ela sairia o mais rápido possível.

O pai de seu primeiro filho certamente reconhecera sua vulnerabilidade. Uma garota de dezesseis anos vivendo por conta própria se torna uma presa fácil. Ele a espancava desde o início do relacionamento; era alcoólatra, possessivo e ciumento, como também flagrantemente infiel. Ela acreditou que uma criança o tornaria mais responsável deixando-o sóbrio e mais calmo. O resultado foi o oposto do esperado e ela o deixou. Ela conhecia muito bem o passado do sujeito antes de ter um filho com ele.

O pai de seu segundo filho fora um criminoso profissional e um presidiário contumaz. Um viciado em todos os tipos de droga que morreu de *overdose*. Ela também sabia do passado desse sujeito antes de ter um filho com ele.

O pai da terceira criança era muito mais velho do que ela. Foi ele quem sugeriu que tivessem um filho – na verdade, ele exigiu como condição para continuar com ela. Ele já tinha cinco filhos com três mulheres diferentes, e ele não provia nenhuma das crianças.

As condições para a perpetuação do mal estavam agora completas. Ela era uma jovem que não gostaria de permanecer sozinha, sem um homem, por muito tempo; mas já com três filhos, ela atrairia precisamente o tipo de homem semelhante ao pai de seu primeiro filho – um tipo que agora prolifera – que procura mulheres vulneráveis que possam ser facilmente exploradas. É muito provável que pelo menos um deles (pois haveria indiscutivelmente uma sucessão deles) abusaria física ou sexualmente de seus filhos ou filhas, ou ambas as coisas.

Certamente essa moça foi vítima do comportamento de sua mãe durante todo o período em que tinha pouco controle sobre seu destino. Sua mãe pensara que seu envolvimento sexual com um parceiro seria mais importante do que o bem-estar de sua filha, um raciocínio comum na Grã-Bretanha do bem-estar social de hoje. Por exemplo, naquele mesmo dia fui procurado por outra jovem que já havia sido estuprada diversas vezes pelo parceiro de sua mãe, entre os oito e os quinze anos, com o completo conhecimento da própria mãe, que tinha permitido a continuidade desses atos para não romper o relacionamento com o parceiro. Talvez essa minha paciente, mais adiante, repita o mesmo padrão.

A primeira paciente a que me referi não era, contudo, apenas uma vítima de sua mãe, pois ela tinha gerado, conscientemente, filhos de homens dos quais nada de bom poderia se esperar. Ela sabia muito bem as consequências e o significado do que estava fazendo, e a sua reação diante de algo que eu disse a ela – e que digo a centenas de pacientes mulheres em situação semelhante – provou o quanto ela sabia: "Da próxima vez em que você estiver pensando em sair com um cara, traga-o aqui para que eu possa inspecioná-lo, e então direi se você pode sair com ele".

Isso nunca falha ao provocar a mais miserável e a mais "depressiva" risada. Essas garotas sabem exatamente o que estou dizendo, e não preciso falar mais nada. Elas sabem que a maior parte dos homens que escolhem ostenta, em todo o seu ser, os males que as prejudicam; por vezes fazem isso de modo absolutamente literal, na forma de tatuagens nas quais se lê *fuck off* ou *mad dog*. E elas entendem que, se eu posso identificar esses males instantaneamente, já que elas sabem o que eu estaria procurando, da mesma forma elas também poderiam fazer o mesmo;

portanto, elas são em grande escala responsáveis pela própria destruição nas mãos de homens malignos.

Além do mais, elas estão cientes de que, para mim, seria estúpido e cruel ter filhos com parceiros sem considerar, nem ao menos por um momento, se esses homens apresentam quaisquer qualidades que os tornem bons pais. É óbvio que equívocos são possíveis, e um parceiro pode se revelar alguém diferente do que era esperado. Mas sequer considerar a questão é agir da forma mais irresponsável possível. Sabe-se que isso aumenta a soma dos males no mundo, e mais cedo ou mais tarde o somatório dos pequenos males conduz o grande mal ao triunfo.

Minha paciente não começou sua vida com a intenção de ser cúmplice do mal, muito menos de cometê-lo. E, não obstante, sua recusa em considerar e agir seriamente a partir dos sinais que via e do conhecimento que tinha não foi consequência de uma espécie de cegueira e ignorância. Foi fundamentalmente deliberado. Ela sabia, por experiência própria, como também observando o que acontecia com muitas pessoas em torno dela, que suas escolhas, baseadas no prazer ou no desejo do momento, forjariam a miséria e o sofrimento não apenas de si mesma, mas sobretudo de seus filhos.

Na verdade isso não é apenas a banalidade, mas também a frivolidade do mal: a elevação do prazer efêmero que se sobrepõe à miséria de longo prazo, que se desencadeia sobre terceiros em relação aos quais se tem obrigações. Que melhor narrativa descreveria a frivolidade do mal do que a conduta de uma mãe que põe para fora seu próprio filho ou filha de quatorze anos porque seu atual namorado não o quer em casa? E que melhor resposta descreveria a atitude daqueles intelectuais que não veem nada de mais nessa conduta a não ser a extensão da liberdade e das escolhas humanas, mais um fio na rica tapeçaria da vida?

Os homens envolvidos nessas situações também sabem perfeitamente o significado e as consequências daquilo que estão fazendo. No mesmo dia em que vi a paciente que acabei de descrever, um homem de 25 anos veio a nossa enfermaria, pois precisava ser operado para remover de seu corpo pacotes de cocaína embrulhados em alumínio, que ele ingerira a fim de não ser pego pela polícia. Caso um dos pacotes tivesse estourado, ele teria morrido imediatamente. Como de costume, ele acabara de deixar sua última namorada, que uma semana antes dera à luz um filho do casal. Eles não estavam se dando bem, ele disse; mencionou também que precisava de espaço. Sobre a condição da criança, ele não pensou sequer por um instante.

Perguntei-lhe se ele tinha outros filhos.

— Quatro — ele respondeu.

— De quantas mães?

— Três.

— Você vê algum de seus filhos?

Ele balançou a cabeça. É pressuposto, como dever de um médico, não fazer julgamento sobre como seus pacientes escolheram viver, mas acredito que naquele momento minha sobrancelha tenha subido além da conta. De qualquer forma, o paciente captou um resquício de reprovação.

— Eu sei — ele disse. — Eu sei. Você não precisa me dizer.

Essas palavras eram uma completa confissão de culpa. Tive centenas de conversas com homens que abandonaram seus filhos dessa forma, e todos eles sabiam perfeitamente quais seriam as consequências para a mãe e, mais importante, para as crianças. Todos eles sabem que estão condenando seus filhos a terem vidas assombradas pela brutalidade, pobreza, abuso e desespero. Eles me dizem isso. Mesmo assim, fazem tudo de novo, repetindo o mesmo erro, de tal forma que um quarto das crianças britânicas esteja hoje em dia, creio, sendo criada dessa forma.

O resultado é a produção de uma onda crescente de negligência, crueldade, sadismo e alegre malignidade, que ainda me choca e me surpreende. Depois de quatorze anos de trabalho nesse campo, encontro-me hoje mais horrorizado do que no dia em que comecei.

De onde vem esse mal? Obviamente existe algum defeito no coração do homem para que ele deseje se comportar dessa forma depravada — o legado do pecado original, falando de maneira metafórica. Mas não há muito tempo tal conduta era bem menos disseminada (numa época menos próspera, que isso seja dito para aqueles que acreditam na pobreza como origem de todos os problemas), portanto, algo mais precisa de explicação.

Embora não suficiente, uma condição necessária é o estado de bem-estar social, o qual torna possível, e por vezes vantajoso, comportar-se dessa forma. Assim como o FMI é o "banco do último recurso", que encoraja os bancos privados a ceder, insensatamente, empréstimos a países, e estes por sua vez recorrerão ao FMI, o mesmo acontece com o Estado que se torna "o parente do último recurso", ou com mais frequência, do primeiro recurso. Guiado pela aparentemente generosa e humana filosofia segundo a qual nenhuma criança, independentemente de sua origem, deve sofrer privação, o Estado dá assistência gratuita a toda criança, ou ainda, à mãe de qualquer criança, uma vez que o bebê tenha nascido. Em relação à questão de moradia pública, é na verdade vantajoso para uma mãe colocar-se em desvantagem, isto é, ser uma mãe solteira, sem o apoio de um pai e dependente do Estado, para receber renda. Ela se torna, então, prioridade; não pagará impostos locais, aluguel ou contas dos serviços públicos.

Em relação aos homens, o Estado os absolve de toda responsabilidade pelas crianças. O Estado é agora o pai da criança. Portanto, o pai biológico se torna livre para usar como quiser a sua renda, destinada exclusivamente à diversão e às pequenas negociatas. Dessa forma, ele é reduzido ao *status* de criança, embora uma criança mimada e dotada das capacidades físicas de um homem adulto: petulante, exigente, lamentoso, egoísta e violento, caso não consiga as coisas do seu jeito. A violência aumenta e se torna um hábito. Um adolescente malcriado se torna um tirano maligno.

Mas embora o Estado de bem-estar social seja causa necessária para o alastramento do mal, ele não é, contudo, causa suficiente. Afinal de contas, o Estado de bem-estar social britânico não está entre os mais dispendiosos e mais generosos do mundo; não obstante, os nossos índices de patologia social – alcoolismo, consumo de drogas, gravidez precoce, doenças venéreas, vandalismo, criminalidade – estejam entre os mais altos do mundo. Algo mais foi necessário para que tivéssemos esse resultado.

Aqui, entramos no reino da cultura e das ideias. Não basta acreditar que é economicamente viável comportar-se da forma irresponsável e egoísta que descrevi, mas também acreditar que é moralmente admissível viver assim. Essa ideia vem sendo vendida pela elite intelectual da Grã-Bretanha há muitos anos, e de forma mais assídua do que em qualquer outro lugar, chegando ao ponto de ser, hoje em dia, considerada natural. Houve uma grande marcha que não devastou apenas as instituições, mas sobretudo as mentes dos jovens. Os jovens querem louvar a si mesmos, descrevem a si mesmos como "tolerantes". Para eles, a forma mais alta de moralidade é a amoralidade.

Existe uma aliança ímpia entre a esquerda, que acredita que o homem é dotado de direitos sem deveres, e os libertários da direita, os quais acreditam que a escolha do consumidor é a resposta para todas as questões – uma ideia avidamente adotada pela esquerda, sobretudo naqueles setores nos quais não se aplica. Dessa forma, as pessoas se veem no direito de gerar crianças da forma como bem entenderem, e as crianças, certamente, têm o direito de não serem privadas de nada, ao menos nada no plano material. Já que homens e mulheres se associam e têm filhos, a criação destes últimos torna-se apenas uma questão de direito do consumidor, sem quaisquer grandes implicações morais, semelhante ao ato de escolher entre chocolate branco ou preto; e o Estado não pode discriminar entre formas distintas de associação e da criação dos menores, mesmo quando essa não discriminação é capaz de gerar o mesmo efeito que produziu a neutralidade anglo-francesa durante a Guerra Civil Espanhola.

As consequências tanto para as crianças quanto para a sociedade não entram na discussão, pois de qualquer forma é função do Estado atenuar os danos materiais causados pela irresponsabilidade individual. Cabe ao Estado redistribuir o custo por meio de impostos, assim como atenuar os danos emocionais, educacionais e espirituais por meio de um exército de assistentes sociais, psicólogos, educadores, dentre outros, os quais, por sua vez, constituem um poderoso grupo de interesse a defender a dependência governamental.

Assim, embora meus pacientes tenham ciência de que estão cometendo um grande equívoco, eles se sentem encorajados a continuar agindo dessa forma por acreditarem que têm o direito de agir assim, já que tudo é apenas uma questão de escolha. Hoje em dia, quase ninguém na Grã-Bretanha desafia publicamente essa crença. Tampouco existe algum político com coragem para exigir a retirada do subsídio público que alimenta o alastramento do mal que tenho testemunhado nos últimos quatorze anos: violência, estupro, intimidação, crueldade, dependência química, negligência — males que têm brotado de forma tão exuberante. Com 40% de crianças nascidas fora dos casamentos e com o crescimento dessa proporção, e com o divórcio tornando-se regra em vez de exceção, em breve não haverá, na Grã-Bretanha, contingente eleitoral para uma reversão desse quadro. Mesmo entre aqueles que, no fundo, sabem que uma reversão como essa é necessária, já pode ser considerado um suicídio eleitoral defender esse tipo de coisa.

Não tenho certeza se estão certos em pensar assim. Minha única base de otimismo, durante os quatorze anos, foi o fato de que meus pacientes, com raras exceções, conseguem enxergar a verdade naquilo que lhes falo: que eles não estão deprimidos; estão infelizes — e são infelizes porque escolheram viver de uma forma que não deveriam viver, na qual é impossível ser feliz. Sem exceção, dizem que não gostariam que seus filhos vivessem da forma como eles próprios vivem. No entanto, as pressões sociais, econômicas e ideológicas — e, acima de tudo, o exemplo dos pais — tornam bastante provável que as escolhas das crianças sejam tão ruins quanto as de seus pais.

Fundamentalmente, a covardia moral das elites intelectuais e políticas é responsável pelo permanente desastre social que tomou conta da Grã-Bretanha, um desastre cujas plenas consequências sociais e econômicas ainda serão conhecidas. Uma aguda crise econômica traria à tona o quanto as políticas dos sucessivos governos, todos orientados para o libertinismo, atomizaram a sociedade britânica. Isso fez com que toda a solidariedade social dentro das famílias e das comunidades, tão protetoras em tempos de dificuldades, fosse destruída. As elites não conseguem sequer reconhecer o que aconteceu, muito embora seja óbvio, uma vez que tal reconhecimento solicitaria admitir a pretérita irresponsabilidade em relação à questão, e isso seria muito incômodo para elas. Melhor que milhões vivam desgraçadamente e na imundície do que as elites se sentirem mal sobre si mesmas — outro aspecto da frivolidade do mal. Além do mais, se os membros da elite reconhecessem o desastre social causado por seu libertinismo ideológico, talvez se sentissem chamados a estabelecer restrições sobre o próprio comportamento, já que não se pode exigir de terceiros aquilo que se hesita fazer consigo mesmo.

Sem dúvida, existem prazeres a serem desfrutados por aquele que se vê como alguém que enxerga mais longe e com mais perspicácia que os outros, mas esses prazeres diminuem com o tempo. Essas coisas perderam o brilho para mim.

Estou partindo – espero que para sempre.

2004

Um Gosto pelo Perigo

Durante uma viagem a Nova York, saí do extraordinariamente rico e elegante mundo da Madison Avenue para ir a uma exposição de fotografia intitulada "Requiem", em cartaz no Newseum. As lojas, galerias e butiques do Upper East Side tinham me proporcionado grande prazer, mas a contemplação de gravatas de seda, não importando a perfeição com a qual tenham sido confeccionadas, deixa-me entediado depois de um tempo, e começo a sofrer agudamente de *nostalgie de la boue*.[1] Explorei os vales sombrios da vida por muito tempo para que consiga me contentar com seus planaltos ensolarados por mais de algumas horas seguidas.

"Requiem" era uma mostra fotográfica sobre a Guerra do Vietnã a partir das imagens daqueles fotógrafos que tinham sido mortos em ação. Isso dava à exposição um sentido todo especial: algumas das fotos foram tiradas do último rolo de filme dos fotógrafos, ou mesmo representavam a última imagem que viram antes de morrer. Seria necessária uma boa dose de estupidez ou de insensibilidade emocional para não reagir profundamente diante das fotos de coragem, covardia, crueldade, tortura, dor, traição, companheirismo, terror, morte, destruição e sofrimento inconsolável — tudo colocado diante de uma paisagem de beleza inigualável que há muito fora a moradia de uma civilização delicada e refinada. Vemos, *inter*

---

[1] Nostalgia pelo simplório ou, literalmente, "nostalgia da lama". (N. T.)

alia, um chefe de tripulação aos prantos, depois de uma missão fracassada, durante a qual seus companheiros foram mortos; uma mulher sendo interrogada com a cabeça mergulhada dentro das águas de um rio, e o interrogador a segurando pelos cabelos; uma tentativa fracassada de respiração boca a boca em um soldado ferido de infantaria; a silhueta do cadáver de um soldado sendo içado por um helicóptero. E lemos a última mensagem recebida de um fotógrafo cambojano que trabalhava para a Associated Press, no momento em que o Khmer Vermelho entrava em Phnom Penh: "Sozinho no correio [...] são tantas as histórias que preciso cobrir [...] estou tremendo [...] talvez a última mensagem de hoje, talvez para sempre".

Todavia, as primeiras fotografias da exposição retratavam a paisagem da Indochina antes da guerra, e se estendiam por toda parte. Duvido que exista um cenário mais sereno em qualquer lugar do mundo, e me considero afortunado por tê-lo percorrido por muitos anos, depois do final da guerra, quando a serenidade – ao menos superficialmente – retornara. O Vietnã então emergia de seu isolamento, mas os visitantes ainda eram muito poucos. Pude contemplar as tumbas imperiais em Hue praticamente sozinho – sem ninguém por perto e, o que é mais importante, em absoluto silêncio – e acredito que jamais tenha a mesma oportunidade para experimentar tamanha e completa tranquilidade. A arquitetura, os jardins e a paisagem estavam em perfeita harmonia, os quais só poderiam ser plenamente apreciados em silêncio e solidão.

É claro, centenas de milhares de pessoas haviam sido mortas para que eu pudesse aproveitar minha pequena epifania estética. Sem saber, eu tirara vantagem de uma brecha de oportunidade para viver aquela experiência, pois mais cedo ou mais tarde os ônibus de turismo começariam a chegar, com toda a feiura e espoliação decorrente do turismo em massa. Não é possível qualquer convivência entre Confúcio e Coca-Cola. Enquanto isso, ao norte, as pessoas da puritana Hanói começavam a participar das alegrias prosaicas pela primeira vez em mais de um século. Estabelecimentos comerciais privados tinham acabado de ser liberados, salões de dança foram abertos, e a venda de sorvetes fora novamente permitida. Ver o prazer inocente com que as pessoas aproveitavam esses pequenos detalhes – depois de um período histórico tão sombrio – era comovente, mas eu sabia que, num futuro não muito distante, o crescimento dos novos rebentos de uma sociedade de consumo tornaria impossível o tipo quase místico de experiência que Hue me proporcionara.

Lembrei-me de uma passagem do livro de Mary McCarthy, Hanói, escrito no auge do conflito em 1968, quando ela visitou a cidade. A senhorita McCarthy tivera uma conversa com o primeiro-ministro do Vietnã do Norte, Pham Van Dong, a respeito da qualidade, ênfase dela, da vida vietnamita. "Escassez material", ela escreveu,

> é considerada uma sorte [...] Ele (Pham Van Dong) referiu-se à nossa cultura da TV e dos automóveis como algo desastrosamente rude e pesado; a ética vietnamita está permeada de ideias de leveza e ágil flexibilidade: bambu, bicicletas, sandálias, palha [...] Expressando um largo desprezo [...] ele rejeitou a noção de uma sociedade de consumo socialista.

No entanto, não ocorreu à senhorita McCarthy, que percebera e registrara tamanhas maravilhas em Hanói como o triunfo do socialismo sobre a acneia, perguntar a mando de quem, ou em posse de qual autoridade moral, Pham Van Dong rejeitava a sociedade de consumo.

Muito embora eu sinta uma tensão entre meus gostos estéticos e culturais e as preferências de um grande número de pessoas, nem por isso chego à conclusão, como fez a senhorita McCarthy, de que a solução se encontra na ditadura política de uma pequena minoria ideológica. A resposta à vulgaridade das massas não é o governo do esnobismo ou um retorno forçado ao mundo das sandálias e da palha. No entanto, é lamentável saber que, mesmo com a oportunidade de participação individual nas glórias de nossa cultura – mais do que nunca em toda a nossa história –, o mais vulgar e o profundamente deplorável fosse triunfar com tanta facilidade, encontrando uma recepção tão acalorada na mente das pessoas.

Talvez seja estranho falar de estética no contexto de uma mostra fotográfica sobre a Guerra do Vietnã, mas mesmo quando as fotos se movimentam da serena paisagem da Indochina para os terríveis eventos da guerra, fica claro que os fotógrafos são um tipo de esteta. Com a morte e o terror a cercá-los por todos os lados, eles ainda tinham em mente a composição de suas fotografias. Pois elas não foram tiradas de forma semiconsciente, mas foram enquadradas, muitas vezes de forma brilhante. Uma câmera direcionada aleatoriamente, mesmo em meio ao mais feroz acontecimento, não teria sido capaz de produzir essas imagens esmagadoras.

Como alguém pôde testemunhar essas cenas – de cadáveres espalhados, de um homem sendo interrogado de cabeça para baixo, de homens fatalmente feridos, morrendo na lama, mesmo de uma correspondente, Dickey Chapelle, recebendo a extrema-unção após ter pisado em uma mina e ter seu pescoço despedaçado por um fragmento metálico, sua cabeça deitada sobre a cintilante poça de seu próprio sangue... Como alguém poderia testemunhar coisas assim e ainda pensar na composição da foto? Não se trataria de uma evidente sensibilidade defeituosa, de uma indiferença quase psicopática diante do sofrimento humano?

Não. De forma mais modesta, em uma escala muito distinta daquela retratada em "Requiem", também testemunhei cenas de horror em lugares distantes. Estive em uma igreja em Monróvia,[2] por exemplo, na qual seiscentas pessoas que buscavam refúgio da guerra civil foram impiedosamente massacradas pelas tropas do então ditador, e onde as silhuetas dos corpos das vítimas ainda se faziam visíveis nos contornos do sangue ressecado no chão; vi os cadáveres dos pobres peruanos em Ayacucho, assassinados pelos guerrilheiros do Sendero Luminoso, com o intuito de desencorajar outros peruanos a votarem, como aqueles pobres haviam feito. A carne de seus rostos havia sido destrinchada do crânio, deixando nus e expostos os translúcidos globos oculares das vítimas – fiz algumas fotos e me preocupei com o ângulo, a luz e a composição.

Encontrava-me consumido pela necessidade de comunicar aos outros aquilo que vira com meus próprios olhos, e uma foto mal tirada, sem enquadramento, jamais seria publicada. Portanto, minhas preocupações estéticas não representavam qualquer sinal de falta de sentimento de minha parte; pelo contrário, mostravam a força de meu sentimento e do meu caráter – de qualquer forma, foi o que disse para mim mesmo naquele momento. Certamente o desejo de informar o mundo a respeito do sofrimento

---

[2] Capital e maior cidade da Libéria. (N. T.)

afasta, emocionalmente, o informante daquele sofrimento, e até mesmo do próprio sofrimento, mas não da mesma forma que um perpetrador psicopata se distancia de suas vítimas, e muito menos para os mesmos propósitos. O fotógrafo da catástrofe se assemelha mais ao médico, e este não pode sofrer um colapso moral toda vez que encontra uma tragédia:

> The wounded surgeon plies the steel
> That questions the distempered part;
> Beneath the bleeding hands we feel
> The sharp compassion of the healer's art
> Resolving the enigma of the fever chart.[3]

Somente um sentimentalista imagina que a profundidade da resposta de uma pessoa diante da tragédia será proporcional à extensão, ao volume ou à agudeza de sua lamentação.

Mas as motivações humanas raramente são puras, e nunca são simples. Cento e trinta e cinco fotógrafos foram contabilizados como mortos durante a Guerra do Vietnã; quarenta e um deles provenientes de países nos quais poderiam ter levado uma vida pacata, acumulando prosperidade e reconhecimento, sem se expor ao trauma ou aos perigos da guerra. Eles sabiam dos riscos que corriam (como poderiam não saber?). Muitos deles retornaram para outras temporadas de trabalho, sabendo que a morte não seria uma possibilidade distante. Mas, longe da guerra, essas pessoas ficavam inquietas, entediadas e insatisfeitas. Não creio que um desejo de informar seus compatriotas sobre o que acontecia, por mais louvável que fosse, seja capaz de explicar, por completo, essa extraordinária e quase suicida conduta.

Esses fotógrafos odiavam a guerra, mas também a amavam, pois ela conferia significado às suas existências, ou ao menos lhes fornecia um alívio temporário para aquelas questões entediantes sobre o significado da vida, que mesmo os mais complacentes de nós por vezes perguntam. O doutor Johnson chutou uma pedra a fim de confirmar a realidade do

---

[3] Do poema "The Four Quartets", de T. S. Eliot. Tradução livre: O cirurgião ferido maneja o bisturi / A interpelar a parte doente / Sob as mãos de sangue entrevi / A aguda compaixão que sente / O enigma do convalescente. (N. T.)

mundo externo, a qual o bispo Berkeley questionara;[4] ao irem para a guerra, esses fotógrafos estabeleceram que a vida teria de ser maior do que a maçante rotina doméstica. O Vietnã seria grande o suficiente para que até o maior dos egos pudesse nele se perder; grande o suficiente para dar um propósito às vidas mais desmotivadas.

Compreendo muito bem esse tipo de mentalidade. Conheço as incomparáveis atrações do perigo. É claro, nunca me prendi às asas de um avião numa zona de combate, como fez um dos fotógrafos representados na exposição, a fim de fornecer aos ociosos leitores em suas casas uma foto em primeira mão de uma incursão aérea. Mas, para um comum e respeitável filho da classe média inglesa, com uma profissão regular, até que consegui me colocar em situações um tanto quanto insólitas: fui perseguido pela polícia secreta sul-africana por ter desrespeitado as leis do *apartheid*; conheci o interior de uma delegacia policial nos Bálcãs sob o ponto de vista de um preso; fui deportado de Honduras para a Nicarágua tido como comunista; tornei-me alvo dos guerrilheiros salvadorenhos por ter dado carona aos soldados do governo; instalei-me como clandestino no Timor Leste; percorri muitas guerras civis. Há poucas emoções mais excitantes do que encontrar-se completamente além do alcance de qualquer pessoa que possa lhe ajudar – desde que, obviamente, a perigosa situação tenha sido escolhida livremente e não imposta, e desde que haja um lugar seguro para retornar, quando o entusiasmo esmorecer ou se tornar esmagador. Todavia, mesmo com essas provisões, estou apenas descrevendo aquilo que aconteceu comigo e não prescrevo o que outras pessoas deveriam experimentar. E estou feliz por reconhecer que, segundo o padrão de muitos, meus gostos são peculiares, muitas vezes até mesmo perversos.

Consequentemente, descubro meus frequentes retornos ao mundo das hipotecas, horas regulares de trabalho e idas ao supermercado nada prazerosos. E quando, ao retornar de um país onde metade da população foi desalojada e a infraestrutura completamente arrasada, ouço queixas sobre a dificuldade de se encontrar um táxi na chuva ou dos atrasos na entrega da correspondência,

---

[4] O autor se refere à refutação que Samuel Johnson teria feito ao "imaterialismo" da filosofia do bispo George Berkeley. (N. T.)

tenho a propensão de me tornar muito arredio. O problema de ter vivido por muito tempo, ou com muita frequência, em situações perigosas é que deixamos de nos importar muito com o lado pragmático da existência, com o qual normalmente lidamos com muita ansiedade. O perigo absolve o sujeito da necessidade de lidar com uma centena de problemas quotidianos ou de precisar fazer milhares de pequenas escolhas, cada uma delas sem importância vital. O perigo simplifica a existência e, portanto – novamente, quando escolhido, e não imposto –, vem como um alívio para muitas ansiedades.

Meus gostos não são nem tão incomuns nem tão extremos como podem parecer à primeira vista. Conheci pessoas muito mais ávidas pela emoção do perigo do que eu. Para elas, o perigo funciona como uma droga e com o passar do tempo a tolerância a essa droga vai se desenvolvendo, de modo que é preciso aumentar a dose para se sentir o mesmo efeito. Lembro-me de um fotógrafo norte-americano em São Salvador – numa época em que bombas explodiam diariamente na cidade, quando homens de aparência dúbia carregando submetralhadoras *uzi* vigiavam lojas, playgrounds e todas as casas de classe média, e quando o assalto final pelas guerrilhas, aquarteladas nas montanhas, poderia ocorrer a qualquer momento – que me disse o quão entediado estava com a calmaria da cidade, que ele sentia falta da ação real das *napalms* e do fogo cruzado que aconteciam no interior. Ele só conseguia encontrar paz interior em meio às balas. Ele amava aquele país, mas seu comprometimento com aquela terra restringia-se à situação de guerra, e caso a paz ocorresse – quem dera –, ele teria que encontrar outro conflito para fotografar.

Um caso extremo e terminal, sem dúvida, mas tenho encontrado formas mais brandas da mesma doença todos os dias. Inúmeros pacientes meus, com toda a oportunidade que têm para levarem vidas pacatas, úteis, equilibradas e prósperas, escolhem, em vez disso, a senda da complicação. Se não exatamente perigo físico e violência, ao menos drama e constante adrenalina, que leva a noites sem sono e perdas financeiras. Eles rompem casamentos, criam ligações desastrosas, perseguem quimeras e se comportam de maneira que previsivelmente terminarão em desastre. Como mariposas em volta da chama, eles cortejam a catástrofe. Muitos já me disseram que preferem o desastre ao tédio.

Aquelas pessoas que não estão satisfeitas com o próprio trabalho, ou que não têm quaisquer interesses intelectuais ou culturais e cujas grosseiras emoções não foram refinadas nem pela educação nem por uma apresentação aos hábitos civilizados, encontram-se particularmente sujeitas a buscar as complicações compensatórias das desordens e dos transtornos domésticos. Por exemplo, as pessoas que vivem constantemente desempregadas levam uma grosseira e violenta versão da vida retratada na obra *Ligações Perigosas*. Da mesma forma que os aristocratas franceses durante o Antigo Regime, essas pessoas não recebem, graças ao seguro-desemprego, nenhum incentivo para ganhar a própria vida; e ao ter todo o tempo do mundo à disposição, relacionamentos pessoais são sua única diversão. Portanto, esses relacionamentos são ao mesmo tempo intensos e superficiais, pois nunca existe entre esses indivíduos um interesse mútuo que seja mais profundo do que evitar o fastio sempre à espreita.

O padrão de autodestruição humana não está confinado a qualquer classe social ou grupo específico, todavia, V. G. Korolenko, um distinto e de muitas formas admirável escritor russo do final do século XIX, certa vez escreveu que o homem nascera para a felicidade da mesma forma que os pássaros nasceram para voar. Alguém poderia se sentir tentado a ponderar: sim, caso os ratos tenham nascido para o heroísmo. De fato seria difícil resumir a natureza humana de forma tão imprecisa. Não obstante, os teóricos sociais frequentemente supõem que os seres humanos têm uma clara ideia do que querem de suas vidas, e se comportam, além do mais, como máquinas de calcular racionalizando cada passo dessa busca. Quantas pessoas cada um de nós conhece, com exceção do presente parceiro, que alegam buscar a felicidade, mas escolhem de forma espontânea caminhos que levam inevitavelmente à miséria?

Os fotógrafos homenageados no "Requiem" se encontravam tanto aterrorizados quanto arrebatados, horrorizados e exaltados, exauridos e energizados, por tudo aquilo que viam e faziam. Da mesma forma, acontece com um homem que combate a iniquidade, mas permanece insatisfeito ao derrotá-la, pois o que faria depois disso? Do mesmo modo o propagandista da paz – e cada um desses fotógrafos deve ser considerado dessa forma – que passa a amar o seu ostensivo inimigo como a si mesmo. Como Ricardo III, quando lamentava o frágil período de paz e de música e odiava os prazeres ociosos desses dias. Para ele, paz e paz de espírito não apenas não se adequavam como sinônimos, mas eram quase sempre antônimos.

Desde cedo, aprendi que caso seja oferecida às pessoas a oportunidade da tranquilidade, elas frequentemente a rejeitarão escolhendo a tormenta em seu lugar. Meus próprios pais escolheram viver na mais abjeta miséria conflituosa e criaram para si mesmos uma espécie de inferno em escala doméstica, como se atuassem numa peça escrita por Strindberg. Não havia qualquer motivo externo a eles próprios para que não fossem felizes. Eram razoavelmente prósperos e viviam sob a proteção de um governo mais paternal do que poderiam ter desejado. Mas, embora vivessem juntos, eles não dirigiam palavra um ao outro na minha presença, e isso durante os dezoito anos em que vivi com eles, embora pelo menos uma vez por dia comêssemos juntos. Certa vez, quando criança, fui acordado durante a noite pela voz alta de minha mãe exclamando ao meu pai: "Você é perverso, um homem perverso!". Essas são as únicas palavras que cheguei a ouvir entre eles. Foi como o estourar de um raio no meio de uma noite escura: espantoso mas iluminador. No resto, o silêncio entre eles era repleto de nuances, expressando ressentimento, agressão, inocência ferida, exasperação, superioridade moral e todas as outras pequenas emoções desonestas as quais a mente humana é capaz de criar. Eles continuaram na sua absurda, autoimposta e dramática guerra civil até o final da vida de meu pai. Em seu leito de morte, meu pai, na ocasião há muito separado de minha mãe, disse a mim: "Diga a ela que pode vir, caso queira". Ao que minha mãe respondeu: "Diga a ele que irei, se ele me pedir". Eles se prenderam aos seus princípios e nunca se encontraram, pois o que é uma simples morte em comparação a uma vida de desavenças?

Durante muito tempo senti pena de mim: será que outra criança fora tão miserável quanto eu? Senti a mais profunda e mais sincera autocompaixão. Então, gradualmente, começou a despertar em mim a percepção de que a educação que eu recebera havia me libertado de qualquer necessidade ou desculpa para repetir a sórdida trivialidade das vidas pessoais de meus pais. O passado de alguém não se confunde com o seu destino e é de interesse próprio fingir o contrário. A partir de então, caso levasse uma vida miserável, seria de minha inteira responsabilidade e jurei nunca desperdiçar minha existência em mesquinhos conflitos domésticos.

Foi a época da Guerra do Vietnã. Fotografias como aquelas exibidas no "Requiem" pareciam, na visão de uma juventude arrogante e cega, desmascarar a falsa, hipócrita, oculta e sempre subjacente violência da civilização ocidental. Foi a época de R. D. Laing, psiquiatra da escola de Glasgow, afirmar que apenas os loucos eram sãos num mundo de insanos, ao passo que os sãos eram os verdadeiramente insanos. A família era o meio pelo qual a sociedade transmitia e perpetuava sua loucura coletiva; e o antropólogo social de Cambridge Edmund Leach disse notoriamente, ao longo de uma série de palestras apresentadas pela BBC, que a família tradicional não era apenas responsável por parte, mas sim por toda a miséria da existência humana. (Pol Pot estava apenas alguns anos à frente.)

Por razões óbvias, eu não estava convencido a valorizar a vida familiar ou as supostas alegrias da existência burguesa, portanto, engoli parte de todo esse besteirol. Como os fotógrafos, sentia-me absolutamente ansioso para escapar daquilo que supunha ser a fonte de minhas insatisfações pessoais. Mas não por muito tempo, pois logo percebi que as peculiaridades de minha criação pessoal não constituíam um prisma confiável pelo qual eu poderia julgar o mundo. Descobri que a única coisa pior que ter uma família é não ter uma família. Minha rejeição às virtudes burguesas, tidas como sórdidas e antitéticas ao real desenvolvimento humano, não sobreviveria por muito tempo ao contato com situações em que essas virtudes se encontravam ausentes; uma rejeição a tudo que esteja associado aos traumas de infância significa menos uma escapatória eficiente dessa infância e muito mais um aprisionamento nela.

Foi na África que descobri, pela primeira vez, que as virtudes burguesas não são apenas desejáveis, mas frequentemente heroicas. Estava trabalhando num hospital em um lugar que ainda era chamado de Rodésia, atual Zimbábue. Eu partilhava da imatura e fundamentalmente preguiçosa opinião juvenil de que nada mudaria no mundo até que tudo fosse mudado, e então teríamos o surgimento de um sistema social no qual não haveria mais a necessidade de ninguém ser bom.

A enfermeira-chefe do lugar em que eu trabalhava, uma mulher negra, um dia me convidou para uma refeição em sua casa na cidade. Naquela época e naquele lugar, o contato social entre brancos e negros era incomum, embora não fosse considerado ilegal. Ela era uma mulher esplêndida, gentil e batalhadora. Vivia num município no qual havia milhares de idênticos e minúsculos bangalôs pré-fabricados, do tamanho de choupanas. O nível de violência naquele lugar era altíssimo: no sábado à noite o piso do setor de emergência do hospital ficava escorregadio de tanto sangue que escorria.

Em meio àquele ambiente absolutamente desolador, descobri que aquela enfermeira criara um lar extremamente confortável e até mesmo bonito para ela e sua idosa mãe. A minúscula faixa de terra que dispunha parecia um caramanchão; o interior de sua casa era limpo, arrumado e bem mobiliado, embora de forma modesta. Nunca mais eu riria do bom gosto de pessoas com poucos recursos para a criação de um lar confortável.

Observando a realidade que circundava aquele município, comecei a reparar que o uniforme branco, imaculadamente branco, com o qual ela se apresentava todos os dias no hospital não representava um fetiche absurdo, tampouco a imposição brutal de padrões culturais estrangeiros sobre a vida africana, mas um nobre triunfo do espírito humano – como, de fato, acontecia com sua moradia cuidada com tanto apreço. Ao comparar o esforço daquela mulher em manter-se dignamente, minha antiga rejeição aos valores burgueses de respeitabilidade me pareceu, desde então, uma atitude rasa, trivial e imatura. Até então, eu supunha, juntamente com grande parte de minha geração já desacostumada com as durezas da vida real, que uma aparência desmazelada seria um sinal de elevação espiritual e representava uma rejeição à superficialidade e ao materialismo da vida burguesa. Todavia, desde então não fui mais capaz de observar a adoção voluntária de roupas esfarrapadas, desgrenhadas e amassadas – ao menos em público – por aqueles com condição de se vestir de outra forma, sem sentir profunda aversão. Longe de representar um sinal de solidariedade com os pobres, descobri que esse comportamento exibe uma perversa paródia deles; age cuspindo no túmulo de nossos ancestrais, que trabalharam tão duro, por tanto tempo e de forma tão custosa para que pudéssemos ficar agasalhados, limpos, alimentados e devidamente cuidados, para então desfrutarmos das melhores coisas da vida.

Endossar a rejeição que se sente por algo alegando pequenas frustrações de juventude – e, por conseguinte, a sua prescrição para um mundo melhor –, como certamente muitos radicais de classe média têm feito, revela um profundo egoísmo. A não ser que seja conscientemente rejeitado, esse impulso leva a uma tendência, por toda a vida, a julgar a correção ou a incorreção das políticas por meio da resposta emocional que se tem a elas, como se a emoção fosse um guia infalível. "Apenas se conecte" foi uma injunção enigmática de E. M. Forster aos seus leitores, no final de Howards End, ao que prefiro a injunção "Apenas compare". Os supostos sofrimentos de um sujeito tornam-se então não tão terríveis assim, e tampouco promovem qualquer insight especial sobre como o mundo é ou deveria ser.

Porém, a supervalorização da importância das respostas emocionais de um sujeito foi completamente disseminada. Ela pode ser vista em profusão no livro de comentários disponível aos visitantes da exibição "Requiem". A maior parte dos visitantes que escreveu mais do que uma ou duas palavras imagina que suas respostas pessoais às fotos seriam suficientes para fazer um julgamento da guerra, na realidade, de todas as guerras. Não parece ter ocorrido a nenhum deles que a justeza ou não de uma guerra não pode ser avaliada somente com fotografias, e que eles precisariam de muito mais informação para fazer esse julgamento – pois se fotos semelhantes tivessem sido publicadas mostrando soldados aliados e civis durante a Segunda Guerra Mundial, elas poderiam servir, na ausência de qualquer outra informação, como evidência do equívoco em se resistir ao nazismo.

Não causa qualquer surpresa saber que emoção sem o respaldo do pensamento resulta em incontáveis besteiras, em função das quais, por ironia, uma emoção genuína não pode ser adequadamente expressa. "O que machuca tanto", escreveu uma pessoa que visitara a exibição, "é que nós seres humanos continuamos a fazer guerra, matando os outros. Precisamos transformar nossas armas em arados e estudar a paz". Havia páginas e páginas com esse tipo de sentimento, que visava combinar pensamento com emoção, mas errava ambos os alvos. O comentário de um italiano se destoava, destacando-se como um farol de verdade em meio à desonestidade obscura: "È molto emocionante. Se non fosse la guerra, che cosa farebbero i reporter?" [Muito emocionante. Se não fosse a guerra, o que fariam os repórteres?].

1998

Por que Shakespeare é Universal

Uma década atrás o psiquiatra Peter Kramer publicou um livro chamado *Ouvindo o Prozac*. Ele alegava que nossa compreensão em neuroquímica tornara-se tão avançada que em breve seríamos capazes de desenvolver, e sem dúvida variar, nossas personalidades segundo nossas preferências. A partir de então, não haveria mais angústia. Kramer baseava sua previsão em casos clínicos de pessoas que haviam recebido a droga supostamente capaz de fazer maravilhas, e que elas não tinham apenas se recuperado da depressão, mas também haviam se renovado por completo, aperfeiçoando suas personalidades.

Não obstante, a prescrição desse remédio, assim como a de outros semelhantes a milhões de pessoas, não reduziu de forma significativa a soma total de miséria humana e de perplexidade diante da vida. Uma era de ouro da felicidade ainda não chegou: a promessa de uma pílula para cada mal permanece, como sempre permanecerá, irrealizada.

Qualquer um que tenha lido sua dose de Shakespeare não se surpreenderia com essa decepção. Quando Macbeth pergunta ao médico:

> Cura-a disso. Não podes encontrar nenhum remédio para um cérebro doente, da memória tirar uma tristeza enraizada, delir da mente as dores aí escritas e com algum antídoto de oblívio doce e agradável aliviar o peito que opresso geme ao peso da matéria maldosa que comprime o coração?

O médico responde de forma lacônica:

"Para isso deve o doente achar os meios".

Todos os dias muitos pacientes me fazem a mesma solicitação de Macbeth em interesse próprio – embora em linguagem menos sofisticada, certamente – e esperam uma resposta positiva, porém quatro séculos antes de a neuroquímica sequer ser vislumbrada, e antes dos lisonjeados avanços na neurociência supostamente nos darem uma nova e melhor compreensão sobre nós mesmos, Shakespeare já sabia de uma coisa que temos crescente aversão para reconhecer: não existe qualquer reparo de ordem técnica para os problemas da humanidade.

Esses problemas, ele sabia, encontram-se inapelavelmente enraizados em nossa natureza, e ele atomizava essa natureza com seu gênio característico, nunca mais igualado: que é a razão pela qual toda vez que nós modernos consultamos os seus trabalhos, apreendemos um *insight* mais profundo no coração de nosso próprio mistério.

Peguemos um caso que servirá de teste: *Macbeth*, a mais curta de suas tragédias. A peça é um estudo sobre a ambição, sobre o mal que essa ambição gera quando impedida de constrangimentos éticos, e a lógica do mal quando esse caminho é adotado. A ambição e o mal fazem parte da natureza humana. Tudo o que é necessário para compreender a peça, portanto, é apresentar-se na condição de ser humano, e se analisarmos com atenção o que está sendo dito, obteremos uma apreciação mais profunda da questão humana do que se lermos toda a filosofia, sociologia, criminologia e biologia dos últimos dois séculos. Dados estatísticos não nos conduzirão ao esclarecimento a respeito de nós mesmos, tanto quanto a elucidação do genoma humano não fará Shakespeare redundante. Aqueles que pensam que decifrar a dupla hélice do DNA significa compreender a si próprio não são apenas vítimas de uma ilusão, mas estão reduzindo a si mesmos, condenando-se a não avançar na compreensão sobre a própria condição e, em vez disso, caminhando em franco retrocesso.

Diz-se que a experiência moderna tornou Shakespeare irrelevante. Em seu *Arquipélago Gulag*, por exemplo, Alexander Solzhenitsyn destaca que os cruéis personagens de Skakespeare, notadamente Macbeth dentre eles, produziram somente uma dúzia de cadáveres, já que não tinham ideologia.

Em outras palavras, de acordo com os padrões sanguinários dos déspotas totalitários do século XX, os personagens de Shakespeare são pequenos criminosos, pois, diz Solzhenitsyn, é a ideologia que "dá ao ato maligno sua ansiada justificativa e confere àquele que o pratica a necessária constância e determinação". Uma vez que toda a questão é reduzida à trivialidade, quando comparada aos cataclismos do Holocausto e do Gulag, conclui-se que uma tragédia tal como Macbeth tenha uma relevância limitada diante de nossa história recente.

Solzhenitsyn não estava sozinho nessa visão. De fato, um poeta russo escreveu um ciclo de sonetos sobre o Gulag, no qual ele se referia depreciativamente às tragédias de Shakespeare como "mera bravata" – uma expressão que repetiu muitas vezes, como um refrão, para sublinhar a natureza inédita do mal soviético. Da mesma forma que o filósofo alemão e teórico social Theodor Adorno dissera que depois de Auschwitz não poderia mais haver poesia, os russos também disseram que depois do Gulag não poderia mais haver Macbeth.

Eles estavam enganados. Massacre e genocídio nem sempre foram acompanhados por uma ideologia: as hordas mongóis eram ideologizadas? O conflito étnico em Ruanda e no Burundi foram ideológicos? Restam-me poucas dúvidas, a partir de minha prática médica, de que o mal, mesmo em suas formas mais radicais, pode existir em larga escala sem a sanção de uma ideologia oficial. Muitos são os homens que se fazem Macbeth(s) de seus pequenos mundos, e mensurar a dose do mal não se confunde com a contagem do número de cadáveres.

As considerações dos autores russos sugerem uma leitura de Macbeth que toma a simples trama e o número de mortes como os aspectos mais significativos da peça – o tipo de interpretação que se espera de uma mentalidade literal que viu a peça encenada no palco, mas que não estudou o texto. Mesmo ao considerar o número de mortes, Solzhenitsyn – um dos maiores especialistas sobre o mal do século passado – não foi muito preciso, pois certamente há mais pessoas mortas do que as mortes encenadas no palco. Quando Macduff informa Malcolm, o herdeiro legítimo do trono que fugira para a Inglaterra, sobre a possibilidade de liderar uma tentativa para derrubar Macbeth, ele sublinha essa realidade:

> Novas viúvas cada manhã ululam, novos órfãos soluçam, novas
> dores no céu batem.

Shakespeare deixa claro que algo semelhante a um terror totalitário reina como resultado direto da sede de Macbeth pelo poder: uma atmosfera que poderia se esperar ser imediatamente reconhecida por Solzhenitsyn. Ainda bem cedo no reinado de Macbeth, antes que seu mal esteja claro para todos, Lennox diz:

> Muito tarde saiu de casa o nosso bravo Banquo, que, podereis
> dizer se assim quiserdes, Fleance matou, pois Fleance fugiu logo. É
> perigoso passear de noite.

Tradicionalmente, as ditaduras imputam assassinatos políticos àqueles que fogem para escapar de também serem mortos. Se não eram culpados, segue a acusação, por que fugiram? As palavras de Lennox capturam exatamente a amarga ironia daqueles que, impotentes, são apanhados em regimes dessa ordem.

Macbeth se gaba de ter espiões infiltrados nas casas de seus potenciais inimigos — uma categoria que certamente não vai parar de crescer a cada novo assassinato:

"Não há ninguém em cuja casa eu deixe de ter algum espião".

Nem a espionagem nem o medo foram invenções do amaldiçoado século XX de Solzhenitsyn, e a tirania não é uma nova invenção. Procede da própria alma humana.

Não menos que Solzhenitsyn, Shakespeare compreendia o papel dos agentes provocadores e das armadilhas nas tiranias. Quando Macduff vai pela primeira vez buscar o auxílio de Malcolm, este último nega que seja uma figura adequada para fazer frente a Macbeth, porque ele mesmo tem tantos vícios. Quando o mal reina, é melhor fingir ser também do mal. Quando finalmente fica convencido da sinceridade de Macduff, todavia, ele se retrata de sua autodifamação e explica por que mentira dessa forma em particular:

> O demoníaco Macbeth tem procurado por enredos desse gênero
> pôr-me ao seu alcance, ensinando-me, assim, a mais modesta
> sabedoria a desconfiar da pressa crédula por demais.

Quando Macduff pergunta a Thane de Ross: "A Escócia continua no mesmo lugar de antes?", ele responde:

> Pobre pátria, revela medo até de conhecer-se. De nossa mãe não pode ser chamada, mas nossa sepultura, pois nela só ri quem ignora tudo; os gritos e suspiros, os gemidos que os ares dilaceram, emitidos apenas são, sem serem percebidos.

Falando sério, isso realmente não faz lembrar em nada a era soviética? Novamente, quando Malcolm se dirige aos comandantes que estão prestes a se lançar na batalha decisiva contra as forças de Macbeth, ele diz:

> Primos, creio que o dia se aproxima de ficarem seguras as casas.

Ele não diz "nossas casas" referindo-se às casas de um pequeno grupo de aristocratas insatisfeitos, desapontados com o governo de Macbeth: ele diz "casas" em geral. E não era característico dos regimes totalitários, imbuídos de uma ideologia à qual Solzhenitsyn se refere, que os cidadãos não estivessem seguros, mesmo na privacidade de suas próprias casas e quartos, para falarem o que pensavam? Em outras palavras, que as casas não eram seguras? Como bem sabia Shakespeare, governo sem consentimento implica terror, tendo ou não ideologia.

Solzhenitsyn estava muito certo ao dizer que em *Macbeth* não temos ideologia. Macbeth é motivado em igual medida tanto pela ambição quanto pelo medo de parecer fraco e pequeno aos olhos de sua esposa. Ao desnudá-lo de qualquer justificativa filosófica ou política, real ou imaginária de seus atos – por exemplo, ao não fazê-lo afirmar que o rei que ele suplanta é um mau rei e que mereça ser deposto; por não deixá-lo fingir sequer por um momento que ele age pelo bem de seu país e de seu povo – Shakespeare vai direto ao coração do mal humano, considerado *sub specie aeternitatis*.[1] Shakespeare se interessa pelas essências da natureza humana, não pelos acidentes da história, embora ele saiba claramente que cada homem deve viver em uma época e lugar em particular. De fato, a peça se refere, embora de forma indireta, à situação

---

[1] "Do ponto de vista da eternidade", isto é, que tem valor universal. (N.T.)

histórica da época em que foi escrita: por exemplo, acreditava-se que Banquo fosse um ancestral de James I, e, portanto, a cena na qual as bruxas lhe dizem que ele será progenitor de muitos reis, embora ele mesmo não fosse se tornar rei, era uma forma de bajular a monarquia reinante. Mas esse tipo de significado tópico tem interesse especialmente para os pedantes. Se *Macbeth* fosse somente uma tentativa de legitimar o governo do rei James I, dificilmente teria sido traduzida para o zulu, em cuja língua certa vez vi a peça ser encenada, e não teria feito todo o sentido para a plateia zulu. *Macbeth* é a prova viva da universalidade da grande literatura.

É característico do gênio de Shakespeare que ele elimine Macbeth, em suas ações, não somente de motivações ideológicas, mas também o esvaziasse de motivações psicológicas, a não ser aquelas que brotam exclusivamente da natureza universal humana. Macbeth não é um vilão dramático, caso eu possa classificar dessa forma, ele não é Ricardo III, "deformado, inacabado, atirado antes da hora. Neste mundo vivo algo meio engendrado", cuja deformidade física está em paralelo, e de fato explica plausivelmente sua deformidade moral. Pelo contrário, Macbeth é um herói, um bravo soldado que luta em nome de uma boa causa, brava e lealmente salvando o reino do bom rei Duncan ("Oh valente primo, cavalheiro garboso", exclama o rei quando sabe das manobras de Macbeth no campo de batalha contra seus inimigos). Ele não é um psicopata ou um sociopata. Trata-se de um homem normal, dotado de uma natureza que não é pior do que a nossa; ele se ergue como um exemplo assustador para todos nós.

Ele tampouco é vítima da injustiça ou da ingratidão, o que poderia atenuar, embora não justificar, seus crimes recentes. Ele nada tem do que reclamar, muito pelo contrário, pois ele é um afortunado em seu sangue aristocrático, e é mais do que generosamente recompensado pelo rei por seus serviços militares. Saudando Macbeth pela primeira vez depois de suas vitórias, Duncan diz:

Neste instante pesava-me o pecado da ingratidão
Tão na dianteira se achas agora,

> Que as mais lestes asas da recompensa se revelam tardas demais para alcançar-te
> Quem me dera que teus méritos fossem mais modestos,
> Porque estivesse em mim a conta certa dos agradecimentos e da paga,
> Só me restas dizer que mereces muito mais, muito mais do que as mais ricas messes.

Macbeth dificilmente poderia alegar que foi desvalorizado por Duncan – não obstante, ele o mata.

Ele também não tem como queixar-se de suas circunstâncias domésticas ou financeiras. Quando Duncan posteriormente chega ao castelo de Macbeth, ele observa a sua beleza e tranquilidade:

> É bela a posição deste castelo;
> O ar afaga os sentidos delicados por maneira agradável e serena.

Quando começa sua senda para a ruína, o que mais um homem poderia querer que Macbeth já não tivesse alcançado?

Macbeth admite sua situação privilegiada. Ele reconhece que não possui qualquer outro motivo que justifique os crimes que cometerá, exceto uma sede de poder que o arrebata:

> Esporas não possuo, para os flancos picar o meu projeto,
> Mas somente a empolada ambição que, ultrapassando no salto a sela,
> Vai cair sobre outrem.

Essa motivação contrasta particularmente com os dois assassinos que contrata para matar Banquo. No momento em que aparecem no palco, Macbeth já envenenou seus ouvidos, informando-lhes (falsamente, é claro) que Banquo é o responsável pelo sofrimento de todos:

> Muito bem; refletistes no que eu disse? Sabeis, pois, que foi ele quem, até hoje, vos tem deixado em posição precária, o que pensáveis que era minha culpa. Tudo isso vos expus à farta em nossa última conferência; apresentei-vos as provas da maneira por que tendes sido prejudicados e burlados, os instrumentos, que os manejava, e tudo mais, que proclamar faria até mesmo meia alma ou tipo idiota: "Eis o que Banquo fez!"

Os dois assassinos estão por demais ansiosos para ouvir que encontraram o inimigo responsável por todos os seus infortúnios. Eles representam a personificação do ressentimento, são os arquétipos daqueles homens que têm inveja do mundo, os quais – diferentemente de Macbeth – estão, desse modo, predispostos ao mal:

> Meu suserano, sou um indivíduo que os maldosos golpes do mundo e seus embates irritado de tal modo me deixaram, que faria o que não importa for para vexá-lo.

O Primeiro Assassino então complementa:

> E eu sou outro, tão lasso de desastres, tão amassado pelo vil destino, que a vida arriscaria em qualquer lance, para de vez perdê-la ou endireitá-la.

Superficialmente, então, eles têm um motivo, mesmo que não seja uma justificativa, para executar seus atos hediondos. Não sabemos ao certo se suas decepções e revezes são reais ou imaginários, autoinfligidos ou desmerecidos, e não importa: Shakespeare nos faz entender que a autocomiseração deles – e por extensão qualquer autocomiseração, incluindo a nossa – é perigosa, acolhendo o mal em nome da restituição.

Todavia, Macbeth não é um homem ressentido; ele nunca reclama de maus-tratos. De modo que, embora o ressentimento seja a causa de muitos males humanos, ele não compreende a única ou fundamental causa. Macbeth é levado a se comprometer com o mal em razão de sua ambição e, uma vez que todos nós vivemos em sociedade, dentro da qual disputas por posições e poder são inevitáveis, todos o compreendemos a partir de dentro. Macbeth representa cada um de nós, quando retirados os escrúpulos morais.

Ao privar Macbeth de qualquer predileção particular pelo mal que não seja comum a todos os homens, livrando-o de qualquer circunstância possível que pudesse justificar ou ocasionar suas ações, Shakespeare aprofunda, atingindo a linha divisória entre o bem e o mal que percorre cada coração humano. Uso, então, uma frase do livro *Arquipélago Gulag* que contradiz a débil isenção que Solzhenitsyn faz sobre a validade dos personagens malignos de Shakespeare. Ele escreve: "Gradualmente, foi-me revelado [no Gulag] que a linha divisória entre o bem e o mal não passa pelos Estados, tampouco entre as classes, menos ainda entre os partidos políticos – mas que percorre cada coração humano – e isso se dá em todos os corações humanos". E é Shakespeare que nos mostra essa divisória.

Ele ainda faz mais do que isso. Mostra-nos não apenas quão facilmente essa divisória pode ser transposta, mesmo por alguém sem uma desculpa ou uma propensão especial para fazer isso, mas também nos mostra as consequências de se cruzar essa linha. E ao nos mostrar que essa divisória está sempre lá, Shakespeare demole a ilusão utópica de que arranjos sociais podem ser criados de modo perfeito a fim de que os homens não tenham mais que se esforçar para serem bons. O pecado original – isso quer dizer, o pecado de ter nascido com a inclinação ao mal, típica da natureza humana – sempre zombará das tentativas de se atingir a perfeição com base na manipulação do meio social. A prevenção ao mal sempre requererá muito mais do que arranjos sociais: exigirá, para sempre, o autocontrole pessoal e uma limitação consciente dos desejos.

Macbeth é ambicioso antes da abertura da peça. É por isso que ele se surpreende quando as três bruxas o saúdam como pretendente ao trono e futuro rei da Escócia. Elas ecoam os pensamentos velados de Macbeth. Mas, até então, ele mantivera suas ambições sob o controle ético, como coloca Lady Macbeth ("Desejaras ser grande, e não te encontras destituído, de todo, de ambição; porém careces da inerente maldade"), e mesmo depois de seu encontro com as bruxas ele pondera, como um marxista imaginando se a inevitabilidade histórica do triunfo da revolução requererá ou não a sua participação:

> Se o acaso quer que se seja rei, o acaso poderá me coroar sem que
> eu me mexa.

Da mesma forma que os marxistas russos precisaram de seu Lênin, Macbeth precisa de sua Lady Macbeth. Decisiva durante as simplicidades da batalha, sem ela Macbeth estaria condenado a vacilar e se perder nas complexidades da paz; de fato, seria mais Hamlet do que Macbeth.

A ferramenta que Lady Macbeth utiliza a fim de induzir seu marido à ação é a humilhação. Ela o humilha para que ele faça aquilo que ele próprio sabe estar errado, exatamente como muitos de meus pacientes usuários de heroína, que começam a consumir a droga porque temem parecer fracos aos olhos de seus parceiros ("companheira querida de minha grandeza", ele a chama), mas Lady Macbeth perverte o amor dele — e seu essencial, inextirpável, e frequentemente louvável desejo de ser respeitado e amado pela pessoa a quem ama e respeita — para os propósitos do mal. A lição a se tirar é que, embora, em muitas circunstâncias, possa significar virtude, qualquer emoção ou desejo poderoso também abriga a capacidade de ser transformado em propósito maligno, caso escape do controle ético.

Para Shakespeare, a natureza humana tem o potencial tanto para o bem quanto para o mal, dependendo das decisões que tomamos. Verdade, Macbeth é ambicioso; mas sua ambição não caminha somente no sentido de um desejo honesto de ser aprovado por pessoas que ele valoriza — o que é uma boa qualidade. Macbeth não é ambicioso a ponto de nada mais importar. Sua ambição por aprovação estabelece restrições e limites à sua ambição como um todo. Lady Macbeth reconhece os escrúpulos reflexivos de seu marido:

> Temo, porém, a tua natureza cheia de leite da bondade humana,
> que entrar não te consente pela estrada que vai direto à meta.

Ela precisa azedar o leite, fazer Macbeth renunciar às suas boas qualidades, caso ele venha a agir como ela deseja.

Mas, paradoxalmente, ela, que em geral é tida como síntese do mal, tampouco é, por natureza, de todo maligna, mas somente potencialmente — em outras palavras, sua crueldade foi uma escolha. Lady Macbeth reconhece a necessidade de suprimir o potencial para o bem em sua própria natureza para que possa obedecer, prontamente, as exigências da ambição:

> Vinde, espíritos que os pensamentos espreitai de morte, tirai-me
> o sexo, cheia me deixando, da cabeça até os pés, da mais terrível
> crueldade! Expressai-me todo o sangue; obstruí os acessos da
> consciência, porque batida alguma compungida da natureza

sacudir não venha minha hórrida vontade, promovendo acordo entre ela e o ato.

Em toda a literatura, em nome da sede de poder, não existe uma evocação mais assustadora de uma escolha deliberada pelo mal do que a famosa renúncia de Lady Macbeth ao sentimento de maternidade:

> Já amamentei e sei como é inefável amar a criança que meu leite mama; mas no momento em que me olhasse, rindo, o seio lhe tiraria da boquinha desdentada e a cabeça lhe partira, se tivesse jurado, como o havíeis em relação a isso.

E, no entanto, o argumento permanece válido, pois o verdadeiro psicopata não recebe, em primeiro lugar, as visitações do pudor cujas investidas precisam ser inibidas. A maior parte dos homens e das mulheres precisa suprimir o bem dentro de si para tornar-se mal; do mesmo modo que, para serem bons, precisam suprimir o mal. Não existe uma vitória final de um ou de outro.

De fato, a tragédia de Lady Macbeth é o fato de ela subestimar de forma tão trágica a força do bem dentro de si. Finalmente, ele se vinga dela, pois ela "pelas próprias e violentas mãos / tirou a sua vida".

Seu erro foi imaginar que o bem dentro dela poderia simplesmente ser ignorado, sem consequências. Depois que ela e Macbeth estão encharcados de sangue pelo assassinato de Duncan e dos dois camareiros, ela diz: "Ora meu digno thane, relaxais vossas nobres energias considerando as coisas por maneira tão doentia. Arranja um pouco d'água, para das mãos tirardes todas essas testemunhas manchadas". Quantos de meus pacientes pensam que podem agir de forma inescrupulosa sem uma pena a pagar!

A superficialidade da ideia de Lady Macbeth de desculpar-se é revelada de forma completa e aguda na cena da caminhada, na qual ela reconhece que "todos os perfumes da Arábia não poderão fazê-lo desaparecer desta mão pequenina". Um pouco d'água lavará o sangue, mas não o pecado e a culpa.

Macbeth sucumbe às humilhações de Lady Macbeth. Isso nos faz lembrar de um dos famosos experimentos de Stanley Milgram, o psicólogo social, descrito em seu livro *Obediência à Autoridade*. Nesses experimentos, pesquisadores, usando meras palavras, induziam pessoas comuns – como Macbeth, sem qualquer propensão especial ao mal – a ministrarem aquilo que acreditavam ser perigosos choques elétricos em desconhecidos.

Mas Shakespeare não é ingênuo a ponto de acreditar que toda pressão social seja sempre ruim. Pelo contrário, nosso desejo de vermo-nos favoravelmente refletidos na estima de terceiros é fonte de honra e de outras qualidades de valor. Por exemplo, quando Macduff responde à sugestão de Malcolm que eles simplesmente lastimassem seu destino como vítimas de Macbeth, ele diz:

> Não! Saquemos da espada cortadora e, como bravos, amparar
> procuremos nossa pátria que ameaça desabar.

Homens bons, ele sugere, estão engajados em um empreendimento comum, fortalecidos por valores que mantêm em comum. Quando Siward ouve que seu filho foi morto na batalha final para derrubar Macbeth, ele diz:

> Que soldado de Deus, então se torne. Se tantos filhos eu tivesse
> quanto cabelos, não quisera mais bonita morte para nenhum.

Sem as virtudes sociais da honra e da obediência ao dever, o jovem Siward poderia ter fugido e salvado a própria pele – como, de fato, poderiam ter feito todos os outros, deixando Macbeth ainda no poder. Foi o fato de sua morte ter representado um sacrifício exemplar que deu a ela significado, e esse significado coloca um limite no sofrimento do pai.

Macbeth está ciente, ao longo de toda a peça, que aquilo que fez é moralmente errado; ele nunca afirma (como fazem muitos relativistas modernos) que é justo infringir, e que a infração é justa. Ele, portanto, refuta por si só a teoria platônica de que o mal seja o desconhecimento em relação ao bem. Ao contrário de sua mulher, ele nunca se engana a ponto de achar que um pouco d'água pode purificá-los de seus feitos. Pelo contrário, logo depois de assassinar Duncan, ele sabe que está comprometido de um modo irremediável:

> Todo o oceano do potente Netuno poderia de tanto sangue a mão
> deixar-me limpa? Não; antes minha mão faria púrpura do mar
> universal, tornando rubro o que em si mesmo é verde.

Assim sendo, ele prontamente se arrepende daquilo que fez, como diz quando ouve o bater do portão depois do assassinato:

"Desperta, Duncan, com tuas batidas: queira Deus que seja possível".

Ele sabe que Macbeth não mais dormirá. Com o seu ato inicial de crueldade, ele comprometeu a si mesmo a uma jornada desesperada e passa a invejar suas próprias vítimas:

> Muito melhor fora estar com o morto que, para nossa própria
> paz, mandamos para o seio da paz, do que vivermos no banco de
> tormento de nossa alma, numa angústia sem fim.

A flecha do tempo voa numa só direção. Em muitas ocasiões, Macbeth faz referência à inalterabilidade daquilo que já está feito. Um pensamento desconcertante quando uma incontinente confissão pública está na moda, como se meras palavras automaticamente desfizessem o dano, transformando o ruim em bom. O mal, uma vez cometido, apresenta uma própria e inescapável lógica, como Macbeth notoriamente descobre:

> A tal ponto atolado estou no sangue que, esteja onde estiver, tão
> imprudentemente será recuar como seguir à frente.

Macbeth profere a frase-chave de toda a peça quando sua esposa o humilha, incitando-o a assassinar Duncan:

> Queres vir a possuir o que avalias como ornamento máximo da
> vida, mas qual poltrão viver em tua estima, deixando que um "Não
> ouso" vá no rasto de um "Desejara".

Ao que ele responde:

> Paz, te peço. Ouso fazer tudo que faz um homem; quem fizer mais,
> é que deixou de sê-lo.

Em outras palavras, existe uma fronteira que, uma vez cruzada, priva o homem de sua humanidade completa. Fronteiras são aquilo que nos mantêm humanos, e não podem ser levianamente atravessadas. Esse é o motivo pelo qual a admiração da transgressão na arte é tão profundamente frívola. Assim como é também a razão pela qual a mais notória assassina britânica, Myra Hindley, que acabou de morrer, ficou apropriadamente na prisão até sua morte. Ela e seu parceiro, Ian Brady, torturaram e mataram por capricho inúmeras crianças, durante a primeira metade da década de 1960. Mesmo assim, ela dedicou boa parte de sua vida na prisão para fazer campanha por sua libertação. Ela insistia que havia mudado; pagara sua dívida para a sociedade há muito tempo.

Mas a vida não se confunde com um registro contábil. Nenhuma quantidade de anos na prisão se equivale ao assassinato e à tortura de crianças: caso isso fosse possível, o período de detenção poderia ser antecipado, e a pessoa, quando o tivesse cumprido, estaria autorizada a cometer crimes. As vítimas de Hindley estavam mortas e não podiam ser ressuscitadas; ou seja, ela não poderia desfazer o que havia cometido.

Macbeth nos alerta para que preservemos nossa humanidade ao aceitarmos limites para nossas ações. Como diz Macduff a Malcolm, quando o último se apresenta como um libertino sem coração:

A licenciosidade é tirania da própria natureza.

Somente se obedecermos às regras – as regras que contam – poderemos ser livres.

2003

Sexo e o Leitor de Shakespeare

Como qualquer outra coisa, as peças de Shakespeare também estão sujeitas aos modismos. Durante uma produção de *Hamlet* em um dos teatros que costumo frequentar, o príncipe estuprava Ofélia no palco, o que explicaria o porquê de ela haver se tornado desequilibrada a qualquer público politicamente correto. Ao menos, compreendia-se por que ela cantarolava trechos de antigas canções, como faria alguém que se tornara inválido diante dos traumas sofridos. Tudo indica que Shakespeare pode ser adaptado para servir quase qualquer agenda.

Durante a maior parte dos últimos quatro séculos, desde que foi encenada pela primeira vez, *Medida por Medida* recebeu poucas críticas positivas, sendo inclusive desprezada. Dryden, Dr. Johnson e Coleridge – críticos aguçados –, todos os três detestavam-na. Dryden escreveu que era "fundada em impossibilidades, ou ao menos tão mal escrita que a comédia não era capaz de provocar nem divertimento e tampouco reflexão". Dr. Johnson afirmava que nessa peça, Shakespeare "não faz uma justa distribuição do bem e do mal [...] ele carrega seus personagens indiferentemente pelo certo e pelo errado, e no final os desconsidera sem maiores preocupações". Coleridge a chamava de "a parte mais dolorosa – ou melhor, a única parte dolorosa – de sua obra genial".

Mas, subitamente, na segunda metade do século XX, tornou-se um de seus trabalhos mais convincentes e intrigantes. As questões que levanta — em que medida o Estado tem o direito ou o dever de impor um código moral sobre o comportamento sexual de seus cidadãos e, de forma ainda mais profunda, como é possível humanizar a paixão sexual? — Essas questões parecem ser mais relevantes a nós agora do que em qualquer outra época desde então. No dia a dia como médico, por exemplo, vejo os resultados de paixões descontroladas e, por consequência, incontroláveis; ou seja, o corolário de assassinato, violência física e miséria.

Como de costume, as respostas de Shakespeare às questões que ele levanta são sutis, muito mais sutis do que aquelas que qualquer ideólogo ou teórico abstrato poderia conceber, pois ele é um realista sem o cinismo e um idealista sem a utopia. Ele sabe que, entre os homens, a existente tensão de como são e como devem ser permanecerá eternamente tensionada. Portanto, a imperfectibilidade humana não pode ser desculpa para uma permissividade total, da mesma forma que as imperfeições humanas não justificam uma intolerância inflexível.

Vicêncio é o duque de Viena, um soberano que detém um poder indiscutível, e que por consequência gera muita responsabilidade. Infelizmente, as coisas saíram do controle, e seu governo permitiu que as leis contra a imoralidade perdessem a graça. Os vienenses fazem aquilo que lhes agrada e ele está insatisfeito com os resultados:

> Possuímos estatutos rigorosos e leis muito severas — brida e freio
> para corcéis rebeldes — que se encontram dormindo há quatorze
> anos como um velho leão que não deixa a toca pela caça. Dá-se
> conosco como esses pais por demais amorosos, que penduram
> ameaçadoras varas de vidoeiro só para serem vistas pelos filhos;
> para medo infundir, não para usá-las. Com o tempo, tornam-se
> essas varas simples causa de zombarias, não de medo. Assim nossos
> decretos; se estão mortos para serem cumpridos, não têm vida:
> da injustiça a impudência frene zomba, as crianças dão nas amas,
> soçobrando, por fim todo o decoro.

O duque percebe que alguma coisa precisa ser feita, mas ele não será o homem a realizar tal tarefa.

Tendo sido minha culpa e o povo desenfrear-se, fora muita dureza castigá-los pelo que permiti que eles fizessem, sim, que é deixar que as faltas circulem livremente sem que o mesmo se passe com o castigo. Esse o motivo, meu bom padre, de eu haver delegado [...].

Ele, portanto, propõe deixar Viena por um tempo, dizendo que ficará ausente ao sair em longa viagem, mas na verdade disfarçando-se de frade a fim de observar o que acontece na cidade durante sua suposta ausência. Como seu interino, ele designa Ângelo, um homem de inflexível princípio moral. Com um personagem de índole semelhante à dos puritanos, a influência de Shakespeare na Corporação de Londres cresceu na época em que *Medida por Medida* foi encenada pela primeira vez. Isso era necessário, pois, ao ver a arte dramática e os teatros como elementos nocivos à virtude e a incitadores dos vícios, os puritanos desejavam fechá-los – o que representava uma direta ameaça tanto à arte de Shakespeare quanto à sua subsistência.

Ângelo desdenha da fraqueza humana. Segundo o duque:

"[...] Lorde Ângelo é formal e da inveja se resguarda; mal confessa que o sangue nele corre e que o pão lhe é mais grato que a pedra. Vamos ver se o poder inverte o intento dos homens e o que em nós é fingimento.

Após ter o poder conferido pelo duque, Ângelo decreta que todos os bordéis de Viena sejam fechados e demolidos. Ele ordena que Cláudio, "um jovem cavalheiro", seja preso, condenando-o à morte por ter engravidado sua amada Julieta, com quem prometera casar-se. Isso estaria em estrita obediência com a lei contrária à fornicação.

Isabela, a irmã mais jovem de Cláudio, de casta beleza, que acabara de entrar num convento como noviça, vai implorar a Ângelo pela vida do irmão. Num primeiro momento, ele recusa prontamente o pedido; mas logo depois ele descobre quão semelhante é aos outros homens e começa a desejá-la ardentemente. "Até esse instante", ele fala em solilóquio, "Só para sorrir do amor eu era constante".

Ele propõe poupar a vida de Cláudio se Isabela deitar-se com ele. Isabela fica horrorizada; mas depois de muitas maquinações sugeridas pelo duque disfarçado de frade, fica combinado que Ângelo dormirá com sua antiga noiva, Mariana, a qual ele repudiara cruelmente quando seu dote fora perdido no mar. Todavia, depois de ter feito isso – acreditando ter se deitado com Isabela –, ele recupera sua antiga convicção e ordena que Cláudio seja executado. Conselhos posteriores do duque previnem esse desastre. O duque retorna a Viena e expõe publicamente Ângelo como vilão hipócrita, condenando-o à morte – daí o título *Medida por Medida*. Todavia, Ângelo é poupado em função das rogativas de Mariana e de Isabela, que intercedem por ele. Ele se casa com Mariana, o duque se casa com Isabela, e Cláudio se casa com sua Julieta. O puritanismo é sonoramente derrotado, e tudo fica bem quando termina bem.

Medida por Medida foi a primeira peça de Shakespeare com produção profissional a que assisti. Isso foi em 1962. Meu pai me levara até Stratford para que eu pudesse vê-la durante as férias escolares. Não creio que na época tenha assimilado muito seu apelo moral e certamente não tinha como perceber que as questões abordadas seriam tão importantes em minha futura vida profissional. A peça deve ter sido uma experiência um tanto quanto desagradável para meu pai, um mulherengo inveterado, devido aos seus pronunciamentos sérios, universais e quase puritanos.

Todavia, ainda me lembro do personagem Ângelo, estrelado por Marius Goring, na época um respeitado ator de teatro que também era conhecido na TV. Quando soube da sua morte em 1998, aos 89 anos, mais de trinta anos depois de vê-lo atuar no palco, em minha imaginação ele ainda vestia a indumentária de Ângelo, uma túnica burgúndia de veludo.

Por uma estranha coincidência, o pai de Goring, Charles Goring, havia sido um médico penitenciário, como eu mesmo me tornaria anos mais tarde. O Dr. Goring escreveu uma obra extensa intitulada *The English Convict*, cujo propósito central era o de refutar a teoria criminológica da época, baseada no positivismo italiano. O mais notório proponente dessa teoria, Cesare Lombroso, defendia que o comportamento criminoso apresentaria características biológicas reconhecíveis por meio de sinais físicos, como uma testa inclinada ou uma excessiva proximidade entre os olhos. O Dr. Goring mediu centenas de prisioneiros ingleses, da cabeça aos pés, ministrando-lhes baterias de testes, correlacionando todas as medidas entre si e concluindo que, medida por medida, não existiria nenhum fundamento para uma tipologia biológica do crime.

Na época, o argumento ganhou terreno de forma decisiva: os criminosos se constituem como tal, mas não nascem como tal. Mas nenhuma refutação de uma teoria tão ampla como o positivismo italiano consegue ser completamente definitiva e, desde então, teorias biológicas sobre o comportamento criminoso têm retornado de forma vigorosa, embora equivocada. A hereditariedade da criminalidade e a neurobiologia da aquisição ilícita e da agressão tornaram-se, novamente, temas de pesquisa respeitados. Mesmo assim, nunca conseguem responder à importante pergunta do motivo pelo qual algumas épocas ou populações estarem mais tomadas pelo crime do que outras.

A relação entre o biológico e o social, entre o animal e o humano, é o tema central de *Medida por Medida*, como também foi o trabalho menos inspirado, mas ainda importante, do Dr. Goring. E Shakespeare certamente atribui à biologia o seu devido valor. Sua peça não é apenas antipuritana, pois reconhece explicitamente, sem qualquer censura, a força do impulso sexual e o intenso prazer que ele oferece. Os personagens cômicos da peça (*Medida por Medida* é considerada comédia, embora seu tema seja de grande seriedade, e um desfecho trágico seja corretamente evitado) são quase inocentes em sua animada entrega à fornicação, tida como uma característica bem-vinda e permanente da existência humana. A alcoviteira Overdone, proprietária da estalagem em cuja hospedaria também funciona um bordel, do qual ela se faz cafetina; Pompeu, o seu criado; e Lúcio, "um folgazão", sem dúvida passam longe de se afundar nas mesmas profundezas malignas em que cai Ângelo, em função do inevitável conflito gerado entre seus princípios inflexíveis e sua própria natureza humana. Melhor certa flexibilidade moral do que uma completa rigidez. Além do mais, uma noite na companhia dos primeiros personagens seria infinitamente mais divertido do que uma noite com Isabela, mesmo ela se mostrando moralmente perfeita. E se eu pudesse adivinhar qual seria a atitude pessoal de Shakespeare em relação à Sra. Overdone e seus comparsas, aposto que seria de afeição, não de indignação.

Não faltam a esses personagens *insights* sobre a natureza humana. Quando a alcoviteira Overdone toma ciência de que Ângelo ordenara que "todas as casas [bordéis] nos subúrbios de Viena serão demolidas", Pompeu a consola dizendo:

> Vamos, nada de medo; os bons conselheiros terão sempre clientes; ainda que venhais mudar de lugar, não tereis necessidade de mudar de profissão.

Sabendo-se que a natureza humana não mudará, a profissão mais antiga do mundo sobreviverá, pouco importando se as leis de momento estão contra ela. De forma semelhante, quando Lúcio, um libertino socialmente mais bem posicionado do que a alcoviteira Overdone e Pompeu, conversa com o duque (no momento ainda disfarçado de frade) a respeito do senhor Ângelo, ele sugere que "um pouco mais de indulgência com a luxúria não lhe faria qualquer mal". O duque responde: "É um vício já muito alastrado, e a severidade deve curá-lo". Dotado de um realismo sagaz, Lúcio diz algo cuja verdade apenas um homem iludido por seu entusiasmo moral, como é o caso de Ângelo, não reconheceria imediatamente: "Não será possível extirpá-lo, irmão, enquanto for permitido comer e beber". A luxúria brota eternamente.

No entanto, Shakespeare não encerra a discussão nesse ponto. Ele não diz e tampouco sugere que a luxúria sendo eterna — uma vez que não pode ser definitivamente extirpada — faz com que todas e quaisquer relações sexuais sejam perfeitamente corretas e moralmente equivalentes. Por exemplo, não creio que Shakespeare enxergaria a sexualidade sem restrições da Grã-Bretanha de nossos tempos — com sua colheita de abusos e descuidos infantis, ciúmes mórbidos, violência sexual e selvageria egocêntrica — com a mesma passividade complacente da *intelligentsia* britânica. Pelo contrário, ele a abominaria, pois suas consequências nefastas são exatamente aquelas que ele vê espreitando a natureza humana, caso não existam controles civilizacionais. Shakespeare não é um partidário do nobre selvagem a viver de acordo com seus instintos. Em vez disso, é o selvagem no homem que ele teme e detesta. O serviço que a alcoviteira Overdone oferece funciona como válvula de escape — e de fato, isso é necessário – mas não serve como modelo para todas as relações íntimas, o que representaria o primor da perdição.

Na verdade, nenhum dos personagens principais na peça considera o sexo como mera função biológica ou animal e, portanto, destituído de qualquer implicação moral. Enxergar o sexo exclusivamente como um problema moral, um impulso a ser reprimido a todo custo, como faz Ângelo, constitui uma deformação igual àquela de quem o vê sem qualquer implicação moral. Um excesso de rigor leva a uma desumanização tão certeira quanto sua total ausência. Por causa de seu excessivo zelo moral, as relações de Ângelo com as mulheres ou são friamente contratuais, como no rompimento de seu noivado com Mariana, ou aquela do estuprador, quando o impulso natural torna-se demasiadamente forte para ser controlado.

Cláudio, a primeira vítima do zelo desumano de Ângelo, não nega o conteúdo moral das relações sexuais e justifica a gravidez de Julieta assim:

Entrei na posse do leito de Julieta após promessa muito sincera.
Sabeis quem ela seja: quase minha mulher. Só carecemos de
proclamas e de atos exteriores.

Seu amor por Julieta e sua promessa sincera de casar-se com ela, portanto, justifica sua conduta para si mesmo e – como ele espera – também para os outros. Mas uma justificativa como essa é oferecida apenas quando se percebe que não se agiu bem, ou, ao menos, que se comportou abaixo do ideal, em primeiro lugar. Portanto, Cláudio não está alegando que ele seja inocente, apenas que seu pecado, de não ter esperado que todas as formalidades fossem completadas, não constitui um pecado mortal. E obviamente inclinamo-nos a concordar, pois, caso contrário, a desproporção entre a sua ação e a punição proposta por Ângelo não nos chocaria tanto, e a tensão seria retirada da peça. (Talvez não seja coincidência que Anne Hathaway tenha dado à luz o primeiro filho de Shakespeare apenas seis meses depois de terem se casado.) Se Ângelo tivesse simplesmente multado Cláudio e lhe passado um belo sermão, o drama teria se encerrado ali. Todavia, embora Cláudio admita sua culpa, ele também sublinha que foi vítima do clima de libertinagem de Viena. Quando Lúcio o vê sendo levado à prisão, ele pergunta a Cláudio "Por que estás preso?"

Liberdade demais, Lúcio; excessiva. Do mesmo modo que comer à farta longo jejum engendra. A intemperança nos prazeres nos tolhe a liberdade.

Como todo mundo em Viena, Cláudio tirara vantagem de sua liberdade sem pensar muito nas consequências:

Tem sede a natureza – como os ratos que em seu próprio veneno se comprazem – de algo diabólico; e, ao beber, morremos.

Em outras palavras, é preciso colocar restrições sobre nossas inclinações naturais, as quais, se deixadas ao seu próprio capricho, não nos levam automaticamente a fazer o que é bom para nós; mas, de fato, geralmente nos conduzem ao mal. Essas restrições não são apenas necessárias, mas trata-se de uma condição indispensável para a existência civilizada.

Claro, Isabela, a irmã de Cláudio, desaprova as relações sexuais fora do casamento. Quando ela procura Ângelo para lhe implorar pela vida de seu irmão, ela começa dizendo:

Há um vício que abomino mais que todos e que quisera ver sempre punido; não desejara interceder por ele, mas agora é preciso.

Mais tarde, quando visita seu irmão na prisão para lhe contar sobre a cruel proposta de Ângelo, Isabela fica horrorizada ao ver que Cláudio, depois de uma breve resistência, sugere que, afinal de contas, sua vida é mais importante do que a castidade dela. Portanto, ela deveria assentir. Indignada com o irmão, ela responde:

Oh, que vergonha! Teu pecado não é mais acidente, é hábito.
A clemência no teu caso se tornará terceira. É melhor mesmo
que pereças quanto antes.

Essas são as últimas palavras que ela dirige ao irmão na peça. Os críticos modernos consideram a defesa feroz que Isabela faz da própria castidade, mesmo ao custo da vida de seu irmão, enigmática e desproporcional, sentenciosa e indigesta.

No entanto, essa interpretação mostra uma falta de compreensão e de imaginação histórica. Durante grande parte da história, a castidade foi honrada como uma virtude importante, precisamente porque serve para controlar e civilizar as relações sexuais. Ela também pode ser supervalorizada de forma terrível. Por exemplo, na semana passada um refugiado muçulmano na Grã-Bretanha cortou a garganta de sua própria filha de dezesseis anos, deixando-a sangrar até a morte, porque ela se vestira em trajes ostensivamente ocidentais e tivera relações sexuais com seu namorado. Mas Isabela sabe que uma sociedade que não atribui qualquer valor à castidade também não atribuirá muito valor à fidelidade, e então cairemos no "está tudo liberado" e seus decorrentes problemas. Ela não teme apenas por sua alma caso peque, mas por toda sociedade.

Mas, se as virtudes e os ideais (todos os quais são impossíveis de se alcançar em estado de perfeição) fazem parte daquilo que nos torna humanos, Shakespeare sugere que eles também devam ser proporcionais. No final da peça, Isabela abre mão de sua castidade e se casa com o duque, sugerindo que existe um tempo e um lugar para esse tipo de contenção, e que essa virtude não pode abarcar todo o curso da vida humana. Levada ao extremo, a castidade deixa de ser uma virtude e torna-se, se não um vício, ao menos um estímulo a ele. Se Ângelo não fosse tão militantemente casto, sua cruel proposição a Isabela teria sido muito menos provável.

Talvez, de forma ainda mais surpreendente, Lúcio, o fanfarrão e libertino, também contempla o valor da castidade. Quando ele se aproxima de Isabela para pedir-lhe que vá ter com Ângelo ao implorar pela vida do irmão, ele diz (e não há qualquer indício que ele a esteja bajulando):

Considero-vos algo celeste sacro que a renúncia do mundo imortaliza
e a quem nos cumpre falar sempre veraz como a uma santa.

Essas não são palavras de alguém que consideraria o sexo destituído de quaisquer implicações morais. Pelo contrário, são as palavras de alguém que adota a visão de São Paulo sobre o sexo, como um logro inevitável, porém desgostoso, o qual a maior parte das pessoas é muito fraca para evitar, incluindo Lúcio. Todavia, sua própria conduta é uma prova viva da impossibilidade de se impor a visão paulina pela força, como Ângelo procura fazer.

A chave da peça é um discurso que o duque, ainda disfarçado de frade, dirige a Pompeu, o criado da alcoviteira Overdone. É preciso lembrar que o duque é o responsável pela lassidão moral de Viena, mas sua prévia relutância em tornar obrigatórios os "estritos estatutos e as leis mais severas" não se dá por causa de uma crença ideológica de que deveria ser permitido que as pessoas fizessem tudo o que tivessem vontade. Mas, em vez disso, ele pecou por falta de atenção, fraqueza e covardia, e talvez um desejo de ser popular. Ele mesmo não é licencioso, caracterizando-se como um homem estudioso e cultivado, tampouco aprova a licenciosidade nos outros. Ele, então, diz a Pompeu:

> Fora o tunante! Um vil alcoviteiro! O mal que por tua causa se pratica é teu meio de vida. Pensa apenas no que seja entupir essa barriga ou as costas cobrir graças ao vício. Dize para ti mesmo: vivo apenas de seus toques bestiais e abomináveis; deles me visto, bebo e me alimento. Julgas que seja vida tua existência tão malcheirosa? Vamos, arrepende-te.

Isso não é simples retórica: o duque, ainda disfarçado de frade e agindo, presumidamente, com base em sua autoridade religiosa, arrasta Pompeu para a prisão.

A palavra-chave é "bestial": seus toques bestiais. Por bestialidade o duque quer dizer a sexualidade sem as qualidades humanas do amor e do comprometimento: pois, sem amor, o sexo se torna uma mera atividade animal — bestial no sentido mais literal do termo. E, como a premissa da peça esclarece, o animal triunfa sobre o humano quando leis e instituições se tornam muito frágeis. O bebê não é socializado pela enfermeira, mas ele a agride toda vez que se percebe contrariado em seu desejo, que na infância só pode ser instintivo. É somente ao ter o desejo contrariado, e dessa forma aprendendo a controlá-lo — em outras palavras, sendo civilizado — que os homens se tornam inteiramente humanos.

Desse modo, Shakespeare não é um puritano — ele certamente não acha, já que existe uma coisa como virtude, que não deva mais haver doces e cerveja — e não se faz totalmente latitudinário em questões morais. Por um lado, o utópico esquema de Ângelo de "extirpar completamente" está destinado a naufragar ao se chocar com a rocha da natureza humana, incluindo-se a própria natureza humana dos puritanos, como a história comprova. Por outro, uma completa entrega aos instintos leva à bestialidade e, portanto, a um encurtamento da personalidade humana. Dessa forma, Shakespeare se coloca entre os totalitários utópicos e os libertários fundamentalistas. Ele não nos fornece respostas fáceis às questões que nos confrontam agora e que sempre nos confrontarão. Seu chamado não implica nem uma severidade e uma repressão draconiana nem uma total leniência e permissividade, as duas tentações daqueles que gostam de argumentar do ponto de vista dos primeiros princípios. Ele nos convida ao senso das proporções, ou seja, à humanidade. Devemos reconhecer tanto as limitações a nós impostas pela nossa natureza como, ao mesmo tempo, não podemos desistir de nosso esforço em controlar os impulsos. Caso fracassemos em quaisquer dos dois, inevitavelmente sucumbiremos a uma bestialidade ideológica ou instintiva – ou cairemos na curiosa realização de nossa época, que sucumbe a ambas.

2003

O Que Há de Errado com Nádegas Reluzentes?

Uma cultura grosseira gera um povo vulgar, e o refinamento privado não consegue sobreviver por muito tempo aos excessos públicos. Há uma lei de Gresham que vale tanto para a cultura quanto para o dinheiro: o ruim expulsa o bom, a menos que o bom seja defendido.

Em nenhum outro país o processo de vulgarização foi mais longe do que na Grã-Bretanha: nisso, ao menos, somos os primeiros no mundo. Uma nação até não muito tempo atrás notória pelas restrições de seus hábitos se tornou conhecida pela vulgaridade de seus apetites e por suas desavergonhadas e antissociais tentativas de satisfazê-los. O alcoolismo em massa passou a ser visto em abundância nos finais de semana, no centro de cada uma das cidades da Grã-Bretanha, de modo que viver nelas tem se tornado insuportável até mesmo às pessoas mais humildes. E o alcoolismo caminha de mãos dadas com os relacionamentos grosseiros, violentos e superficiais entre os sexos. A bastardia generalizada da Grã-Bretanha não é sinal de um aumento da autenticidade de nossas relações humanas, mas uma consequência natural do hedonismo sem limites, que conduz rapidamente ao caos e à miséria, especialmente entre os mais pobres. Livre-se das regras, e a discórdia violenta virá em seguida.

Curiosamente, a revolução nos hábitos britânicos não veio por meio de qualquer erupção vulcânica das bases; ao contrário, veio como extensão do pensamento da elite intelectual, que começou a desprezar a tradição. Ela ainda age dessa forma, embora hoje restem poucas coisas para se desprezar.

Por exemplo, a lascívia escancarada da imprensa britânica ao tratar das vidas privadas das personalidades públicas – especialmente dos políticos – tem um objetivo ideológico: subverter o próprio conceito de virtude e negar a possibilidade de sua existência. Portanto, negar a necessidade de um comportamento contido. Segundo essa lógica maliciosa, se cada pessoa que visa defender a virtude for pega com as mãos sujas (quem de nós não as teria?), ou se fosse descoberto que ela se entregou em algum momento de sua vida a um vício que se opõe à virtude defendida por ela, então, a virtude, em si mesma, será exposta como nada mais do que pura hipocrisia; por consequência, poderemos nos comportar exatamente como bem entendermos. A atual falta de compreensão religiosa sobre a condição humana – que o homem é uma criatura caída para o qual a virtude é necessária, embora nunca completamente alcançável – representa uma perda, e não um ganho, para uma verdadeira sofisticação da vida. Seu substituto secular – a crença na perfeição da vida na Terra por meio da extensão sem limites do leque dos prazeres – não é apenas imaturo por comparação, mas muito menos realista em sua compreensão da natureza humana.

É nas artes e nas páginas de nossos jornais que uma incessante exortação para o fim da polidez – o que caracteriza uma cruzada da elite e seu irreflexivo antinomianismo – torna-se absolutamente visível. Tomemos, por exemplo, o caderno de cultura de um exemplar recente do *Observer*, o jornal liberal de domingo mais prestigiado da Grã-Bretanha. Os dois artigos de maior destaque e mais chamativos do caderno celebravam o cantor pop Marilyn Manson e o escritor Glen Duncan.

Do cantor pop, a crítica do *Observer* dizia:

> A habilidade de Marilyn Manson para chocar balançou como um pêndulo durante uma ventania. [...] Ele parecia, num primeiro momento, realmente assustador, quando saiu arrebentando de [sua] nativa Flórida e declarou guerra a tudo o que a América média valoriza. Manson conta convincentes histórias sobre fazer felação com cadáveres desenterrados só para se divertir. [...] mas [...] a autobiografia

de Manson revela um homem inteligente e engraçado – mesmo que gostasse de cobrir com carne crua suas fãs portadoras de deficiência auditiva enquanto transava com elas. Ele se tornou um artista, em vez de a encarnação do mal. Grupos religiosos ainda se mobilizam e protestam em suas turnês, principalmente aquelas que ecoam um teor nazista. Mas qualquer tolo perceberia que Manson estava chamando atenção para um ponto importante sobre as turnês de rock e o comportamento de massa, como também flertando com o estilo fascista.

A autora da resenha – a qual hesita fastidiosamente em usar a palavra "surda" para as portadoras de deficiência auditiva, mas não parece se importar muito se essas fãs estão sendo exploradas em pervertidas gratificações sexuais – faz um grande esforço para informar ao leitor que ela não é atrasada e ingênua como o norte-americano médio, a ponto de achar que todo o espetáculo de Manson é nojento; por exemplo, ao rebater a crítica que se faz quando se usa o nome de um assassino sádico e genocida para triviais propósitos publicitários.

Reagir de uma forma mais crítica significaria afastar-se de sua casta, ficar do lado dos desajeitados e solenes cristãos, em vez de alinhar-se com os adoradores seculares do demônio – embora a determinação de não se chocar com nada, não se opor a nada, seja em si, certamente, uma convenção. Parece que está além do alcance da imaginação e da sensibilidade desse tipo de crítica perceber que as pessoas que realmente lutaram contra o fascismo, que arriscaram suas vidas e que perderam compatriotas ao fazerem isso, ou que sofreram sob o jugo fascista, possam achar o conceito de flerte com o estilo fascista não apenas ofensivo, mas um motivo real de desespero nos últimos anos de suas vidas. Fascismo não pode jamais estar na moda.

O "qualquer tolo" da última frase é uma forma sutil de esnobismo e de lisonja intelectual, visando sugar o leitor para o círculo encantado da sofisticada e desabusada elite intelectual – os entendidos e os *cognoscenti*, que superaram julgamentos e princípios morais, que não se enganam mais pelas meras aparências, e que não condenam segundo modelos ultrapassados de pensamento. São os que se fazem, portanto, imunes em relação a essas insignificantes e opressivas considerações de decência pública. Não ocorreu à jornalista – tampouco importaria a ela caso ocorresse – que naquela plateia, na qual o fascismo era flertado, poderia ser o caso de não haver "qualquer tolo", mas muitos tolos, todos aqueles que não conseguiram perceber a "sacada" irônica por trás do flerte, e que abraçariam o fascismo sem qualquer ironia. Não faz muito tempo um jornal me pediu que eu fosse a um "espetáculo" a fim de escrever uma matéria sobre um grupo cuja principal atração era o fato de urinarem e vomitarem sobre o público. Eles também agrediam verbalmente as pessoas, chamando-as a todo o momento de "filhas da puta". Milhares de pessoas assistiram a esse "espetáculo" – na realidade, uma parede de reverberação acústica a despejar um ensurdecedor, eletrônico e discordante barulho pontuado por refrões obscenos – dentre as quais havia centenas de crianças de até seis anos. Para essas desafortunadas crianças, isso não representava uma *nostalgie de la boue*, mas significava uma total imersão na própria lama, a lama na qual viviam e respiravam, e de onde forjavam sua existência cultural; a lama da qual é altamente improvável que consigam sair. Qualquer tolo perceberia que aquilo não era um espetáculo adequado para as crianças, mas muitos tolos – os pais delas – não perceberam.

A entrevista que o *Observer* fez com o autor, Glen Duncan, foi intitulada "Escuras e Satânicas Emoções", e a entrevistadora se viu "agradavelmente chocada" com o sadomasoquismo do trabalho de Duncan – o que implica dizer que qualquer outro tipo de choque que não fosse prazeroso estaria abaixo da dignidade de alguém da sua casta. "[Ele] ousou penetrar ainda mais fundo na floresta obscura da violência sexual e da crueldade", indo mais longe que outra grande autora da literatura sadomasoquista, Mary Gaitskill – de fato um elogio, uma vez que Gaitskill tem sido aclamada pela crítica por seu "desavergonhado flerte com os tabus" (oh, quão sedutores eles são, nossos *literari*, fascinados pelos tabus como moscas pelo esterco), "sua explícita clareza na exposição dos mais sórdidos detalhes". Para essa gente, não existe nada mais chique ao expor a liberdade, a maturidade e o autoconhecimento humanos do que uma pitada de detalhes sórdidos, embora, é claro, talvez você nunca consiga ser suficientemente desavergonhado nem satisfatoriamente sórdido.

É preciso esclarecer que a descrição gráfica que o Sr. Duncan faz das práticas sadomasoquistas não pode ser vista como lasciva ou mesmo sensacionalista; que os céus nos protejam de pensamentos "grosseiramente reducionistas": "embora" – falando sinceramente, já que pessoas maduras podem lidar com qualquer verdade – "trata-se de um potencial best-seller para os editores". As cenas sexuais, "não recomendadas para os de coração mais fraco" (como aquelas pessoas que, por exemplo, não consideram o fascismo um tema adequado para uma abordagem meramente estilística), têm um grande apelo filosófico, e não meramente comercial. Como o autor diz à entrevistadora, no sentido de consolidar, acima de qualquer suspeita, sua reputação como pensador sério: "Situações de merda acontecem, e eu quis que o narrador soubesse como lidar com situações como essas". Portanto, que fique claro, as cenas sexuais não são gratuitas, muito menos seria o caso de serem meras campanhas publicitárias – e, certamente, tampouco são o resultado da escolha humana (situações de merda não se escolhem: apenas acontecem; é inevitável) – elas levantam, no entanto, importantes questões metafísicas a respeito dos limites do permissível.

É possível definir com precisão quando teve início esse espiral decadente da cultura? Quando perdemos de forma absoluta o tato, o refinamento e a compreensão sobre algumas coisas que não podem ser ditas ou diretamente representadas? Quando foi que paramos de saber que, ao dignificar certas formas de comportamento, maneiras e modos de vida por meio de representações artísticas isso implicaria, ao menos implicitamente, glorificá-los e promovê-los? Como diz Adam Smith, há uma porção de ruína em cada nação, e essa verdade se aplica tanto à cultura de uma nação quanto à sua economia. O trabalho de destruição cultural, embora frequentemente mais rápido, fácil e mais autoconsciente do que o trabalho de construção, não é o trabalho de um momento. Roma não foi destruída em um dia.

Em 1914, por exemplo, Bernard Shaw causou grande sensação ao atribuir à personagem Eliza Doolittle a frase "Not bloody likely!"[1] que seria

---

[1] No caso, o termo "bloody" indica uma linguagem baixa, em gritante contraste com o "not likely", uma expressão formal. O sentido cômico é dado exatamente

encenada nos palcos de Londres. É claro que a sensação criada na época por essa inócua e mesmo inocente exclamação dependia inteiramente, para o seu efeito, da convenção que ela ridicularizava. Mas aquelas pessoas que ficaram escandalizadas com a frase (as pessoas que em geral são consideradas caretas) compreenderam instintivamente que o raio não cai duas vezes no mesmo lugar, e que qualquer outro autor que procurasse criar outra grande sensação no futuro teria que ir muito além do "not bloody likely!". Uma lógica de quebra de convenção fora estabelecida, de modo que dentro de algumas décadas ficou difícil produzir qualquer nova sensação, a não ser usando-se meios progressivamente mais extremos.

Todavia, se existisse um único evento que pudesse ser estabelecido como o fundador da mentalidade da safadeza literal como o ideal do esforço artístico, ele provavelmente seria o celebrado julgamento, em 1960, da editora Penguin pela publicação de um livro obsceno, a versão sem censura de O *Amante de Lady Chatterley*, de D. H. Lawrence. O julgamento impunha a questão de que tanto o tato quanto as contenções culturais poderiam ruir na ausência de sanções legais. O frequentemente ridicularizado promotor da época, Mervyn Griffith-Jones, compreendera muito bem essa questão e aconselhou particularmente o governo da época que, se a publicação de O *Amante de Lady Chatterley* não fosse legalmente impedida, ou se o caso fosse perdido, isso significaria o colapso das leis contra a obscenidade. Fazendo uma adaptação superficial do famoso ditado de Dostoiévski, a respeito das consequências morais da não existência de Deus, se O *Amante de Lady Chatterley* fosse publicado, qualquer coisa poderia ser publicada.

A editora Penguin há muito queria publicar esse romance de Lawrence, mas decidira concretizar esse desejo somente em 1960 porque o Parlamento fizera, no ano anterior, alterações nas leis que regiam o controle da obscenidade. Essas leis, cujo explícito propósito seria o de suprimir a

---

pela oposição entre os dois termos. Em português teríamos algo como "Essa porra é pouco provável!". A referência é à comédia *Pigmaleão*, de George Bernard Shaw, quando a personagem, que está sendo treinada para falar como uma aristocrata, perde a compostura. Mais tarde, essa peça seria adaptada ao cinema em *My Fair Lady*. (N. T.)

pornografia, ao mesmo tempo que protegeria a literatura, reteve mais ou menos a definição anterior de obscenidade como algo que, tomado no seu todo, tendia à corrupção e à depravação. Mas, pela primeira vez, a lei continha uma provisão segundo a qual os interesses artísticos, literários ou científicos poderiam se sobrepor ao objetivo de se prevenir a depravação e a corrupção. Além do mais, a lei autorizava a convocação de evidência "especializada" na defesa do mérito artístico ou literário de uma obra alegadamente obscena. A sincronia com que a editora Penguin propôs a publicação de O *Amante de Lady Chatterley* sugere, claramente, que a empresa sabia que aquele livro não poderia ser defendido contra uma acusação de obscenidade; sua publicação teve, assim, que esperar até que a Penguin pudesse se valer legalmente de um "especialista" na apresentação de evidências na defesa de sua edição, o que significa dizer, valer-se da opinião da elite. Dentre as testemunhas especializadas, encontrava-se Roy Jenkins, um progressista que mais tarde exerceu o cargo de secretário de Estado para assuntos internos, o qual fora um dos articuladores da nova lei, cujo resultado acabou sendo muito mais a proteção da pornografia e a supressão da literatura do que o oposto. E tendo-se em vista os pronunciamentos posteriores de Jenkins, de que a sociedade permissiva seria a sociedade civilizada, o efeito da nova lei indicava exatamente o que os seus articuladores desejaram desde o princípio, mas que pensaram ser inoportuno reconhecer na época.

Durante o julgamento, a elite usou a si mesma na defesa e foi capaz de produzir uma lista de especialistas estrelados, incluindo E. M. Forster e Rebecca West. Em sua tarefa, a elite foi indubitavelmente ajudada pela notável inércia do promotor, que não percebeu que a sociedade mudara desde a sua juventude aristocrática, abrindo o caso com uma pompa tamanha que ele mesmo rapidamente se tornou piada, e desde então ainda é lembrado – e somente lembrado – por aquilo que disse em suas primeiras considerações ao júri:

> Os senhores podem pensar que uma das formas nas quais podem testar esse livro [...] é fazerem a si mesmos a seguinte pergunta [...] os senhores aprovariam que seus jovens, filhos e filhas, uma vez que

as meninas podem ler tão bem quanto os rapazes, lessem esse livro? Seria este um livro que os senhores deixariam ao alcance de todos em casa? Seria um livro que os senhores aprovariam que sua esposa ou mesmo seus empregados lessem?

A corte, como não poderia deixar de ser, explodiu em gargalhadas. Posteriormente, depois do veredito de "não culpado", durante um debate na Câmara dos Lordes sobre uma moção, sem êxito, para fortalecer as leis contra a obscenidade, conta-se que um dos nobres lordes respondeu à questão se ele se importaria se sua filha lesse O Amante de Lady Chatterley dizendo que ele não daria a menor importância se um filho lesse, mas que ele se importaria demais se o seu guarda-caça o lesse.[2]

Embora de forma desastrada, o promotor Griffith-Jones levantara a possibilidade de que aquilo que não seria prejudicial para alguns indivíduos poderia o ser para a sociedade como um todo; que artistas, escritores e intelectuais tinham uma responsabilidade de considerar quais seriam os prováveis efeitos de seus trabalhos: uma proposição discutível, é verdade, mas não uma que fosse de todo absurda. O seu caso, porém, nunca se recuperou de sua gafe, e o fato de que uma mera gafe pudesse obscurecer a importante questão em pauta ilustrou a frívola mentalidade que já tomara conta da sociedade britânica.

De fato, a evidência especializada foi, de sua própria forma, tão absurda quanto as primeiras considerações de Griffith-Jones, e muito mais destrutiva em seus efeitos. Por exemplo, quando Helen Gardner, a eminente, culta e genuína preceptora de Cambridge, que passara boa parte de sua vida estudando os poetas metafísicos, foi questionada a respeito do repetitivo, se não incessante, uso que Lawrence fazia do termo "foda", ela (assim como outras testemunhas) considerou que Lawrence tinha, de alguma forma, conseguido fazer o termo soar menos obsceno e mais refinado ao privá-lo de suas conotações mais sujas. Durante seu discurso de encerramento para o júri, Griffith-Jones – embora absurdo, difamatório e pomposo – provou ser muito mais realista do que os especialistas a

---

[2] O guarda-caça é justamente o amante de Lady Chatterley. (N. T.)

respeito das prováveis consequências sociais de se enfraquecerem os tabus contra o uso de palavrões:

> A senhorita Gardner disse [...] 'acho que o fato de esse termo ser usado de forma tão frequente acaba por diminuir, assim, o choque original'. Creio que ela diz isso como um atenuante no uso desse tipo de linguagem. Será que é isso mesmo? Não seria uma coisa terrível de dizer: Tudo bem se nos esquecemos do choque inicial gerado por esse tipo de linguagem, pois caso o usemos o suficiente ninguém mais ficará chocado, todo mundo estará usando e tudo ficará bem? Não poderíamos aplicar a mesma lógica a tudo mais? Se você olha para as imagens imundas um bom número de vezes, o choque inicial e o seu efeito desaparecerão e então poderemos receber uma inundação de imagens imundas!

A senhorita Gardner, mas não o senhor Griffith-Jones, iria se surpreender caso estivesse presente em meu consultório, quatro décadas depois, ao ouvir uma criança de três anos dizer para sua mãe, ao ser coibida em suas investidas de destruir meu telefone: "Vai se foder!".

De forma gritante, e suspeito que também de forma desonesta, a especialista inflou o *status* de Lawrence como escritor a fim de amortecer o ponto de vista da promotoria, que naquele momento representava pouco mais que um empecilho em sua campanha para a queda das barreiras artísticas e para a remoção das incômodas contenções da civilização. Helen Gardner declarou, em seu testemunho, que, ao se conhecer o valor literário de uma obra, haveria duas considerações a serem feitas: o que o autor tentara dizer e o seu êxito em fazê-lo. Em ambos os casos, Lawrence fracassa de modo retumbante. Sem dúvida, é admirável que o filho de um mineiro de Nottinghamshire daquela época viesse a escrever romances, o que explica por que ele se tornara o proletário bichinho de estimação do grupo Bloomsbury, mas a raridade de um fato não deveria interferir em nosso julgamento sobre o seu valor estético e intelectual. Por exemplo, a prosa de Lawrence ostenta a difícil característica de ser pesada e agitada ao mesmo tempo. Encontrei a seguinte passagem, abrindo o livro aleatoriamente e dirigindo meu olhar direto para uma parte da página: "Corria, mas ele não via mais do que a cabeça dela, encharcada, seu dorso molhado encurvando-se para frente, em fuga, e suas roliças nádegas reluziam: uma maravilhosa e acuada nudez feminina, em fuga". Polônio teria dito: "Isso é bom demais! Nádegas reluzentes é bom".³

A radical falta de afeto do trecho (exceto o de ser típico) é indício de um profundo defeito moral, na medida em que isso requer senso de proporção. Certamente, como Somerset Maugham certa vez notou, um escritor medíocre está sempre em seu melhor, mas apenas um escritor muito ruim estará frequentemente em seu pior, como é o caso de Lawrence. A passagem a seguir se refere a uma conversa que o guarda-caça, Mellors, tem com o pai de Lady Chatterlay, Sir Malcolm, depois que ela engravida de Mellors:

> Só quando o café foi servido e o criado desapareceu, Sir Malcolm acendeu um charuto e perguntou em tom cordial:
> "Bem, meu rapaz, e quanto à minha filha?"
> Mellors sorriu, irônico. "Bem, senhor, o que posso lhe dizer?"
> "Arranjou-lhe um filho."
> "O que me honra muito."
> "Honra, pelo amor de Deus." Sir Malcolm deu uma gargalhada e ficou malicioso. "Honra? E como foi, meu rapaz? Foi bom?"
> "Foi bom."
> "Aposto que sim, Ah! Ah! O sangue dela é o meu, e você soube chegar-lhe a chama." "Ah! Ah! Ela estava necessitada." "Eu mesmo nunca recusei uma bela trepada." "Mas a mãe dela, valha-me deus!" E levantou os olhos para o teto. "Você reanimou-a, e isso nota-se." "Ah Ah! O sangue dela é o meu, você acendeu o fogo dela, meu rapaz."

Seria difícil encontrar uma passagem mais horrorosa, tosca e insensível em toda a literatura inglesa. É assustadoramente irrealista (embora Lawrence alegue ser um realista). Nenhum pai falaria da própria filha dessa forma, um modo impróprio até mesmo para um vestiário masculino,

---

³ A referência deve ser o personagem de *Hamlet*, Polônio, notório por seus erros de julgamento. (N.T.)

tampouco um viúvo falaria dessa forma sobre sua falecida esposa. Reduz os relacionamentos humanos ao mais baixo denominador possível: os seres humanos se tornam gado. E Lawrence aprova a atitude de Sir Malcolm, querendo que aceitemos sua visão de que é superior porque mais terreno e biológico, em relação aos outros de sua classe social.

Lawrence era um escritor honesto, mas nunca foi um escritor sério – se por sério consideramos alguém cuja perspectiva sobre a vida tem um real valor moral ou intelectual. Lawrence colocou muito de si em Mellors, o qual em determinado momento do livro anuncia a essência da filosofia do autor, o resumo de todas as suas reflexões sobre a existência humana, seu testamento final para o mundo: "Acredito em algo, acredito na generosidade. Acredito especialmente em ser generoso no amor. Se os homens pudessem trepar com generosidade e as mulheres recebessem da mesma forma, tudo ficaria bem". A ideia de que a perfeição social pode ser alcançada por meio de relações sexuais maravilhosamente eróticas entre homens e mulheres é uma fantasia indigna de qualquer consideração intelectual. Chamá-la de bobagem de adolescente seria injusto com muitos adolescentes. O fato de tantas pessoas eminentes estarem dispostas a testemunharem no tribunal para dizer que Lawrence era um dos maiores escritores do século XX, juntamente com Conrad, é um grave indicativo da perda de gosto e de julgamento por parte da elite. A licença dessa elite ajudou a transformar um mau escritor e um pensador ainda pior numa grande influência cultural: e sua mentalidade literal, grosseira e egoísta tem sido sucessivamente exaltada, desde então por mentalidades literais ainda mais grosseiras e egoístas.

Todavia, uma mentalidade literal não se confunde com honestidade ou fidedignidade, longe disso. Faz parte da experiência da humanidade saber que a vida sexual está sempre, e deve sempre estar, ocultada por véus, com graus variados de opacidade, caso possa ser humanizada em algo que está além de uma mera função animal. Aquilo que é inerentemente íntimo, e isso quer dizer autoconsciente e humano, não pode ser falado abertamente: a tentativa produz somente grosseria, e não verdade. A irreverência é o tributo que nosso instinto paga à intimidade. Se você vai além dessa irreverência, rasgando todos os véus, você encontra a pornografia, e nada mais. Portanto, em essência, Lawrence foi um pornógrafo, embora um pornógrafo sem graça, mesmo nesse gênero pueril.

Nunca houve muita demanda, exceto por parte da elite, para um afrouxamento das leis de censura. De fato, até que a lei fosse flexibilizada, o público mostrara um apetite distintamente limitado para as obras de Lawrence. Mas, tão logo o relaxamento foi legislado, e o livro publicado, um em cada quatro lares britânicos passou a exibir o seu exemplar. O gênio estava livre fora da lâmpada, a oferta criara uma demanda, e o apetite cresceu em função do estímulo.

Caracteriza-se como um preconceito comum que a censura é ruim para a arte e, portanto, sempre injustificada. Porém, caso isso fosse verdade, a humanidade teria muito pouco para oferecer como patrimônio artístico, e também indicaria que estaríamos hoje vivendo uma idade de ouro das artes. Mas se não podemos censurar, podemos ao menos desaprovar: e não podemos nos cansar de dizer que D. H. Lawrence e sua vulgar e deplorável descendência artística, que nos chega por meio de Marilyn Manson e Glen Duncan, com suas "escuras e satânicas emoções", em vez de esclarecer o mundo, coloca-o nas trevas.

2003

A Cólera de Virginia Woolf

Em 1938, o ano em que, por bem, minha mãe saiu da Alemanha e nunca mais viu seus pais novamente, Virginia Woolf publicava um livro intitulado *Três Guineas*. Tratava-se, em linhas gerais, de como as mulheres poderiam prevenir a guerra.

O nome de Virginia Woolf não é comumente associado às grandes questões de Estado, muito pelo contrário. Ela olhava para essas questões com profunda aversão, como uma distração vulgar diante dos verdadeiros interesses da vida: entrar em contato com as nuances emocionais mais refinadas. Junto a outros membros do círculo Bloomsbury – aquele influente e incansavelmente comentado grupo de estetas britânicos, dentre os quais ela era uma força de ação – Woolf se dedicara a propor que aqueles seres sensíveis à música da vida, como seria o caso da elite, não deveriam estar ligados a grosseiras convenções sociais, e que deveria ser obrigação deles (como também o seu prazer) agir única e exclusivamente de acordo com as vibrações afetuosas de suas almas. Todavia, numa época demótica, a sua justificativa de licença pessoal não conseguiria ficar, durante muito tempo, confinada aos tipos socialmente superiores, como seria o caso deles. Não demorou muito para que aquilo que era permitido para as elites se tornasse obrigatório para a *hoi polloi*.[1] E quando o previsível desastre social

---
[1] O sentido é de "gentalha". (N.T.)

chegou, sob a forma de uma crescente classe baixa desprovida de postura moral, essa elite, que absorvera (na verdade se empanturrara) a influência do grupo Bloomsbury, tomou o crescimento da classe baixa como prova que sua ojeriza contra a sociedade e suas convenções se justificava completamente. A filosofia ocasionara o desastre, e o desastre justificava a filosofia.

O *Cambridge Guide to English Literature* descreve *Três Guineas* como um clássico estabelecido – mas um clássico exatamente de que gênero? De filosofia política? História contemporânea? Análise sociológica? Nada disso. Trata-se de um *locus classicus* de autocomiseração e de vitimação como um gênero em si. Nesse sentido, a obra estava muito à frente de seu tempo e merece fazer parte do programa de todos os departamentos de estudos sobre mulher e gênero, em todas as instituições de terceira classe do universo acadêmico. Nunca antes o pessoal e o político foram confundidos de forma tão miserável.

O livro é importante por ser uma declaração explícita da visão de mundo que se encontra, de forma implícita e velada, em todos os romances de Virginia Woolf. Grande parte de suas obras alcançou um *status* icônico na república das letras e nos departamentos de humanidades, em que uma infinidade de jovens foram influenciados. Portanto, o livro é verdadeiramente um texto seminal. Em *Três Guineas*, Virginia Woolf deixa-nos saber, sem rodeios, o que ela realmente pensa; e o que ela pensa é, por sua vez, pomposo e trivial, ressentido e presunçoso. O livro poderia ter recebido um título melhor: *Como Ser Privilegiado e Ainda Assim Sentir-se Extremamente Afligido*.

As guineas do título fazem referência a uma unidade de moeda: uma libra esterlina e um xelim.[2] Mesmo nos dias de Woolf, essa moeda já estava fora de circulação. Tornara-se uma unidade de referência usada em transações de alta soma, como por exemplo nas aquisições de obras de arte em leilões, o pagamento de cirurgiões, ou, como no livro dela, contribuições de caridade. Virginia Woolf fala das três solicitações que recebeu para doações, de uma guinea cada: a primeira feita por um distinto advogado em prol da proteção da liberdade intelectual e da promoção da paz; a segunda pela diretora de uma faculdade feminina da Universidade de

---

[2] A moeda também era conhecida como guinéu, feita de ouro extraído na Guiné africana. (N.T.)

Cambridge, a fim de reformar e ampliar essa faculdade; e a terceira pelo tesoureiro de uma organização de auxílio às mulheres trabalhadoras, para que pudessem adquirir roupas condizentes com o seu *status*.

Três Guineas tenta mostrar como a ameaça de guerra está ligada à condição da mulher. Percorrendo todas as eras, a guerra, diz a Sra. Woolf, tem sido uma atividade masculina, e durante essas mesmas eras os homens oprimiram as mulheres: por conseguinte, se os homens cessarem de oprimi-las, tratando-as como iguais, não haveria mais guerras. Alguém pode pensar que descer do plano estético ao ideológico seria de mau gosto para uma mulher de lânguida e aristocrática beleza como a dela; mas sob a influência de uma ideia geral, a Sra. Woolf revelou ser uma obstinada filisteia, do tipo mais revolucionário e destrutivo, completamente preparada para levar as mãos aos ouvidos enquanto tudo desmorona, esperando que seus ressentimentos sejam ressarcidos. Deixe meu ego ficar satisfeito, mesmo que a civilização tenha que ruir!

A cópia que tenho do livro é uma primeira edição ligeiramente surrada que já pertenceu à biblioteca de Michel Leiris, o escritor e antropólogo francês que conhecia as melhores das piores pessoas, tais como Sartre e Beauvoir. As anotações de Leiris consistem apenas em três páginas que tiveram um impacto especial para ele, escritas em elegante letra cursiva – prática de uma era que já se foi –, com pequenas cruzes no topo das páginas 62, 63 e 64.

E o que dizem essas páginas? Na página anterior, a de número 61, a Sra. Woolf inicia sua resposta discursiva à solicitação feita para uma contribuição financeira que visa a reconstrução e a ampliação da faculdade para mulheres em Cambridge. O que quer que se entenda por educação, a Sra. Woolf certamente não quer mais do mesmo – a concessão de oportunidades iguais para mais mulheres –, tendo anteriormente defendido que toda a educação anterior à Grande Guerra não fora capaz de prevenir a eclosão da catástrofe, mas pelo contrário: na verdade, a teria provocado ao promover um espírito de competição entre aqueles que foram submetidos a essa educação. "Vamos", ela escreve, "[...] discutir o mais rápido possível o tipo de educação necessária". Uma vez que o passado nada mais foi que um catálogo de vícios, loucuras, crueldades e opressão das mulheres, a faculdade dos sonhos da Sra. Woolf "deve ser uma faculdade experimental, uma faculdade ousada. Que seja construída sobre suas próprias bases".

E quais seriam essas bases? "Não deve ser construída de pedras talhadas e de vitrais, mas de um material barato e facilmente combustível, o qual não empoeire e que não perpetre as tradições." Esse é certamente um estranho posicionamento arquitetônico para uma esteta como ela: um posicionamento cujas práticas e funestas influências são, lamentavelmente, sentidas em toda a Grã-Bretanha, em que visivelmente poucas foram as paisagens citadinas que escaparam de serem arruinadas. Esquivar-se da poeira (e, portanto, presume-se, do trabalho de limpeza ou outras formas opressivas de manutenção) é elevado ao panteão dos objetivos mais sublimes da vida; e o uso que a Sra. Woolf faz do termo "perpetrar" em referência direta às "tradições" é indicativo de seu estado mental revolucionário, uma vez que "perpetrar" geralmente toma como seu objeto um crime hediondo, um massacre ou algum tipo de desastre. Para ela, a tradição em geral, não uma tradição em particular, é aquilo que precisa ser eliminado.

Que tipo de acervo deveria ostentar a faculdade dos sonhos da Sra. Woolf? Certamente não um repositório do melhor daquilo que foi dito e pensado. "Que não se façam museus e bibliotecas com seus livros entesourados e suas primeiras edições expostas em caixas de vidro", ela aconselha. Nada disso. "Deixem as gravuras e os livros novos, e sempre renovados. Deixem que sejam decorados novamente, por cada geração, com suas próprias mãos e de forma barata." (No momento já entramos nas páginas com as anotações de Michel Leiris.) O que seria isso senão um manifesto por uma Descolada Britannia *avant la lettre*, uma expressão da pueril crença de que o novo é melhor do que o velho, meramente por virtude de sua novidade?

E o que seria ensinado na faculdade dos sonhos da Sra. Woolf? "Não a arte de dominar as outras pessoas; não as artes da governança, da matança, da aquisição da terra e do capital." (Lembremo-nos que ela está se referindo à universidade de Milton, Wordsworth e Wittgenstein.) "A [...] faculdade deveria ensinar apenas as artes que podem ser ensinadas com pouco custo e praticadas pelos mais pobres, tais como medicina, matemática, música, pintura e literatura." A virtude superior da pobreza e do pobre é consagrada; e a concepção que a Sra. Woolf faz da medicina é obviamente semelhante à de uma atividade precária, como a tecelagem *à Gandhi* (embora, pessoalmente, ela sempre tenha contado com os melhores especialistas). A sua medicina seria administrada pelos bucólicos e sábios, com colheitas de ervas ao luar e, caso fosse necessária uma cirurgia, ela seria praticada na mesa da cozinha. Ela prossegue ao dizer que a faculdade "deveria ensinar as artes das relações humanas; a arte de se compreender as vidas e mentes das outras pessoas, e as pequenas artes da conversação, da vestimenta e da cozinha, as quais se ligam entre si". Não sendo uma pensadora sistemática – para defini-la de forma gentil –, ela não consegue perceber que aquilo que está propondo encerra as mulheres precisamente naquele pequeno e limitado mundo doméstico do qual ela alega estar resgatando-as.

A faculdade ideal da Sra. Woolf – o tipo que preveniria as guerras, em vez de promovê-las – não seria de forma alguma elitista. Não "estará compartimentada em miseráveis distinções entre ricos e pobres, ou inteligentes e estúpidos". Em vez disso, seria um lugar "onde todos os diferentes graus e tipos de mente, corpo e alma se encontram e cooperam". Seria inteiramente não criterioso, mesmo em relação ao intelecto. Para ela, a necessidade de competição não nasce da natureza humana, tampouco gera outra coisa que não a discórdia. Doravante, não se deve testar ninguém contra o melhor, pois há a possibilidade, e mesmo a probabilidade, de se fracassar. Em vez disso, o sujeito tem que se encontrar perpetuamente imerso no tépido banho de autoestima, congratulação mútua e benevolência universal.

É claro que seria um erro supor que um hipotético estado de tolerância perfeita no futuro implique tolerância no presente, ou mesmo tolerar o presente, longe disso. A Sra. Woolf não deixava seus oponentes, ou aqueles que pensam de forma diferente, viver em paz. Na página seguinte à última anotação de Michel Leiris, ela dá plena vazão ao seu conceito de uma renovação cultural baseada no cortar-e-queimar:

> Nenhuma guinea do dinheiro obtido deverá ser usada para a reforma da faculdade, segundo o velho plano [...] Portanto, a moeda deve estar marcada: "Trapos, Petróleo, Fósforos". E essa nota deveria ser colocada logo ao lado: "Tome essa guinea e com ela queime a faculdade, até virar cinzas. Ateie fogo nas velhas hipocrisias. Deixem que a luz dos

prédios em chamas assustem os rouxinóis e carbonizem os salgueiros. E deixem que as filhas dos homens educados dancem em volta do fogo e que joguem levas e mais levas de folhas sobre as chamas. E deixem que suas mães inclinem-se das janelas e dos terraços [antes, presumivelmente, de serem queimadas até a morte] e gritem 'Deixem incendiar! Deixem incendiar! Pois estamos saturados dessa educação!'".

Essa passagem incendiária não exibe uma mera e vazia retórica, e a Sra. Woolf a confirma em sua próxima sentença. Porém, mais adiante, ela recua um pouco em sua incitação de práticas incendiárias ao apontar a natureza contraproducente desse crime: a faculdade que ela propunha incendiar seria necessária para treinar as mulheres, para que então fossem capazes de ter acesso à renda com a qual poderiam comprar os materiais para, então, incendiar a coisa toda. Que dilema! A paixão de seu argumento é clara – a lógica nem tanto – e talvez jogue luz sobre a destrutividade deliberada das motivações que estão por trás de suas inovações literárias. Ela não era outra coisa senão uma grande inimiga de tudo aquilo que viera antes dela.

Qual seria a fonte dessa grande cólera? Sem dúvida alguns diriam que seria o abuso sexual que se alega ter sofrido quando criança, nas mãos de seus dois meio-irmãos, George e Gerald Duckworth; mas a extensão e a gravidade desse abuso estão em dúvida e, de qualquer forma, dificilmente explicaria (muito menos justificaria) o desejo de uma romancista de 56 anos de destruir a civilização em nome da prevenção da guerra. E se, por acaso, fosse essa a explicação, ela certamente não viria como crédito, pois a conclusão de que uma civilização inteira precisasse ser destruída porque permitira que ela fosse sexualmente abusada não é um raciocínio melhor do que a conclusão de que a existência de qualquer injustiça demonstra a farsa em todos os esforços para se alcançar a justiça. Essa completa falta de senso de proporção em sua autocomiseração, longe de ser estranho à Sra. Woolf, representa, de fato, a própria assinatura de seu estado mental.

Ela pertencia por nascimento não apenas às classes médias altas, mas à elite da elite intelectual. Ela era uma Stephen; seu pai, Sir Leslie Stephen, foi um ensaísta eminente, editor, crítico, o fundador do magnífico e monumental *Dictionary of National Biography* e chegou a ser o editor de Thomas Hardy. Ele conhecia todo o universo literário e intelectual. Seu tio, Sir James Fitzjames Stephen, era um respeitável acadêmico em direito, historiador, jurista, juiz e filósofo político que escreveu uma brilhante e ainda clássica resposta ao ensaio de John Stuart Mill sobre a liberdade. Ela cresceu em meio a uma rarefeita atmosfera intelectual, onde seria claramente muito difícil se equiparar, muito menos superar, as realizações de seus ancestrais. Uma forma de superar seu pai e seu tio foi certamente depreciando e destruindo tudo o que eles haviam construído.

Sua metodologia historiográfica era bastante moderna: ela removia os registros a fim de justificar a projeção retrospectiva de seus ressentimentos atuais. Para ela não havia nada mais importante do que a condição humana, com seu inevitável descontentamento e limitações. Ela pensava que todas as coisas que desejasse teriam que ser reconciliáveis, de modo que liberdade e segurança, por exemplo, ou esforço artístico e completa abnegação, poderiam residir em perpétua harmonia. Como membro feminino da classe média alta britânica, representando aquilo que denominava como "as filhas dos homens educados", ela se sentia tanto socialmente superior ao resto do mundo quanto, peculiar e de fato unicamente, sentia-se inserida neste mundo. A própria expressão "as filhas dos homens educados" é estranha, capturando a oscilação que sofria entre pompa e autocomiseração; com isso, ela queria dizer a classe de mulheres que, por virtude de seu favorável nascimento e mentes hereditariamente superiores, não poderiam desempenhar qualquer tipo de trabalho físico, mas que eram prevenidas pela injustiça "do sistema" de participar ativa e completamente das questões públicas e intelectuais.

Nas descrições que faz de sua classe, autocomiseração e esnobismo competem entre si. Sua resposta ao filantropo que solicitava uma doação para comprar roupas para mulheres trabalhadoras destila indignação, pelo fato de as filhas dos homens educados se encontrarem em dificuldades financeiras (o que, em sua visão, deveria pertencer de forma apropriada somente às classes inferiores). "Não somente somos incomparavelmente mais fracas do que os homens de nossa própria classe." "Economicamente, a filha do homem educado está no mesmo nível do trabalhador rural." "A sociedade foi tão boa com os senhores [os homens educados, um dos quais é seu interlocutor], tão dura conosco [as filhas dos homens educados, dos quais ela é uma]: é uma forma mal adaptada que distorce a verdade; deforma a mente; agrilhoa a vontade." Portanto, deve ser destruída, presumivelmente por aqueles cuja vontade foi agrilhoada e cujas mentes foram deformadas.

Para aqueles que realmente conhecem as dificuldades enfrentadas pela classe trabalhadora inglesa, homens e mulheres, durante os anos de depressão, as afirmações que insinuam uma igualdade, ou mesmo uma superioridade do sofrimento por parte das filhas dos homens educados, chegam a causar náusea; mas essas afirmações viriam exercer um grande apelo potencial aos mimados ressentidos, uma classe que cresceria de forma exponencial nos longos anos de prosperidade do pós-guerra.

De acordo com a Sra. Woolf, as mulheres de sua própria classe encontravam-se tão dependentes dos homens que, por séculos, foram incapazes de ter, muito menos expressar, opiniões próprias. Para ela, ter uma "opinião independente" estaria imprescindivelmente relacionado a ter uma renda independente, embora, mais para frente no livro, ela estabeleça os seus critérios para a independência de renda, que são tão restritos e misteriosos que apenas as herdeiras poderiam atendê-los. A pobre e guerreira Sra. Oliphant, por exemplo, a romancista é biógrafa vitoriana, nem de longe os alcançou, uma vez que fora obrigada a ganhar o próprio dinheiro a fim de sustentar seus filhos. (A Sra. Woolf sugeriu, como uma solução, que as filhas dos homens educados deveriam ser subsidiadas pelo governo, de modo que pudessem criar obras de arte – ou mesmo não fazer nada –, libertas de todas as sórdidas condições monetárias.) Seu desejo de ter tudo ao mesmo tempo – de ter independência total a partir do apoio incondicional de seus contribuintes – ilustra seu lamentoso e irresponsável senso de direito.

A única conclusão a que chega sobre toda a literatura do século XIX é que as mulheres eram constantemente ridicularizadas ao "tentar entrar em sua solitária profissão", o casamento – como se a vasta e magistral literatura não desse às mulheres nenhum outro papel na vida; como se retratasse as relações entre homens e mulheres como nada mais do que dominação e subordinação. Tão grotesca é uma leitura dessas de, por exemplo, Jane Austen, que se torna uma total impostura. E seria a Sra. Micawber[3] objeto de desprezo ou de afeição, ou até mesmo admiração?

---

[3] A referência é à personagem literária em *David Copperfield*, de Charles Dickens. (N.T.)

Em relação à lendária influência das mulheres sobre os homens, a Sra. Woolf não dirá nada a respeito. Ela escreve que está tão "abaixo de nosso desprezo" que "muitas de nós preferem ser chamadas simplesmente de prostitutas e andar abertamente sob as luzes de Piccadilly Circus do que usá-la". Confesso que consideraria a ideia de vê-la sob as luzes de Piccadilly Circus, trabalhando, irresistivelmente engraçada; mas poderia haver um caso mais claro do triunfo da autocomiseração hiperbólica sobre a honestidade?

Nenhuma interpretação dos eventos, tendências ou sentimentos é suficientemente estúpida ou contraditória para a Sra. Woolf, caso essa interpretação a auxilie a arejar seu ressentimento. Ao explicar o evidente entusiasmo das filhas dos homens educados durante o despertar da Grande Guerra, ela escreve,

> Tão profundo era o [seu] asco inconsciente pela educação doméstica, com sua crueldade, pobreza, hipocrisia, inanidade, que [elas] se submeteriam a qualquer tarefa, independentemente de quão serviçal fosse [tais como trabalhar em fábricas e hospitais], exercer qualquer função pouco importando quão fatal fosse, desde que permitisse que [elas] escapassem [...] Inconscientemente [elas] desejavam nossa esplêndida guerra.

Que essas mulheres tenham sido mobilizadas pelo mesmo sentimento de patriotismo que os homens, os quais se alistaram como voluntários para o massacre, para a Sra. Woolf seria uma impossibilidade, pois ela nega que as filhas dos homens educados fossem verdadeiramente inglesas; o mesmo raciocínio em relação aos proletários da imaginação de Marx. Elas são apátridas. "O direito inglês", ela escreve, "nega-nos, e acreditamos que continuará a nos negar, o estigma completo da nacionalidade". Sempre ambicionando os dois lados, um primeiro momento ela se queixa de exclusão para, no momento seguinte, dizer que aquela inclusão não vale a pena. Ela se parece com uma versão sem graça de Groucho Marx, que não queria ser membro de nenhum clube que o aceitasse. Aquilo que é piada para Groucho Marx é alta filosofia política para Virginia Woolf.

Ela explica a queda da taxa de natalidade entre as filhas dos homens educados com a recusa em continuar fornecendo bucha de canhão para as guerras, dessa forma ignorando o fato de que o declínio da fertilidade fora longo e contínuo, afetando todas as classes sociais – mesmo na Suécia, que não estivera em guerra desde os tempos napoleônicos.

Não que se possa culpar por completo a Sra. Woolf pela falta de rigor dialético, pois, como ela escreve: "As filhas dos homens educados sempre pensaram com mão de pedinte [...] Pensavam enquanto mexiam a panela, enquanto balançavam o berço". Essa peça de autocomiseração provocou a memorável resposta de Q. D. Leavis, ela mesma uma qualificada admiradora do homem comum, ao dizer que a Sra. Woolf não saberia qual parte do berço balançar.

Com o ressentimento a desempenhar um papel tão central na economia mental da Sra. Woolf, muito de seu esforço intelectual caminhou no sentido de justificá-lo. Nesse ponto, ela representa uma figura absolutamente moderna, mesmo que tenha morrido há mais de sessenta anos. Sua falta de reconhecimento às coisas alcançadas ou criadas antes que ela decidisse o que mereceria ser protegido ou preservado é absoluta, juntamente com seu egoísmo. Como, ela pergunta, podem as filhas dos homens educados entrar no mundo profissional e ainda assim permanecer seres humanos civilizados? – um questionamento que implica que profissionais como Lister, Lord Birkenhead, ou Marconi, os quais viveram e trabalharam na mesma época que ela, não eram nem civilizados nem contribuíram em nada para a civilização. Ao negar as realizações do passado com tanto desprezo, muitas das quais obtidas com grande esforço e com um alto custo, ela mostra desconhecer por completo as condições materiais e intelectuais que tornaram possível a própria vida que levava, com sua letárgica contemplação do requinte.

No único momento em que a Sra. Woolf reconhece implicitamente uma realização do passado, ela o faz não para elogiá-lo, mas para denegrir a sua falta entre seus compatriotas. Suponhamos que uma estrangeira (como ela falsamente se autodesigna) sinta a tentação do patriotismo: "Então ela vai comparar a pintura inglesa com a pintura francesa; a música inglesa com a música alemã; a literatura inglesa com a literatura grega [...] Quando todas essas comparações tiverem sido fielmente executadas pelo uso da razão, a estrangeira irá se encontrar em posse de ótimas razões para a sua indiferença". Não há nada aqui sobre Shakespeare ou Newton, Wren ou Turner — uma extraordinária omissão para a filha do primeiro editor do *Dictionary of National Biography*. É impressionante como ela justifica o sentimento de patriotismo exclusivamente em termos de uma supremacia em todas as artes e ciências, de uma vez; uma doutrina que seria muito dura para, digamos, um patriota norueguês ou um boliviano.

Para a Sra. Woolf, o patriotismo é apenas uma das muitas "lealdades irreais" contra as quais ela se rebela. Lealdade à escola, universidade, igreja, clube, família, às tradições e estruturas de qualquer tipo — mesmo o orgulho regional — são, para ela, o equivalente à alienação em Marx. A única pista que a Sra. Woolf oferece, no sentido de mostrar o que ela considera como lealdade real, em vez de irreal, ocorre durante uma breve discussão sobre *Antígona* de Sófocles: "Os senhores querem saber quais são as lealdades irreais que devemos desprezar, e quais são as lealdades reais que devemos honrar? Considerem a distinção em *Antígona* entre as leis e a Lei [...] O julgamento privado permanece livre na privacidade; e essa liberdade é a essência da liberdade". Luís XIV alegou ser o Estado, a Sra. Woolf alega ser a Lei. Para ela, lealdade a si mesma seria a única e real lealdade.

Não é de se estranhar que uma pensadora (talvez, fosse melhor dizer uma alma sensível) tal como a Sra. Woolf, com sua latente desonestidade emocional e intelectual, provoque o colapso de todas as distinções morais, uma técnica vital a todas as escolas do ressentimento. Repetidamente a encontramos deformando a conotação de um conceito para conectá-la a outro, insinuando falsas analogias: tanto os policiais ingleses quanto as tropas nazistas vestiam uniforme; logo, os policiais ingleses seriam brutais. Esse tipo de deformação apresenta-se como uma das características centrais da retórica moderna, concebida muito menos para encontrar a verdade do que (nas palavras do ex-primeiro ministro australiano Gough Whitlam) para "alimentar a cólera".

Ao ler *Três Guineas*, é difícil adivinhar que esse livro foi escrito durante uma conjuntura histórica particularmente perigosa, sob a sombra de uma ameaça bárbara. Seria injusto culpar a Sra. Woolf por lhe faltar a presciência da catástrofe vindoura, a qual também faltou a muitas outras pessoas — embora ela tenha tido a vantagem de testemunhar a virulência nazista em primeira mão ao visitar a Alemanha de Hitler com seu marido judeu, o qual o Ministério de Relações Exteriores aconselhara que não fosse, uma vez que sua segurança não poderia ser garantida. Mas tudo que essa experiência lhe ensinou foi saber que a sociedade inglesa – com sua injustiça para com as mulheres – seria protonazista, caso não fosse algo pior. Ao menos os nazistas tinham a coragem de exibir abertamente sua brutalidade e não eram hipócritas como os ingleses.

Dessa forma, quando um homem escreveu ao jornal sugerindo que o emprego dado às mulheres seria uma das causas que acarretam o desemprego em massa entre os homens, e que o lugar da mulher seria em casa, a Sra. Woolf comenta: "Aí temos em estado embrionário a criatura, Ditador como o chamamos, quando é italiano ou alemão, o qual acredita que tem o direito, seja dado por Deus, pela Natureza, sexo ou raça, tanto faz, para ditar aos outros seres humanos como devem viver; o que devem fazer".

Comparando as visões desse homem, expressas na carta, com as de Hitler, ela continua:

> Mas, onde está a diferença? Ambos não estão dizendo a mesma coisa? Ambos não representam a voz dos Ditadores? Pouco importa se falam inglês ou alemão, e todos nós não concordamos que o ditador, quando o encontramos no estrangeiro, é um animal muito feio e perigoso? E ele está aqui entre nós, erguendo sua horrenda cabeça, cuspindo seu veneno, desprezível, encurvado como uma larva sobre uma folha, mas ele está no coração da Inglaterra. Não é desse ovo [...] citando o Sr. Wells [...] que 'a prática obliteração de [...] nossa liberdade desaparecerá?' E não é a mulher que tem de respirar esse veneno e lutar contra esse inseto, secretamente e sem armas, em seu escritório, combatendo o fascista ou o nazista tão certamente quanto aqueles que os combatem com armas nos holofotes da publicidade?

A incapacidade que tem a Sra. Woolf para distinguir entre metáfora e verdade literal é incessante. Ao discutir a luta pela emancipação da mulher, ela diz: "É verdade que os combatentes não infligiram feridas na carne; o cavalheirismo lhes coibiu; mas vocês concordarão que uma batalha que desperdice tamanho tempo é tão mortal quanto uma batalha que desperdiça sangue".

Tão mortal? Tão mortal? Não é de se admirar que a Sra. Woolf considere difícil estabelecer uma real distinção entre a Igreja da Inglaterra e o partido nazista. Ao citar uma comissão da Igreja da Inglaterra que se opunha à ordenação das mulheres, ela escreve: "A ênfase que tanto os padres quanto os ditadores colocam sobre a necessidade dos dois mundos [o público para os homens e o doméstico para as mulheres] é suficiente para provar que isso é essencial para a manutenção de sua dominação".

Repetidas vezes ela deixa que sua cólera e seu ressentimento a ceguem. Ao discutir a necessidade, em nome da paz, de se anular toda competição entre as pessoas, renegando-se todas as distinções públicas e cerimoniais, ela escreve que aquelas pessoas que pensam corretamente como ela

> dispensarão distinções pessoais – medalhas, broches, distintivos, capuzes, indumentária – não por qualquer desapreço pelos adornos em si, mas pelo efeito óbvio dessas distinções em constringir, estereotipar e destruir. Aqui, como de forma frequente, o exemplo dos Estados fascistas está à mão para nos instruir – pois se não temos qualquer exemplo daquilo que desejamos ser, temos, o que com grande probabilidade é igualmente valioso, um exemplo diário e esclarecedor daquilo que não queremos ser. Com o exemplo, então, que eles nos dão do poder das medalhas, símbolos, ordens [...] a fim de hipnotizar a mente humana, devemos ter como objetivo não nos submeter a esse tipo de hipnotismo.

Portanto, é possível concluir que não existiria qualquer diferença real entre uma colação de grau numa universidade e uma parada em Nuremberg.

Em resposta ao advogado que lhe solicita uma contribuição para a promoção da paz, ela escreve: "Toda a iniquidade da ditadura, seja em Oxford ou Cambridge, em Whitehall ou na Rua Downing, contra os judeus ou contra as mulheres, na Inglaterra ou na Alemanha, na Itália ou na Espanha, agora ficou aparente para o senhor". Em outras palavras, não haveria qualquer diferença relevante entre os defeitos da Grã-Bretanha e aqueles da Alemanha, ou entre o Garrick Club (que continua não admitindo membros femininos) e Treblinka. Referindo-se ao ditador Creon em *Antígona*, de Sófocles, ela escreve: "E ele não a encerrou [Antígona] não no Holloway [a prisão feminina para a qual as eleitoras que burlavam a lei foram brevemente enviadas], ou num campo de concentração, mas numa tumba". Por conseguinte, o Holloway seria semelhante a um campo de concentração ou de extermínio. Eis a assinatura do modo argumentativo da Sra. Woolf.

Para ela, um homem trajando uniforme seria inerentemente maligno, seja o uniforme das SS ou de um funcionário da Companhia Ferroviária Great Western, da Gestapo ou da polícia metropolitana. Não há diferença; tudo leva à mesma calamidade. Por ironia, a única equivalência que a Sra. Woolf não faz é aquela da queima de livros entre os nazistas e a sua própria proposta de queimar as faculdades, juntamente com suas bibliotecas, substituindo os antigos livros por novos. Caso os nazistas tivessem ocupado a Grã-Bretanha, ela teria encontrado neles uma causa comum, uma vez que, para ela, tanto a cultura quanto a liberdade intelectual que o notório e pacificador advogado queria que ela protegesse representariam "deuses um tanto quanto abstratos".

Uma pessoa que acreditasse que todas as instituições estabelecidas de seu próprio país fossem tirânicas – tão tirânicas quanto as instituições das piores tiranias já estabelecidas na história do mundo –; e que acreditasse que toda a lealdade ao país ou a qualquer outra coisa que não fosse sua própria liberdade interior fosse falsa; que todos os uniformes fossem igualmente malignos e, portanto, que não haveria nada para escolher entre eles; que a guerra em todas as circunstâncias fosse uma manifestação da psicopatia masculina e o desejo de dominar gerado por uma educação competitiva; e que, portanto, não poderia jamais haver algo como uma guerra justa, teria se tornado um colaborador maravilhoso, pronto para lançar mão de qualquer sofisma. Seria muito improvável que ela se apresentasse como uma defensora furiosa de seu país contra o invasor estrangeiro: a Sra. Woolf acreditava que ela nada tinha a defender, sendo sua vida, como filha de um homem culto, um fardo excessivamente insuportável. Quando, em 1936, um membro do Parlamento Britânico, Sir E. F. Fletcher, "exortou a Câmara dos Comuns para que confrontasse os ditadores", a Sra. Woolf não viu aí um desejo de se opor a um mal radical, mas apenas "o desejo de domínio". Esse desejo era exatamente análogo, em sua opinião (e aqui não posso deixar de destacar que estou sendo literal com aquilo que ela escreveu) à exigência de um marido, cuja esposa aparecera no tribunal de Bristol na mesma época em que Fletcher fez seu discurso, solicitando apoio financeiro, depois de tê-lo deixado porque ele havia insistido que ela se dirigisse a ele como Sir e que obedecesse a suas ordens sem atraso. Não era sequer Hitler, *nota bene*, que na mente da Sra. Woolf seria análogo ao marido dominador, mas se tratava do homem que propunha conter Hitler.

No que tangia à Sra. Woolf, não havia mais liberdade intelectual na Grã-Bretanha do que havia na Alemanha nazista, pois a "Sra. Oliphant vendeu sua mente, sua mente admirável, prostituiu sua cultura e escravizou sua liberdade intelectual a fim de que pudesse ganhar a vida", e todos os escritores estariam mais ou menos na mesma posição. Ela protesta e se queixa como mulher e como escritora, mas acima de tudo como ser humano, que descobrira com amargor que ter nascido em condição privilegiada não altera as condições e limitações da existência humana.

Então o que, na opinião da Sra. Woolf, as mulheres de fato deveriam fazer caso fosse declarada uma guerra contra a Alemanha? Uma vez que se caracterizara evidentemente como uma questão indiferente caso os nazistas vencessem (cada homem britânico já sendo um nazista virtual), a resposta era óbvia: não deveriam fazer nada.

> Seu primeiro dever [...] seria o de não pegar em armas [...] Depois, recusariam [...] a produzir munições ou cuidar dos feridos (uma vez que a perspectiva de serem cuidados daria aos homens um incentivo perverso de lutar) [...] A próxima obrigação à qual devem se empenhar [seria] a de não estimular seus irmãos a lutarem, tampouco dissuadi-los, mas manter uma atitude de completa indiferença.

E ela recomendou como uma atitude sábia e corajosa o que afirmou a prefeita do subúrbio de Woolwich na região londrina, a qual, durante um discurso em dezembro de 1937, disse que "não remendaria uma única meia para ajudar nos esforços de guerra".

Muito bem, a guerra veio – acontece que, não muito tempo depois de a Sra. Woolf ter escrito o seu livro, minha mãe chegou à Inglaterra. Estranhamente, minha mãe, que na época tinha dezessete anos (cerca de quarenta anos menos que a Sra. Woolf) e para a qual fora negada, de forma muitíssimo mais opressora, qualquer forma de educação formal, foi capaz de perceber de imediato, apesar das desvantagens que sofria, as diferenças morais entre a Grã-Bretanha e o antigo lugar em que crescera. Caso as visões da Sra. Woolf tivessem prevalecido, certamente a vida de minha mãe teria sido curta. Ao não conseguir encontrar aquela suposta e brutal ditadura sob a qual as filhas dos homens educados viveriam, minha mãe participou ativamente dos esforços de guerra, tornando-se uma observadora de incêndios à noite, durante as Blitz alemãs, e uma mecânica que construía motores de tanques de guerra, durante o dia. Ela não se recusou a remendar meias.

Assim que a guerra eclodiu e as bombas começaram a ser lançadas (destruindo a casa dos Woolf em Londres), até a Sra. Woolf começou a pensar que uma vitória nazista talvez não pudesse ser uma coisa boa. De forma ainda mais surpreendente, ela começou a enxergar virtudes justamente naquelas pessoas que até então desprezara. Escrevendo ao compositor Ethel Smyth em 1940, ela disse: "O que estou achando estranho, agradável e incomum é a admiração que essa guerra cria – para cada tipo de pessoa: biscates, lojistas, e o que é mais notável, para os políticos – ao menos no caso de Winston – e as notáveis e maçantes mulheres com suas roupas de lã [...] e com seu impiedoso bom senso".

Por fim, a Sra. Woolf deve ter imaginado de qual fonte profunda as virtudes que ela notara haviam surgido – ou poderia ser o caso de elas estarem presentes o tempo todo, e ela apenas havia fracassado em percebê-las? Será que a revelação provocada pela guerra sobre a absoluta futilidade de sua vida anterior, cheia de atitudes vazias, contribuiu para que tomasse a decisão de cometer suicídio? Caso a vida bem vivida seja uma questão de juízo, a guerra provara que, durante toda a sua vida adulta, ela não tivera nenhuma das duas coisas. Minha mãe, com sua chave-inglesa durante o dia e seu capacete durante a noite, fez mais pela civilização (uma palavra que a Sra. Woolf sempre coloca em aspas em seu livro, como se realmente não existisse) do que a Sra. Woolf, com sua prosa ornamentada a disfarçar sua cólera narcísica.

Todavia, caso a Sra. Wolf tivesse sobrevivido aos nossos tempos, ela teria tido ao menos a satisfação de observar que sua mentalidade – superficial, desonesta, ressentida, invejosa, esnobe, autocentrada, trivial, filistina e fundamentalmente brutal – triunfara entre as elites do mundo ocidental.

2002

Como Amar a Humanidade – e Como Não a Amar

Quase todo intelectual alega considerar profundamente o bem-estar da humanidade, sobretudo o bem-estar dos pobres. Mas, sabendo-se que não há registro de nenhum genocídio que tenha ocorrido sem que seus perpetradores alegassem estar agindo em nome do bem-estar da humanidade, fica evidente que sentimentos filantrópicos podem assumir uma infinidade de formatos.

Dois grandes escritores do século XIX, Ivan Turgenev e Karl Marx, ilustram essa diversidade com vívida clareza. Ambos nasceram em 1818 e morreram em 1883, em muitos outros aspectos suas vidas se cruzam de tal forma que chega a ser inacreditável tamanha coincidência. No entanto, esses dois homens enxergaram a vida e o sofrimento humano de forma completamente distinta. De fato, irreconciliável – como se observassem as coisas estando em lados opostos do telescópio. Turgenev via os seres humanos, indistintamente, como indivíduos dotados de consciência, caráter, sentimentos, virtudes e fraquezas morais; Marx sempre os via como flocos de neve numa avalanche, como ocorrências de forças gerais, como se não fossem integralmente humanos, uma vez que fundamentalmente condicionados pelas circunstâncias. Onde Turgenev enxergava homens e mulheres, Marx enxergava povo. Esses dois olhares para o mundo persistem em nossa época, e afetam-no profundamente, para o bem ou para o mal, acometendo as soluções que propomos aos nossos problemas sociais.

As semelhanças entre as carreiras desses dois homens têm início na forma como ambos frequentaram a Universidade de Berlim, em momentos intercalados, e onde ambos foram profundamente afetados – mesmo intoxicados – pelo hegelianismo então dominante. Como resultado, ambos consideraram seguir carreira como professores universitários, mas nenhum dos dois jamais assumiu um posto na universidade. Eles tinham em Berlim muitos conhecidos em comum, incluindo Mikhail Bakunin, o aristocrata russo que mais tarde se tornaria um revolucionário anarquista, o filósofo Bruno Bauer, e o poeta radical Georg Herwegh. Ambos também dividiam a mesma negligência em relação ao uso do dinheiro, talvez por terem nascido em circunstâncias de prosperidade e, portanto, acreditarem que o dinheiro nunca seria um problema. Ambos iniciaram suas carreiras como poetas românticos, embora um volume maior da poesia de Turgenev tenha sido publicado, se comparado a Marx.

Suas influências e gostos literários eram semelhantes. Leram avidamente os clássicos gregos e latinos; ambos eram capazes de citar trechos de Shakespeare em inglês. Ambos aprenderam espanhol a fim de ler Calderón (claro, Turgenev também aprendeu a falar a língua nativa do grande porém insatisfatório amor de sua vida, a famosa *prima donna* Pauline Viardot). Ambos estavam em Bruxelas quando estourou a revolução de 1848 contra a Monarquia de Julho na França, e partiram a fim de observar os eventos em outro lugar. O amigo russo mais próximo de Turgenev, Pavel Annenkov, ao qual ele dedicou parte de seu trabalho, conheceu Marx muito bem em Bruxelas, deixando uma descrição pouco elogiosa sobre ele.

A polícia secreta espionou a atividade dos dois, e ambos passaram a maior parte de suas vidas adultas, onde também morreram, no exílio. Ambos tiveram filhos com criadas; no caso de Turgenev, uma indiscrição da juventude, no caso de Marx uma indiscrição na meia-idade. Todavia, diferentemente de Marx, Turgenev reconheceu sua filha e a sustentou.

Os dois ficaram conhecidos pela compaixão que sentiam pelos desafortunados e oprimidos. Mas, apesar de todas as semelhanças de educação e experiência, a qualidade da compaixão entre os dois não poderia ter sido mais divergente; enquanto em um deles ela era real, enraizada no sofrimento de indivíduos concretos, no outro não era, permanecendo abstrata e geral.

A fim de contemplar essa diferença, basta colocar o romance *Mumu*, de Turgenev, publicado em 1852, ao lado do *Manifesto Comunista* de Karl Marx, escrito quatro anos antes. Ambas as obras, praticamente iguais em extensão, foram elaboradas em circunstâncias difíceis: Marx fora expulso da França, acusado de atividade revolucionária, residia em Bruxelas, onde não desejara estar e onde não possuía renda, ao passo que Turgenev estava em prisão domiciliar em Spasskoye, sua propriedade isolada a sudoeste de Moscou, por ter escrito *Rascunhos da Memória de Caçador*, um livro implicitamente contrário à servidão e, portanto, subversivo. O censor que permitira a sua publicação foi despedido e lhe foi suspensa a pensão.

Mumu se passa em Moscou nos dias de servidão. Gerasim é um servo surdo e tolo, mas de estatura e força gigantescas, cuja proprietária, uma velha e tirânica senhora feudal, trouxe-o do campo para a cidade. Incapaz de se expressar por meio de palavras, Gerasim se afeiçoa, desajeitadamente, por uma jovem camponesa chamada Tatyana, também serva da mesma senhora. Todavia, por puro capricho, a senhora feudal, uma viúva amarga e cruel que nunca é nomeada, decide casar Tatyana com outro de seus servos, um sapateiro alcoólatra chamado Kapiton, dilacerando, dessa forma, as esperanças de Gerasim.

Não muito tempo depois, Gerasim encontra uma cadelinha se afogando num charco. Ele a resgata e cuida dela até que cresça e se torne uma cadela saudável. Ele a chama de Mumu, o máximo que consegue articular como palavra, e em breve todas as pessoas da propriedade feudal passam a conhecer a cadela por aquele nome. Gerasim torna-se muito apegado a ela, sua única e verdadeira amiga, que ele permite viver em seu pequeno quarto, e que o acompanha onde quer que vá. A cadela adora Gerasim.

Um dia, a proprietária vê Mumu pela janela e pede que a cadela seja levada até ela. Mas Mumu se sente acuada e range os dentes. A proprietária, instantaneamente, detesta a cachorra e exige que se livrem dela. Um dos servos da senhora leva Mumu e a vende para um estranho. Desesperado, Gerasim busca a cadela, mas não consegue encontrá-la. Todavia, Mumu consegue fugir e encontrar o caminho de volta, para a completa felicidade de Gerasim.

Infelizmente, na noite seguinte, Mumu late e acorda a senhora, que fica extremamente irritada pela interrupção de seu sono. Ela exige que a cachorra seja, agora, executada. Seus servos vão até Gerasim e por meio de sinais transmitem a decisão da senhora. Gerasim, reconhecendo o inevitável, promete ele mesmo dar fim ao animal.

Então, temos duas passagens de *pathos* quase insuportável: na primeira, Gerasim leva Mumu até a taberna local:

> Na taberna eles conheciam Gerasim e compreendiam sua linguagem de sinais. Ele pediu sopa de repolho e carne, sentando-se com os braços apoiados na mesa. Mumu ficou ao lado de sua cadeira, fitando-o serenamente com seu olhar manso. Seu pelo brilhava, podia-se ver claramente que fora escovada havia pouco. Trouxeram a Gerasim sua sopa de repolho. Ele picou um pouco de pão na sopa, cortou a carne em pequenos pedaços e colocou o prato no chão. Mumu começou a comer com sua delicadeza costumeira, seu focinho mal tocava a sopa. Gerasim olhou-a demoradamente; duas pesadas gotas de lágrima correram subitamente de seus olhos: uma caiu sobre a testa da cachorra, a outra na sopa. Ele cobriu seu rosto com as mãos. Mumu comeu metade da tigela e saiu andando, lambendo-se. Gerasim se levantou, pagou pela sopa e saiu.

Ele leva Mumu até o rio, apanhando um par de tijolos durante o trajeto. Nas margens do rio, ele entra num barco com Mumu e rema até atingir certa distância.

> Finalmente Gerasim endireita-se rapidamente, com uma expressão de profundo amargor. Amarra os tijolos com uma corda, faz um laço e o coloca em volta do pescoço de Mumu e, levantando-a acima do rio, fita-a pela última vez [...] Confiante e sem medo, ela olha para ele e abana o rabo. Ele vira o rosto, faz uma careta e a solta [...] Gerasim nada ouviu, nem o grunhido de Mumu que caíra, tampouco o barulho da batida na água; para ele, o mais barulhento dos dias era parado e silencioso, de uma forma que nem a mais serena das noites é para nós silenciosa; e quando, novamente, abriu seus olhos as pequenas ondas estavam seguindo

como sempre, borbulhando rio abaixo, como se apostassem corrida, fazendo marolas no casco do barco, e apenas mais para trás ondas maiores atingiam as margens.

Após a morte de Mumu, ficamos sabendo que Gerasim foge de volta para sua vila, onde trabalha como um escravo nos campos, e nunca mais ele estabelecerá um relacionamento próximo, com homem ou com animal.

Quando o culto, aristocrático e revolucionário exilado russo Alexander Herzen leu a história, ele tremeu de ódio. Thomas Carlyle disse que fora a história mais emocionalmente impactante que já lera. John Galsworthy disse que "nenhum outro protesto mais comovente contra a crueldade tirânica fora escrito". E um dos parentes de Turgenev, para o qual o autor leu Mumu, escreveu posteriormente: "Quanta humanidade e bondade um sujeito precisa ter a fim de compreender e expressar dessa forma a experiência e os tormentos do coração de outro homem!".

A história é autobiográfica, e a senhora feudal tirânica, capciosa, arbitrária e egoísta é a mãe do autor, Varvara Petrovna Turgeneva. Seu marido morreu precocemente, de modo que ela se tornou uma monarca absoluta em sua propriedade. Muitas histórias chegaram até nós a respeito de sua crueldade, embora nem todas tenham sido comprovadas; por exemplo, que ela enviara dois servos para a Sibéria por não fazerem reverência enquanto ela passava – porque eles não a tinham visto. O modelo para o personagem de Gerasim foi um servo surdo e burro que pertencera à Varvara Petrovna chamado Andrei.

Mumu é um protesto apaixonado contra o exercício do poder arbitrário de uma pessoa sobre outra, embora não seja politicamente esquemático. Apesar de ser obviamente direcionada contra a servidão, a história não sugere que a crueldade seja uma prerrogativa exclusiva dos senhores feudais, e que, caso a servidão fosse abolida, nenhuma vigilância contra esse tipo de crueldade pudesse se tornar mais necessária. Se o poder é uma característica inerente dos relacionamentos humanos – e certamente apenas adolescentes e certos tipos de intelectuais, incluindo-se Marx, poderiam imaginar que não –, então Mumu representa um chamado permanente à compaixão, contenção e justiça em seu exercício. Esse é o motivo pelo qual Mumu não perde a capacidade de comover mais de 140 anos depois da abolição da servidão na Rússia; ou seja, embora se refira a um lugar particular e a uma época em particular, a história tem um apelo universal.

Ao construir seu argumento central, Turgenev não sugere que seus personagens sejam outra coisa que não indivíduos, com suas próprias características pessoais. Ele não os vê somente como membros de um grupo ou classe, moldados pela opressão e agindo de forma predeterminada, como vagões numa ferrovia. E a cuidadosa observação feita mesmo do mais humilde deles é o testemunho poderoso da crença que ele tem em sua humanidade. Um grande aristocrata que era, e familiarizado com as mentes mais brilhantes da Europa, ele não descartou considerar o mais humilde dos camponeses, o qual não podia sequer ouvir ou falar. Os camponeses oprimidos de Turgenev eram seres humanos completos, dotados de livre-arbítrio e de escolha moral.

Ele contrasta a delicada ternura de Gerasim por Mumu com a irritabilidade egoísta da senhora feudal. "Por que aquele estúpido precisa de um cachorro?", ela pergunta, sem pensar, por um segundo, que aquele "homem estúpido" possa ter interesses e sentimentos próprios. "Quem deu permissão para que ele pudesse criar um cachorro em meu pátio?"

Turgenev não indica que esse poder quase absoluto da senhora seja, em qualquer sentido, algo a ser invejado. Embora religiosa de uma forma superficial e sentenciosa, ela vê Deus como um servo, não como um mestre, e não reconhece qualquer limite, tanto vindo de Deus ou das leis, para o exercício de sua vontade. O resultado de sua miséria: um permanente estado de irritação, insatisfação e hipocondria. A satisfação de seus caprichos não lhe dá prazer, justamente por serem meros caprichos, em vez de desejos verdadeiros; e – acostumada a ser obedecida, como ela é, e acreditando que merece nada menos do que isso – ela interpreta qualquer resistência, até mesmo a do tempo, como intolerável.

Por exemplo, quando Mumu lhe é apresentada, a senhora se dirige a ela de uma forma insinuante e melosa, mas quando a cachorra não responde como o esperado, ela logo muda o tom: "Leve-a daqui! Que cadelinha nojenta!". Diferentemente de Gerasim, que alimentou Mumu com carinhosa devoção, a senhora quer que a cachorra a ame imediatamente, apenas porque é seu desejo naquele momento.

O poder que ela tem a torna desonesta e incapaz de introspecção. Quando Gerasim desaparece, depois de afogar Mumu, "ela teve um ataque de nervos, derramou lágrimas, ordenando que fosse encontrado não importa o que fizessem, declarou que jamais ordenara que a cachorra fosse destruída e finalmente deu [ao seu criado-chefe] um severo castigo". A forma como nega sua responsabilidade é estarrecedora. O poder corrompe, Turgenev sabe; e o fracasso em se aceitar quaisquer limites sobre os desejos impensados torna a felicidade impossível. Nenhum conjunto de arranjos sociais, Turgenev também o sabe, será capaz de eliminar todos esses perigos de uma vez.

Tampouco ele acredita que as pessoas sujeitas ao poder da senhora sejam, por virtude de sua opressão, nobres. Elas são manipuladoras e coniventes e, por vezes, inconsequentemente cruéis. A zombaria que fazem de Gerasim é limitada somente pelo medo que têm de sua força física, e elas não se compadecem nem um pouco de sua condição. Quando Gravilla, o criado-chefe da senhora, vai contar a Gerasim que ele deve se livrar de Mumu de uma vez por todas, ele bate na porta de Gerasim e grita: "'Abra!' Então veio o som de um latido sufocado; mas nenhuma resposta. 'Estou lhe mandando que abra!', ele repetiu. 'Gavrila Andreich', diz Stepan debaixo da escada, 'ele é surdo, não ouve'. Todos começaram a rir".

Não há qualquer sinal de compaixão na risada que dão, nem nesse momento nem em qualquer outro momento da história. A crueldade não é uma marca exclusiva da senhora feudal, e a insensibilidade dos servos em direção a Gerasim me faz lembrar de uma cena de minha infância, quando tinha cerca de onze anos. Eu me encontrava numa fila para comprar ingressos para uma partida de futebol – naquela época, por razões que não consigo me lembrar, eu era fã desse esporte. A fila era longa, demandaria pelo menos uma espera de duas horas. Um velho cego carregando um acordeão passou pela fila cantando "The Man Who Broke the Bank at Monte Carlo", enquanto um acompanhante seu segurava um boné para esmolas. Eles passaram por alguns operários que estavam com um rádio, e estes aumentaram o volume ao máximo a fim de abafar a canção do velho. Eles riram gostosamente com o desconcerto do velho, enquanto seu acompanhante o levava para longe, reduzido ao silêncio.

Ninguém interveio ou disse para aqueles jovens a forma abominável como haviam se comportado; eu era muito covarde para fazer qualquer coisa. Mas, naquela pequena cena, percebi com clareza a permanente capacidade do homem para a desumanidade, uma capacidade que transcende condição social, classe ou educação.

Outro incidente, quando praticava medicina muitos anos mais tarde em uma ilha do Pacífico, reforçou essa lição. Ao lado do hospital psiquiátrico, com seu pátio cercado por uma alta cerca de arame, encontrava-se uma colônia de leprosos. Todas as tardes, os leprosos se reuniam na cerca a fim de zombar dos "lunáticos", enquanto estes saíam para se exercitar, encenando suas danças estranhas e gritando contra perseguidores inexistentes.

A vitória contra a crueldade nunca é final, mas, assim como a manutenção da liberdade, ela também requer uma vigilância eterna. E requer, como em Mumu, o exercício da imaginação compadecida.

Passando de Turgenev para Marx (embora o Manifesto apareça com os nomes de Marx e Engels, o trabalho foi quase que inteiramente de Marx), entramos, em vez de remorso ou de compaixão, no mundo do eterno amargor: do rancor, ódio e desprezo. É verdade que Marx, como Turgenev, apresenta-se do lado dos desfavorecidos, do homem sem posses, mas de uma forma absolutamente fria. Turgenev espera que nos comportemos de forma humana, ao passo que Marx visa nos incitar à violência. Além do mais, Marx não tolerava competidores no mercado filantrópico. Ele era notoriamente mordaz com todos os práticos candidatos reformistas. Caso pertencessem à classe baixa, faltava-lhes o treino filosófico necessário para penetrar nas causas da miséria; caso fossem da classe alta, eles estariam hipocritamente tentando preservar "o sistema". Somente ele conhecia o segredo de transformar o pesadelo em sonho.

De fato, as hecatombes que seus seguidores acumularam estão – até a última de suas milhões de vítimas – implícitas no Manifesto. Intolerância e totalitarismo compreendem as crenças expressas: "Os comunistas não formam um partido à parte, oposto aos outros partidos operários. Eles não têm interesses que os separem do proletariado em geral".

Em outras palavras, não há necessidade de outros partidos, muito menos de indivíduos com suas próprias artimanhas. De fato, uma vez que os comunistas expressam tão perfeitamente os interesses do proletariado, qualquer um que se oponha ao comunismo, por definição, se opõe aos interesses do proletariado. Além do mais, como os comunistas "declaram abertamente que os fins só podem ser alcançados pela derrubada violenta de toda a ordem social", presume-se que tanto Lênin quanto Stálin agiram em perfeita obediência aos mandamentos comunistas ao eliminarem todos os seus oponentes usando a força. E uma vez que, segundo Marx, as ideias que as pessoas têm são determinadas pela posição que ocupam na estrutura econômica da sociedade, não é assim sequer necessário para as pessoas declararem quem seriam os seus inimigos, pois eles podem ser conhecidos *ex officio*, por assim dizer. O assassinato dos kulaks foi a aplicação prática da epistemologia do *Manifesto*.

À medida que se lê o *Manifesto*, uma fantasmagórica procissão das catástrofes marxistas parece saltar dos textos, como a sopa das bruxas em *Macbeth*. Peguemos, por exemplo, os pontos oito e nove do programa comunista (curiosamente, como o programa divino publicado no Monte Sinai, eles perfazem dez pontos ao todo). "VIII – Trabalho obrigatório para todos. Estabelecimento de exércitos industriais, particularmente para a agricultura. IX – Combinação da agricultura com a indústria, atuação no sentido da eliminação das contradições entre cidade e campo". Aqueles que experimentaram o regime de Pol Pot, e a "sistematização" de Ceaușescu, os quais demoliram vilas inteiras substituindo-as por incompletos prédios de apartamento no meio dos campos, não terão dificuldade para reconhecer a proveniência de seus infortúnios.

O *Manifesto* não faz qualquer menção à vida do indivíduo humano, exceto para negar sua possibilidade sob as condições dadas. Verdade, Marx menciona alguns poucos autores pelo nome, mas somente no intuito de despejar sobre eles o seu pesado e soberbo escárnio teutônico. Para ele não há, de forma alguma, indivíduos ou seres humanos de verdade. "Na sociedade burguesa o capital é independente e pessoal, ao passo que o indivíduo que trabalha é dependente e impessoal."

Não é de se estranhar que, assim sendo, Marx fale apenas em termos de categorias: os *burgueses*, os *proletários*. Para ele, os indivíduos, enquanto tais, nada mais são do que clones, não pela sua imensa identidade genética, mas em função de suas relações com o sistema econômico. Por que perder tempo estudando um homem, quando se conhecem os Homens?

Tampouco essa é a única generalização do *Manifesto* que reduz toda a população humana a meras cifras:

> Sobre o que repousa a família atual, a família burguesa? Sobre o capital, o lucro privado [...] Mas esse estado de coisas encontra o seu complemento na ausência forçada da família para os proletários, e na prostituição pública [...] O palavrório burguês acerca da família e da educação, sobre a íntima relação de pais e filhos, torna-se tanto mais repugnante quanto mais a grande indústria rompe todos os laços familiares e transforma as crianças em simples objetos de comércio, em simples instrumentos de trabalho [...] O burguês vê na mulher um mero instrumento de produção [...] Nossos burgueses, não contentes com o fato de terem à disposição as mulheres e as filhas dos proletários, sem falar da prostituição oficial, têm singular prazer em cornear-se mutuamente. O casamento burguês é, na realidade, a comunidade das mulheres casadas. No máximo, poderiam acusar os comunistas de quererem substituir uma comunidade de mulheres hipocritamente dissimulada, por uma comunidade franca e oficial de mulheres.

Não há como se enganar diante do ódio e da cólera que emanam dessas palavras; mas a raiva, embora seja uma emoção real e poderosa, não é necessariamente honesta, e muito menos tem a insatisfação como resultado exclusivo. Existe uma tentação permanente, particularmente entre os intelectuais, em supor que a virtude de um sujeito seja proporcional ao ódio que ele demonstra em relação ao vício. O ódio que se tem ao vício passa então a ser medido em função da veemência com que ele é denunciado. Mas, quando Marx escreveu essas linhas, ele certamente tinha conhecimento de que eram, na melhor das hipóteses, uma caricatura violenta, e na pior, uma distorção deliberadamente calculada para enganar e destruir.

Como um homem de família, ele próprio não obtive êxito. Embora tenha vivido uma realidade burguesa, foi uma de um tipo boêmio e desordenado, esplendorosamente esquálida. Duas de suas filhas, Laura e Eleonor, cometeram suicídio, e, em parte, isso aconteceu por ele ter interferido em suas vidas. Mas mesmo o seu pior inimigo não poderia alegar que ele visse em sua mulher, Jenny von Westphalen, "um mero instrumento de produção", uma *spinning jenny*,[1] por assim dizer. Metade dos seus poemas de juventude foram dirigidos a ela nos termos mais apaixonados e românticos, e isso apenas alguns anos antes de ele escrever o *Manifesto*. Embora o relacionamento entre os dois tenha esfriado mais tarde, ele também foi profundamente afetado pela morte da esposa, morrendo logo depois. Mesmo ele, que se informava a respeito das pessoas sobretudo através dos livros, deve ter percebido que o retrato que o *Manifesto* fazia das relações entre homens e mulheres estava grotescamente distorcido. Portanto, sua fúria — como acontece com boa parte da fúria moderna — era inteiramente artificial, talvez uma tentativa de forjar uma generosidade de espírito, ou de amor pela humanidade, que ele sabia não possuir, mas sentia que deveria ter.

Sua falta de interesse pelas vidas e pelos destinos das pessoas de carne e osso — o que certa vez Mikhail Bakunin chamou de sua completa falta de simpatia pela raça humana — torna-se evidente no fracasso em reconhecer os frequentes e nobres esforços dos trabalhadores a fim de manter uma vida familiar respeitável diante de grandes adversidades. Seria realmente verdade que eles não tinham laços familiares, e que seus filhos seriam meros artigos do capital? É típico da mentalidade sem rigor de Marx a elaboração de respostas ambíguas, como se o capital pudesse existir independentemente das pessoas que o geram. Apenas sua indignação, como o sorriso do gato de Cheshire, fica clara.

A sólida relação que Marx estabelece com a irrealidade também fica evidente em sua dificuldade para imaginar o que aconteceria quando, por meio da implementação das ideias de intelectuais radicais influenciados

---

[1] Aqui o autor faz um jogo semântico entre o apelido da mulher de Marx "Jenny" — seu primeiro nome era Johanna — com as máquinas de fiar hidráulicas na Inglaterra da época, que eram popularmente chamadas de "spinning jenny", um paralelismo impossível de ser reproduzido em português. (N.T.)

pelo seu modo de pensamento, a família burguesa realmente entrasse em colapso; quando "a ausência forçada da família" de fato se tornasse uma realidade social. Certamente as crescentes disputas sexuais e a disseminação do abuso e do descuido com as crianças, bem como um crescente aumento de violência interpessoal (tudo dentro das condições de prosperidade material sem precedentes) teriam se tornado absolutamente previsíveis a qualquer pessoa com um conhecimento mais profundo do que o de Marx sobre o coração humano.

Comparemos a crueza de Marx com a sutileza de Turgenev, aludida por Henry James, que conheceu Turgenev em Paris e escreveu um ensaio sobre ele um ano após sua morte:

> Como todos os homens de grande envergadura, era composto de muitas e distintas nuances; e aquilo que lhe tornava mais notável era uma mistura de natural simplicidade com o fruto de uma vida dedicada à observação [...] Certa vez fiquei tentado a dizer que ele tinha um temperamento aristocrático, uma observação que à luz de informações posteriores pareceu-me singularmente tola. Ele não se encaixava em qualquer definição desse tipo, e dizer que ele era democrático (embora seu ideal político fosse a democracia) seria atribuir-lhe uma caracterização igualmente superficial. Ele sentia e compreendia as contradições da vida; era imaginativo, especulativo e tudo mais, sem ser grosseiro [...] Nosso convencional padrão anglo-saxônico moralista e protestante era estranho a ele, pois ele julgava as coisas com uma liberdade e uma espontaneidade nas quais encontrei uma fonte perpétua de renovação. Seu senso de beleza, seu amor pela verdade e por aquilo que é correto eram as fundações de sua natureza; mas metade do charme de sua conversa era a capacidade que tinha para fazer com que frases hipócritas e sentimentos arbitrários soassem simplesmente ridículos.

Não creio que ninguém poderia ter dito o mesmo de Marx. Quando ele escreveu que "os operários não têm pátria. Não se lhes pode tirar aquilo que não possuem", ele escreveu como um homem que, até onde sei, nunca se importara em saber sobre as visões que os outros tinham. Os pronunciamentos que fez sobre a morte do sentimento patriótico foram bastante prematuros, para dizer o mínimo. E, quando escreveu que a burguesia lamentaria a perda cultural que a revolução do proletariado acarretaria, mas que "essa cultura é [...] para a grande maioria um mero treinamento para agir como máquina", ele fracassou em reconhecer os esforços profundamente dinâmicos dos trabalhadores da Grã-Bretanha em adquirir essa cultura, vista por eles como um agente libertador e enobrecedor. Não é preciso muita imaginação para se compreender que tipo de esforço foi necessário ao se trabalhar numa fábrica vitoriana durante o dia e ler Ruskin e Carlyle, Hume e Adam Smith durante a noite, mas foi exatamente esse o caso de tantos trabalhadores ingleses (os volumes que eles pegavam das bibliotecas e dos institutos de educação ainda podem ser encontrados nos sebos da Grã-Bretanha); mas esse foi um sacrifício para o qual Marx nunca esteve preparado, justamente porque ele nunca considerou que isso valesse alguma coisa. É possível questionar se não teria ele estabelecido o padrão para as hordas dos bárbaros acadêmicos, que destroem aquilo que eles mesmos recebem como benefício.

Muito diferente de tudo isso foi a afeição que Turgenev expressava pelos desamparados, pois ele direcionava essa compaixão a seres humanos reais. Ele compreendia aquilo que Henry James chamou de "as contradições da vida"; ele compreendera que não havia solução para a história, nem qualquer apocalipse, depois do qual todas as contradições seriam resolvidas, todos os conflitos cessariam, os homens se tornariam bons em função de seus arranjos sociais e o controle político-econômico se tornaria uma simples administração em prol do benefício de todos, sem distinção. A escatologia marxista, ao lhe faltar qualquer senso comum, qualquer conhecimento real sobre a natureza humana, apoia-se em abstrações que para ela são mais reais do que as pessoas de carne e osso. É claro, Turgenev conhecia o valor das generalizações e criticava instituições como a servidão feudal, mas sem se valer de quaisquer tolas ilusões utópicas, pois ele sabia que o homem é uma criatura falha, capaz de aperfeiçoamento, mas não dotado de perfeição. Portanto, não houve hecatombes associadas ao nome de Turgenev.

Marx alegava conhecer os homens, mas os conheceu somente como seus inimigos. Apesar de ser um dialético hegeliano, ele não se interessava pelas contradições da vida. Nem a gentileza tampouco a crueldade o tocavam; os homens eram simplesmente os ovos dos quais a gloriosa omelete seria um dia feita. E ele seria instrumental nessa operação.

Quando consideramos nossos reformadores sociais – a linguagem que usam, suas preocupações, seu estilo, as categorias de seus pensamentos – eles se assemelham mais com Marx ou com Turgenev? Turgenev, que escreveu um maravilhoso ensaio intitulado "Hamlet e Dom Quixote", um título que fala por si só, não teria ficado surpreso ao descobrir que o estilo marxista triunfou.

Devido a uma curiosa peça do destino, os frios e utópicos marxistas russos encontraram uma utilidade cínica para a história Mumu, de Turgenev: imprimiram dezenas de milhões de cópias, a fim de justificar a própria brutalidade assassina ao destruir qualquer traço da antiga sociedade. Poderia ter se abatido sobre essa história de Turgenev um destino mais terrível e disparatado? Poderia haver um exemplo mais eloquente da habilidade da abstração intelectual em apagar das mentes e corações dos homens qualquer traço de vergonha e de um sentimento verdadeiro pela humanidade?

Todavia, é preciso recordar um detalhe significativo da trajetória biográfica de Turgenev e de Marx, em que há uma grande diferença. Quando Marx foi enterrado, quase ninguém compareceu ao seu funeral (uma vingança poética, talvez, por ele não ter comparecido ao funeral de seu pai, que o adorava e que fez enormes sacrifícios por ele). Quando os restos mortais de Turgenev retornaram da França para São Petersburgo, milhares de pessoas, incluindo os mais humildes, compareceram para prestar suas homenagens – e por uma boa razão.

2001

Um Gênio Descuidado

Em 22 de fevereiro de 1942 dois cidadãos britânicos cometeram suicídio por *overdose* de barbitúricos em sua casa em Petrópolis, Rio de Janeiro, Brasil. A fotografia do casal morto na cama é uma das mais comoventes que conheço: a mulher segurando a mão do homem, ao mesmo tempo que repousa a cabeça gentilmente em seu ombro. O casal recebeu um funeral de Estado – no Brasil, não na Grã-Bretanha –, e milhares de pessoas foram lhe prestar suas últimas homenagens. O homem era Stefan Zweig, um judeu austríaco que durante muitos anos fora o escritor mais famoso em língua alemã, com suas obras traduzidas em cinquenta idiomas. Sua mulher se chamava Lotte Altmann, sua secretária e esposa de seu segundo casamento.

Embora Zweig tenha buscado refúgio na Grã-Bretanha e adquirido cidadania britânica, seu trabalho nunca ganhou muita admiração naquele país de adoção, ou mesmo em nenhum país de língua inglesa. Até mesmo a pouca fama que desfrutou por um momento nesse universo já se evaporou. Mesmo entre o público mais culto de língua inglesa, ele permanece praticamente esquecido; boas livrarias na Grã-Bretanha, Estados Unidos e Austrália raramente têm seus livros em estoque.

Já na França ocorre o contrário. Lá, estudos biográficos, críticos e históricos sobre ele, como também seus romances e crônicas, permaneceram sendo impressos (exceto durante a época de ocupação nazista).

Edições populares de suas obras podem ser encontradas em todos os lugares, inclusive em aeroportos. Ele desfruta de uma estima como um dos maiores escritores universais do século XX. Nisso, ao menos, acho que os franceses estão certos.

Dois temas centrais perpassam a obra de Zweig. O primeiro trata do peso que a paixão exerce sobre a vida humana. Como diz Hume, caso a razão seja e deva ser escrava das paixões, como podemos, então, controlar e reconciliar nossas paixões, de modo que vivamos decentemente em sociedade? E se, como sugere Zweig, a necessidade de controle e a necessidade de expressão estão em constante conflito, não existe uma solução abstrata ou perfeita para a miséria existencial do homem. Quaisquer tentativas de resolver as contradições de nossa existência por meio de referências dogmáticas a uma simples doutrina (e, comparada à vida, todas as doutrinas são simples) terminarão, portanto, em monomania e barbarismo. Essa realidade implica a segunda preocupação de Zweig: a destruição da civilização pelo dogma político — como ficou atestado pelas duas guerras mundiais, as quais destruíram o mundo de Zweig e o levaram, no final das contas, a cometer suicídio.

Zweig nasceu em uma rica família de burgueses judeus de Viena em 1881, completamente inserida na cultura austro-alemã. Sua vida retrata um declínio da felicidade à tormenta. Em seu livro de memórias (*O Mundo que Eu Vi*), escrito quando ele tinha sessenta anos e quando já vivia em exílio no Brasil, sem documentação para ajudá-lo em suas recordações, Zweig descreve a felicidade que sentia ao viver numa sociedade cosmopolita cultivada e tolerante, na qual a política era um fator secundário, onde as guerras (como o próprio governo) eram pequenas, limitadas, distantes, e sem importância, onde a liberdade pessoal alcançava o seu apogeu e tudo assumia uma aparência — enganosa, certamente — de solidez e permanência. As pessoas sentiam que poderiam planejar o futuro porque o dinheiro sempre teria o mesmo valor, e as taxas de juros nunca mudariam. O regozijo do progresso material, evidente ano após ano, foi descortinado pela percepção de que o homem permanecera o lobo do homem: o progresso moral parecera tão natural quanto o material.

Na visão de Zweig, a Viena dos Habsburgos tornou-se tão civilizada porque era política e militarmente impotente:

> Não havia cidade na Europa onde a aspiração à cultura fosse mais passional do que em Viena. Isso se deu precisamente porque, depois de tantos séculos, a monarquia e a própria Áustria não mais conheceram ambição política ou sucesso militar, e o orgulho patriótico conectou-se, fortemente, às realizações da supremacia artística. O império habsburgo, que uma vez dominara a Europa, há muito fora espoliado de suas províncias mais prósperas e importantes: alemãs e italianas, flamengas e valônias; mas a capital permaneceu intacta em seu antigo esplendor, a sede da corte, preservando uma tradição milenar.

O contraste entre o esplendor cultural e intelectual de Viena e sua decadência política, sem dúvida, inspirou o permanente pacifismo de Zweig. Ele contrastava esse ideal vienense com a agressividade alemã ou guilhermina:

> Vivia-se uma fácil e despreocupada vida nessa antiga Viena, e nossos vizinhos ao norte, os alemães, nos olhavam, a nós danubianos, de cima para baixo. Uma mescla de maldade e inveja, uma espécie de desdém, porque em vez de nos mostrarmos trabalhadores e sérios, obedientes a uma ordem rígida, desfrutávamos pacificamente de nossas vidas, comendo bem e divertindo-nos nos festivais e teatros. Além de tudo, fazendo uma música excelente. Em vez daqueles "valores" alemães, os quais acabaram, no final das contas, estragando e envenenando a vida de todos os outros povos, em vez de alimentar a avidez por dominar os outros, em vez de sempre estar na liderança, em Viena gostávamos de conversar amigavelmente, desfrutando de nossas reuniões familiares, e deixávamos que todos participassem, sem inveja, num espírito de amigável complacência, que talvez fosse um pouco frouxo demais. "Viva e deixe viver", dizia o antigo provérbio vienense, uma máxima que ainda hoje em dia parece a mim mais humana do que qualquer imperativo categórico [...].

Na experiência de Zweig, essa seria a pré-lapsariana Viena do imperador Francisco José, um homem de pouca cultura, mas também de pouca ambição, exceto o seu desejo de manter intacto o pequeno império poliglota que caía aos pedaços (o qual existia sem outra justificativa que não fosse sua antiguidade). O imperador não tinha qualquer desejo de se intrometer na vida diária de seus súditos, que ainda não haviam se tornado profundamente politizados, como aconteceria durante o século XX.

Ainda que a liberdade pessoal na Viena dos Habsburgos, grande como era – talvez maior do que qualquer uma que conhecemos hoje em dia – não se assentasse em qualquer complexa base filosófica, mas, em vez disso, em cima de traços psicológicos e culturais, desenvolvidos de forma orgânica ao longo dos séculos. No furor do cataclismo, esses traços provaram sua fragilidade. Aqui aparece uma contradição que Zweig não quis pensar a respeito, muito menos resolvê-la: a verdadeira liberdade, ele acreditava, requeria informalidade; porém, a informalidade não oferecia uma proteção adequada contra os inimigos da liberdade. Como acontece a todos os pacifistas, Zweig se furtou à questão de como proteger os cordeiros dos lobos, apostando na quimera de que os lobos seriam convertidos ao vegetarianismo.

No Éden vienense de Zweig, regras e convenções informais governavam a vida das pessoas de forma muito mais envolvente do que os direitos e deveres promulgados pelos legisladores. Zweig relata, por exemplo, que seu pai, embora fosse um empresário multimilionário, recusava-se a ir jantar no Hotel Sacher, cuja conta ele podia facilmente pagar, mas que se caracterizava como o santuário imperial da alta aristocracia. Ele teria considerado falta de tato se impor num lugar onde sua presença não seria realmente bem-vinda; e (uma atitude quase inconcebível nos dias de hoje) ele não sentia qualquer rancor de não ser bem-vindo. As liberdades que gozava eram mais do que o suficiente para seus apetites. O que mais um homem poderia desejar?

Zweig se tornou amigo próximo de Freud e publicou um estudo sobre ele num livro de três partes intitulado *A Cura Através do Espírito* (as outras duas partes focavam Franz Anton Mesmer e Mary Baker Eddy, uma justaposição levemente irônica que Freud não achou muito interessante). Mas

Zweig admirava seu pai de uma forma completamente pré-freudiana, projetando a si mesmo em seu pai. Um homem batalhador e de sucesso, o pai de Zweig era sempre modesto, dignificado e sereno, capaz de conquistar um brilhante êxito pessoal porque vivera numa época propícia para homens com o seu (bom) caráter:

> A prudência que mantinha na expansão do seu negócio, apesar das tentações oferecidas para oportunidades rentáveis, estava inteiramente em harmonia com o espírito da época. Além do mais, correspondia à natural reserva de meu pai, sua falta de ganância. Ele adotara o credo de sua época: "a segurança em primeiro lugar"; parecia-lhe mais importante constituir um negócio "sólido" – uma expressão muito admirada naqueles tempos – mantido com seu próprio capital, do que expandi-lo vorazmente, recorrendo-se aos créditos bancários e hipotecas. Era uma questão de orgulho para ele que, em toda a sua vida, ninguém jamais vira o seu nome numa carta de crédito ou ficha de empréstimo, e que ele sempre estivera com crédito positivo no banco – e naturalmente no mais sólido de todos os bancos, Rothschild.

A chave para o próprio caráter de Zweig revela-se numa passagem na qual ele exalta o pai, e então descreve a si mesmo:

> Embora ele fosse infinitamente superior à maioria de seus colegas, em suas maneiras, elegância social e cultura – tocava piano muito bem, escrevia com elegância e clareza, falava francês e inglês –, ele recusava todas as distinções públicas e postos honorários, e [...] nunca aceitou ou buscou qualquer título ou honraria, embora, como grande industrialista, com frequência lhe fossem oferecidas essas coisas. Nunca tendo precisado pedir favores, seu orgulho íntimo significava mais para ele do que qualquer sinal externo de distinção [...] Por causa desse mesmo orgulho íntimo, eu mesmo sempre declinei qualquer distinção honorífica e nunca aceitei qualquer condecoração, título ou presidência de qualquer associação. Nunca pertenci a uma academia, comitê ou júri de

premiação; o simples fato de sentar-me a uma mesa oficial significa, para mim, uma tortura, e o simples pensamento de ter que pedir um favor, mesmo que seja em nome de um terceiro, é o suficiente para secar minha boca antes que eu pronuncie uma só palavra [...] É o meu pai em mim, é seu orgulho íntimo, que me faz encolher [diante dos holofotes], pois é a meu pai que devo o único bem do qual sinto certeza, o sentimento da liberdade interior.

Dessa forma, Zweig nunca sugere que seu ideal pessoal adquira um cunho social: que alguém devesse sentar-se a uma mesa oficial ou aceitar uma filiação acadêmica. Mas, tendo crescido num ambiente no qual foi possível viver feliz como um agente livre, ele se viu subitamente mergulhado num mundo onde isso se tornara impossível, onde os homens precisavam se organizar para combater o mal e conquistar a liberdade. Num mundo como esse, a recusa de Zweig a participar de qualquer instituição coletiva ou esforço mostrou ser débil e parasita.

Todavia, essa falta completa de comprometimento coletivo e a total indefinição de sua própria personalidade lhe permitiram, em sua ficção, entrar no mundo dos outros a partir de dentro, e o que foi mais importante: transmitir esses mundos para seus leitores, de modo que eles também pudessem entrar neles. Caso ele tivesse sido diferente, seu trabalho não apresentaria essa qualidade empática de um modo tão peculiar.

Tanto a literatura quanto a alta cultura fascinaram Zweig, desde sua infância. Aos dezenove anos ele publicou seu primeiro artigo sério, no suplemento literário do *Neue Freie Presse*, o notório jornal vienense (na época editado pelo fundador do sionismo moderno, Theodor Herzl), assim como seu primeiro livro de poemas. Mas ele logo percebeu que ainda era muito jovem para dizer alguma coisa de relevante e viajou para Paris e Berlim a fim de adquirir experiência. Em suas viagens ele conheceu muitos dos jovens que se tornariam os escritores mais importantes da época. E, ao cultivar relacionamentos com prostitutas, proxenetas e outros tipos à margem da sociedade, iniciou-se nas camadas mais profundas, cuja realidade seu *status* de filho da alta burguesia o havia protegido. Ele passou vários anos traduzindo, para o alemão, o poeta modernista belga Émile

Verhaeren, um trabalho literário modesto, do tipo que ele recomendava a qualquer jovem que aspirasse se tornar um escritor, mas que ainda não estivesse suficientemente maduro para criar qualquer coisa original.

A Grande Guerra despedaçou por completo o velho mundo que Zweig tanto estimava. Mas ele se agarrou com rapidez aos seus ideais pré-guerra, dentro de um clima de crescente hostilidade. Repetidamente, seu trabalho exorta o valor da liberdade pessoal e nega que ideias abstratas possam guiar um homem pelos dilemas da vida. Zweig conservou seu pavor de participar de qualquer associação ou grupo, pouco importando quão louváveis fossem os fins; ele nunca quis enfrentar a escolha de apoiar uma "linha partidária", pois isso seria contrário aos ditados de sua consciência. Não lhe careciam princípios gerais, certamente; a nenhum homem carece, a menos que seja um psicopata. Mas, ao se considerarem casos particulares, uma preferência pela bondade em detrimento da crueldade, por assim dizer, não leva ninguém muito longe. São situações como essas que requerem uma reflexão a respeito do que concretamente consiste a bondade, em situações reais. Por vezes acusado de sentimentalista, ele era explicitamente antissentimental e antimoralista.

Seu único romance, *Cuidado da Piedade*, explora as consequências desastrosas que fluem de uma piedade sentimental e sem sinceridade. Nessa obra, situada imediatamente após a Primeira Guerra Mundial, um jovem e belo soldado de cavalaria (o narrador) é convocado para servir numa cidade na Hungria. Lá ele conhece a filha aleijada do senhor Kekesfalva, um vendedor judeu e nobre que fez enorme fortuna. Por meio de suas bem-intencionadas, mas superficiais expressões de afeição por ela, o cavaleiro desperta nela esperanças de um relacionamento, falsas esperanças que ele nada faz para dissipar até que seja tarde demais, e a decepção leva a jovem a cometer suicídio. Com brilhante clareza, Zweig traça as consequências da desonestidade emocional bem-intencionada – consequências muito piores do que seria o caso de uma crueldade inicial.

Zweig era um mestre da crônica (o que ajuda a explicar a sua falta de sucesso no universo de língua inglesa: os editores desse idioma consideravam esse formato literário economicamente inviável, apesar de sua atestada lucratividade em outros países, nos quais Zweig vendeu milhões de cópias). Ele era capaz de capturar imensas mudanças históricas em um pequeno compasso, com uma linguagem simples, não obstante evocativa. Por exemplo, em *O Cordeiro do Pobre*, ele indica, simbolicamente e com grande força, a destruição da tolerância cosmopolita devido à loucura nacionalista da Primeira Guerra Mundial sobre uma única pessoa.

Buchmendel é um judeu vendedor de livros raros em Viena. Durante muitos anos, antes da eclosão da guerra, ele operou o seu negócio num café vienense. Buchmendel vive de livros; não tem outra vida. Ele é assombrosamente culto e vive no excêntrico mundo dos sebos de Viena; todo erudito na cidade (da Viena de Brahms, Freud, Breuer, Mahler, Klimt, Schnitzler, Rilke e Hofmannsthal) o consulta sobre assuntos bibliográficos. (O próprio Zweig possuía uma das maiores coleções particulares do mundo de manuscritos literários e musicais, até que os nazistas o obrigaram a se livrar dela.)

Buchmendel é de outro planeta. Seus desejos são poucos, seu interesse por dinheiro é mínimo. O dono do café fica feliz de tê-lo como cliente, um homem consultado por tantos homens eminentes, mesmo que ele consuma pouco e ocupe uma mesa o dia inteiro. O dono do café compreende, como acontece em todo lugar, que Buchmendel contribui para a civilização, exatamente por conservá-la. E ao ser ele próprio um homem civilizado, o proprietário se sente honrado em recebê-lo em seu estabelecimento. Então, eis que a guerra eclode. Buchmendel não a nota; ele continua suas atividades, como se nada tivesse acontecido. Mas ele é preso porque escreve tanto para Londres quanto para Paris – as capitais de países inimigos –, perguntando por que não havia recebido as cópias das resenhas. Os censores militares supõem que essa correspondência esteja cifrada pela espionagem inimiga, pois não podem conceber que um homem pudesse estar preocupado com bibliografias numa época de guerra.

As autoridades do governo descobrem que Buchmendel, nascido na galícia russa, não é sequer um cidadão austríaco. Internado num campo para estrangeiros inimigos, ele espera por dois anos até as autoridades perceberem que ele é somente o que parece, um vendedor de livros.

Quando é solto, Viena está mudada. Não é mais o centro de um império; tornou-se a capital empobrecida de um desmembrado Estado monoglota. O café de Buchmendel mudou de proprietário; e o novo dono não compreende ou aceita Buchmendel, expulsando-o. A vida de Buchmendel ruiu, da mesma forma que a civilização, à qual ele fora um valioso contribuinte. Tornou-se um sem-teto e pouco tempo depois ele morre de pneumonia.

Zweig deixa claro que, embora Buchmendel fosse excêntrico e sua vida unidimensional, até mesmo comprimida, ele conseguia oferecer sua contribuição única à civilização vienense, e ninguém se importava com o fato de ele ser estrangeiro. Seu trabalho e conhecimento eram incomensuravelmente mais importantes aos seus clientes cosmopolitas do que sua filiação na coletividade. Nenhum outro homem era mais sensível do que Zweig em relação aos efeitos deletérios causados na liberdade individual por exigências de grandes ou estridentes coletividades. Ele teria testemunhado, com horror, a cacofonia das monomanias — sexual, racial, social, igualitária — que marca a vida intelectual de nossas sociedades, cada monomania a exigir restrições legislativas sobre a liberdade de terceiros, em nome de um grande ideal coletivo supostamente benéfico. Seu trabalho se caracterizou como um prolongado (embora silencioso e educado) protesto contra a balcanização de nossas mentes e simpatias.

No reino da moralidade pessoal, Zweig apelou à sutileza e à afeição, em vez de uma rígida aplicação de regras morais. Ele reconhecia os apelos tanto da convenção social quanto da inclinação pessoal, e nenhum outro homem evocou de forma mais apropriada o poder da paixão sobre os escrúpulos até mesmo da pessoa com os mais altos princípios. Em outras palavras, ele aceitava a visão religiosa (sem que ele próprio fosse religioso) de que o homem é uma criatura falha, que não pode chegar à perfeição, mas precisa fazer o seu melhor. Por exemplo, em sua crônica *Vinte e Quatro Horas na Vida de Uma Mulher*, ele conta a história de uma mulher varrida de tal forma pela paixão que, durante 24 horas, vive de forma mais intensa do que pelo resto de sua vida.

O livro abre com uma citação de William Blake "Augúrios de Inocência" (embora "Augúrios de Imperfectibilidade" fosse mais adequado):

Toda noite e toda manhã linda, uns nascem para o doce gozo
Ainda outros nascem numa noite infinda.

A história se passa numa pensão na Riviera, um pouco antes da Primeira Guerra. De súbito, um evento adverso despedaça a pequena e pacata comunidade:

> Madame Henriette, cujo marido [um rico industrialista francês] estivera jogando dominó com seu amigo de Namur, como de costume, não retornara de sua caminhada noturna no calçadão, ao longo da praia, e temia-se que tivesse sofrido um acidente. O sempre ponderado e vagaroso industrialista percorria a praia como um touro desembestado e chamava "Henriette, Henriette!" pela noite; sua voz, envolta em medo, o som transmitindo algo do terror e da natureza primeva de um gigantesco animal ferido de morte. Os garçons e pajens desciam e subiam afoitos as escadarias, todos os hóspedes foram acordados e a polícia foi chamada. Todavia, aquele homem gordo passou atordoado por tudo isso, com seu colete desabotoado, soluçando e arfando enquanto gritava inutilmente o nome "Henriette! Henriette!" na escuridão. Agora até as crianças tinham acordado e olhavam pela janela com seus pijamas, chamando pela mãe. O pai subiu correndo as escadas a fim de confortá-las. E, então, aconteceu algo tão terrível que desafia a narrativa [...] Subitamente, aquele corpulento homem desceu as escadas que rangiam com a face alterada, muito cansada [...] Ele segura uma carta em suas mãos. "Chame-os todos de volta!" ele disse ao gerente do hotel, com uma voz quase inaudível. "Chamem todos para dentro. Não há necessidade. Minha mulher me deixou."

Um pouco depois,

> "ouvimos o som de seu corpo gorducho e maciço afundando pesadamente na poltrona e, então, um animal e selvagem soluço, o prantear de um homem que jamais chorara [...] De repente, um por um, como se envergonhados por uma demonstração emocional tão devastadora, fomos arrastados de volta para nossos quartos, enquanto aquele combalido espécimen humano tremia e soluçava sozinho [...] no escuro, à medida que o prédio vagarosamente punha-se a repousar, sussurrando, resmungando, murmurando e suspirando".

A afeição de Zweig pelo marido abandonado é palpável, e ele nos faz senti-la. A crônica não é de forma alguma um panfleto anticasamento ou antiburguês. A afeição de Zweig também se estende a Henriette, a esposa. No dia seguinte, os hóspedes da pensão suscitam um vigoroso debate a respeito da conduta de Henriette. O narrador opina que Henriette, que agira de modo tolo, em breve se arrependerá miserável e amargamente. Portanto, ela é merecedora de compaixão, assim como de condenação: afinal de contas, se o casamento deles fosse feliz, se não houvesse profundidades ocultas, ela não teria se comportado dessa forma.

A compreensão do narrador diante da conduta de Henriette atrai a atenção da Sra. C., uma aristocrata inglesa de maneiras irrepreensíveis e que já mostrava sinais da velhice. Ela o toma de lado e conta-lhe sua própria história, explicando por que também não está disposta a condenar Henriette, embora não sugira que a adúltera tenha se comportado bem. Muitos anos antes, diz a Sra. C., depois da morte de seu marido, com quem ela fora muito feliz, ela viajara para Monte Carlo, onde, no cassino, notou um belo e jovem nobre polonês, um jogador inveterado que evidentemente torrou todo o seu dinheiro e deixou o cassino com o objetivo de se suicidar. Ela o seguiu, a fim de resgatá-lo; uma coisa levou à outra, e ela, de forma incomum, viveu uma noite de paixão com ele, num hotel.

No dia seguinte, ela e seu jovem nobre fazem um excitante passeio de carro pelo interior da região, onde entram em uma pequena capela católica. Ele promete que abandonará, para sempre, o vício no jogo (é um momento bonito), e a Sra. C., agora completamente apaixonada, oferece-lhe uma soma em dinheiro igual àquela que ele roubara da própria família para poder jogar – um roubo que, caso descoberto, o desgraçaria para sempre. Todavia, em vez de tomar o trem de volta para a Polônia, ele volta ao cassino, onde naquela noite ela o vê torrar novamente todo o dinheiro, debochando de sua benfeitora.

A Sra. C. destruíra sua paixão com um homem sem valor, e Zweig certamente não julga que ela tenha se comportado bem, ou que seja um modelo que os outros deveriam imitar. Mas o coração tem razões que a razão desconhece; e nunca reconhecer esse fato, nunca dar-lhe ouvidos seria desumano, da mesma forma que entregarmo-nos sempre à paixão também nos faria desumanos.

Zweig, no entanto, sugere o seguinte: apenas quem é reticente e autocontrolado pode sentir paixão e emoção genuínas. A paixão da Sra. C. é genuína precisamente por ela ser uma inglesa contida com "a habilidade peculiarmente inglesa de terminar uma conversa de forma firme, mas sem ser brusca e descortês". Conforme a vida emocional se aproxima da histeria, em continuada demonstração de afetação, menos genuína ela se torna. Nesse caso, o grau de sentimento é equiparado à veemência ao expressá-lo, de modo que a falta de sinceridade se torna permanente. Zweig teria desqualificado nossa moderna incontinência emocional, como um sinal não de honestidade, mas de crescente incapacidade ou disposição para sentir verdadeiramente.

Ele testemunhou as negras nuvens anunciarem a tempestade sobre sua Áustria natal, muito antes que muitos. Em 1934 comprou um *flat* em Londres, percebendo que os nazistas não deixariam a Áustria em paz. Por volta de 1936, já aceitara o fato de ser um exilado permanente. Mas outros exilados alemães o criticavam por ser insuficientemente feroz na militância contra os nazistas. Alguns chegaram a acusá-lo de tentar alcançar uma certa comodidade em relação a eles, a fim de preservar sua renda alemã – uma acusação sem o menor sentido, uma vez que os seus livros estavam entre os primeiros que os alemães queimaram.

Mas é verdade que ele não se filiou a qualquer grupo antinazista e mal levantou sua voz contra os horrores praticados por eles. Como homem livre, ele não quis que os nazistas ditassem o seu modo de expressão – mesmo que estivesse em oposição a eles. A insuficiência desse excesso de cuidado numa conjuntura daquela não necessita de muitos comentários. Mas Zweig sentia – em seu próprio caso, uma vez que ele não falava pelos outros – que uma denúncia estridente concederia aos nazistas uma certa vitória. E – como muitos intelectuais que superestimam a importância do intelecto na história e na vida – Zweig considerava os nazistas demasiadamente desprezíveis: com uma doutrina e visão de mundo ridículas e moralmente odiosas. Por que perder tempo os refutando?

O mais próximo que ele chegou de uma denúncia aos nazistas foi num de seus brilhantes estudos históricos (sua precisão sempre foi elogiada pelos historiadores acadêmicos), publicado em 1936 – *Uma Consciência Contra a Violência: Castellio contra Calvino*. Castellio foi um erudito e humanista francês, mais ou menos esquecido até que Zweig recuperasse a sua memória. No livro intitulado *Tratado dos Heréticos*, Castellio denunciava o modo totalitário como Calvino reprimiu a livre opinião na Genebra do século XVI, em nome de sua doutrina teológica. No livro, os paralelos entre a Genebra de Calvino e a Alemanha de Hitler se tornam incontestáveis, embora Zweig, fiel ao seu método literário, deixe que o leitor chegue a essa conclusão. Por exemplo, Calvino não apenas queimou livros, mas se fortaleceu após ser expulso da cidade, da mesma forma que Hitler se fortaleceu na prisão depois do *Putsch* da Cervejaria,[1] sua primeira e fracassada tentativa de alcançar o poder na Alemanha.

Zweig se viu no papel de Castellio:

> Na guerra das ideias, os melhores combatentes não são aqueles que se lançam suavemente na batalha, mas apaixonadamente, e são aqueles que meditam durante muito tempo antes de se comprometerem, cujas decisões são maturadas vagarosamente. Somente quando foram esgotadas todas as possibilidades de decisão, e a luta se tornou inevitável, é que entram com o coração inflamado. São exatamente esses que se tornam, então, os mais firmes e resolutos. Isso aconteceu a Castellio. Como humanista genuíno, ele não era um guerreiro inato. A conciliação combinava melhor com seu profundo e pacífico temperamento religioso. Da mesma forma que seu predecessor, Erasmo, ele conhecia a extensão na qual toda a verdade terrena e divina apresenta múltiplas faces, suscetível a muitas interpretações [...] Mas, se a sua prudência lhe ensinara a ser tolerante diante de todas as opiniões e preferisse permanecer calado do que se envolver muito rapidamente em discussões que não lhe diziam respeito, sua habilidade para duvidar e o seu questionamento constante não fizeram dele um cético frio.

É claro, não foi tão fácil assim descartar os nazistas. O desprezo de um esteta fastidioso não os derrotaria. Medidas muito mais sérias seriam necessárias. Mas Zweig, nascido na era pré-ideológica, não quis viver num mundo em que a única alternativa a uma ideologia seria uma

---

[1] Também conhecido como Putsch, "golpe", de Munique, ocorreu em novembro de 1923. (N. T.)

contraideologia. Quando Zweig se suicidou no Brasil, por desespero das notícias que vinham da Europa, desconectado de tudo que ele valorizava ou de qualquer esperança de ter novamente leitores em sua língua nativa, Thomas Mann, dentre outros, o criticaram severamente. O suicídio de Zweig, disse Mann, era "um não cumprimento ao dever, um desdém egoísta por seus contemporâneos", que fortaleceria o "inimigo".

Que a morte de Zweig representasse alguma diferença para os nazistas me parece bastante duvidoso. Mas Mann aludia ao dever de cada homem em fazer tudo o que pudesse, mesmo que isso representasse apenas uma pequena ajuda no esforço para derrotar o barbarismo que ameaçava a civilização. Que Zweig fosse egoísta era uma verdade (embora uma acusação estranha, vindo de Mann). Ele não quis viver num mundo em que o preço da liberdade seria a submersão num gigantesco esforço coletivo, cujo resultado ele considerava, nesse caso de forma equivocada, como incerto.

Podemos encontrar a chave para o suicídio de Zweig, creio, na vida de Castellio. É verdade, a crença que Castellio tinha na autoridade da livre investigação triunfou sobre as estreitas ideias teocráticas de Calvino, mas muito depois de sua morte (mais de dois séculos depois). Enquanto viveram, Calvino esteve em vantagem, e Castellio escapou da execução apenas porque a doença "o arrebatara das garras de Calvino". O suicídio foi a doença que arrebatou Zweig das garras de Hitler, ou das garras do mundo que Hitler forjara. Ele pensou que o nazismo venceria – não para sempre, mas por tempo suficiente, e que ele nunca mais teria leitores para seus livros. Portanto, ele perdeu sua *raison d'être*.

No caso, hoje sabemos que Hitler foi derrotado apenas três anos após a morte de Zweig. A liberdade foi recuperada, ao menos no Ocidente. Mas não creio que o novo mundo que emergiu do pós-guerra teria agradado muito a Zweig. A agudeza dos debates ideológicos, a superficialidade emocional, a vulgaridade de nossa cultura o teriam assombrado. Ler Zweig é reaprender tudo aquilo que, por meio da estupidez e do mal, fomos perdendo de forma progressiva, ao longo do século XX. Aquilo que ganhamos, é claro, damos como certo.

2004

Imaginação Distópica

Por que o século XX produziu tantas e tão vívidas distopias, trabalhos de ficção que retrataram não um futuro ideal, mas o mais terrível que se pode imaginar? Afinal de contas, nunca o progresso material fora tão grande; nunca antes o homem pudera se sentir tão liberto de angústias que, por bons motivos, lhe assolaram no passado. Exceto durante as guerras civis, ou onde regimes deliberadamente a orquestrassem, a fome fora extinta, e pela primeira vez na história a duração de vida bíblica tornara-se uma esperança exequível para muitos, tendo sido talvez até superada. A medicina conquistara as temíveis doenças contagiosas, as quais, outrora, exterminaram populações inteiras. Não poder gozar de confortos que Luís XIV jamais poderia ter imaginado tornou-se, ao longo desse século, evidência de uma pobreza intolerável.

No entanto, apesar de a tecnologia nos ter dispensado certas necessidades (embora não tenha nos livrado, é claro, do desejo), esquemas políticos de salvação secular – o comunismo e o nazismo – liberaram uma onda de barbarismos que, se não única em sua ferocidade, fora sem dúvida em sua determinação, eficiência e meticulosidade. As tentativas de colocar em prática ideais utópicos resultaram, invariavelmente, no esforço para eliminar classes ou raças inteiras de pessoas. Muitos, especialmente os intelectuais, passaram a avaliar a condição utópica, na qual o mundo é justo e todos os homens são sábios e satisfeitos, como um estado natural do homem; somente a existência de classes ou raças mal-intencionadas poderia explicar a queda desse estado de graça. Onde as esperanças são irreais, os medos se tornam, frequentemente, exagerados; quando os projetos são somente quimeras, o resultado são pesadelos.

Não é de se estranhar que um século de sonhos utópicos e de coerciva engenharia social para alcançá-los devesse ser um século rico em distopias ficcionais. De fato, desde *A Máquina do Tempo* até *Blade Runner* [Caçador de Androides], a distopia se tornou um distinto gênero literário e cinematográfico. Assim, *Admirável Mundo Novo*, de Aldous Huxley, e 1984, de George Orwell, tornaram-se tão completamente parte do arcabouço mental do homem ocidental que mesmo aquelas pessoas sem cultura literária os invocam a fim de criticar o presente.

Os distópicos não olham para o futuro com o otimismo daqueles que acreditam que a crescente maestria humana sobre a natureza trará maiores doses de felicidade. Pelo contrário, olham com o pessimismo daqueles que acreditam que quanto mais o homem controla a natureza, menos ele controla a si mesmo. Os benefícios do avanço tecnológico de nada valerão, dizem, em comparação aos fins malignos aos quais serão submetidos.

Essas grandes distopias literárias não atraem hoje o nosso interesse por causa de sua antevisão tecnológica. Os inventos que descrevem são, com frequência, de nosso ponto de vista atual, ingenuamente cômicos. A máquina do tempo de H. G. Wells é pouco mais do que uma bicicleta elaborada feita de marfim, níquel e quartzo. O rádio-chapéu de alumínio do repórter, embutido com equipamento de transmissão em *Admirável Mundo Novo*, nos choca pelo ridículo, apesar da fama que goza Huxley por sua previsão científica. Em 1984, Orwell imagina um computador cheio de porcas e parafusos, com óleo para lubrificar suas operações – algo muito mais próximo de um motor a vapor do que de uma placa-mãe.

No entanto, no fim das contas, tamanha ingenuidade tecnológica pouco importa, uma vez que o propósito central das distopias é descrever um ambiente moral e político. Elas não se propõem a olhar uma bola de cristal, mas estão, de forma ansiosa e desesperada, tecendo um comentário sobre o presente. As distopias – ao retratar aventuras em mundos imaginários, deslocadas mais no tempo do que no espaço cujas características mais evidentes são as formas exageradas daquilo que os autores tomam como tendências sociais significativas – são *reductio ad absurdum* (ou *ad nauseam*) de ideias recebidas de progresso, e indicadores sensíveis das angústias de sua época, e que ainda está tão próxima da nossa.

Algumas dessas angústias parecem-nos, agora, desnecessárias ou parecem se basear em falsas premissas. Todavia, lê-las ainda nos faz bem, na medida em que nos afasta de nossas preocupações atuais, fazendo-nos imaginar se muitas delas também não seriam apenas quimeras. *A Máquina do Tempo* de Wells, por exemplo, é praticamente um panfleto sobre os medos médico-sociais da época em que a obra foi escrita, a maior parte dos quais, à luz de experiências posteriores, mostrou ser infundada.

O herói de Wells viaja oitocentos mil anos no futuro. A humanidade, ele descobre, foi dividida em duas espécies: os Eloi diurnos e os noturnos e subterrâneos Morlocks. Os Eloi são criaturas mansas e frágeis, pequenos em estatura e impotentes em gestos e conduta, que gastam o seu tempo com simples prazeres eróticos, alimentando-se de deliciosos frutos. Os Morlocks, labutando em suas fábricas subterrâneas, produzem tudo aquilo que os Eloi precisam para manter sua doce existência. Mas, como se fossem aranhas humanas, os Morlocks emergem depois do escurecer a fim de caçar os Eloi e se alimentar deles.

As ultrapassadas preocupações de Wells com a eugenia e o darwinismo social são evidenciadas nessa ficção. A sociedade, pensava Wells, estava se dividindo em duas castas, as quais finalmente evoluiriam em espécies diferentes por causa de suas diversas condições de existência. De um lado, havia os donos do capital, condenados a uma debilitação mental e física, porque nunca tinham de lutar para sobreviver; do outro lado havia os trabalhadores, cada vez mais oprimidos, amorais e ferozes em função da dureza de seu trabalho. A distopia futurista de Wells mostrava sua opinião sobre o que poderia ocorrer quando essa divisão chegasse a sua conclusão final.

Quatro anos depois do lançamento de *A Máquina do Tempo*, eclodiu a Guerra dos Bôeres, e os centros de recrutamento britânico pareciam confirmar os piores temores de Wells. Um número surpreendente de britânicos da classe trabalhadora não conseguira atingir as baixas exigências físicas do exército – de tal forma que foi preciso baixar os padrões físicos de recrutamento. Os adolescentes de Eton eram, em média, seis polegadas mais altos do que os meninos da mesma idade que vinham de escolas de áreas mais pobres, e uma divisão em duas espécies pode ter parecido iminente a uma pessoa tão envolvida com o pensamento de Darwin, como era o caso de Wells.

Entretanto, apenas meio século depois da morte de Wells, a estatura média de seus conterrâneos havia crescido algo em torno de uma polegada por década. Tanto os Eloi quanto os Morlocks ficaram maiores à medida que a luta pela existência se tornou menos desesperada e a sobrevivência mais garantida.

A divisão da sociedade em castas também fora uma preocupação na distopia de Jack London, *Tacão de Ferro*, publicada em 1907. London antevia um país no qual a plutocracia da Era Dourada,[1] tomada por mercenários, contrasta com um proletariado jogado na miséria. Determinados a proteger sua riqueza, os plutocratas mobilizam sua organização fascista, o Tacão de Ferro, a fim de destruir as liberdades constitucionais dos Estados Unidos de modo absoluto, disparando o terror em massa e provocando desaparecimentos ao estilo latino-americano (o qual London descreve com presciência assustadora), que se tornam banais nos EUA. London aceita, por completo, a teoria marxista da discrepância entre os donos do capital e aqueles que têm somente sua força de trabalho para vender, mas com uma significativa diferença: ele acredita que a revolução do proletariado ocorrerá num futuro distante. Nesse ínterim, o homem se retorcerá sob o jugo do Tacão de Ferro, como um verme esmagado por uma bota.

Como todos os distópicos que favorecem o homem comum, London não escreve para elogiar. Ele odeia o Tacão de Ferro, mas isso não significa que ele ame o proletariado, para ele uma mera abstração. Quando London o retrata em sua revolta, o leitor começa, em detrimento das intenções do próprio autor, a se alinhar com o Tacão de Ferro:

---

[1] Um termo cunhado por Mark Twain e que se refere à grande prosperidade econômica e industrial que ocorreu nos Estados Unidos do término da Guerra Civil Americana até o final do século XIX. (N. T.)

Não se tratava de uma coluna, mas de uma gentalha, um rio pavoroso que preenchia a rua: o povo do abismo enlouquecido de cachaça e erro, mas finalmente em pé e rugindo pelo sangue de seus mestres. Eu já vira o povo do abismo atravessando os seus guetos, e pensei que o conhecia; mas, agora, descobria que o encarava pela primeira vez. A apatia estúpida desaparecera. Mostrava-se dinâmico – um fascinante espetáculo de temor. Como um surto vi as fontes da ira, intoxicadas de ódio, sedentas de sangue – homens, mulheres e crianças, em farrapos e trapos, inteligências turvas e ferozes, onde estava banido qualquer traço divino em seus semblantes, tomados de maldade demoníaca, símios, feras, tuberculosos, anêmicos e grandes bestas do fardo, rostos lívidos, dos quais a sociedade vampiresca sugara o tônus da vida, formas inchadas de deformidade física e de corrupção, velhas ressecadas e velhos moribundos com suas longas barbas, juventude e velhice pustulentas, faces medonhas, encurvadas, disformes, figuras monstruosas castigadas pelas devastações da doença e por todos os horrores da desnutrição crônica – o refugo e a escumalha, uma horda demoníaca a grunhir e gritar seu ódio.

E isso, para London, seria a última – e única – esperança da humanidade. Até mesmo os Morlocks parecem mais agradáveis.

Não é de se estranhar que os dois maiores distópicos literários, Huxley e Orwell, fossem ingleses. Ser um inglês no século XX significou respirar num clima de incessante pessimismo. Foi um período caracterizado por um continuado declínio nacional. De grande potência mundial, no início do século, a Inglaterra terminou-o como mera província, lutando para acompanhar o ritmo de países como a Bélgica e a Holanda. É verdade, no entanto, que o seu povo se encontrava em melhores condições materiais no final do século, em relação ao início, mas o sentido de bem-estar do ser humano é muitas vezes definido por comparação, embora também por sua condição como tal. Portanto, progresso material e desespero andaram de mãos dadas na Inglaterra, ou seja, um campo fértil para o exercício da imaginação distópica.

O *Admirável Mundo Novo* de Huxley foi publicado em 1932; *1984*, de Orwell, apareceria em 1949. Huxley temia uma crescente americanização da vida inglesa, muito embora, logo após publicar o seu livro, tenha se mudado para a Califórnia, simplesmente o maior cartão-postal dos EUA. Orwell temia a crescente sovietização da vida inglesa, verificada desde o transcorrer da Segunda Guerra Mundial. Parecia, a ambos, que a terra natal deles não tinha mais energia intelectual, cultural e moral suficiente para traçar seu próprio destino histórico, presa e sob forças contra as quais o indivíduo apenas poderia lutar em vão.

Ambas as distopias conservaram, até hoje, o seu poder profético, quase num sentido bíblico. As duas emitem reiterados alertas para se resistir a certas tendências que, independentemente do regime político que porventura estejamos submetidos, empobrecerão a vida humana.

O *Admirável Mundo Novo* de Huxley se situa num futuro indefinidamente distante, e não será possível dizer, ainda por muitos anos, que as apreensões de Huxley sejam injustificadas. É provável que civilizações passem por manipulações genéticas e ambientais na exata medida em que Huxley previu. Nunca haverá um número específico de estratos predeterminados, desde o Alfa Mais ao Ípsilon Menos dos Semirretardados. Mas, à medida que um cientista italiano se prepara para clonar seres humanos, e à medida que crescem os novos esquemas de reprodução, independentes do sexo, e de sexo independente da reprodução, torna-se cada vez mais difícil enxergar a visão de Huxley como algo distante.

O *Admirável Mundo Novo* descreve um regime sexual que se assemelha cada vez mais ao que temos em nossos dias. Um pequeno garoto, com menos de dez anos, precisa consultar um psicólogo por não querer se entregar aos jogos eróticos com uma garotinha, uma vez que seus professores assim exigem. Essa é uma situação em direção à qual parece que estamos rapidamente caminhando. Não é apenas o caso de a educação sexual ser iniciada cada vez mais cedo nas escolas, mas publicações, filmes e programas de televisão, destinados a um público ainda muito jovem, tornarem-se crescentemente erotizados. No passado, as primeiras experiências sexuais dos jovens vinham acompanhadas de culpa; agora é a vergonha que acompanha a *falta* dessas experiências.

Na distopia de Huxley, exatamente como acreditam os progressistas de nossos tempos, esclarecimento e permissividade tornaram-se sinônimos. O diretor do Centro de Incubação e Condicionamento diz aos seus alunos como eram as coisas nos obscuros tempos passados:

> "O que vou lhes contar agora", ele disse, "poderá parecer inacreditável. Mas, é que, quando não se conhece a história, os fatos relativos ao passado, em geral, parecem mesmo incríveis". Revelou a espantosa verdade. Durante um período muito longo [...] os brinquedos eróticos entre as crianças eram considerados anormais (houve uma gargalhada); e não apenas anormais, mas imorais (não!); e eram, portanto, rigorosamente reprimidos.
> A fisionomia de seus ouvintes tomou uma expressão de incredulidade espantada. O quê? As pobres crianças não tinham o direito de se divertir? Não podiam acreditar. [...]
> "Mas então o que acontecia?", perguntaram. "Quais eram os resultados?"
> "Os resultados eram terríveis [...] terríveis", repetiu.

Mais tarde, o superior do diretor, Mustafá Mond, um dos dez Controladores Mundiais, observa: "Freud foi o primeiro a revelar os perigos espantosos da vida familiar. O mundo estava cheio de pais – e, em consequência cheio de aflição; cheio de mães – e, portanto, cheio de toda a espécie de perversões, desde o sadismo até a castidade; cheio de irmãos e irmãs, tios e tias – cheio de loucura e suicídio". E quanto ao lar – "alguns quartos exíguos e sufocantes, habitados por um homem, uma mulher, periodicamente grávida, um bando de meninos e meninas de todas as idades. Sem ar, sem espaço; uma prisão sem condições de esterilidade; escuridão, doença, mau cheiro". No *Admirável Mundo Novo*, a palavra "mãe" tornou-se obscena, da mesma forma que é indelicado, na área da cidade onde trabalho, perguntar sobre a identidade do pai da criança. Como no *Admirável Mundo Novo* de Huxley, a palavra "pai" se tornou "não tanto uma obscenidade [...] simplesmente grosseira, uma inconveniência mais escatológica que pornográfica". Na questão dos relacionamentos humanos, estamos na metade do caminho em direção à distopia de Huxley.

O próprio Huxley era bastante ambivalente a respeito da família como instituição. Ele não apenas achava que ela desintegraria, mas que deveria se desintegrar. Todavia, seus poderes imaginativos sobrepujaram o seu raciocínio, de modo que ele foi capaz de transmitir o horror de um mundo no qual "todos pertencem a todos", um mundo no qual ninguém poderia construir qualquer ligação profunda com ninguém. O alvo principal da distopia de Huxley era a ideia de boa vida como gratificação instantânea dos desejos sensoriais. Mustafá Mond tenta provar aos seus alunos a sorte que têm em viver no Admirável Mundo Novo:

> "Considerem vossa própria existência", disse Mustafá Mond. "Alguém de vocês encontrou, porventura, um obstáculo insuperável?"
> Feita a pergunta, a resposta foi um silêncio negativo.
> "Alguém dos senhores já foi obrigado a esperar um longo intervalo de tempo entre a consciência de um desejo e sua satisfação?"
> "Bem, eu", começou um dos rapazes. Depois hesitou.
> "Diga", ordenou o D. I. C.
> "Uma vez tive de aguardar perto de quatro semanas antes que uma moça que eu desejava me deixasse possuí-la."
> "E o senhor sofreu, em consequência, uma forte emoção?"
> "Foi horrível!"
> "Horrível; precisamente", disse o Administrador.

Essa passagem me lembra o *slogan* de um anúncio de cartão de crédito exibido na Grã-Bretanha, mais de três décadas atrás: "Takes the waiting out of wanting".[2] Todavia, o anúncio não avisava que a gratificação imediata geralmente implica uma conta, com juros extorsivos.

Huxley suspeitara que uma vida vivida segundo a gratificação de desejos imediatos resultaria em pessoas superficiais e egoístas. Verdade, ele tinha uma opinião bastante depreciativa sobre a humanidade: "Cerca de 99,5% de toda população é composta por pessoas estúpidas", certa vez escreveu, acrescentando "e isso vale para a grande massa dos ingleses".

---

[2] Em português, teríamos algo como: com o nosso cartão, "não se espera o que se quer". (N.T.)

Mas, ao gratificar instantaneamente os seus desejos ao longo de suas vidas, as pessoas cessariam de portar a centelha divina, que distingue o homem do resto da criação. Buscariam diversão até morrer. No hospital Park Lane os moribundos do *Admirável Mundo Novo*, "no pé de cada cama, confrontando seu ocupante moribundo, havia uma televisão". Lembro-me do hospital em que trabalho, onde os agonizantes geralmente partem deste mundo ouvindo e vendo as baboseiras das novelas.

Aqueles que vivem suas vidas em função de gratificações imediatas, pensava Huxley, não seriam capazes de suportar qualquer tipo de solidão. Mustafá Mond explica: "Mas agora nunca se está só. Fazemos com que todos detestem a solidão, e organizamos a vida de tal forma que seja quase impossível conhecê-la". Uma vida devotada à gratificação instantânea produz uma permanente infantilização: "Com 64 [...] os gostos são os mesmos que eram aos dezessete". Em nossa sociedade, o engavetamento geracional já está acontecendo. Hoje em dia, conhecimento, preferências e realizações sociais de adolescentes com treze anos são, frequentemente, os mesmos daqueles que têm vinte e oito anos. Os adolescentes tornam-se precocemente adultos e os adultos tornam-se permanentemente adolescentes.

Em 1984, de Orwell, temos mais diretamente referências aos eventos contemporâneos do que no livro de Huxley. A narrativa se dá num futuro próximo, em vez de distante, referindo-se ao stalinismo. Quando viajei ao mundo comunista antes da queda do Muro de Berlim, descobri que todas as pessoas que liam o livro (clandestinamente, é óbvio) expressavam uma admiração imensurável pela obra e se maravilhavam como um homem que nunca pisara em um país comunista não só pudesse descrever tão bem o ambiente físico – o cheiro universal de repolho, o tom cinza dos prédios dilapidados –, assim como sua atmosfera mental e moral.

Era quase como se os regimes comunistas tivessem adotado 1984 como seu projeto arquitetônico, em vez de um alerta. Como alguém, ao observar o "Grande Líder" norte-coreano Kim Il Sung entrar num enorme estádio em Pyongyang, como eu tive a oportunidade de assistir em 1989, não se lembraria, imediatamente, do "hino à sabedoria e majestade do Grande Irmão". "Isso era", Orwell escreve, "auto-hipnotismo, o afogar deliberado da consciência por meio do barulho rítmico", durante o qual é possível "dominar os sentimentos, controlar as feições", instintivo porque remete à autopreservação. O grande líder norte-coreano permaneceu lá, impassível, por minutos sem fim, à medida que 150 mil pessoas levantavam seus braços em organizada demonstração de espontaneidade, adorando-o, exatamente como Orwell descrevera. Fazia mais ou menos quarenta anos que 1984 fora publicado.

Na Romênia sob o regime de Ceauşescu, a televisão reportava em detalhes tediosos os números das colheitas anuais, enquanto todos ficavam na fila, por horas, a fim de obter um punhado de miseráveis batatas; da mesma forma que a tela de TV, na Oceana do Grande Irmão, atormentava a população com suas notícias sobre a superação das metas do Plano Trienal, enquanto nunca havia dinheiro suficiente para nada. Com frequência, uso um sabão com a mesma qualidade do sabão que o "herói" de Orwell, Winston Smith, tinha que usar, e quando Smith reflete sobre a qualidade de vida em Oceana, ouço as vozes dos albaneses e romenos sob o jugo do comunismo: "Não era isto um sinal de ser diferente a ordem natural das coisas, o fato de que o coração da pessoa ficava apertado com o desconforto, a sujeira e a escassez; com os invernos intermináveis, as meias grudentas, os elevadores que nunca funcionavam, a água fria, o sabão áspero, os cigarros que se quebravam, a comida com seu gosto abominável?".

Pessoas sem qualquer outra experiência de vida além do regime comunista me diziam que sabiam – embora não soubessem certamente como – que suas vidas não eram "naturais", da mesma forma que Winston Smith conclui que a vida em Pista de Pouso Número 1 (o novo nome para a Inglaterra em 1984) não era natural. Outras formas de vida podem ter também os seus problemas, meus amigos albaneses e romenos diriam, mas a vida que tinham era única em sua violação da natureza humana. A apreensão imaginativa de Orwell sobre como seria a vida sob o comunismo parecia a eles, como a mim também, uma façanha de gênio.

O mundo totalitário que Orwell descreve em 1984 é hoje em dia e, felizmente, mais uma curiosidade histórica do que uma séria ameaça, exceto na realidade islâmica. No entanto, muitas das ideias de Orwell, como as de

Huxley, continuam pertinentes, mesmo que a ameaça do stalinismo tenha passado. Orwell nos alertou a respeito das indesejáveis tendências que surgiram a partir das condições da modernidade, na mesma proporção que o stalinismo. Seus medos não surgiram somente por causa de sua apreensão intuitiva de como seriam os Estados stalinistas e de seu conhecimento sobre a conduta comunista durante a Guerra Civil Espanhola, mas de suas próprias experiências com a burocracia da BBC durante a Segunda Guerra Mundial, onde ele pôde testemunhar, em primeira mão, o poder da mídia de massa em enganar e manipular.

Consideremos o tratamento que dá à família. Em 1984 os pais temem os filhos, que foram doutrinados pelos Espiões, a organização da Juventude do Partido. Os Espiões encorajam e recompensam a denúncia de cada desvio às regras ortodoxas, mesmo nos recessos da vida privada, cuja possibilidade de existência é perdida. Na Inglaterra moderna, os pais temem seus incontroláveis filhos, doutrinados por uma geração adulta saturada de valores violentos e egoístas, formada por uma degradada cultura popular. Em ambos os casos, os pais deixaram de ser fonte de autoridade moral. Orwell nos força a confrontar, no plano imaginário, essa derrubada da ordem natural.

Esse pensamento duplo – a habilidade de adotar duas ideias contraditórias e consentir com ambas – também está entre nós, e permanecerá conosco enquanto tivermos imensas burocracias que alegam agir em nosso bem enquanto perseguem seus próprios interesses institucionais. E o que seria o politicamente correto senão uma Novilíngua, a tentativa de desprover pensamentos e expressões, por meio da reforma na linguagem?

O livro de Orwell também oferece uma visão profética da moderna história politizada. Winston Smith copia uma passagem do livro de história das crianças:

> Antigamente, antes da gloriosa Revolução, Londres não era a bela cidade que hoje conhecemos. Era um lugar sujo, escuro, miserável, onde pouca gente tinha o suficiente para comer, e centenas de milhares de pobres não tinham calçado nem abrigo para dormir. Crianças de mais ou menos a idade de vocês tinham de trabalhar

doze horas por dia, para patrões cruéis, que as castigavam com chicotes quando trabalhavam muito devagar e não lhes davam senão cascas de pão velho e água. Mas, no meio dessa terrível pobreza, havia umas poucas casas belíssimas habitadas pelos ricos, que tinham até trinta criados para cuidar deles. Esses homens ricos chamavam-se capitalistas. Eram gordos, feios, de caras perversas, como a do que se pode ver na página ao lado. Reparem que ele veste um grande casaco negro, chamado fraque, e um chapéu estranho, brilhante, como uma chaminé truncada, que se chamava cartola. Era esse o uniforme dos capitalistas, e ninguém mais podia usá-lo. Os capitalistas eram donos de tudo no mundo, e todas as outras pessoas eram escravas deles. Eram donos de toda a terra, todas as casas, todas as fábricas, todo o dinheiro. Se alguém lhes desobedecesse podiam jogá-lo na prisão, ou podiam tomar-lhe o emprego e matá-lo lentamente, pela fome. Quando um cidadão comum falava com um capitalista, tinha de se encolher e se inclinar, tirar o boné e chamá-lo de "Senhor".

O tipo de historiografia expresso nessa passagem satírica se tornou praticamente o padrão em muitas áreas (feministas, negros, gays e daí por diante) dos estudos acadêmicos, nas quais a história serve apenas como pano de fundo para reclamações presentes, reais ou imaginárias, usada no intuito de justificar e inflamar o ressentimento.

O objetivo desse tipo de historiografia é desconectar a sociedade de um sentido real com o seu passado vivo e sua cultura. De fato, o tema subjacente, a unir as duas grandes distopias do século XX, é a necessidade de se preservar o senso histórico e a cultura tradicional, caso a vida seja suportável. Esse tema se torna ainda mais poderoso porque tanto Huxley quanto Orwell eram radicais, por natureza: Huxley foi um socialista em Oxford, que flertou com o fascismo na década de 1930, tornando-se então um guru californiano; Orwell se tornou socialista desde cedo e foi, durante toda a sua vida, um inimigo do *status quo*. Ambos perceberam, implicitamente, enquanto contemplavam o futuro da vida humana, que a preservação era tão importante quanto a mudança, e que o passado era tão importante quanto o presente e o futuro.

Em ambas as distopias, as pessoas se encontram alijadas do passado em razão de uma política de deliberada destruição da história. A revolução que criou o *Admirável Mundo Novo*, diz Mustafá Mond, foi "acompanhada de uma campanha contra o Passado" – o fechamento de museus, o desmantelamento de monumentos históricos (como acontece no Afeganistão do talibã), o banimento dos livros antigos. Em 1984, "o passado foi abolido". "A História parou. Não existe outra coisa exceto um presente sem fim, no qual o Partido está sempre certo."

Esse tipo de engenharia distópica está operando em meu próprio país. Por meio da decisão deliberada de pedagogos, centenas de milhares de crianças saem agora das escolas sem saber um único fato histórico a respeito de seu próprio país. Os princípios históricos que os museus tradicionalmente usavam na exibição artística deram lugar a exposições temáticas (a)históricas – retratos de mulheres de diferentes épocas, todas misturadas, por exemplo. Uma caixa de vidro sem sentido situa-se agora num frontão da Trafalgar Square em Londres, como um "corretivo" às associações históricas desse famoso espaço urbano. Toda uma população está sendo deliberadamente criada sem qualquer senso da história.

Tanto para Huxley quanto para Orwell, havia um homem que simbolizava, como ninguém, essa resistência à desconexão desumanizadora que afasta o homem de seu passado: Shakespeare. Nos dois escritores, ele permanece como o mais alto pináculo da autocompreensão humana, sem a qual a vida perde sua profundidade e sua possibilidade de transcendência. No *Admirável Mundo Novo*, a posse de um antigo volume de Shakespeare, que misteriosamente sobrevivera, protege um homem dos efeitos debilitantes de uma vida puramente hedonista. Algumas poucas linhas são suficientes para fazê-lo perceber a superficialidade do *Admirável Mundo Novo*:

> Não há piedade nas nuvens, para entender o fundo de minha dor?
> Oh! não me repilais, bondosa mãe.[3]

E, quando Winston Smith acorda, em 1984, de um sonho sobre uma época antes da Revolução, quando as pessoas ainda eram humanas,

---

[3] *Romeu e Julieta*, Ato III, Cena V. (N. T.)

uma única palavra lhe vem aos lábios, por razões que ele não compreende: Shakespeare.

Essa cena me leva de volta a Pyongyang. Encontrava-me na enorme e quase deserta praça em frente à Casa de Estudo do Grande Povo – todos os espaços abertos em Pyongyang permanecem desertos, a menos quando são preenchidos pelas paradas de centenas de milhares de autômatos humanos – quando um coreano veio sub-repticiamente em minha direção e perguntou-me: "Você fala inglês?".

Um momento eletrizante, pois na Coreia do Norte, contatos não supervisionados entre um coreano e um estrangeiro são absolutamente impensáveis, tão impensável quanto gritar: "Derrubem o Grande Irmão!".

"Sim", respondi.

"Sou aluno no Instituto de Línguas Estrangeiras. Ler Dickens e Shakespeare é o maior, o único prazer de minha vida."

Foi a conversa mais implacável que tive em minha vida. Afastamo-nos logo em seguida e certamente nunca mais iremos nos encontrar. Para ele, Dickens e Shakespeare (cuja leitura o regime permitia tendo em vista uma finalidade completamente diferente) garantiam a possibilidade não só da liberdade, mas de uma vida verdadeiramente humana. Orwell e Huxley tinham a imaginação de entender por que – diferentemente de mim, que tive que ir até Pyongyang para descobrir.

2001

Uma Arte Perdida

Recentemente, durante uma pequena visita a duas galerias de Nova York, como se recebesse um guia escolar, fui presenteado com uma perfeita demonstração da revolução que transformou a sensibilidade estética no século XX. Em exibição, na Adelson Galleries da 67th Street, encontravam-se gravuras e desenhos de Mary Cassatt, parte de um até então restrito acervo de seu próprio estúdio. Dois quarteirões para frente, pendurados nas paredes da Salander-O'Reilly Galleries, na 69th Street, encontravam-se dezesseis "obras-primas tardias" de Joan Miró, que tinham vindo da Fundació Pilar I Joan Miró em Maiorca. Produzidos apenas oitenta anos depois dos trabalhos de Cassatt, os quadros de Miró pareciam artefatos provenientes de um universo completamente distinto. Ao ver as duas exposições no mesmo dia, não pude deixar de imaginar se realmente seria inevitável tamanha perturbação na sensibilidade. Se isso seria desejável – essa era uma questão mais fácil.

Miró foi um dos maiores pintores do século XX, um homem de um talento absolutamente prodigioso, de modo que minha primeira conclusão foi de que, talvez, essa descida ao caos e à anarquia, que esses trabalhos da fase final representam, fosse apenas o preço da idade avançada. Todas aquelas pinturas datam de 1973, quando ele já tinha oitenta anos, ou mesmo depois disso. No entanto, artistas como Michelangelo, Ticiano, Tintoretto e Chardin continuaram a pintar de forma brilhante até idades bem avançadas;

e não há qualquer evidência de que Miró não estivesse completamente em forma e consciente ao pintar suas "obras-primas tardias". O empobrecimento estético das telas e a degeneração que manifestam não se limitavam somente ao pintor, individualmente, mas retratam toda uma época artística.

Miró nasceu em 1893, trinta e um anos antes da morte de Mary Cassatt, em 1924. Na época em que Miró começou a pintar, a cegueira já forçara Mary Cassatt a se aposentar, mas o fato de suas vidas estarem sobrepostas por tantos anos significa, no entanto, a marca da velocidade e da rapidez com que se destruiu uma tradição imemorial. Enquanto as gravuras de Cassatt demonstram um intenso e construtivo amor pelo mundo, as "obras-primas tardias" de Miró demonstram uma atitude estranhamente adolescente e profundamente destrutiva em relação ao mundo.

Todos conhecem Mary Cassatt como uma artista das mães e das crianças. O primeiro livro a respeito dela, publicado em 1913, ostentava o título nada surpreendente, Un Peintre des Enfants et des Mères. Mas seria altamente enganoso concluir, a partir de seu tema central, que ela fosse uma sentimentalista frágil e sonsa. A diferença entre ela e Miró não é uma questão de coragem moral, pois esse tipo de coragem Mary Cassatt tinha de sobra.

Ela desafiou os anseios de seus pais da classe média alta norte-americana ao se tornar, na época, pintora. Certamente, esperava-se que as garotas de sua classe pintassem e desenhassem, mas como mera etiqueta social, não como paixão de vida; e muito menos se esperava que elas fossem a Paris por conta própria, como foi o caso dela, sentando-se aos pés dos moralmente questionáveis mestres de pintura daquela cidade. Ela me faz lembrar uma britânica sua contemporânea, Mary Kingsley, que cuidou de seu querido pai até a morte dele e então partiu a fim de percorrer os rios, corredeiras, mangues e pântanos da África Ocidental, para ser negociante e finalmente escrever um relato charmoso, informativo e ainda um clássico de suas atividades tropicais. Ninguém pode acusar uma mulher como essa de ser passivamente conformista.

Tampouco foi Cassatt uma conformista em política. Ela era uma firme apoiadora do sufrágio feminino, e a exibição de seu trabalho em Nova York em 1915, organizada por sua amiga e colecionadora Louisine Havemeyer foi explicitamente planejada para levantar fundos para a causa sufragista.

Mas a atitude de Cassatt em relação ao passado não era a de um vândalo (o estudo que realizou da arte de seus predecessores foi meticuloso e profundo), tampouco ela considerava a inovação uma virtude em si mesma. A ideia de que a originalidade, divorciada de qualquer outra qualidade ou propósito, pudesse ser em si mesma louvável, teria soado estranha a ela. Isso a teria chocado como – corretamente – uma ideia incivilizada.

Suas serenas pinturas de mães e crianças, ou de mulheres sozinhas na privacidade de seus aposentos, são profundamente tocantes. Esses retratos possuem a estranha qualidade elusiva de uma canção de Schubert ou de uma pintura de Vermeer, ao se capturar, com precisão, o fugaz e agridoce momento que compreende a vida, com todas as suas decepções, labores e durezas, mas que, não obstante, tanto vale a pena ser vivida. Esses momentos fundem, num só tempo, melancolia e alegria, precisamente porque são passageiros, transcendentalmente belos, mas breves a ponto de serem imensuráveis. Quando olhamos para a leiteira despejando o leite no quadro de Vermeer no Rijksmuseum, vemos – como se pela primeira vez – o quão belo pode ser um singelo fio de leite, despejado de uma jarra, o quão supremamente elegante é a sua trajetória, o quão sutil é o jogo de luz sobre ela; mas compreendemos, ao mesmo tempo, que aquele momento não pode durar: na realidade, a porção de sua beleza é sua própria efemeridade. Embora não por muito tempo, a perfeição, de fato, compreende este nosso mundo. E esse tipo de percepção nos reconcilia com nossa existência, repleta de feiura, como não poderia deixar de ser. Se existirem monumentos vermerianos em nossa vida – como sempre existirão, caso fiquemos atentos –, poderemos alcançar certa serenidade, ao menos intermitentemente. E isso é o suficiente.

Mary Cassatt é o Vermeer da mãe e da criança. Ela retrata – ainda melhor em suas gravuras do que em seus óleos – o preciso momento no qual a ternura da mãe pelo filho se torna mais aguda, dentro de uma elegante linguagem visual. Não existe nada de sentimental ou de cristalizante a respeito disso: a coisa é perfeitamente realista. Afinal de contas, mães de fato amam seus filhos com ternura; e com econômicos e simples traços (o resultado de muita prática, estudo e cansaço físico, suspeita-se), Cassatt transmite os gestos físicos que expressam o laço emocional. Por exemplo, ela observava as mãos das mães, com uma aproximação geralmente reservada à face, de modo que no retrato que faz das mãos, escrupulosamente preciso, pode-se ver o correlato físico do amor insondável. Ela não subscreve a doutrina de que apenas o feio é verdadeiramente real e de que tudo mais na vida é ilusão.

Cassatt inovou, no entanto seu tema central não era de forma alguma inédito, exceto, talvez, no grau de concentração com que ela se debruçava sobre ele. Não há dúvida de que ela reagiu firmemente contra muito do que havia de pavoroso na pintura vitoriana, sobretudo ao se retratar a infância: a falsidade e a sentimentalidade, seu pequeno--nellismo,[1] por assim dizer.

Durante sua carreira, pintores como Sir Lawrence Alma-Tadema ou Léon Frédéric ainda estavam produzindo, em massa, os mais medonhos retratos de infância. Esses artistas empenhavam-se para retratar não as emoções que sentiam, mas que pensavam que deveriam sentir. Certamente, essa é uma das fontes do sentimentalismo. É o tributo que a vaidade paga à compaixão. E, portanto, Alma-Tadema e Frédéric não poderiam pintar nada que fosse verdadeiro, fosse para o mundo fosse para eles mesmos.

O repúdio de Cassatt face a esses pintores representava tanto um retorno à tradição como um rompimento com ela. Enquanto contemplava um de seus quadros na Adelson Galleries, recordei-me de uma pintura que amei desde a primeira vez que a vi, faz mais de quarenta anos, e que revejo sempre que posso. Ela foi pintada mais de dois séculos antes dos trabalhos de Cassatt por Pieter de Hooch, que perdia apenas para Vermeer em sua habilidade para nos fazer ver a beleza no ordinário. O quadro *Uma Mulher a Descascar Maçãs para sua Filha* está exposto na Coleção Wallace em Londres. Uma mulher sentada num ambiente holandês fechado descasca uma maçã para sua solene filha, que está de pé diante dela, totalmente absorta no que a mãe está fazendo. Nem a mãe nem tampouco a filha condizem com os

---

[1] Referência a Nell Trent, o pequeno Nell, personagem do romance *A Loja de Antiguidades*, de Charles Dickens. (N.T.)

padrões clássicos de beleza; de fato, as duas são decididamente comuns. A beleza está no momento e no relacionamento entre mãe e filha, não nos traços puramente físicos de seus rostos. Nessa cena não dramática não só vemos um momento de uma era que passou, mas também a expressão de uma veracidade humana muito mais profunda e permanente, que se estende além da aparência.

Estilisticamente, Mary Cassatt foi muito influenciada pelos gravuristas japoneses, cujos trabalhos, amplamente exibidos em Paris durante a segunda metade do século XIX, tanto impressionaram muitos dos pintores da época. Os tons de cor que ela usava, os tons de pele, os agudos contornos, as próprias dimensões das gravuras, registram sua resposta criativa à arte japonesa. Algumas das figuras de Cassatt a retratar apenas uma mulher – por exemplo, *The Coiffure* ou *Woman Bathing* – quase poderiam ser atribuídas ao artista japonês do século XVIII Utamaro Kitagawa.

Curiosamente, depois da época de Cassatt, arte ocidental e arte japonesa caminharam em direções bastante opostas. Nunca mais os artistas ocidentais – ao menos aqueles que queriam ser seriamente considerados – expressaram o tipo de ternura direta e sem afetação, em relação ao mundo e à vida humana, assinalado, por exemplo, na gravura pontilhada *Feeding the Ducks*, em que vemos duas mulheres num barco a remo supervisionando solicitamente uma pequena criança que se encontra envolvida em seu completo deleite de lançar nacos de pão aos patos. Depois de Mary Cassatt, um desencantamento com o mundo, real ou assumido, parece ter se imposto sobre os artistas ocidentais, de modo que teriam considerado um tema como alimentar patos algo inerentemente sentimentalista, trivial e desmerecedor de sua atenção. Por outro lado, os gravuristas japoneses – os artistas do início do século XX Hasui Kawase e Yoshida Hiroshi, por exemplo – continuaram de forma singela a retratar e celebrar a beleza do mundo. Apenas depois de 1945 os artistas japoneses sofreram o tipo de desencantamento que os levou a temer retratos diretos do belo.

O contraste é instrutivo. O fato de os artistas japoneses se sentirem capazes de continuar e desenvolver sua tradição de gravura em estampa com blocos de madeira – eram os seguidores de seus grandes antepassados, não seus meros imitadores – sugere que a mudança na sensibilidade que ocorreu entre os artistas ocidentais e, por fim, entre os próprios artistas japoneses não foi apenas uma questão estética. Não ocorreu porque os artistas se viram desprovidos de ideias e técnicas para retratar a beleza do mundo e a grandiosidade da ternura da vida. As razões para a transformação estão em outro lugar.

Isso não significa que os artistas que quebraram com suas tradições imemoriais fizeram isso de uma vez, ou que, tendo feito isso, não criaram nada de belo. Nada disso. O próprio Miró foi um artista cujo trabalho inicial, absolutamente distinto, apresentava grande beleza de forma e cor, e cujo fecundo imaginário deleita e diverte. Em seu *Peinture* de junho de 1933, por exemplo, hoje no Kuntsmuseum de Berna, as brilhantes cores do fundo cintilam e mudam como num pôr do sol tropical, enquanto, diante delas, se dá um envolvente drama de formas capturadas com elegância e infinitamente sugestivas, uma delas insistentemente feminina, cuja perna com botas pretas ou de lingerie branca se estende como num passo de ganso. Miró nunca foi realmente figurativo (ao menos, depois de sua adolescência artística) ou realmente abstrato. Seu *Retrato de uma Jovem*, de 1935, por exemplo, procura transmitir, com assombrosa economia, a futilidade e vaidade vertiginosa da juventude, mas que na barganha mostra a irrestrita afetação do artista por esse universo.

No entanto, homens talentosos e brilhantes como Miró principiaram uma trajetória decadente, a qual terminou em anarquia artística. O Duchamp do famoso urinol foi um considerável desenhista; mas não demorou muito, o que de certa forma era esperado, até que chegássemos ao urinol sem o desenhista. O talento de Miró, seu senso de cor e forma, ainda é visível em sua "obra-prima tardia" em exposição na Salander-O'Reilly Galleries, mas seu método de arremessar tinta sobre a tela e deixar que ela respingue indica perda de fé no valor e propósito do controle artístico. Daqui por diante, qualquer coisa valeria. Ele queria que o acaso fizesse por ele o trabalho. Ele queimava suas telas, abrindo pequenos buracos na esperança de que formas agradáveis pudessem emergir; mas o resultado era apenas um previsível empobrecimento estético e simbólico. A lógica de uma corrida armamentista passou a governar a arte, e legiões de vira-latas sem talento, que vieram depois de Miró, dedicaram-se a elaborar aquilo que não tinha sido jamais feito em vez de elaborar o que queriam expressar. O último trabalho de Miró é um assalto à possibilidade mesma do significado da arte: se o acaso e a destruição forem tão bons ou melhores que a direção e o controle, que senso pode haver no próprio senso?

Esse anarquismo que começa a se desdobrar sobre a arte ocidental tem duas fontes. A primeira aponta para uma nova sensibilidade que se tornou dominante entre a elite artística e intelectual depois da Primeira Guerra Mundial. Como seria possível retratar o mundo de forma lírica, depois daquele grande cataclismo? Prosseguir dessa forma teria sido frívolo e insensível, ou assim parecia ser aos intelectuais, entre os quais a necessidade de sentir as coisas mais profunda e seriamente do que os outros é um risco ocupacional. Os japoneses, menos envolvidos do que os europeus na Primeira Guerra Mundial, teriam que esperar até a Segunda Guerra para conhecer o cataclismo que deslegitimaria seu lirismo tradicional.

O crítico social e cultural Theodor Adorno deu plena vazão a essa mentalidade quando proclamou a morte final da arte, após a Segunda Guerra Mundial. Depois de Auschwitz, ele disse, não seria mais possível produzir uma boa arte. O mundo tornara-se muito horrendo: "Não há nada inócuo que tenha sobrado", ele declarou:

> Os pequenos prazeres, expressões de vida que pareciam isentas de responsabilidades do pensamento, não apenas têm um elemento de uma tolice pervertida, uma recusa insensível de enxergar, como servem diretamente a seu exato oposto. Até a árvore que floresce mente no instante em que percebe o seu florescer sem a sombra do espanto; até o 'como é belo!' inocente se converte em desculpa da afronta da vida, que é diferente, e já não há beleza nem consolação alguma, exceto no olhar que, ao virar-se para o horror, o defronta [...].

Existe um tipo de consolação azeda nesse pensamento de que vivemos nos piores dos tempos, de que os horrores que enfrentamos – ou ao menos ouvimos e lemos a respeito – são de natureza sem precedentes na história humana. Mas, seria fato que as duas Guerras Mundiais, as fomes implantadas, o Gulag e os campos de extermínio do século XX foram de uma natureza completamente distinta de todos os outros horrores da história, tornando o esforço artístico tradicional não meramente redundante, mas uma traição positiva da humanidade? Por acaso não deveríamos nos lembrar que Vermeer nasceu durante a primeira metade da Guerra dos Trinta Anos, cujo resultado foi a morte de um terço da população da Alemanha, quando os cadáveres apodreciam aos montes às margens das estradas, os campos eram abandonados, vilas inteiras destruídas, cidades inteiras massacradas, e a pilhagem se tornara a única forma de acumulação? Não deveríamos nos recordar que o tratado que pôs um fim a essa terrível guerra foi assinado a apenas algumas milhas de distância de onde ele vivia?[2] A Guerra dos Trinta Anos simbolizou a cegueira de Vermeer, sua pervertida tolice? E por acaso, a Grande Guerra realmente decretou que, a partir de então, as mães amariam menos os seus filhos do que faziam as mães na França pré-guerra de Cassatt?

Todavia, vamos considerar que houve algo de peculiarmente terrível nos cataclismos do século XX. Foram assombrosos em si mesmos, certamente, mas uma fonte adicional de desespero se coloca na disjunção entre o que era tecnicamente possível – uma vida decente para a maior parcela da humanidade, pela primeira vez na história – e os usos aos quais essas possibilidades técnicas foram de fato alocadas. O homem enfim se libertara do fardo das religiões e outras superstições a fim de alcançar os planaltos ensolarados do pensamento e da organização racional, mas apenas para descobrir o coração de sua própria escuridão, a verdade alegórica da doutrina do pecado original.

Entretanto, na lógica da atrocidade especial associada aos acontecimentos do século XX, seria o caso de o florescimento de uma árvore não poder mais ser visto por uma pessoa decente e sensível sem uma sombra de horror a recair sobre ela? Alguns de meus pacientes dizem que nunca bateriam numa mulher, porque viram seus pais bater na mãe, ao passo que outros dizem que batem nas mulheres porque viram seus

---

[2] Trata-se da Paz de Vestfália, uma série de tratados assinados em Münster em 1648. (N.T.)

pais fazerem o mesmo com suas mães. Além disso, poderia muito bem ser dito que, diante da catástrofe, a apreciação lírica da beleza da vida se torna ainda mais importante. Sir Ernst Gombrich, o historiador da arte, conta a história de alguns amigos seus em sua Viena natal, os quais, depois do *Anschluss*,[3] esperavam ser imediatamente presos pela Gestapo. Eles gastaram aquilo que pensavam ser as últimas horas de liberdade juntos, e possivelmente suas últimas horas vivos, tocando quartetos de Beethoven.

A ideia de que, depois de um fato como a Grande Guerra, uma celebração artística do mundo não seja mais possível não faz o menor sentido, na verdade trata-se de uma mistura de romantismo deformado com sentimentalismo invertido. O artista lança mão de uma pose como a de Adorno a fim de caracterizar que sente os eventos de forma mais profunda do que as outras pessoas, tão profundamente que a árvore que floresce não é mais apenas uma árvore a florescer, mas a árvore do enforcado que floresce, ou a árvore prestes a ir para os ares e se transformar num esqueleto esturricado, depois de uma explosão nuclear. O que conta é profundidade de sentimento. Mas isso nada mais é do que pura encenação. Tomando-se Adorno como modelo, teríamos frases do tipo: "Depois da guerra, é impossível ter prazer sexual" ou "É impossível uma boa culinária" – a baboseira de tudo isso ficaria evidente de imediato. A arte é precisamente o meio pelo qual o homem dá sentido a suas próprias limitações e defeitos, transcendendo-os. Sem arte – ou sem as artes – existe apenas fluxo.

Na verdade, os escritos e pronunciamentos de Miró compreendem uma mina de bobagens sentimentais. Talvez seja injusto destacar demais o que um artista diz – afinal de contas, ele é um artista, e não um autor ou um jornalista –, e não há dúvidas sobre a devoção de Miró ao chamado artístico. Mas as coisas que disse tiveram, necessariamente, alguma conexão com sua prática artística, e ele – como tantos intelectuais contemporâneos seus – era profundamente desonesto em suas visões.

Tomo dois termos que ele usa como sintomáticos: "burguês" e "revolucionário". Não seria mérito nenhum adivinhar que valor ele atribui a cada um. Obviamente, burguês é sempre um termo de abuso; revolucionário

---

[3] Anexação da Áustria por Hitler em 1938. (N.T.)

quase sempre um termo de aprovação. Por burguês ele sempre identifica uma qualidade obesa, complacente, belicosa e suína, uma espécie de visão *Der Stürmer*[4] da classe artística, com o antissemitismo removido. Por revolucionário ele se referia a algo arrojado, inventivo e que tenderia a uma justiça e liberdade fundamentais, promovendo a paz por meio da abolição forçada de tudo que prevenisse a paz.

A quem, no entanto, ele realmente vendeu suas pinturas? Novamente, não será muito difícil adivinhar. Acontece que ninguém apreciou tanto os "tapas na cara da burguesia", como ele as chamava, quanto os próprios burgueses ricos. Em relação às revoluções de verdade, não há qualquer evidência de que Miró tenha, em algum momento, considerado de forma realmente profunda os seus reais efeitos sobre a vida dos artistas ou sobre a liberdade artística que ele exigia de forma tão veemente.

A segunda grande causa da dissolução total da tradição artística está intimamente ligada ao tipo de baboseira política que Miró incorporou. Falo do culto romântico do artista original, divorciado de seus predecessores, "como o encorpado Cortez [...] com olhos de águia. [...] Silencioso, sobre um pico em Darién". Uma vez que se tornara progressivamente mais difícil dizer qualquer coisa nova dentro de uma tradição realista, a tradição tinha que ser abandonada. Ou pior do que abandonada. Aqui temos as primeiras palavras do diretor da Fundació Pilar I Joan Miró escritas no catálogo das "obras-primas tardias" de Miró:

> Miró, que desde o começo compreendeu a criação como ato que destruía tudo que viera antes, levou essa atitude à conclusão derradeira, quando, envelhecendo em corpo, mas jovem em espírito, atacou o seu próprio universo pictórico. Ele voltou a criar pinturas *naive* e colagens, arremessando tinta sobre a tela, rasgando e queimando, possuído por uma convulsão de destruição criativa. Essa atitude foi a consumação de seu antigo desejo de "assassinar a pintura", de modo que, seguindo a mesma lei que rege a própria natureza, nova vida, novas e vibrantes formas podiam nascer a partir da destruição.

---

[4] A referência é o tabloide alemão pró-nazista publicado por Julius Streicher. (N.T.)

Alguém poderia imaginar ser possível dizer a mesma coisa a respeito de Mary Cassatt, apesar de todo o seu radicalismo? De fato, alguém poderia, a não ser um bruto, realmente acreditar sinceramente nessas palavras, em seu sentido literal? Quem, a não ser um completo bárbaro, não é capaz de perceber que um homem não pode estar só, caso ele deseje criar, que a tradição é a precondição da criação, não a sua antítese? O problema, ao se anunciar esse tipo de lixo pomposo, é que milhares – não, milhões – de tolos sempre estarão prontos para acreditar nessas coisas.

De fato, Miró disse que desejara "assassinar a pintura" (seja lá o que isso signifique), desnudá-la de todos os seus elementos representacionais. Em 1924 ele escreveu: "Estou me afastando de todas as convenções pictóricas (esse veneno!)". Durante uma entrevista ao *Ahora*, em 1931, ele disse: "A única coisa que está clara para mim é que me proponho a destruir, destruir tudo o que existe na pintura. Nutro um desprezo profundo pela pintura [...] a pintura me revolta". Quase meio século depois, um entrevistador da revista parisiense *L'Express* afirmaria que seu "público ri, e por vezes dá a impressão de ter levado uma bofetada". Miró respondeu: "Quanto mais melhor! É preciso bater duro. A violência é emancipadora".

Isso não é melhor nem muito diferente do famoso ataque de nervos que teve o general fascista Millán-Astray em seu bate-boca com Miguel de Unamuno, em 1936, na Universidade de Salamanca: "¡Muera la inteligencia! ¡Viva la muerte!". Uma sensibilidade que iniciou sua carreira tão horrorizada pela guerra moderna, contra a qual se revoltou, terminou por endossar a visão de mundo da gangue Baader-Meinhof,[5] com a característica abolição da piedade, misericórdia e a comum afeição humana. Isso nos faz lembrar Lênin, que se negava aos prazeres de ouvir Beethoven porque sua música o reconciliava com o mundo, e ele ficava com vontade de afagar as cabeças das crianças, uma fraqueza inadmissível para um homem que queria bater forte, que acreditava nas forças emancipadoras da violência.

---

[5] Grupo terrorista alemão de extrema esquerda da década de 1970, denominado como Facção do Exército Vermelho. (N. T.)

Miró também subscrevia a visão – um corolário absolutamente natural do artista como criador solitário – de que a mudança seria sinônimo de progresso. Provavelmente, ele ficara deslumbrado, como ocorreu com muitos artistas, pelo progresso tecnológico e científico de sua época. Mas, da mesma forma que a analogia entre as leis da natureza e as leis da criação artística é falsa (uma analogia apresentada no catálogo de exibição de suas "obras-primas tardias", pelo diretor da fundação), o mesmo acontece com a analogia entre o progresso nas ciências e o progresso nas artes. Arte, em sua mais alta expressão, explica-nos a existência, tanto as particularidades do próprio tempo do artista quanto os elementos universais, que valem para qualquer época ou ao menos para o campo da história humana. Portanto, a arte transcende a transitoriedade, reconciliando-nos com a condição mais fundamental de nossa existência. Na história da arte, ao contrário da história da ciência, o que vem depois não é, necessariamente, melhor do que o que veio antes.

As "obras-primas tardias" de Miró perderam quase todo o contato com a existência humana, incapazes de operar até mesmo como elemento decorativo, um fracasso que se torna completamente evidente ao se compará-las com os trabalhos de Cassatt. Na transição do período final de Cassatt para o período final de Miró vê-se uma guinada do universalmente humano para o tipicamente egoico.

2001

A Desassombrada Moral de Gillray

As pessoas que admiram e desejam propagar as virtudes burguesas de prudência, parcimônia, trabalho, honestidade, moderação, gentileza, autocontrole e assim por diante são, por vezes, assombradas por uma questão incômoda: embora não pareça muito provável, como seria o mundo se cada um adotasse, por si mesmo, essas virtudes? O mundo não se tornaria um lugar previsível demais (embora, sem dúvida, muito mais organizado), transformando-se numa imensa Lucerna ou Vevey? Certamente não é mera coincidência que a iconografia do inferno seja tão mais vívida e interessante do que a do céu, uma localidade que suscita um tédio mortal, mesmo quando nos esforçamos para imaginar quais seriam as suas atrações. O vício é como o sofrimento, lamentável em cada uma de suas instâncias individuais, mas que pessoa sensata desejaria eliminá-lo de uma vez por todas? De fato, a vida sem a possibilidade do vício – e consequentemente sem a sua real imposição prática – estaria desprovida de significado moral. Porém, caso o mundo se tornasse mais virtuoso, não haveria mais prazeres mundanos?

O problema de perseverar na virtude e denunciar o vício, sem contudo parecer arrogante, estraga-prazer, sectário e obtuso se tornou uma questão tão problemática que os intelectuais tendem a negar que exista uma distinção entre as duas coisas, ou chegaram mesmo a inverter os seus valores. Por exemplo, no vocabulário da crítica de arte, não existe um termo mais elogioso do que "transgressivo", como se a transgressão fosse um bem por si só, independentemente do que está sendo transgredido. Da mesma forma, quebrar um tabu e tornar-se herói, desconsiderando-se o conteúdo do tabu. Hoje em dia, que tipo é mais desprezível do que aquele que se agarra teimosamente em antigos *insights* morais?

Uma recente e magnífica exposição do trabalho do grande caricaturista e cartunista britânico James Gillray (1756-1815), na Tate Gallery em Londres, demonstra que uma crítica da moral e dos costumes nem sempre esteve associada, na Grã-Bretanha, com puritanismo, sectarismo e obscurantismo. Pelo contrário, pode mostrar-se vigorosa, jubilosa e bastante divertida. Todavia, enquanto estive na exposição, foram poucos os espectadores que riam. Vista como templo da secular cultura moderna, a galeria de arte se tornou o equivalente urbano mais próximo de uma catedral em funcionamento. Portanto, teria sido um sacrilégio sorrir, para não falar do vexame que seria expressar uma sonora explicitação de entretenimento. Eu já havia notado a mesma pose ensimesmada na exposição do trabalho de Honoré Daumier no Museu D'Orsay de Paris, uma reserva que, em face de um material absolutamente engraçado, pode ser descrita apenas como heroica.

Ao entrar nos salões da Tate, cujas paredes estavam cobertas com a espantosa produção artística de Gillray, percebia-se – independentemente do quanto já se pensava saber a respeito de Gillray –, que sua obra se destinou menos a retratar e satirizar e mais a criar e povoar um mundo. Percebemos o mesmo tipo de realização que atingiu Dickens: fecunda, imaginativa e repleta de vida. O trabalho de Gillray, como o de Dickens, soergue-nos, mesmo quando desdenha daquilo que critica. É a expressão de uma desinibida e destemida liberdade de espírito, de um tipo raramente encontrado hoje em dia, a qual só é possível numa sociedade suficientemente livre para não oprimir nem a individualidade nem o individualismo. Saímos da exposição pensando que a loucura, fraqueza e vício humanos fazem parte de nós, criamos um sentido mais aguçado dessas coisas entre nós, mas, ao mesmo tempo, somos tomados por um sentimento de que a vida é uma experiência rica e esplêndida, mas apenas caso seja percebida acertadamente. É possível, ao mesmo tempo, divertir-se e ter um esteio moral. Essas coisas não são mutuamente excludentes.

Gillray, como Swift antes e Dickens depois, via tudo por meio de um viés esclarecedor, a iluminar mesmo as coisas distorcidas. Essa lente ressaltava e destilava as características morais mais salientes de cada um e de cada coisa sobre as quais se debruçava, descartando tudo aquilo que fosse acessório. Essa forma de ver é uma das marcas (não *a* marca, obviamente) do verdadeiro gênio. Tornou-se uma segunda natureza para Gillray, assim como seria para Dickens, que, ao responder à acusação de que seus personagens eram meras caricaturas, no prefácio para *Martin Chuzzlewit*, disse que aquelas coisas que pareciam caricaturas para seus críticos eram, para ele, representações diretas que poderiam ser facilmente encontradas por aqueles com olhos para ver e ouvidos para ouvir. O defeito não estava em sua escrita, mas nos limitados e embotados poderes de percepção de seus críticos.

Pouco se sabe sobre a vida de Gillray, o que é notável, já que seu trabalho foi bastante celebrado durante sua própria vida. Ele nasceu em circunstâncias humildes, filho de um homem que perdera seu braço como um dragão na Batalha de Fontenoy em 1745 – um fato que ajuda a explicar por que as únicas expressões inequívocas de piedade, na obra geralmente impiedosa de Gillray, são para um ex-combatente com duas pernas de pau e com ambos os braços amputados, o qual está sentado e sem êxito pede esmola, no canto esquerdo da gravura *A New Way to Pay the National Debt* [Uma Nova Forma de Pagar a Dívida Nacional]. Nessa imagem, o rei George III emerge do Tesouro com sacos de ouro enquanto lhe é oferecido ainda mais pelo primeiro-ministro, William Pitt, que já encheu de ouro os próprios bolsos.

Depois de sua aposentadoria obrigatória pelo exército, o pai de Gillray se tornou um sacristão para os moravianos, uma seita cristã fundamentalista de origem boêmia. Os moravianos eram puritanos tão negativistas que, quando doentes, oravam para morrer, e não para convalescer, a fim de deixar para trás este mundo irremediavelmente corrupto e encaminharem-se para a pureza do céu. O irmão mais velho de James, John, quando estava gravemente doente aos sete anos, implorou para que trouxessem seu caixão para perto dele. Suas palavras finais de oração foram as seguintes: "Não me preserve. Oh, deixe-me ir, preciso ir!". Esses pedidos eram respondidos com frequência na Londres georgiana, a época em que

Gillray nasceu, pois metade das crianças de Londres morria antes de completar cinco anos, e ele foi o único entre cinco irmãos que sobreviveu até a idade adulta.

Entre os filhos de entusiastas religiosos, não é incomum aqueles que rejeitam as doutrinas que recebem durante sua criação, embora certos traços emocionais dessas doutrinas permaneçam no psiquismo. No caso de Gillray, o resíduo da crença de que a vida humana neste mundo é algo insignificante e desprezível estava em aberto conflito com um exuberante amor pela mesma vida. O resultado desse embate se exprimiu como uma ridicularização imparcial da raça humana, combinando uma considerável dose de ferocidade com uma profunda afeição.

De resto, a pessoa de Gillray permanece enigmática. Ele preferia a companhia de comerciantes numa taverna (os lojistas da desdenhosa observação de Napoleão) à do *beau monde*, o qual ele se notabilizou em retratar e cujos membros ele observava e rascunhava nas ruas e nas repartições do Parlamento. Diz-se que aquelas pessoas que lhe faziam companhia nas tavernas sequer imaginavam que ele fosse um homem distinto e famoso. Sua modéstia era natural, e sem dúvida a companhia dos negociantes servia para preservar o senso de realidade de sua produção, como também preservava sua habilidade para desqualificar os pretensiosos, onde quer que ele os encontrasse.

Sem dúvida, a perda prematura de tantos irmãos lhe ensinou certo distanciamento. O único autorretrato que temos dele, uma miniatura exibida na National Portrait Gallery, é curioso por seu aspecto cinzento — literalmente a cor predominante do retrato — e por sua brandura. A única coisa que diz a respeito dele é que era modesto, sem traços distintivos de personalidade, o que torna muito mais provável que aquele mundo gráfico que ele criou, inigualável em sua energia e pulsão, repleto de pessoas completamente obesas ou sobrenaturalmente magras, e do qual a vaidade, ganância, ingenuidade, duplicidade e zombaria compunham a realidade, era aquilo que mais lhe importava, e que o teatro do mundo era para ele mais significativo que seu próprio drama interno.

Todavia, é provável que houvesse uma boa dose de drama interno, pois se desconhece que Gillray tenha tido relações íntimas com alguém. Durante a maior parte de sua vida adulta, ele viveu na casa da Sra. Humphrey, no andar de cima da gráfica, na Rua St. James. Ela era sua editora e sócia, e embora vivessem de forma amigável, a relação entre eles provavelmente não era sexual (a Sra. Humphrey era uma solteirona com considerável diferença de idade em relação a ele). Gillray provavelmente tinha problemas com sua vida sexual. Inevitavelmente, ele retrata o contato entre os sexos como grosseiros, ridículos, ou ambas as coisas. Sua aversão escatológica é quase que de uma intensidade swiftiana. Ao desenhar um quadrinho exibindo os excessos da Revolução Francesa, nota-se que Gillray se detém de forma um pouco demasiada e apaixonada nas chicotadas dos jacobinos sobre as freiras. De fato, sempre que retrata chicotadas (como numa gravura retratando o que aconteceria caso a Revolução Francesa cruzasse o Canal da Mancha, na qual o primeiro-ministro Pitt está amarrado com o torso nu em um poste e é chicoteado por seu opositor radical Charles James Fox), detecta-se no artista uma atração acima do comum pelo tema. E quando, enfim, Gillray perdeu o controle sobre os seus demônios internos, quando retratar o mundo externo não mais era o suficiente para satisfazê-lo, ele enlouqueceu. Ele passou seus últimos anos sendo cuidado pela Sra. Humphrey, acreditando ser Rubens.

O estilo de desenho de Gillray era tão elegante quanto era deselegante o seu tema (ele recebera treinamento na recém-criada Royal Academy of Arts), e sua composição era precisa. Ele trabalhava em tal velocidade que não podia se dar ao luxo de cometer erros. Era um mestre tanto do detalhe barroco quanto da simplicidade clássica, entulhando algumas de suas gravuras com tantas alusões contemporâneas que eram necessárias muitas páginas para que o correspondente do periódico mensal prussiano, *Paris und London*, pudesse explicá-las todas aos seus leitores. Gillray era muito popular na Prússia, onde suas gravuras eram reproduzidas de forma constante, e seu comentário desinibido sobre os assuntos político-sociais de sua época atraíam admiração e inveja, levantando a questão subversiva, na Prússia militarizada, de como uma sociedade que permitira semelhante comentário não apenas não ruíra imediatamente, como também florescera. Embora sua formação escolar formal tenha durado no máximo alguns anos, Gillray citava com frequência Milton e Shakespeare, citações que o comentador prussiano dizia que "todo inglês conhece", implicando dessa forma a existência de uma cultura que era ao mesmo tempo amplamente difundida e de alta qualidade. E, certamente, Gillray imbuía qualquer coisa que desenhasse de uma sofisticada e sutil perspectiva sobre a vida, uma forma que uma familiaridade profunda com a literatura normalmente confere.

Por exemplo, uma de suas mais famosas (e simples) gravuras, uma obra-prima de destilação emblemática, foi chamada de *Contrastes em Voga, ou O Pequeno Sapato da Duquesa Rendendo-se à Magnitude do Pé do Duque*.[1] Dois delicados, pequenos e graciosos pés femininos a calçar sapatilhas encrustadas de joias apontam para os lados, separados ao meio por dois enormes pés masculinos em sapatos afivelados, deitados sobre a cama. O ato sexual nunca foi tão sugestivamente representado (e a aversão de Gillray se torna evidente pela desigualdade física do casal, sugerindo violação em vez de consentimento).

A gravura eloquentemente retratada é uma crítica devastadora ao obsequioso comentário público que se seguiu ao casamento do segundo filho de George III, o Duque de York, com Frederica, uma pequena princesa prussiana de beleza comum. Na tentativa de encontrar algo elogioso para dizer a respeito dela, a imprensa acabou dando ênfase à pequenez e à delicadeza de seus pés, e à beleza de seus sapatos. Um escritor no *Morning Post* disse que um estrangeiro poderia supor, a partir desses comentários, que a maior parte dos jornais ingleses era "administrada por sapateiros [...] o tanto que falaram sobre as sapatilhas de dormir da Princesa de York".

A gravura de Gillray enterrava, de uma vez por todas, esse elogio ridículo e servil. Gillray estava fazendo uma defesa implícita contra a bajulação, favorecendo a sinceridade, sem, contudo, abraçar a noção brutal e desumana de que toda a verdade precisa ser contada. Ao mostrar certa delicadeza de sentimento, ele não teve a intenção de que sua gravura ferisse a princesa – cuja aparência comum e proeminência pública não eram sua culpa e tampouco seu desejo. Em vez disso, foram os lambe-botas que fizeram um papel ridículo ao elogiá-la daquela forma. Ninguém mais poderia ter feito um trabalho melhor de crítica aos bajuladores sem, entretanto, insultar o bajulado.

---

[1] Em inglês, *Fashionable Contrasts, or The Duchess's Little Shoe Yielding to the Magnitude of the Duke's Foot*. (N. T.)

É claro que Gillray apelava à opinião pública e foi um pioneiro dessa prática, pois ele sabia que a exposição que fazia dos abusos e dos desatinos (e não apenas dos desatinos políticos) ajudaria a limitá-los, mesmo que não pudesse interrompê-los. Portanto, a crítica pública se tornara essencial ao progresso público, e Gillray identificara o seu poder. Por exemplo, ele de certa forma arruinou a carreira de Benjamin Perkins, um charlatão norte-americano que se estabelecera em Londres, ao publicar uma gravura hilária de Perkins aplicando seus "condutores metálicos" no rubro nariz de um evidente beberrão. Sobre uma mesa ao lado do crédulo paciente (metodicamente "eletrificado" pelos condutores metálicos que Perkins aponta para ele) encontra-se um jornal com um anúncio a divulgar o método de Perkins: "Uma Cura Certa para Todos os Males, Narizes Vermelhos, Gota, Intestino Solto, Fraturas e Corcundas". Não há meio mais eficaz de se preservar o senso comum do que o ridículo, e ninguém que visse essa gravura de Gillray continuaria a dar crédito às falsas promessas da panaceia de Perkins. Como os outros cartunistas da época, Gillray mostrava um grande interesse pela medicina, e sua gravura sobre a gota – a doença georgiana *par excellence* –, como um pequeno demônio azul fincando suas afiadas presas na inflamada junta do dedão de um sofredor, é a representação pictórica mais contundente já feita dessa doença.

Mas é por sua caricatura política que Gillray é mais comumente lembrado, e é duvidoso se ele foi alguma vez superado nesse campo, no qual foi um dos pioneiros. Certa vez, George Orwell disse que gostaria de tornar a escrita política uma arte; Gillray realizou essa promessa para a caricatura política um século e meio antes.

A sinceridade e a integridade de Gillray foram algumas vezes questionadas, uma vez que, por um bom tempo, ele recebeu ajuda do governo, chegando mesmo a dizer que se alinhara ao governo porque a oposição não tinha dinheiro para pagá-lo ou comprar seus desenhos. Todavia, numa distância de dois séculos, não seria nem um pouco fácil para o mal informado distinguir os políticos que ele apoiava daqueles que ele atacava, e certamente suas caricaturas do primeiro-ministro, por vezes aquele que lhe pagava, nunca foram lisonjeiras. Pitt sempre aparece nas gravuras como um magricela, desajeitado e frio, e não exatamente honesto, e sempre pego de surpresa. Só Napoleão, retratado por Gillray como o Homenzinho, um liliputiano pomposo, é mais ridicularizado fisicamente.

A evolução política de Gillray foi menos determinada por seu interesse financeiro e mais pelos estupendos eventos da época em que viveu: a Revolução Francesa, o nascimento da política ideológica, e a aurora do romantismo. Ele iniciou sua carreira como um moderado admirador da Revolução Francesa, mas logo se virou contra ela (muito antes de aceitar o dinheiro do governo) por causa de seus evidentes excessos. À medida que a luta contra, num primeiro momento, a França revolucionária e depois contra a França napoleônica crescia de forma desesperada, assemelhando-se cada vez mais a uma guerra total, sua atitude para com George III foi se amenizando. De início, ele retratara o rei como ridiculamente hipócrita e avarento – por exemplo, ao recusar pôr açúcar em seu chá, ostensivamente desprovido de compaixão com os pobres escravos nas fazendas das Índias Ocidentais, mas sempre pronto, por razões econômicas, a poupar somas insignificantes. Gillray se tornou mais indulgente com o tempo, vendo-o como o símbolo da resistência nacional britânica diante das pretensões totalizantes da França napoleônica. Gillray era um patriota e defendeu da forma mais vigorosa possível a liberdade de seu país, sem nunca perder de vista os defeitos de seus habitantes.

Ao permanecer ferrenhamente patriota e ao mesmo tempo mantendo uma visão crítica lúcida e bem-humorada de sua própria sociedade, Gillray realizou um feito que mostrou estar além da capacidade da maioria dos intelectuais durante uma posterior luta titânica, a Guerra Fria. Gillray nunca perdeu de vista a diferença entre os pequenos e os grandes males, e embora a Grã-Bretanha de sua época fosse corrupta, tomada de esnobismo e de outros vícios que ele não hesitava em expor ao ridículo, ele não concluiu, por isso, que não haveria nada a escolher entre ela e os excessos da França revolucionária e do domínio napoleônico sobre o mundo. A escolha para Gillray, como para todas as pessoas de bom senso, nunca era entre a perfeição e o inferno sobre a terra, mas sempre entre o melhor e o pior. Ele escolheu o melhor sem acreditar que era o melhor possível, e nunca teria acreditado que chegaria uma época em que críticos como ele se tornariam redundantes.

Quais eram os valores que Gillray estimava? Apesar da composição alucinante e caótica de alguma de suas gravuras, ele acreditava numa ordem constitucional que reduz, mesmo que não consiga eliminar completamente, o exercício do poder arbitrário, e isso se assenta sobre a igualdade de todos perante a lei. Em *Uma Marcha ao Banco*,[2] ele zomba da arrogância daqueles que se acreditam imperturbáveis e que, assim, pensam ter o direito de pisotear à vontade (nesse caso, literalmente) nos menos favorecidos que os cercam. Na obra, vemos uma brigada da milícia que marchava todos os dias a fim de proteger o Banco da Inglaterra, depois das Rebeliões anticatólicas de 1780 (Gordon Riots). A marcha é liderada por um oficial metido e disparatado, que marcha em passo de ganso com satisfação narcísica, pisoteando os corpos amontoados de pessoas comuns, garantindo, a si mesmo, a conduta que tem. Gillray retrata esse pavão de forma tão adorável, e damos tanta risada de sua pose pretensiosa que a selvageria denunciada por sua crítica social, embora devastadora, é de alguma forma mitigada. Ao mostrar o ridículo desse tipo de arrogância, assim como sua crueldade, Gillray nos ajuda a manter a guilhotina a distância. Sua crítica, embora feroz, é bem-humorada e equilibrada.

Para Gillray, a diferença essencial entre a Grã-Bretanha de sua época e a França napoleônica e pós-revolucionária era entre uma nação de homens livres e soberanos, buscando seus próprios interesses e submetidos a um regime que permitia tudo aquilo que não estava oficialmente proibido, e uma nação de servidores, submetidos a um regime que proibia tudo aquilo que não lhe interessava. Entre as liberdades que Gillray exaltava estava a do comércio, a liberdade dos desprezados lojistas de Napoleão, os quais Gillray conhecia bem e contava como amigos. Portanto, não é coincidência que seu arquetípico inglês comum, John Bull, seja gordo e robustamente próspero, mais inclinado a trabalhar sob "o horror da digestão" (para citar o título de um dos retratos pouco lisonjeiros do desacreditado príncipe regente George IV) do que sob o rigor da fome; diferentemente de sua contrapartida francesa, que, faltando-lhe a liberdade comercial de John Bull, está sempre magra, estropiada e doente.

---
[2] Em inglês, *A March to the Bank*. (N.T.)

Mas Gillray não deixa de perceber as ironias da existência humana, embora ele se encontre patrioticamente ligado aos valores que ele acredita fazerem seu país ser superior ao de seus inimigos, ele certamente não é um xenófobo. De fato, ocasionalmente, ele se rende à tentação de uma equivalência moral. Por exemplo, num de seus mais famosos desenhos políticos, *Pudim de Ameixa em Perigo*,[3] ele mostra o primeiro-ministro Pitt sentado à mesa com Napoleão a talhar o mundo, em formato de pudim de ameixa. Com as suas espadas, Pitt pega a fatia do oceano, e Napoleão a da Europa, sem a menor indicação de haver qualquer diferença moral entre eles.

Mesmo quando contrasta o estado afortunado de John Bull em relação ao francês comum, Gillray introduz uma nota de ironia. John Bull nunca é uma figura atraente para Gillray. Em um desenho intitulado *Liberdade Francesa, Escravidão Britânica*,[4] por exemplo, ele mostra um John Bull careca e obeso, já arrebentando as roupas, a epítome do torcedor de futebol inglês de nossos dias, o qual avança sobre um imenso bife assado reclamando: "Ah! Esse governo maldito! Ele nos arruinará com seus malditos impostos – Por Deus! Por que nos fazem de escravos, vão nos matar de fome!". Do outro lado se encontra o francês magro e em farrapos, sentado sobre um banco diante de um fogareiro num cômodo dilapidado, faminto a roer cebolas, e que diz: "Oh! Santo Deus! Abençoada seja a Liberdade. Viva a Assembleia! – sem Impostos! Sem escravidão! – todos os cidadãos livres – Ah! – por deus, como vivemos bem! Onde se derrama o leite e o mel!".

Na absurda satisfação do francês com seu miserável destino, Gillray indica uma nova e poderosa fonte de autoengano humano, e que só atingiria o seu apogeu mais de um século depois, mas que ainda permanece conosco: a ideologia política. Ele percebera que as abstrações políticas podem disfarçar ou mesmo alterar o significado das mais elementares realidades. Enquanto isso, John Bull se entrega à natural propensão humana a reclamar e não agradecer as bênçãos recebidas, uma propensão que está longe de ser inofensiva durante o confronto com um inimigo brutalmente ideológico.

---

[3] Em inglês, *The Plum-Pudding in Danger*. (N.T.)

[4] Em inglês, *French Liberty, British Slavery*. (N.T.)

As relações de Gillray com o maior filósofo político da época, Edmund Burke, também tiveram um aspecto irônico. Como um homem culto e um leitor ávido, Gillray provavelmente leu Burke e absorveu as lições de sua filosofia. De fato, *A Árvore da Liberdade – com o Demônio Tentando John Bull*[5] poderia ser vista como uma sucinta e gráfica ilustração dessa filosofia. Na obra, há duas árvores, a que se encontra ao fundo se chama Justiça e tem uma abundante folhagem verde; seus dois principais galhos, nomeados Direito e Religião, geram frutos saudáveis chamados de Felicidade, Liberdade e Segurança. A árvore da frente, chamada de Oposição, está morta e sem folhagem, como se atingida por um raio; seus dois galhos principais são os Direitos Humanos e o Desregramento. De seus galhos inferiores vemos maçãs apodrecidas e amareladas, todas já mordidas, chamadas de Tentação, Democracia, Conspiração e Revolução. Enrolada ao tronco da árvore desliza uma serpente esverdeada com o palavreado nixoniano do líder radical *Whig*,[6] Charles James Fox, apresentando a John Bull uma maçã nomeada Reforma. "Bela maçã, Johnny – bela maçã!", diz Fox. O significado real da tentação é evidente, explicitado pelo revolucionário gorro vermelho no qual se lê liberdade, e de onde a serpente surge desde a ponta do rabo. Esse significado se mostra por meio da diferença entre as raízes das duas árvores: na Árvore da Justiça temos os Comuns, Rei e Senhores da estabelecida constituição britânica; e na Árvore da Oposição temos Inveja, Ambição e Desapontamento, as emoções sem crédito que compreendem, por dedução, os verdadeiros motivos por trás do revolucionário radicalismo francês, em vez de um suposto amor pelas lindas abstrações que caracterizam os frutos podres da Árvore da Oposição.

Embora John Bull seja um gordo e lento caipira, ele é dotado de certa sagacidade e é suficientemente sábio para resistir ao canto da sereia das lindas abstrações. "De fato, uma linda maçã!", ele responde a Fox, valendo-se do dialeto rural que ainda pode ser ouvido na região de Norfolk e Glocestershire. "Mas meus bolsos estão cheios de maçãs da outra árvore, além disso, odeio nêsperas, elas são tão podres que fico com medo de ficar

---

[5] Em inglês, *The Tree of Liberty – with the Devil Tempting John Bull*. (N.T.)

[6] Partido britânico de forte tendência progressista. (N.T.)

com dor de estômago só de olhar para elas!" O espalhafatoso brilhantismo intelectual de Fox não é páreo diante da sabedoria de eras, o senso comum do inglês que nasceu livre. Lembrei-me de um encontro que tive com um camponês salvadorenho durante a revolta guerrilheira que ocorreu por lá na década de 1980. Ele reconhecia que, homem por homem, os insurgentes guerrilheiros eram provavelmente pessoas melhores que seus oponentes do lado do governo, mas, mesmo assim, ele não queria que eles vencessem, pois não via em suas abstrações promessas, mas ameaças. Sua casa e sua terra poderiam ser pobres, mas eram suas.

Nenhuma outra mensagem poderia ser mais burkeana do que essa, dada em *A Árvore da Liberdade*, de Gillray; não obstante, da mesma forma que John Bull, Edmund Burke nunca aparece em Gillray de forma lisonjeira. Pelo contrário, Gillray o retratou como um esguio e faminto dissimulador jesuítico, um homem perigoso com uma agenda oculta – atualizada pela malícia, por exemplo, ao atacar Warren Hastings, o governador geral da Índia, o qual ele tentou, por sete anos, depor por corrupção. Burke aparece, numa gravura, paramentado de armadura e bireta e apontando um ridículo mosquete para emboscar Warren Hastings. Em outra, Burke é visto – enquanto ainda era um *Whig* – como um notório incompetente político, conduzindo a carruagem e os cavalos do partido de oposição arrogantemente pelo Atoleiro Desesperado da Inelegibilidade. Depois de sua renúncia ao governo em 1782, ele é retratado de forma irônica como "*Cincinnatus* Aposentado" (o ditador que se aposentou para viver no campo depois de salvar Roma), vestindo uma túnica de jesuíta e sentado num aposento repleto de batatas, uma das quais ele descasca sombriamente, em seu casebre irlandês.

Ainda numa outra gravura, ele se arrasta mesquinhamente e por ninharias aos pés do primeiro-ministro Pitt, enquanto este último mói John Bull numa máquina de produzir ouro. Mais notoriamente, ele aparece apenas com um pontiagudo e alongado nariz, óculos, e com as mãos segurando a coroa britânica e o crucifixo, todos emergindo como numa aparição dos céus, a fim de assustar o Dr. Richard Price, um divergente clérigo radical que pregava e aprovava a Revolução Francesa e enviou uma mensagem congratulatória para a Assembleia Nacional.

O título da gravura — *Farejando a Ratazana* — ou — *O Revolucionário Ateu Perturbado em suas Maquinações Noturnas*[7] — sugere que o anti-ideológico Burke tenha, ele próprio, se tornado um ideólogo e esteja a caminho de se tornar um grande inquisidor.

Burke, brilhantemente, mas sem senso de humor, foi um dos poucos alvos célebres de Gillray que não ria de si mesmo. Diz-se que até Benjamin Perkins riu do desenho que destruíra sua reputação como curandeiro. Uma das qualidades mais genuinamente admiráveis da sociedade da qual Gillray surgiu, e que ele retratou com tamanha verve, foi sua habilidade de rir de si mesma. Mesmo o rei, um homem que se levava bastante a sério, ria com gosto das sátiras que Gillray fazia dele; o príncipe regente, que Gillray nunca retrata como algo diferente do gordo, inescrupuloso e voraz homem que ele era, comprou as gravuras de Gillray às dúzias e era um dos melhores clientes da Sra. Humphrey. Políticos em ascensão queriam ser caricaturados por Gillray, embora ele se certificasse de mostrá-los de forma pouco lisonjeira e os expusesse ao ridículo, pois ser caricaturado por ele equivalia a um certificado público de importância. George Canning, secretário de relações exteriores e durante um breve período primeiro-ministro, enfrentou considerável dificuldade para participar das gravuras de Gillray e ficou bastante lisonjeado quando foi retratado pela primeira vez, embora como um dos políticos enforcados em *Horrores Prometidos da Invasão Francesa* — ou — *Razões Forçosas para se Negociar uma Paz Regicida.*[8]

Os contemporâneos de Gillray — não apenas na Grã-Bretanha — reconheceram-no como um grande artista. Esse reconhecimento desvaneceu mesmo antes de sua morte, e a exibição na Tate Gallery procurou recuperá-lo. Mas a grandeza de Gillray extrapolou o âmbito artístico; ele provou, pelo exemplo, que a opinião pública poderia ser mobilizada no sentido de aperfeiçoar a sociedade, e que a crítica social poderia ser feroz

---

[7] Em inglês, *Smelling out a Rat — or — The Atheistical — Revolutionist disturbed in his Midnight Calculations.* (N. T.)

[8] Em inglês, *Promised Horrors of the French Invasion — or — Forcible Reasons for Negotiating a Regicide Peace.* (N. T.)

e independente, não obstante bem-intencionada, equilibrada e leal. Ele provou que o popular poderia ser sutil, culto e filosoficamente inteligente. Ele provou aquilo que muitos duvidaram: que ter um ponto de vista moral não implica solenidade e gravidade. Numa época de blairismo, sinto vontade de exclamar:

>Gillray, deveríeis viver nesta hora.
>A Inglaterra tem necessidade de vós.

2002

Lixo, Violência e Versace: Mas Isso é Arte?

No geral, os ingleses não se interessam por arte moderna ou mesmo pela arte em si, seja lá qual for a sua descrição. Os ingleses não estão habilitados a perceber a diferença entre o expressionismo construtivista e o abstrato, e ficam contentes em permanecer na ignorância. Assim sendo, é surpreendente que, por várias semanas neste outono, uma exposição de arte moderna britânica denominada "Sensation" capturasse a atenção dos ingleses, tornando-se o assunto do dia.

De forma quase absoluta, a exibição expressou a quintessência da cultura britânica moderna: extrema vulgaridade. A celebração dessa qualidade ajudou "Sensation" a quebrar todos os recordes de público em exposições de arte moderna em Londres, com filas que dobravam o quarteirão. Enquanto isso, a uma milha de distância, na National Portrait Gallery, uma exibição dos primorosos retratos de Sir Henry Raeburn, elegantes e psicologicamente profundos, recebia um baixíssimo público – uma representação simbolicamente perfeita de nosso desejo em alijar o passado em nome de nosso bravo e pueril novo presente. O Sr. Blair, aquele que representa a remarcação da Grã-Bretanha, deve ter se orgulhado de nós.

Como os marxistas costumavam dizer quando ainda eram respeitados, *não foi acidente algum* o fato de "Sensation" compor uma seleção de trabalhos de propriedade do magnata da publicidade Charles Saatchi, ou que um magnata da publicidade seja, de longe, o mais generoso patrono da arte moderna britânica. Durante uma entrevista ao *Daily Telegraph*, o Sr. Saatchi disse que, como homem de publicidade, sentia-se atraído por impactos visuais imediatos, antevendo que o seu gosto exerceria grande apelo para toda uma geração de jovens britânicos, que haviam sido criados pela publicidade. É bem verdade que seja assim, mas aquilo que eu tomava como uma confissão da profunda superficialidade de nossos dias (caso seja-me concedida essa expressão aparentemente paradoxal), ele tomava como uma recomendação. Todos fazem Deus à sua semelhança.

A exibição atraiu uma controvérsia sem precedentes por aqui, além de ter conquistado ampla divulgação internacional. Canais de televisão do mundo todo emitiam o seu zumbido durante a coletiva de imprensa. A imprensa britânica ficou dividida em dois campos: os exaltados e os enojados. O campo dos exaltados, composto de autodesignados guardiões da liberdade de expressão e do consentimento artístico, regozijava-se, pois finalmente a Grã-Bretanha, tanto tempo atrasada e provinciana, tornava-se o centro da inovação artística. Agora, eram os jovens artistas ingleses que estavam na vanguarda, a combater bravamente as forças reacionárias da arte, embora ninguém especificasse o destino preciso desse bravo exército artístico, cujo avanço todos supostamente lideravam. Do outro lado, o campo da imprensa enojada lastimava mais essa – quase definitiva – degradação do gosto. Todavia, numa era de perversidade como a nossa, não existe publicidade ruim, ou seja, má publicidade não é ruim, mas a melhor. Termos como "imundo", "nojento", "pornográfico", "sórdido", "pervertido" e "maligno" não poderiam ter sido mais perfeitamente calculados no intuito de atrair os britânicos para a Academia Real.

Muito da controvérsia original cercava um enorme retrato de Myra Hindley. Ele deveria ter sido exibido em público ou não?

O nome de Myra Hindley ainda mexe com as paixões mais profundas dos britânicos. Em 1965 ela foi condenada à prisão perpétua pelo assassinato de várias crianças torturadas até a morte. Esses assassinatos foram perpetrados junto com seu amante, Ian Brady, segundo as exigências de um absurdo ritual "pagão", com o qual Brady sonhara. O casal executou essas crianças na área de Manchester e as enterrou nos descampados de Yorkshire.

Uma fita gravada pelo casal enquanto torturava uma das vítimas foi exibida durante o julgamento, e parecia inaugurar uma nova era de brutalidade na história britânica. Certa vez, George Orwell lamentara a decadência nos assassinatos ingleses, de seu apogeu de arsênico e estricnina, quando ainda parecia possuir certa elegância bizantina; mas isso indicava algo completamente novo, uma profunda ruptura na cultura a revelar trevas abissais. Pela primeira vez, tínhamos no país um caso de múltiplo homicídio como expressão do ego, da autoindulgência e do divertimento.

Desde sua condenação, Myra Hindley dividiu a opinião pública inglesa entre um pequeno campo progressista, que regularmente pede que seja solta, e um grande campo conservador, que exige a continuidade de seu encarceramento. (Ao contrário de sua ex-parceira, Ian Brady nunca pediu para ser solto.) Os progressistas alegam que, na época de seus crimes, ela era jovem, não tendo ainda completado vinte anos, e que fora psicologicamente escravizada por seu amante. Desde então, alega-se que ela se arrependeu de seus crimes, e que não representa mais qualquer perigo às crianças. Os conservadores replicam dizendo que qualquer pessoa sabe muito bem, antes de completar vinte anos, que torturar crianças até a morte é um erro, e Hindley cometeu crimes ao longo de dois anos, de modo a não caracterizar nenhum impulso súbito; e que, ao fazer isso, ela se colocou, de uma vez por todas, para além do espectro da sociedade humana padrão. Além do mais, eles dizem que seu arrependimento foi e é fraudulento,[1] na medida em que, por mais de vinte anos, ela não foi capaz de confessar que soubesse do desaparecimento de duas outras crianças de Manchester, cujos corpos nunca foram encontrados, mas de cujos assassinatos ela e Brady são muito provavelmente culpados.

A foto tirada pela polícia durante o momento de sua prisão tornou-se, desde então, uma das imagens fotográficas mais instantaneamente populares na Grã-Bretanha. Não existe jornal que não tenha reproduzido inúmeras vezes essa foto: a loira oxigenada de queixo quadrado, encarando a câmera sem emoção, a personificação da crueldade. Foi precisamente

---

[1] Na época em que este ensaio foi escrito, em 1998, Myra Hindley ainda estava viva. Ela faleceu na prisão em novembro de 2002. (N.T.)

essa imagem que um artista chamado Marcus Harvey escolheu para ampliar numa tela de proporções gigantescas de treze pés por dez (e Charles Saatchi decidiu comprá-la). Aos olhos dos detratores da foto, o artista adicionou o insulto à injúria ao usar, como base da tela, as marcas de uma pequena mão de criança, como pequenos pontos, numa composição onde a fotografia foi artisticamente reconstruída.

O impacto da foto é enorme, sobretudo entre aqueles que reconhecem Hindley no mesmo instante, como é o caso para 99% da população britânica. Depois de alguns dias de exibição, um espectador atirou tinta sobre a tela, a qual foi posteriormente removida, limpa e devolvida à exposição, mas agora com uma protetora folha transparente diante dela. Como não poderia deixar de ser, a confraria artística tomou o ataque como um tributo ao poder da arte, pois ninguém ataca aquilo que não tenha importância. Do lado de fora, próximo à entrada da academia, ao lado da estátua de seu grande e civilizado primeiro presidente, Sir Joshua Reynolds, mães de crianças assassinadas e desaparecidas, incluindo algumas que Myra Hindley matara, imploravam ao público que não entrasse. Membros das Mães Contra Assassinato e Agressão (MCAA),[2] uma organização fundada pelas próprias mães, distribuíam fotocópias de uma comovente rogativa escrita pela mãe de uma das crianças desaparecidas, cujo assassinato nem Hindley nem Brady jamais responderam, embora sejam quase certamente culpados.

Lê-se:

> Eu e os pais de outras vítimas sabemos há mais de trinta anos que nossas crianças tiveram uma morte horrível nas mãos desse casal maligno. Hindley teve o direito de ser ouvida pela Corte Europeia dos Direitos Humanos. E quanto aos nossos direitos? Não existe mais vida normal depois que seu filho ou filha é assassinado. Também vivemos em prisão perpétua, mas em nosso caso não existe apelação ou suspensão, e o nosso sofrimento prossegue indefinidamente, apenas para tornar-se ainda mais agudo toda vez que acontece algo como isso. Somos as vítimas esquecidas. Hindley nunca

---

[2] Em inglês, Mothers Against Murder and Aggression (MAMAA). (N.T.)

respondeu pelo assassinato do meu Keith [...] Gostaria de entrar com um processo, mas não tenho dinheiro e não posso mais me valer da ajuda pública. Ainda não sei onde está o meu filho, e tudo o que quero é tê-lo de volta em casa para lhe dar um enterro decente.

A sinceridade crua desse apelo clama aos céus, contrastando-se marcadamente com a afetada prosa do catálogo e informativo da academia, que fala, entre outras coisas, da preocupação que os artistas expostos mostram para com o injusto sistema de classe britânico, e de suas profundas simpatias pela classe trabalhadora. Mas os únicos membros da classe trabalhadora a visitar e expressar uma opinião sobre a exposição foram exatamente as Mães Contra o Assassinato e Agressão, as quais clamavam, de forma inequívoca, pela destruição da tela e pelo fechamento da exposição. Não é preciso dizer que os artistas não se compadeceram da real classe trabalhadora, mas apenas da ideia que forjam de classe trabalhadora, semelhante a Maria Antonieta, que vivera fantasiada de pastora, segundo sua visão romantizada do que seria uma pastora.

Um membro da MCAA com quem conversei me disse que Marcus Harvey nunca teria pintado Myra Hindley caso ela não fosse uma assassina em série. Ela discordava veementemente da transformação da assassina de sua filha em ícone artístico, só para estimular momentaneamente o público, antes que eles se movessem para a próxima, e também efêmera, apreciação ou diversão.

Não há nada de intrinsicamente errado em pintar um assassino, mesmo que seja uma homicida tão depravada como Hindley. Mas, sem dúvida, existe algo de profundamente degenerado em relação à exibição pública dessa pintura. Como um todo, o próprio título da exibição invoca estímulo e voyeurismo; e foi exatamente assim que o catálogo descreveu o trabalho de Marcus Harvey, que teve duas outras pinturas expostas, ambas de mulheres nuas. Uma delas insidiosamente intitulada, *Oh, Trouxa, Gostou? Então Me Liga*:[3] "Marcus Harvey produz pinturas inquietantes e repletas de tensão, as quais, simultaneamente, contêm e excedem sua libidinosa imagética. Por

---

[3] Em inglês, *Dudley, Like What You See? Then Call Me*. (N.T.)

meio da sobreposição de nus femininos e pornográficos sobre um campo selvagemente expressionista, forma e conteúdo resistem e se submetem um ao outro, de forma inquieta". O que deveria pensar disso uma mãe da classe trabalhadora de Manchester que teve a filha assassinada expressionista, libidinosa e pornograficamente?

Conversei com o diretor de exposições da Academia Real, Norman Rosenthal, um homem bastante malvisto por alguns acadêmicos. Em decorrência da exposição, inclusive a academia perdeu alguns membros. Rosenthal é, sem dúvida, muito bom no que faz, embora um tanto quanto encardido e andrajoso; um tipo que apresenta aquele talento todo especial de provocar hostilidade a cem metros de distância – a sensação é de estar ouvindo Mefistófeles.

"Toda arte é moral", diz ele. "Tudo que for imoral não pode ser arte."

Não existe tal coisa como um livro moral ou imoral, escreveu Oscar Wilde. Os livros ou são bem escritos ou mal escritos. Então, se assim fosse, teríamos em *Mein Kampf*[4] uma boa leitura, caso fosse bem escrito.

"A tela levanta questões interessantes", continuou Rosenthal. "Quais questões interessantes ela levanta?", perguntei. "Porque deve ser possível formulá-las em palavras."

"Por exemplo, levanta a questão sobre a exploração das crianças em nossa sociedade", disse Rosenthal.

"Alguns podem dizer que, ao se usar a palma de uma criança na composição do retrato de um assassino de crianças, sabendo-se que a criança não tem como possivelmente apreciar esse significado, isso pode ser uma forma de exploração, por si só", respondi.

"Caso seja, é insignificante em comparação ao que se passa em nossa sociedade."

"Mas por que devemos julgar tudo pelo menor padrão possível?", perguntei.

Rosenthal simplesmente não conseguia enxergar o que estava sendo denunciado por aquelas mães. Parece que uma vida dedicada à cultivação

---

[4] *Minha Luta*, de Adolf Hitler. Em inglês, geralmente, preserva-se o título original em alemão. (N. T.)

das artes plásticas é capaz de dissecar a tal ponto um homem que ele se torna insensível às pessoas de carne e osso, cuja existência se situa num plano menos rarefeito.

A tela de Hindley não era, no entanto, a única obra de arte a levantar questionamentos. Na verdade, logo na entrada da exibição, lia-se a seguinte advertência: "Algumas das obras de arte expostas [...] podem ser chocantes para certas pessoas. Os pais devem avaliar se seus filhos podem vir vê-las. Uma das galerias não estará aberta para menores de dezoito anos". De fato, a academia contratou um eminente advogado para aconselhar quais obras seriam retiradas do olhar lúbrico dos jovens. Isso se deu, sem dúvida, muito mais por medo de sofrer processos judiciais do que por temer a corrupção dos jovens. No evento, uma visita da brigada antivício da Polícia Metropolitana de Londres não apresentou grandes contratempos. Os rapazes de uniforme azul nada encontraram para protestar nas novas e remodeladas galerias, e deixaram-nas sem prender ninguém.

De fato, a escolha feita pelo eminente advogado daquilo que teria acesso restrito revelou ser altamente idiossincrática. Entrava-se na galeria restrita aos adultos através de uma passagem reservada, como as que vemos nas seções de material adulto das livrarias em cada canto urbano da Inglaterra. A principal obra vetada constituía-se de uma escultura em fibra de vidro a combinar várias meninas grudadas, umas nas outras, algumas com o ânus no lugar da boca e com um pênis semiereto no lugar do nariz, todas nuas, exceto pelo fato de calçarem tênis. A coisa recebeu o nome de *Aceleração Zigótica, Biogenética, Modelo Libidinal Dessublimado*.[5] Nesse caso, pude facilmente compreender por que o advogado da academia pensou que isso não seria apropriado para menores.

Mas, na parede ao lado, encontrava-se uma tela totalmente inócua – na verdade, pueril – de um jovem reclinado em seu quarto, escutando o seu *walkman*. Embora tenha me esforçado, não consegui encontrar qualquer motivo (além do estético) pelo qual aquilo devesse ser censurado aos menores de idade. A única explicação que pude conceber para dar sentido a esse estranho critério de censura, aplicado tanto ao pornográfico

---

[5] Em inglês, *Zygotic Acceleration, Biogenetic, De-sublimated Libidinal Model*. (N. T.)

quanto ao inócuo, foi a de que o advogado tentara subverter a própria ideia de proteger as crianças contra a pornografia, fazendo-a parecer ridícula, o que, de fato, era o caso, uma vez que qualquer criança poderia ter comprado o catálogo da exibição, contendo, sem censura, as amostras de todas as galerias.

De qualquer forma, as seções da exibição abertas às crianças de todas as idades apresentavam materiais muito mais perturbadores. Mas, do ponto de vista da nova crítica de arte, ser "perturbador" se tornou um termo automático de aprovação. "Sempre foi função do artista conquistar territórios ao quebrar tabus", escreve Norman Rosenthal em seu ensaio grosseiro e velhaco, ambiguamente intitulado "O Sangue Deve Continuar a Fluir", que introduz o catálogo. Seria difícil imaginar um resumo de história da arte que fosse menos verdadeiro e mais ferozmente distorcido, no qual uma pequena parte – e de forma alguma a mais gloriosa – é confundida pelo todo, para que o injustificável possa ser justificado.

"Os artistas devem perseverar na conquista de novos territórios e tabus", Rosenthal prossegue em tom professoral. Ele não admite qualquer outro propósito para a arte, ou seja, quebrar tabus não seria uma possível função da arte, mas sua única função. Assim sendo, se toda arte destina-se exclusivamente a quebrar tabus, em breve qualquer quebra de tabu será considerada arte.

Certamente, diriam que não é bem isso o que ele está dizendo; mas então, para intelectuais como ele, as palavras não servem para expressar proposições ou a verdade, mas sim para distinguir socialmente o escritor da massa comum, considerada artisticamente atrasada e obscurantista demais para que possa defender abertamente o abandono de todas as restrições e padrões. Todavia, é improvável que até mesmo Rosenthal considerasse, vamos dizer, um vídeo de jovens *hooligans* estuprando sua irmã (para invocar mais uma vez Oscar Wilde) uma mera conquista de novos territórios e de quebra de tabu. Portanto, embora ele não queira dizer exatamente o que de fato diz, a promoção que faz dessa ideia retornará não somente para assombrá-lo, mas para assombrar toda a sociedade. Alguém inevitavelmente dirá: por que só os artistas podem quebrar tabus? Por que não o resto de nós? Um tabu só faz sentido se funciona para todo mundo, e aquilo que é simbolicamente quebrado na arte será, em breve, quebrado na realidade.

Que a vida civilizada não seja possível sem determinados tabus – que alguns deles são de fato justificáveis e, portanto, nem todo tabu é em si um mal a ser derrotado – é um pensamento demasiado sutil para os estetas do niilismo. É um bocado irônico observar que um alto representante da Academia Real exponha essa destrutiva doutrina quando sabemos que o primeiro presidente da academia, de longe um homem mais qualificado e digno, escrevia o seguinte em seu *Sétimo Discurso sobre a Arte*: "Um homem que pensa guardar-se contra preconceitos [os padrões morais herdados e os tabus] pondo resistência à autoridade moral de terceiros, deixa em aberto toda uma avenida para anomalias, vaidades, autoenganos, obsessões, e muitos outros vícios, todos a deformar o julgamento". Como Sir Joshua também salientou – valendo-se de uma prosa civilizada e espirituosa, de um tipo inacessível ao estilo literário do Sr. Rosenthal –, o homem sábio e inteligente examina os seus preconceitos não para rejeitá-los a rodo só por serem preconceitos, mas para avaliar quais devem ser preservados e quais não devem.

A exposição chocou menos a mim do que a muita gente, uma vez que sua atmosfera era-me estranhamente familiar. Fui transportado aos meus dias de estudante de medicina, para a sala de dissecação, para o museu das patologias e para o necrotério. Em exibição viam-se cadáveres esfolados, animais fatiados em formol, uma foto, em close, de uma ferida a bala sobre o escalpo e mesmo um trabalho cujo nome era *Papai Morto*,[6] uma miniatura hiper-realista em silicone e acrílico de um cadáver nu. À medida que o público leigo andava pelos salões da exibição, recordei-me de meus dias de estudante, quando meus amigos que não estudavam medicina fuçavam meus livros de patologia em estado de horror e fascinação, virando as páginas e tocados, simultaneamente, pelo medo e pela ansiedade de encontrar algo ainda mais chocante.

Ouvi o escultor de *Papai Morto* enquanto ele dava uma entrevista a um canal de televisão europeu, abaixando-se ao lado do encolhido cadáver

---

[6] Em inglês, *Dead Dad*. (N. T.)

de sua criação, um imenso avanço técnico de fazer inveja aos encolhedores de cabeça da Nova Guiné. "Nada nesta exibição ofende a minha sensibilidade", ele dizia, num tom de evidente autossatisfação. O que ele não disse, obviamente, foi que a sofisticação moderna exige uma sensibilidade absolutamente resistente a qualquer tipo de ofensa ou surpresa, absolutamente blindada contra oposições e sensibilidades morais. Hoje em dia, para mostrar-se como homem de gosto artístico, é preciso se abster de quaisquer padrões e acolher todas as violações, o que, como disse Ortega y Gasset, caracteriza o vestíbulo do barbarismo.

Perguntei ao escultor se *Papai Morto* representava o seu próprio pai, e a resposta foi obviamente afirmativa. Sem dúvida ele considerava aquela obra como um trabalho de piedade filial, mas foi precisamente a sua sinceridade que me assombrou. Se ele tivesse dito que fizera aquela escultura para vingar-se de seu pai, que o forçara a ter uma infância terrível e o molestara física e sexualmente quando ele tinha seis anos, os motivos para fazer aquilo teriam, ao menos, ficado claros. Quando respeito, ódio, amor, aversão e desprezo são evocados no mesmo produto artístico, então nossa sensibilidade e nosso poder de discriminação já foram erodidos e estão à beira do desaparecimento. Quando aquilo que é percebido como piedade filial exibe o cadáver nu de um pai, expondo todos os detalhes para o livre e ocioso escrutínio de centenas de milhares de estranhos, então o ato de honrar o pai e a mãe se tornou indistinguível do ato de desonrá-los.

Uma petulante brutalidade intelectualizada é a marca registrada da exposição, e o mesmo vale para toda a cultura moderna na Grã-Bretanha. Os títulos de muitos dos trabalhos já ostentam esse padrão. Damien Hirst — famoso pelas vacas e porcos fatiados, ovelhas e tubarões engarrafados — apresenta-se como pintor e engarrafador de animais mortos. Ele intitula uma de suas duas pinturas de *Lindo, Paga um Pau para o meu Quadro*.[7] Uma tela de Gary Hume ostenta o título *Implorando Por*,[8] onde o que está sendo implorado só pode significar uma coisa. Sarah Lucas nomeia sua

---

[7] Em inglês, *Beautiful, Kiss my Fucking Ass Painting*. (N. T.)

[8] Em inglês, *Begging for It*. (N. T.)

exposição de *Vão se Ferrar, Babacas*.⁹ Um quadro de Chris Ofili, um artista de ascendência nigeriana nascido na Inglaterra, chama-se *Spaceshit*.¹⁰ Segundo o breve relato de sua vida, que se encontra disponível no catálogo, "foi no Zimbábue que Ofili experimentou o que alguns podem chamar de 'um momento de clarividência' – indignado com os limites de suas pinturas, e num esforço de lhes dar mais consistência física, tanto num contexto cultural quanto natural, veio-lhe à mente a sugestão de grudar merda de elefante em seus quadros". Isso foi evidentemente um sucesso comercial. "Logo depois, em 1993, Ofili participou de duas 'Vendas de Merda', uma em Berlim e a outra em [...] Londres, onde foram exibidos muitos montes de merda de elefante, no contexto do mercado." As notas preparadas pela academia aos professores escolares que trouxeram seus pupilos à exibição sugeriam que o professor discutisse com os alunos como seria feito o trabalho de conservação dos excrementos que compõem as pinturas de Ofili, embora uma resposta já esteja sugerida no informativo ao dizer que, embora o artista tenha usado excrementos de elefantes que vivem nas savanas africanas, ou seja, de acesso comparativamente mais difícil, ele agora usa a variedade cultivada no zoológico londrino.

Uma obra de Peter Davies chamada *Text Painting* consiste de uma tela de dois metros e meio, na qual se lê um texto em caligrafia multicolorida, infantil e desconexa, um produto indescritivelmente desprezível, do qual dou uma pequena amostra:

> Gosto de Arte que é [...] Bruce Nash e toda aquela coisa agressiva do macho branco, Mike Kolley só faz porcaria, mas amamos a coisa [...] Picasso sempre fez o que quis e foda-se o resto [...] Lily Van der Stoker *Fila da Puta* [...] Antony Caro esse cara é fodido, um F.D.P.P.Q.P; Velásquez, ele é Versace para os amantes da arte [...]

---

⁹ Em inglês, *Sod You Gits*. (N. T.)

¹⁰ Em português seria, literalmente, espaço-merda; mas a aproximação fonética entre "*spaceship*", espaçonave, e "*spaceshit*" não é possível reproduzir em português. (N. T.)

Matisse não dava trela se algum babaca lhe dissesse que seu trabalho parecia decorativo [...] Charles Ray foi um moleque mimado com suas bonecas gigantes + caminhões [...]",[11]

etc., etc.; *ad nauseam*.

Lixo, violência e Versace, uma justa síntese da estética da exibição.

A vulgaridade não percorre apenas os títulos e os temas tratados, mas abarca cada aspecto da exposição. No catálogo as fotografias dos artistas os retratam como membros da classe baixa. Por exemplo, Damien Hirst toma todo o cuidado para se apresentar como alguém indiscernível, em sua aparência, de um *hooligan*. Uma absoluta necessidade financeira não explica o caso, já que muitos desses artistas estão muito ricos. A aparência suja e desalinhada que ostentam é absolutamente proposital, pois lhes parece virtuoso mostrar-se dessa forma.

Os artistas demonstram um interesse, de fato um fascínio, pelo *punk* e pelo *grunge* – a adoção deliberada da feiura e do mau gosto que caracteriza a cultura popular britânica. Não há nada de errado com um interesse artístico pela vulgaridade demótica e pelo submundo da vida, certamente; afinal de contas, este é o país de Hogarth e Rowlandson. Mas esses grandes artistas permaneceram distantes dos fenômenos que retratavam, criticando-os mesmo quando riam deles. Combinavam comentário social com bom humor e graciosidade estética. Tinham tanto um ponto de vista estético quanto moral (sem os quais a sátira é impossível) e teriam deplorado o niilismo estético e moral da exibição atual. Teriam ficado intrigados e assombrados com a equação automática de moralidade, estreiteza de espírito e intolerância, tão evidente no ensaio de Norman Rosenthal. E quando Hogarth e Rowlandson retratavam o feio, como acontecia com frequência, eles o faziam comparando-o

---

[11] Em inglês: "*Art I like is [...] Bruce Nash and all that aggressive white male stuff, Mike Kolley he does everything so trashy but we love it [...] Picasso he just did whatever the fuck he wanted [...] Lily Van der Stoker Mutha Fucka [...] Antony Caro now he really is one mean badass M.F.S.O.B; Velásquez he's Versace for art lovers [...] Matisse he had no problem with some fucker telling him his work looked decorative [...] Charles Ray like a fucking spoilt brat with his giant dolls + trucks [...]*". (N.T.)

com um padrão implícito de beleza, expresso na própria elegância de execução de suas artes.

Os artistas de "Sensation", todavia, não apenas expressam um interesse pelo *punk* e pelo *grunge*, mas se renderam a eles. Da mesma forma que Satanás em Milton, eles exclamam, "Mal, sejais vós meu deus"; e eles complementaram, "Feiura, sejais vós minha beleza".

É claro que eles não são os únicos. A rendição em todas as frentes está na ordem do dia. Recentemente, o banco Midland anunciou que retiraria o subsídio que dava ao Royal Opera House de 1,6 milhão de libras por ser uma instituição elitista; em vez disso, a fim de mostrar que era um banco democrático e preocupado, eles usariam esse dinheiro como fundo para um festival de música pop, que a maior parte de seus clientes acharia mais "sexy". A rendição cultural do melhor que sucumbe diante do pior vai mais longe e mais fundo. Também, recentemente, o periódico médico *The Lancet*, um dos dois mais importantes do mundo, conduziu uma breve entrevista com o professor Raymond Hoffenberg, ex-presidente da Escola Real de Medicina (que existe desde o reinado de Henrique VIII). Foi-lhe perguntado qual seria sua palavra favorita – em si uma pergunta bastante fútil, propícia às revistas de moda e beleza quando entrevistam uma estrela de novela – e ele respondeu "imbecil".[12] Pergunto se, até alguns anos atrás, seria possível que um presidente dessa augusta instituição usasse em público e com orgulho um termo como esse?

O que estaria por trás desse extraordinário e velocíssimo reabaixamento da cultura britânica, em relação ao qual "Sensation" se mostra um exemplo tão marcante?

A vulgarização é um fenômeno internacional, lamentavelmente. Damien Hirst é celebrado onde quer que as pessoas tenham bastante dinheiro para gastar em animais fatiados e colocados em frascos.

---

[12] O termo usado em inglês foi "*arsehole*", muito mais pesado e ofensivo que "imbecil". Todavia, o termo de xingamento "cuzão", literalmente mais próximo, denota, em português, o sentido de covarde, e não de alguém detestável, como é o caso de "*arsehole*" para o inglês. (N. T.)

O mesmo comportamento meretrício, a mesma supervalorização do mesmo sensacionalismo, dá as cartas em toda a parte. A empáfia romântica de que a originalidade, em si mesma, é uma virtude artística passou a ser aceita em todos os lugares sem o menor questionamento. Esse é o motivo pelo qual um artista chamado Marc Quinn, um graduando de Cambridge, receba elogios por retirar oito quartilhos de seu próprio sangue ao longo de vários meses, congelando-o e armazenando-o, e então usar esse sangue para esculpir um autorretrato permanentemente refrigerado. Isso é considerado bom e valioso somente porque nunca foi feito antes. Quando disseram a Damien Hirst que qualquer um poderia engarrafar uma ovelha em formol, ele respondeu: "Mas, ninguém fez isso antes, fez?". E se a obscenidade for o preço para ser original, então que se seja pago.

O homem autêntico, na concepção romântica, é aquele que se libertou por completo de toda convenção, que não reconhece qualquer restrição no livre exercício de sua vontade. Isso se aplica tanto à moral quanto à estética, e o gênio artístico se torna sinônimo de imprevisibilidade. Mas um ser dependente de sua herança cultural, como é o caso do ser humano, não consegue escapar tão facilmente da convenção, e o desejo de conseguir tal façanha já se tornou um clichê. Portanto, apesar de toda sua grosseria e vulgaridade, "Sensation" é profundamente convencional, embora obedeça a uma convenção cruel e socialmente destrutiva.

A grosseria da qual reclamo resulta da combinação venenosa entre uma admiração ideologicamente inspirada por tudo que é demótico e uma boa dose de esnobismo intelectual. Numa época democrática, *vox populi, vox dei*: a multidão não pode se enganar; e sugerir que existam ou que devam existir certas atividades culturais em relação às quais grandes quantidades de pessoas poderão ficar excluídas, por causa de sua falta de cultura e despreparo mental, é tido como inaceitavelmente elitista e, por definição, uma postura repreensível. A obscenidade é o tributo que os intelectuais pagam, não aos proletários exatamente, mas a sua esquemática, imprecisa e condescendente ideia de proletariado. Os intelectuais provam a pureza de seu sentimento político por meio da sordidez daquilo que produzem.

Em relação ao esnobismo, o intelectual se eleva acima do cidadão comum, que ainda se agarra quixotescamente aos padrões, preconceitos e tabus. O intelectual, no entanto, rejeita-os de modo categórico. Diferentemente dos outros, ele não é mais um prisioneiro de seu passado e de sua herança cultural; e, dessa forma, ele prova a medida da liberdade de seu espírito em função da amoralidade de suas concepções.

Não é de se estranhar que os artistas envolvidos nessa atmosfera mental sintam-se obrigados a habitar somente universos visualmente revoltantes, pois de que outra forma, num mundo repleto de violência, injustiça, e imundice, um sujeito consegue provar sua democrática originalidade, a não ser residindo no âmbito do violento, injusto e imundo? Qualquer retorno ao convencionalmente belo significaria uma fuga elitista.

> Come let us mock at the great
> That had such burdens on the mind
> And toiled so hard and late
> To leave some monument behind
> Nor thought of the levelling wind.[13]

Dentre esses grandes encontra-se, certamente, Sir Joshua Reynolds, presidente da Academia Real, amigo e confidente de Edmund Burke, Oliver Goldsmith, Edward Gibbon, David Garrick, James Boswell (que dedicou seu *Life of Johnson* a ele) e o próprio Dr. Johnson, que disse o seguinte a respeito de Reynolds: "O homem mais difícil de desonrar durante uma discussão". O que ele teria pensado desses artistas que, *inter alia*, desonraram a própria Academia Real, valendo-se da linguagem mais obscena e vulgar possível, esses jovens bárbaros que pensam que a arte, como na relação sexual do famoso poema de Larkin, teve início em 1963? Em seu primeiro *Discurso* (e com que alívio volta-se à elegante forma com que ele se expressa, sem o auxílio de uma única expletiva, como alguém que toma um banho depois de ter caído na lama), Reynolds escreve:

---

[13] Do poema *Nineteen Hundred and Nineteen*, de William Butler Yeats. Tradução livre: "Vamos dos grandes caçoar / Afligidos com tantos fardos / Dia e noite a labutar / A nos deixar os legados / Esqueceram-se do vento que nivela". (N.T.)

Mas os jovens não ostentam somente essa frívola ambição de se terem como mestres da execução, a qual, por um lado, os incita, e que por certo os conduz à preguiça. Eles ficam aterrorizados diante da longa perspectiva, do labor necessário para se atingir a exatidão. A impetuosidade da juventude sente aversão diante das lentas abordagens do cerco regular, e deseja, por causa da mera impaciência ao trabalho, tomar a cidadela de assalto. Na senda pela excelência, desejam encontrar um atalho e esperam obter a recompensa da eminência por outros meios, distintos daqueles que as indispensáveis regras da arte prescreveram.

Sim; mas que tipo de cultura é essa que confere a recompensa da eminência àqueles que fazem uso da autopropaganda e da obscenidade, mera Sensação, como meio para obtê-la?

1998

SOCIEDADE
E POLÍTICA

O Que Temos a Perder

Sempre que testemunhamos eventos cuja grandeza abala as estruturas do mundo, como grandes catástrofes e massacres, não ficamos somente propensos a nos sentir culpados pela importância que damos às pequenas preocupações pessoais, advindas de tribulações ainda mais insignificantes (embora seja um sentimento que passe rápido), mas também ficamos mais sensíveis ao questionamento dos reais valores de nossas atividades. Não sei se as pessoas que se encontram diante da morte realmente veem, em poucos segundos e como num *flash*, a exposição de toda a sua vida, como dizem que acontece, um momento de avaliação definitiva; porém sempre que leio algo sobre o Khmer Vermelho, por exemplo, ou a respeito do genocídio em Ruanda, reflito longamente sobre minha vida, meditando um pouco sobre a insignificância dos meus esforços, o egoísmo de minhas preocupações e a estreiteza de minhas afeições.

Foi isso que aconteceu quando soube da destruição das duas torres gêmeas do World Trade Center. Preparava-me para escrever a resenha de um livro, não exatamente uma obra-prima, mas uma biografia competente e conscienciosa – embora um pouco maçante –, de uma figura histórica de importância secundária. Poderia haver uma atividade menos importante, diante do horrível destino daqueles milhares de seres humanos, que ficaram presos entre as chamas em prédios que pouco depois desmoronariam? Qual a importância de resenhar um livro, comparando-se às mortes de mais de trezentos bombeiros, que pereceram no cumprimento do dever, para não falar de milhares de vidas tragicamente perdidas? Qual era o sentido de finalizar uma tarefa tão insignificante como minha resenha?

Em meu trabalho como médico de uma penitenciária, consigo salvar algumas vidas por ano. Quando me aposentar, não terei salvo, contando minha carreira inteira, tantas vidas quanto as que foram perdidas em Nova York durante aqueles terríveis e breves momentos, mesmo ao contabilizar o período em que passei na África, onde era realmente muito simples salvar uma vida ao se usar os mais básicos procedimentos médicos. No tocante ao meu trabalho como escritor, tal atividade seria mera poeira nessa balança, um trabalho que diverte alguns poucos, enfurece outros tantos, mas que permanece desconhecido à grande maioria das pessoas que vivem ao meu redor, para não falar de grupos mais amplos. Impotência e futilidade são os dois termos que me ocorrem no momento.

Não obstante, mesmo ao considerar pensamentos tão pessoais, uma imagem me assalta a mente; refiro-me à pianista Myra Hess tocando Mozart na National Gallery de Londres, enquanto as bombas da *Luftwaffe* caíam sobre a cidade em chamas, durante a Segunda Guerra Mundial. Nasci logo depois do término dessa guerra, mas o silencioso heroísmo daqueles concertos e recitais, transmitidos em rede nacional, permaneceu um poderoso símbolo durante toda minha infância. Esse poder era potencializado ainda mais pelo fato de Myra Hess ser uma judia, em contraposição ao antissemitismo do inimigo, um aspecto central de sua depravada visão de mundo; e também porque a música que ela executava, um dos pináculos da realização humana, tivera origem exatamente na mesma terra onde nascera e vivia o líder do inimigo, o qual, no entanto, representava as profundezas do barbarismo.

Na época, ninguém perguntou: "Para que esses concertos?" ou "Qual o sentido de tocar Mozart, quando o mundo está em chamas?". A ninguém ocorreu pensar: "Quantas divisões têm Myra Hess?"[1] ou "Qual é o poder de fogo de um rondó de Mozart?". Todos compreendiam que esses

---

[1] O autor faz aqui uma inequívoca referência à famosa frase de Joseph Stálin quando interpelado por Churchill a respeito dos interesses do Vaticano, durante

concertos, embora desprovidos de qualquer valor no sentido material e militar, constituíam um gesto de desafio por parte da humanidade e da cultura diante da brutalidade sem precedentes do inimigo. Na verdade, expressavam exatamente aquilo que estava em jogo. Eram a afirmação da crença de que nada poderia, ou jamais poderá, invalidar o valor da civilização; e nenhum revisionismo histórico, por mais cínico que seja, será capaz de subverter essa nobre mensagem.

Lembro-me de uma história relatada pelo filósofo Sir Karl Popper, um refugiado austríaco que adotou a Grã-Bretanha como seu lar. Quatro homens muito cultos estavam em Berlim enquanto aguardavam seu inevitável encarceramento pela Gestapo e resolveram, então, passar essa última noite juntos – provavelmente a última de suas vidas – tocando um quarteto de Beethoven. Deu-se que não foram presos; mas, nessa ação, esses homens expressaram a fé de que a civilização transcende o barbarismo e que, a despeito da aparente inabilidade que a civilização apresentava para prontamente resistir ao massacre perpetrado por aqueles bárbaros, ainda assim valia a pena defendê-la. De fato, seria a única coisa que mereceria ser defendida, na medida em que é aquilo que confere significado a nossas vidas.

É claro que a civilização não significa somente a relação com os mais altos picos de realização humana. Sua manutenção depende de um tecido infinitamente mais complexo e delicado de relações e atividades, alguns modestos e outros grandiosos. O homem que varre as ruas cumpre o seu papel com tanta importância quanto o grande artista ou o pensador. A civilização compreende o somatório de todas essas atividades, as quais permitem ao homem transcender a mera existência biológica a fim de alcançar uma vida mental, estética, material e espiritual mais exuberante.

Portanto, a conexão com as altas realizações da cultura é condição necessária embora insuficiente, uma vez que sabemos que os comandantes nazistas dos campos de concentração derramavam lágrimas à noite, quando ouviam as canções de Schubert, depois de um duro dia de trabalho dizimando pessoas. Ninguém, no entanto, pode chamá-los de civilizados.

---

as discussões sobre o futuro da Europa após a inevitável derrota nazista. Stálin teria dito: "Mas quantas divisões tem o papa de Roma?". (N. T.)

Pelo contrário, pareciam-se mais como os antigos bárbaros que, depois de saquear e devastar uma cidade civilizada, viviam entre as ruínas, uma vez que estas ainda eram muito melhores do que qualquer coisa que pudessem construir por si próprios. A primeira requisição para a vida civilizada é que o homem esteja disposto a reprimir seus instintos e apetites mais ferozes. O fracasso no estabelecimento desse primeiro requisito tornará o homem, devido à faculdade da razão, um ser muito pior do que as feras da natureza.

Descontando-se um ou dois problemas emocionais, cresci em circunstâncias seguras e confortáveis. Contudo, uma aguda consciência no tocante à fragilidade da civilização inculcou-se em mim desde cedo, embora de forma subliminar por meio da presença, em Londres, durante minha infância, de uma grande quantidade de lugares visivelmente destruídos pelas bombas, os quais se assemelhavam a buracos nos apodrecidos dentes de um ancião. Frequentemente, quando criança, eu brincava nesses recantos urbanos repletos de detritos e mato, e assaz lamentei o seu gradual desaparecimento; mas mesmo assim não podia deixar de perceber, nos fragmentos dos objetos destruídos, alguns ainda ligados ao seu lugar de origem, o significado da destruição que fora perpetrada antes de eu nascer.

Havia também os desativados abrigos antibombas, nos quais passei um número surpreendentemente grande de horas de minha infância. Eles estavam em toda a parte de meu pequeno mundo: nos pátios das escolas e nos parques, por exemplo. Na época era proibido entrar nesses abrigos, o que os tornava irresistíveis, é claro. Sua escuridão e umidade repleta de fungos eram elementos adicionais de sedução, esses abrigos eram agradavelmente assustadores; pois nunca se sabia muito bem o que poderíamos encontrar nesses lugares. Caso tivesse inclinação para fumar, em vez de sofrer uma aversão instantânea à nicotina, esse teria sido certamente o lugar onde – como aconteceu a muitos amigos meus – teria aprendido a fumar. As primeiras experiências sexuais de muitos garotos ocorreram nesses lugares pouco promissores.

Apesar da forma que passamos a usá-los, estávamos, no entanto, sempre cientes do propósito para o qual haviam sido construídos. De alguma forma, as sombras daqueles que haviam se abrigado nesses lugares, e isso não fazia muito tempo, ainda estavam presentes. Os bombardeios em massa ainda estavam na memória viva dos adultos. O prédio no qual minha mãe morava fora bombardeado, e ela acordou certa manhã com metade dele em pedaços; um dos aposentos estava sem as paredes e ficara a céu aberto. Em minha casa, como em muitas outras, havia uma história ilustrada em vários volumes sobre a guerra, na qual me debruçava por manhãs e tardes inteiras, até conhecer todas as gravuras de cor. Uma delas sempre me saltava à mente durante minhas explorações nos abrigos antibombas com meus amigos, o retrato de duas crianças pequenas, ambas cegas, num daqueles abrigos, com seus olhos opacos virando-se para cima, ao som das explosões na superfície, sem compreender o que estava acontecendo, uma imagem muito tocante.

Todavia, antes de qualquer outra coisa, o fato de minha mãe ser uma refugiada da Alemanha nazista contribuiu fortemente na formação de minha consciência, e eu soube desde cedo que a segurança que gozávamos – o sentimento de que nada mudaria de forma dramática para pior e de que a vida que se tinha era invulnerável – era ilusória e mesmo perigosa. Minha mãe nos mostrava fotografias, para meu irmão e para mim, de sua vida na Alemanha pré-nazista; a próspera vida burguesa da época, com seus *chauffeurs* e enormes carros, aristocratas em gravatas-borboleta fumando garbosamente seus charutos, mulheres em suas echarpes emplumadas, piqueniques à beira de lagos, invernos na montanha e assim por diante. Havia fotos de meu avô, um médico condecorado pelos serviços militares prestados durante a Grande Guerra, em seu uniforme militar, ele fora um súdito leal ao *kaiser*. E então – subitamente – nada: um prolongado silêncio pictórico, até que minha mãe emergisse de novo, embora numa vida menos luxuosa, mais comum e familiar.

Ela deixou a Alemanha aos dezessete anos e nunca mais viu seus pais. Se aconteceu com ela, por que o mesmo não poderia acontecer comigo, e de fato com qualquer um? Não que eu acreditasse que isso realmente pudesse acontecer, mas ela também não acreditava, ou qualquer outra pessoa. O mundo ou aquela pequena parte dele que eu habitava, que parecia ser tão estável, calma, sólida e confiável – até mesmo maçante – tinha fundações mais instáveis do que a maior parte das pessoas estava disposta a reconhecer.

Assim que pude, comecei a viajar. Enfado, curiosidade, insatisfação, gosto pelo exótico e pela investigação filosófica me impulsionaram. A mim pareceu que a comparação seria a única forma de saber o valor das coisas, incluindo as formas de organização política. Mas viajar é como a boa fortuna, na famosa observação de Louis Pasteur, já que favorece apenas a mente que está preparada. Em certa medida, a colheita de uma viagem depende do que se dispõe ao se sair para ela. Escolhi os meus destinos de forma um tanto quanto inconsciente e, desse modo, recebi muitas lições objetivas sobre a fragilidade da ordem humana, sobretudo quando ela é devassada em nome de uma abstrata justiça. Frequentemente, é muito mais fácil provocar um desastre total do que uma modesta melhoria.

Muitos dos países que visitei — Afeganistão, Moçambique, Irã — em breve conheceriam o mais horrendo caos social. A paz de que desfrutavam sempre fora problemática, certamente, mas qual não seria? Aprendi que a paixão pela destruição, longe de "também" ser construtiva, como anunciado no famoso e tolo comentário de Bakunin, logo se torna autônoma, desconectada de qualquer outro propósito senão o puro prazer que a atividade destrutiva gera por si só. Recordo-me de agitadores no Panamá quebrando vitrines de lojas em nome da liberdade e da democracia, embora estivessem evidentemente se divertindo e buscassem novos alvos de destruição. Muitos desses agitadores eram provenientes da burguesia, rebentos de famílias privilegiadas, como se deu com os líderes de tantos movimentos destrutivos da história moderna. Naquela mesma noite, enquanto jantava num restaurante caro, vi, entre os clientes, um daqueles que, horas atrás, arremessava alegremente tijolos sobre vidraças. Quanta destruição ele achava que seu país suportaria, antes que sua própria vida fosse afetada, sua própria existência comprometida?

Enquanto observava a ação dos agitadores, lembrei-me de um episódio de minha infância. Meu irmão e eu levamos um rádio até o gramado e lá o destruímos em mil pedaços com tacos de madeira. Tomados de uma agradável fúria vingativa, como se desempenhássemos uma valiosa missão, perseguimos cada componente com nossos tacos, até que tivéssemos destroçado todas as peças. O prazer que sentimos foi indescritível, mas de onde vinha esse prazer, ou o que ele significava, desconhecíamos por completo. Dentro de nossas pequenas almas a civilização lutou contra o barbarismo, e caso não tivéssemos sofrido a necessária retribuição, suspeito de que a vitória temporária do barbarismo teria sido mais duradoura.

Mas por que sentimos a vontade de nos revoltarmos dessa forma? Depois de decorrido tanto tempo, não consigo reconstruir meus pensamentos ou sentimentos da época com tanta clareza, mas suspeito que nos rebelamos contra nossa impotência e falta de liberdade, e que sentíamos essa carência como uma ferida, ao compararmos o que víamos como a onipotência e completa liberdade de ação dos adultos sobre nossas vidas. Como ansiávamos por crescer, para que nos tornássemos como eles, livres para fazer o que quiséssemos e também poder dar ordens aos outros, como eles nos davam ordens! Nunca suspeitamos de que a idade adulta trouxesse suas próprias frustrações, responsabilidades e restrições: ansiávamos pelo momento em que nossos caprichos se tornariam lei, quando nossos egos ficariam livres para voar para onde desejassem. Mas, nesse ínterim, o melhor que podíamos fazer era nos rebelar contra um símbolo de nossa submissão. Já que não podíamos ser como os adultos, ao menos poderíamos destruir uma pequena parte de seu mundo.

Vi a revolta contra a civilização acontecer em muitos países, com todo o corolário de restrições e frustrações que ela provoca, mas em nenhum outro lugar presenciei isso de forma mais impactante do que na Libéria, durante uma guerra civil, quando lá me encontrava. Cheguei à capital, Monróvia, quando não havia mais eletricidade e água encanada; tampouco havia lojas, bancos, telefones, correio, escolas e hospitais; o transporte público fora desativado. Quase todos os prédios da cidade haviam sido completa ou parcialmente destruídos; e aquilo que não fora destruído fora pilhado.

Inspecionei o que restara das instituições públicas. Elas haviam sido tão meticulosamente arrasadas que aquilo não poderia ter sido o resultado de mero conflito militar. Até a última peça, os componentes dos equipamentos hospitalares (em hospitais que já não abrigavam funcionários ou pacientes) haviam sido laboriosamente desmantelados, de forma a impossibilitar reparos. Todas as cadeiras de roda estavam despedaçadas, partidas ao meio, o que dever ter dado muito trabalho aos perpetradores. Era como se uma horda de pessoas absolutamente traumatizadas por experiências terríveis com hospitais, médicos e medicina tivesse passado por ali a fim de executar sua vingança. Mas não, a explicação não poderia ser essa, uma vez que as outras instituições também haviam sofrido o mesmo tipo de devastação. Os livros da biblioteca da universidade haviam sido todos – sem exceção – derrubados das estantes e empilhados em lamentáveis montes, muitos deles com as páginas rasgadas e tantos outros retorcidos ou dilacerados por inteiro. Tratava-se da vingança de bárbaros contra a civilização, dos impotentes sobre os poderosos, ou ao menos sobre aquilo que reconheciam como a fonte de seu poder. A ignorância se revoltara contra o conhecimento, pelas mesmas razões que meu irmão e eu despedaçáramos aquele rádio, anos antes. Poderia haver indicação mais clara do ódio de um inferior sentido por aquilo que é superior?

De fato poderia – e não muito longe dali, num prédio chamado Centennial Hall, onde eram realizadas as cerimônias de posse dos presidentes da Libéria. O salão estava vazio, exceto pelos bustos de ex-presidentes, alguns deles derrubados, e um piano de calda Steinway, provavelmente o único instrumento desse tipo em todo o país, o qual se encontrava a dois terços do caminho para o grande salão. Todavia, o piano não estava intacto; seus pés haviam sido serrados (embora fossem removíveis), e o corpo do piano estava no chão, como uma baleia encalhada num banco de areia. Em volta do piano não se viam apenas os tocos dos pés serrados do piano; havia também fezes humanas.

Nunca, em toda a minha vida, vira uma rejeição mais explícita ao refinamento humano. Tentei imaginar outros significados possíveis para aquele cenário, mas não consegui. É claro, o piano representava uma cultura que não era por completo a da Libéria, e que não fora inteiramente assimilada por todos os membros do país; todavia aquele piano não representava somente uma cultura particular, mas a própria ideia de civilização fora insultada na brutalidade desdenhosa daquele gesto.

Embora tenha ficado horrorizado com aquela cena no Centennial Hall, ficaria ainda mais com a reação de dois jovens jornalistas britânicos que também estavam em Monróvia. Descrevi-lhes a cena supondo que se interessariam em ver aquilo com os próprios olhos. Mas, para minha total surpresa, eles não viram nada de significativo naquele ato de vandalismo sobre o piano – afinal de contas, apenas um objeto inanimado – no contexto de uma guerra civil, na qual milhares de pessoas haviam sido mortas e muitas mais estavam desabrigadas. Eles não perceberam qualquer conexão entre o impulso de destruir o piano e o impulso de matar, nenhuma conexão entre o respeito pela vida humana e pelos produtos mais refinados do trabalho humano, nenhuma conexão entre civilização e a inibição contra assassinatos aleatórios de compatriotas, nenhuma conexão entre os livros lançados ao fogo na Alemanha nazista e as subsequentes barbaridades daquele regime. Da mesma forma o fato de, durante a Revolução Cultural na China, a Guarda Vermelha destruir milhares de pianos, ao mesmo tempo que matava um milhão de pessoas, também não teria transmitido aos jornalistas qualquer conexão ou significado.

Na cabeça deles, se havia alguma correlação, eles a "compreendiam" e até mesmo simpatizavam com o gesto. A "causa primeira" da guerra civil na Libéria, eles diziam, fora a longa dominação de uma elite – da mesma forma, presumivelmente, atribui-se à pobreza a causa primeira da criminalidade. O piano era um instrumento musical e político daquela elite, e portanto sua destruição representava um passo em direção à democracia, uma expressão da vontade popular.

Essa forma de pensar a cultura e a civilização – possível somente àquelas pessoas que acreditam que os confortos e benefícios de que desfrutam são imortais e indestrutíveis – tornou-se praticamente padrão entre a *intelligentsia* ocidental. Hoje em dia, o termo *civilização* raramente aparece em textos acadêmicos, ou no jornalismo, sem o devido uso de irônicas aspas, como se a civilização fosse uma criatura mítica, como o monstro do Lago Ness ou o Abominável Homem das Neves, e acreditar nela demonstrasse um sinal de ingenuidade filosófica. Episódios brutais, pelo fato de serem muito frequentes na história, são tratados como demonstrações de que tanto a civilização quanto a cultura são uma farsa, uma mera máscara a dissimular crassos interesses materiais – como se existisse qualquer proteção final contra a permanente tentação humana para o exercício da brutalidade, exceto o continuado esforço por construir civilização e cultura. Ao mesmo tempo, as realizações são percebidas como garantias invioláveis, como se fossem estar indefinidamente à disposição, como se o estado natural do homem fosse o conhecimento e não a ignorância, a riqueza e não a pobreza, a tranquilidade, e não a anarquia. Por conseguinte, temos a ideia de que não vale a pena proteger ou preservar essas realizações, pois tudo isso seria uma livre dádiva da natureza.

Parafraseando Burke quando disse que, para ter êxito, basta ao barbarismo esperar que a humanidade civilizada não faça nada, eu diria mais: de fato, nas últimas décadas, não foi o caso de a humanidade civilizada ficar imobilizada, mas de ela se alinhar ativamente aos bárbaros, negando a distinção entre superior e inferior, o que favorece, invariavelmente, o último. Os homens e mulheres civilizados têm negado a superioridade das grandes realizações culturais, em nome das formas mais efêmeras e vulgares de entretenimento; negam os esforços científicos de pessoas brilhantes que resultaram numa compreensão objetiva da natureza e, como fez Pilatos, tratam a questão da verdade com zombaria; acima de tudo, negam a importância de como as pessoas se comportam em suas vidas pessoais, desde que deem consentimento a sua própria depravação. O objetivo final do furor desconstrucionista, que varreu a academia como uma epidemia, é a própria civilização, enquanto os narcísicos dentro da academia tentam encontrar justificativas teóricas para sua própria revolta contra as restrições civilizacionais. Assim sendo, chegamos à verdade óbvia, de que é necessário conter, seja pela lei ou pelos costumes, a possibilidade permanente de brutalidade ou de barbarismo na natureza humana. Mas essa verdade nunca encontra espaço na imprensa ou na mídia da comunicação de massa.

Ao longo da última década, tenho observado de perto, do ponto de vista vantajoso da prática médica, os efeitos do declínio dos padrões civilizados de conduta, causado pelo assalto dos intelectuais sobre uma grande e suscetível população. Se, em nossos dias, Joseph Conrad saísse em busca do coração das trevas – o mal na conduta humana, quando liberta de externos constrangimentos legais ou de internos constrangimentos morais –, ele não precisaria procurar muito longe,[2] podendo ficar, por exemplo, na cidade inglesa em que eu moro.

Como posso não me preocupar com a busca pelas origens e ramificações desse mal quando, durante todos os dias de trabalho, deparo-me com histórias como a que ouvi hoje – no mesmo dia em que escrevo este texto?

---

[2] A referência é o célebre *Coração das Trevas* de Conrad, onde a busca se dá no interior da região do Rio Congo. (N. T.)

É a história de um jovem de vinte anos que ainda mora com a mãe e tentou se matar. Não muito tempo antes, o então namorado de sua mãe, um alcoólatra dez anos mais velho do que esse jovem, tinha, durante uma crise de ciúme, atacado a mãe na presença dele, agarrando-a pelo pescoço e estrangulando-a. O rapaz tentou intervir, mas o namorado, vinte centímetros mais alto e também muito mais forte, esmurrou o jovem, que caiu no chão, e lhe chutou a cabeça diversas vezes. Então, ele o arrastou para fora de casa e bateu sua cabeça contra o chão, até que o rapaz perdesse a consciência e o sangue começasse a escorrer.

O jovem recuperou sua consciência na ambulância, mas sua mãe insistiu para que ele não prestasse queixa na polícia porque, caso fizesse isso, seu namorado seria preso. Ela relutava em desistir de um homem que, nas palavras dela para a irmã onze anos mais velha do rapaz, "trepa melhor que seu pai". Para essa mãe, um pequeno prazer animal significa mais do que a vida de seu filho. Foi então que ele se viu confrontado com a percepção aterrorizante de que, nas palavras de Joseph Conrad, nascera só, vivia só e morreria só.

Quem, ao ter que escutar situações como essa, dia após dia e ano após ano, como é o meu caso, não começaria a imaginar que certas ideias e arranjos sociais favoreceram a disseminação desse tipo de conduta tão vil, a ponto de sua mera contemplação causar náusea? Como evitar a perplexidade ao se considerar quem é mais culpado: o namorado que se comportou como acabei de descrever, ou a mãe que aceita o comportamento dele em nome de um momento de prazer?

Esse tipo de brutalidade se transformou em fenômeno de massa, em vez de ser um sinal individual de psicopatologia. Recentemente, fui a uma partida de futebol em minha cidade a pedido do jornal; os torcedores dos dois times tinham que ficar separados por centenas de policiais, militarmente organizados. O policiamento não permitia qualquer contato entre as duas torcidas adversárias, conduzindo-as e separando-as em setores específicos do estádio, adotando medidas de segurança mais severas do que as que vemos com os criminosos mais perigosos.

No estádio, sentei-me ao lado de um homem que parecia normal, decente, acompanhado de seu filho de onze anos, que me pareceu um garotinho bem comportado. De súbito, no meio do jogo, o pai deu um salto e, em uníssono com milhares de outros, começou a entoar um canto: "Quem vocês pensam que são, seus merdas?"[3] enquanto faziam, também em conjunto com milhares de outros, um gesto ameaçador em direção à torcida adversária, o qual se assemelhava a uma saudação fascista. Que tipo de exemplo ele queria dar ao filho? As frustrações da pobreza não podiam explicar sua conduta, já que o valor que pagou pelos ingressos poderia alimentar sua família por uma semana.

Depois de encerrada a partida, pude ver com mais clareza do que nunca que o estreito cordão de policias não era uma metáfora. Não fora pela presença da polícia (cujos excessos eu nunca deixo de criticar), uma violência real teria estourado e sangue teria sido derramado, talvez até com mortes. A diferença entre um jogo que terminou sem grandes incidentes e um que poderia ter terminado em tragédia, destruição, injúria e morte era a presença de um punhado de homens resolutos e preparados para cumprir o seu dever.

Apesar de termos um evidente e crescente barbarismo por todos os lados, nenhuma traição contra a civilização parece ser suficiente para aplacar o anseio dos colaboracionistas do barbarismo. Recentemente, no aeroporto, chamou-me a atenção o anúncio de uma marca luxuosa de camisas e gravatas, cuja matriz se localiza na área mais cara de Londres. O modelo que escolheram para anunciar os seus produtos era um musculoso, careca e tatuado grandalhão, ostentando cicatrizes e marcas de briga em seu rosto – o tipo humano que bate em mulher, carrega uma faca e fomenta brigas em partidas de futebol. O anúncio não era irônico, como os críticos acadêmicos gostariam de fingir, mas uma capitulação abjeta e uma bajulação aberta ao mais estúpido comportamento violento. Como diriam: "Ser selvagem é irado".

Caso seja possível tirar algum proveito dos terríveis acontecimentos do 11 de Setembro, que seja este: os nossos intelectuais têm que perceber que a civilização é algo que vale a pena ser defendido, e que um posicionamento hostil diante da tradição não representa o alfa e o ômega da sabedoria e da virtude. Temos mais a perder do que pensam.

2001

---

[3] Em inglês, "Who the fuck do you think you are?". (N.T.)

Como Ler uma Sociedade

Nos dias em que o comunismo ainda era uma realidade permanente do cenário político, eu costumava viajar bastante para o outro lado da cortina de ferro que dividia o mundo em dois grandes blocos — hoje em dia essa realidade é, simultaneamente, algo que faz parte de nosso passado recente e que parece pertencer ao passado antigo. Durante essas viagens, eu não levava comigo, como guia literário e como compasso, nenhum dos "clássicos" marxista-leninistas, não porque as obras de Marx e Lênin fracassassem em explicar as coisas que eu encontrava do outro lado da cortina, mas porque a explicação que ofereciam era óbvia demais. Para um visitante qualquer, era realmente muito difícil encontrar algo rápido para comer em Moscou, Havana, Tirana, Bucareste ou Pyongyang, e portanto não seria preciso fazer muito esforço para se compreender a conexão entre essa dificuldade e o anticomercialismo vulgar de São Karl e São Vladimir. De fato, seria necessária toda a perspicácia do mundo, arregimentada entre os mais espertos dos acadêmicos, para *não* compreendê-la.

Em vez disso, levava comigo a obra de um aristocrata francês do século XIX, o marquês de Custine. Publicado pela primeira vez em 1843 como uma coleção de cartas com o título de *La Russie en 1839*, o livro já apareceu em múltiplos formatos e versões resumidas, com vários títulos diferentes em inglês, sugerindo que mesmo os seus tradutores e admiradores mais fervorosos não o consideram uma obra literária impecável. Não obstante, esse livro de viagem é indubitavelmente uma obra-prima, um trabalho de tamanha penetração e presciência, que ainda continua valioso mais de um século e meio depois de sua composição, e não apenas pelo seu valor antiquário e histórico, mas sobretudo devido à luz incomparavelmente brilhante que derrama sobre o fenômeno mais importante dos últimos cem anos: a disseminação do comunismo pelo mundo. Escrevendo antes do desenvolvimento da moderna sociologia "científica", cuja máxima realização foi obscurecer, por meio de malabarismos estatísticos, a importância da consciência humana, Custine analisou a sociedade russa tomando como referência a psicologia dos indivíduos que a compunham. Seu trabalho é um exemplo supremo da sutil interação entre informação abstrata a respeito de um sistema político e penetração imaginativa na visão de mundo do povo que vive nesse sistema, uma abordagem necessária na compreensão de qualquer sociedade.

O livro de Custine é uma prolongada meditação sobre os efeitos que determinado regime político particular e suas instituições exercem sobre o caráter, pensamento e ação humana – e, por conseguinte, uma meditação sobre a interação dialética entre condições políticas e caráter humano, em qualquer lugar. Como Custine sabia muito bem, o efeito do czarismo sobre a psiquê russa estava repleto de significados futuros, não somente para os russos, mas para o mundo todo, uma vez que a Rússia estaria destinada a desempenhar um grande papel na história universal.

Quando se lê Custine, percebe-se que a disseminação do comunismo não foi somente a disseminação de uma ideologia, mas de toda uma cultura política, a cultura do despotismo russo, a qual pavimentou intelectualmente o caminho e serviu como exemplo prático para a instalação do totalitarismo milenarista marxista. Sem o prólogo do despotismo czarista, o marxismo não teria triunfado na Rússia. E sem a Revolução Russa, cujo "sucesso" tantos estrangeiros buscaram imitar, uma quantidade muito menor de regimes marxistas teria se estabelecido pelo mundo afora, e provavelmente nenhum na Europa Oriental. Como poderia ter dito o comissário literário de Stálin, Zhdanov, os regimes comunistas, que proliferaram no século XX, eram russos em sua forma e marxistas em seu conteúdo – da mesma forma que a literatura autorizada de autores não russos era, na União Soviética, nacional na forma e socialista no conteúdo.

Custine esteve na Rússia somente por três meses; ele não falava russo (embora a alta classe russa da época falasse francês fluente e, de fato, preferisse conversar e pensar nessa língua) e, embora tivesse lido livros sobre a Rússia, ele não era, de forma alguma, um especialista no assunto. No entanto, o livro que escreveu, depois de uma estadia tão breve no país, é infinitamente mais valioso do que aqueles trabalhos escritos por homens com um conhecimento muito mais detalhado sobre a Rússia do que o dele. Ao ler *La Russie en 1839*, o exilado Alexander Herzen declarou ser o melhor livro já escrito sobre o assunto, e lamentou que tivesse sido um estrangeiro a fazê-lo.

Um terço do longo livro de Custine trata de seus primeiros dias na Rússia, quando suas impressões foram, sem dúvida, muito intensas, como acontece aos viajantes nos primeiros dias em um país onde nunca estiveram. Mesmo que Custine tivesse retornado à França depois desses poucos dias e nada mais tivesse escrito além desse primeiro terço de sua obra, ainda assim, ele teria fornecido mais *insights* sobre a Rússia, e por decorrência sobre o destino subsequente de uma considerável proporção da humanidade, do que qualquer outro autor do século XIX.

Como foi possível realizar esse feito? O que distinguiu Custine de tantos outros observadores? Quais foram os métodos e suposições subjacentes que permitiram que ele penetrasse tão profundamente e em tempo tão curto?

Custine possuía um talento extraordinário para extrair significado social e psicológico de pequenos acontecimentos, que para outros pareceriam insignificantes. Por exemplo, em sua chegada a São Petersburgo, oficiais da fronteira e da alfândega o submeteram a uma checagem detalhada e sem sentido, de um tipo que ele jamais experimentara em qualquer outro lugar, embora fosse um homem viajado. "Cada um desses homens desempenha sua função de forma pedante, um rigor afetado que assume um ar de autoridade, concebido unicamente para conferir importância à mais obscura das funções", ele notou. "Ele [o oficial da alfândega] não se permite dizer, mas é possível ler o seu pensamento que seria aproximadamente o seguinte: 'Saia da frente, pois sou um dos membros da grande máquina do Estado'." Diferentemente de observadores menos reflexivos, Custine se pergunta por que os oficiais russos se comportavam dessa forma; percebia com clareza que os homens habitam um mundo mental e não apenas físico, e que a conduta que têm é determinada por seus pensamentos a respeito do mundo e do modo como o experimentam. Ele suspeita de que esses oficiais russos de fronteira tivessem sido privados de todo discernimento verdadeiro, e de que tinham, na verdade, muito medo do poder ao qual estavam subordinados. Custine os descreve como "almas de autômatos molestados", talvez uma descrição válida a todos os burocratas reverenciados por sua posição, absolutamente comprometidos, onde quer que o poder seja arbitrário e completamente centralizado, como acontecia com a Rússia. A conduta deles expressava a vingança de homens constrangidos a se comportar como máquinas; porém uma vingança que não era direcionada contra aquele que lhes impusera esse tipo de servidão, certamente, mesmo porque isso seria impossível na época, mas sobre aqueles que caíam nas garras de seu limitado poder.

Sem dúvida, a história familiar e a educação de Custine contribuíram bastante para que ele desenvolvesse essa perspicácia. Seu avô fora um aristocrata liberal que se tornara general no exército revolucionário, mas que fora guilhotinado pelos jacobinos, acusado de não ser suficientemente devotado à causa. O pai de Custine foi para a guilhotina por tentar defendê-lo. A mãe de Custine, encarcerada como inimiga do povo, por tentar defender seu marido, escapou por pouco da execução, muito porque um dos revolucionários fanáticos que a prendera se apaixonou por ela. Astolphe de Custine foi criado, durante um tempo, por uma fiel empregada, vivendo em penúria com ela no único aposento da casa de Custine que não fora pilhada e vedada por jacobinos e ladrões. Contextos como esse são bastante férteis na geração de homens conscientes das profundas correntes subterrâneas da vida, os quais não são facilmente enganados pelas aparências. Os males da inveja e do ódio, mascarados de idealismo humanitário, tinham assombrado a sua vida desde o começo, qualificando-o como um homem capaz de perceber rapidamente a realidade por trás da mera expressão de bons sentimentos.

Ele usou toda a sua sagacidade a fim de penetrar por trás do verniz russo, frequentou sobretudo os círculos da alta classe, viajou relativamente pouco e não precisou estudar quaisquer estatísticas. Acusado de ter ficado na Rússia durante muito pouco tempo para que pudesse tirar grandes conclusões, ele respondia: "*Il est vrai, j'ai mal vu, mais j'ai bien déviné*".[1]

Custine intuiu que a propensão para ludibriar e ser ludibriado (ou fingir ser ludibriado) se encontrava no coração do evidente desequilíbrio russo. A manutenção do despotismo dependia dessa vocação universal para a inverdade, uma vez que, sem a ficção de que o despotismo era necessário, de que conduziria ao bem-estar e à felicidade de todos, e de que qualquer alternativa seria desastrosa, a população de súditos deixaria de ser controlável. A inabilidade para se falar a verdade até mesmo das coisas mais evidentes pervertia todos os relacionamentos humanos e as instituições. Certamente que a mentira se tornou a fundação de todos os regimes totalitários do século XX, sem a qual não poderiam sobreviver. "O sistema político da Rússia", escreveu Custine, "não aguentaria vinte anos de comunicação livre com a Europa Ocidental".

Diferentemente de tantos intelectuais ingênuos do século XX, os quais visitaram os países comunistas como se estivessem em peregrinação religiosa, Custine era um homem completamente calejado nas técnicas e conteúdos destinados a enganá-lo. "A hospitalidade russa, empavonada em formalidades, [...] é um educado pretexto para travar os movimentos do visitante, limitando sua licença para observar", ele concluía.

> Graças a essa fastidiosa formalidade, um observador não consegue visitar nenhum lugar ou olhar nada sem a presença de um guia, ao nunca estar sozinho ele encontra problemas para julgar as coisas por si mesmo, o que é exatamente o que eles querem. Ao entrar na Rússia, deve-se reter, na fronteira, não somente o passaporte mas também o livre-arbítrio [...]. Você gostaria de visitar [...] um hospital? O médico o acompanhará. Uma fortaleza? O governador será o seu guia ou, em vez disso, será aquele que a ocultará de você. Uma escola, qualquer tipo de estabelecimento público? O diretor, o inspetor, será avisado de sua visita. [...] Um edifício? O arquiteto responsável o acompanhará por todos os cômodos e explicará tudo aquilo que

---

[1] Em português: "É verdade, eu mal a conheci, mas a adivinhei muito bem". (N.T.)

você não perguntou, a fim de evitar que você faça perguntas sobre coisas que lhe interessa saber.

Não é de se espantar, ele completa, que "os viajantes mais estimados sejam aqueles que, mais docilmente e por mais tempo, permitem ser conduzidos dessa forma". Nenhum visitante a um país comunista deixaria de reconhecer essa descrição.

Para que toda a elaborada charada do despotismo possa funcionar, para que a falsificação do despotismo como algo indispensável e conducente ao bem-estar seja legitimada para todos, é preciso que todos pareçam acreditar nela – incluindo o próprio déspota. Por conseguinte, o czar permanece preso num estado constante de medo e irritação, pois ele sabe que não é de fato onipotente, embora não possa reconhecer abertamente tal fato, e não possa permitir que ninguém ou nada revele a falsidade sobre a qual se assenta sua autoridade. "Submetendo o mundo aos seus supremos comandos", Custine fala a respeito do czar, "ele vê nos eventos mais insignificantes a sombra da revolta [...] uma mosca que faça o seu zunido fora da estação [...] humilha o czar. A independência da natureza lhe parece um mau exemplo". Qualquer comportamento rebelde da parte do mais humilde de seus súditos assume uma importância desproporcional que deve ser responsabilizada e condenada. De modo que o czar, valendo-se de um exército de espiões, deve vigiar a todos. Ele é, ao mesmo tempo, "águia e inseto, plainando acima do resto da humanidade e, concomitantemente, insinuando-se sobre o tecido de suas vidas, como se fosse um cupim que ataca a madeira". Sua posição o obriga a ficar paranoico: "Um imperador da Rússia", escreveu Custine, "teria que ser um gênio [...] a fim de manter sua sanidade depois de vinte anos de governo". Foi exatamente esse tipo de problema que todos os ditadores russos enfrentaram.

Se o czar é todo-poderoso, ele se torna certamente responsável por tudo; portanto, nada de adverso pode acontecer no país sem a imputação de malevolência por parte do czar. Mas, nesse caso, como a imputação de onipotência pode ser reconciliada àquela de perfeita benevolência? Se algo terrível acontece com pessoas inocentes, ou o czar não é, de fato, onipotente ou ele não é benevolente. A única forma de encontrar a quadratura dessa circunferência é mentir para si mesmo e continuar a ser enganado, enquanto terceiros fazem o mesmo, ou seja, não veem qualquer mal, não ouvem qualquer mal, e não falam sobre o mal, mesmo quando ele abunda.

Por exemplo, depois de sua chegada à Rússia, Custine foi ao festival anual no palácio de Peterhof, um festival de tamanha magnificência que eram necessários 1.800 empregados para acender as 250 mil lâmpadas que iluminavam o evento. Os visitantes chegavam ao palácio de barco, vindos de São Petersburgo, e um dos barcos afundara durante uma tempestade, enquanto se dirigia ao festival, perdendo todos os seus passageiros e tripulação. Mas, como "qualquer incidente [na Rússia] é tratado como uma questão de Estado", tivemos, então, "um silêncio mais aterrorizante do que o desastre em si". Na Rússia, mesmo as pessoas da mais alta classe social – como era o caso dos passageiros daquele barco – podiam desaparecer não somente sem deixar vestígios, como sem que nada fosse comentado. Quem, num país como esse, poderia se sentir seguro?

O silêncio não compreendia somente os eventos atuais, mas estendia-se à própria história. Um nobre russo, o príncipe Peter Koslovsky, alertara Custine, antes que este entrasse na Rússia, que em seu país "o despotismo não apenas ignora por completo as ideias e os sentimentos, mas adultera os fatos. Ele trava guerra contra a evidência e sai vitorioso. [...] O poder [do imperador] é mais onipotente do que o de Deus, já que Deus traça apenas o futuro, ao passo que o imperador pode modificar o passado". A experiência de Custine provou, por repetidas vezes, a verdade desse *insight*. Não se mencionava jamais, durante uma conversa, o nome do czar anterior, e ele teve que se adequar para não cometer a indelicadeza de sugerir que o czar não seria imortal. Por esse mesmo motivo, Custine notou que os russos não ousavam olhar para o palácio no qual o pai do czar, o imperador Paulo I, fora assassinado, pois "é proibido contar, tanto nas escolas como em qualquer outro lugar, a história sobre a morte do imperador Paulo".

Nesse contexto, quando um homem caía em desgraça, ele não apenas deixava de existir, mas também deixava de ter alguma vez existido.

> M. de Repnin governou o império e o imperador. M. de Repnin caiu em desgraça faz dois anos, e por dois anos a Rússia não mais

ouve o seu nome ser mencionado – o mesmo nome que há dois anos estava na boca de todos. Ninguém ousa lembrar-se dele ou mesmo crer em sua existência – tanto sua existência presente quanto passada. Na Rússia, dia em que um ministro cai, seus amigos se tornam surdos e cegos. Um homem é enterrado tão logo pareça ter perdido o favorecimento.

Os regimes comunistas foram ainda mais longe na criação de não pessoas, obviamente, removendo-as de fotografias e enciclopédias (durante a queda de um personagem soviético que fora até então proeminente, os editores da *Grande Enciclopédia Soviética* enviavam verbetes substitutos que eram colados em cima do verbete removido). Mas esse precedente fora estabelecido muitos anos antes.

Custine conhecia perfeitamente a violência que esse tipo de adulteração histórica provocava nas mentes dos homens, e as consequências que tinham sobre o caráter e no comportamento das pessoas. A fim de evitar olhar para o palácio no qual o imperador Paulo fora assassinado, uma pessoa tinha que saber que ele lá fora morto; mas o propósito de não olhar para o palácio tinha o sentido de demonstrar publicamente seu desconhecimento sobre o assassinato. Dessa forma, o sujeito não se via somente constrangido a asseverar uma mentira, como também se via obrigado a negar que ele sabia que aquilo era uma mentira. E todos os oficiais – incluindo o imperador –, da mesma forma, fingiam que não sabiam que eram ludibriados, caso contrário, todo o edifício de falsidade ruiria.

A necessidade ininterrupta de mentir e de evitar a verdade retirava de todos aquilo que Custine chamou de "os dois maiores dons de Deus – a alma e o verbo que a comunica". As pessoas se tornavam hipócritas, maliciosas, desconfiadas, cínicas, silenciosas, cruéis e indiferentes ao destino de outros como resultado da destruição de suas próprias almas. Além disso, a manutenção de uma inverdade sistemática exige a permanência de uma rede de espiões; de fato, exige que cada um se torne um espião e um informante em potencial. E "o espião", escreveu Custine, "acredita somente na espionagem, e caso se escape do logro que ele lhe armou, ele acreditará que em breve cairá no logro armado por você". O estrago que isso exerce sobre as relações pessoais é incalculável.

Caso Custine estivesse entre nós, ele reconheceria, de imediato, o caráter nocivo do politicamente correto, devido à violência que esse comportamento exerce sobre as almas das pessoas, forçando-as a dizer ou subscrever aquilo em que não acreditam, mas não podem questionar. Custine demonstraria a nós que, embora sem um déspota externo que explique nossa conduta pusilânime, adotamos, deliberadamente, os hábitos mentais de pessoas que vivem sob uma ditadura totalitária.

Custine era capaz de espremer significados até mesmo das pedras, já que foi um grande intérprete do significado arquitetônico. Ele capturou dos edifícios e ruas de São Petersburgo outro vislumbre profundo da alma russa. A cidade, à qual ele não negava certa beleza, representava para ele a expressão física do despotismo. Fora fundada como capital imperial não para o benefício dos russos, como expressão natural de sua atividade econômica e social, mas como um bastião permanente do regime czarista no Báltico a desafiar os suecos. A própria escolha do terreno — um pântano congelante — para a construção de uma cidade por decreto imperial do czar constituía uma expressão de desprezo pela humanidade, pois num lugar como esse a construção acarretou, necessariamente, a morte de centenas de milhares de homens. Custine observou que o estuque que cobria os grandiosos edifícios governamentais de São Petersburgo — "templos erguidos para os burocratas", assim ele os chamava — era de um material singularmente inadequado ao clima da Rússia, de modo que eram necessários milhares de trabalhadores para restaurar o estuque que se despedaçava todos os anos, e muitos deles encontravam a morte certa durante os reparos em razão dos precários andaimes sobre os quais trabalhavam. Somente num lugar onde o trabalho humano — e a própria vida — não tinham, ostensivamente, nenhum valor, um sistema de manutenção predial como esse poderia ter sido concebido ou tolerado.

Custine notou que as ruas de São Petersburgo eram demasiadamente largas em relação à população da cidade, e que os vastos espaços públicos foram projetados para que uma pessoa se sentisse sobrepujada e insignificante. Em tamanha vastidão, nenhum agrupamento constituiria uma multidão, a menos que fossem muitos milhares de soldados. Era precisamente o propósito político de espaços como esse, pois em São Petersburgo, como escreveu Custine, "uma multidão significaria uma revolução". O gigantismo intimidador desse modelo – uma característica constante no planejamento urbano comunista, de Bishkek no Quirguistão a Bucareste na Romênia, de Pyongyang na Coreia do Norte a Minsk na Bielorrússia – visa desencorajar a espontaneidade –, grande inimiga de todo o despotismo.

Mas se multidões não poderiam se reunir espontaneamente, paradas oficiais preencheriam com frequência os vastos espaços públicos. "O gosto pelas paradas [militares] é histericamente estimulado na Rússia", Custine escreveu. "Não acho graça; a presença da futilidade em tamanha escala me deixa horrorizado. [...] Somente diante de povos absolutamente submissos pode um governante exigir tão grandes sacrifícios para a produção de ninharias."

O mesmo testemunhei na Coreia do Norte, quando uma parada que compreendia centenas de milhares de pessoas – homens, mulheres e crianças – marchava perante o déspota, por uma razão não mais especial do que a presença de delegações estrangeiras na cidade. Aquelas pessoas tinham ensaiado a execução da parada, um diplomata me contou, por seis meses, repetidas vezes até as duas ou três horas da manhã. A organização militar desses contingentes de civis era terrivelmente impecável, executando manobras com a perfeição de uma máquina. Mas suas faces eram lívidas, exprimindo exaustão e terror permanentes. Os imensos sacrifícios que fizeram tinham o propósito de subjugá-los por completo como seres humanos, enquanto o déspota sorria e acenava para eles, como se pensasse que todo o evento fosse uma demonstração espontânea da afeição que tinham por ele.

Custine teria compreendido. "Esse membro da máquina", ele escreveu de um oficial russo, "funcionando segundo uma vontade que não é a sua, vive como o movimento de um relógio. [...] Pergunta-se o que [esses homens] fazem com o pensamento e sentimo-nos constrangidos com a ideia da magnitude da força que teve de ser exercida contra seres inteligentes para torná-los meras coisas".

Seja ao descrever um edifício ou uma instituição social, Custine nunca perde de vista aquilo que considera a questão-chave: qual seria o seu efeito sobre a mente dos homens? Para Custine, o ser humano seria, acima de tudo, um ser pensante e consciente, nem mesmo o despotismo poderia negar essa realidade. Sem compreender os pensamentos da população, não seria possível entender nada a respeito da Rússia, e o seu futuro permaneceria inexplicável. Mas, com base na compreensão que teve do caráter russo, Custine pôde profetizar que dentro de uma ou três gerações um violento cataclismo se abateria sobre o país, o qual, todavia, não promoveria a libertação, mas uma renovada e mais terrível forma de despotismo, pois os homens cujas almas haviam sido moldadas pelo czarismo não apresentariam qualquer vocação para a liberdade. As crises que a Rússia hoje experimenta ao querer sair do legado comunista não teriam surpreendido Custine nem por um momento, tampouco ele esperaria um desdobramento feliz num futuro próximo.

Outro viajante, um contemporâneo mais jovem e também mais eminente e erudito que Custine, Alexis de Tocqueville, adotou os mesmos métodos e a mesma suposição de que nenhuma sociedade pode ser compreendida sem a devida referência à psicologia de seus membros e, valendo-se desse método, ele produziu os seus relatos clássicos tanto sobre a América do Norte quanto sobre a Grã-Bretanha. Tocqueville também analisava as sociedades em função da interação entre suas formas de organização política e as mentalidades das pessoas. Esses dois homens não compartilhavam somente de suposições semelhantes, mas tiveram um histórico parecido. Ambos foram rebentos da aristocracia francesa, tendo motivos para desgostar dos excessos da Revolução Francesa e de sua retórica. Os dois incorporaram uma desconfiança visceral em relação ao governo democrático, embora os dois tenham passado – com reservas – a admirá-lo. Tocqueville em função do exemplo positivo dos Estados Unidos; Custine, em função do exemplo negativo da Rússia. É mesmo possível que Custine tenha escolhido a Rússia como destino uma vez que o primeiro volume de *A Democracia na América* de Tocqueville, publicado em 1835 e imediatamente aclamado, afirmava que a Rússia, junto com os Estados Unidos, parecia destinada a controlar metade do mundo. Antes de visitar os EUA, Tocqueville, formado em Direito, servira como juiz. Depois de seu retorno, ele atuou na Câmara dos Deputados da França e se tornou, por um breve período, ministro de Relações Exteriores em 1849.

Custine estudara o efeito do despotismo sobre a psiquê e o caráter humano, ao passo que Tocqueville estudou o efeito da liberdade política e da igualdade jurídica sobre as mesmas coisas. A liberdade apresentava certas desvantagens, ele pensava, mas valeria a pena pagar o preço (o reflexo contrário da mesma conclusão de Custine, de que qualquer que fosse o bem promovido pelo regime czarista, o preço a ser pago era sempre muito alto). Em muitos aspectos, as consequências da liberdade eram o oposto daquelas geradas pelo despotismo. Num ambiente de real igualdade jurídica, os homens se tornavam honestos ao negociarem suas diferenças, em vez de serem furtivos, ardilosos e dissimulados, como ficavam quando submetidos ao despotismo. Quando a reputação de um homem dependia mais de sua atividade do que de sua posição na hierarquia social, conferida no caso da Rússia pelo nascimento, ele tenderia à virtude sem qualquer compulsão externamente explícita. Além disso, a comparativa ausência de interferência governamental em sua vida o tornava dinâmico, empreendedor e solícito na busca dos próprios interesses econômicos.

Por esse motivo, uma sociedade de homens livres era capaz de organizar a si mesma na produção de impressionantes obras públicas, sem precisar da coerção aplicada por Pedro, o Grande, e seus sucessores – desde que as obras públicas tivessem uma genuína utilidade pública e não representasse um mero capricho de alguém. Os interesses dos indivíduos e aqueles do poder político – o que vale dizer, os representantes escolhidos pela comunidade – estavam ligados por milhares de pequenos laços.

Mas era em razão dessa identidade inicial de interesses enredados que surgia um perigo potencial. Por meio de pequenos movimentos, embora isso fosse apenas uma possibilidade, e não algo inevitável, os homens cederiam sua independência diante de um governo que os representasse, ao qual se atribuía a representação dos interesses desses homens, e que era, afinal de contas, composto por homens semelhantes. Numa passagem que alia *insight* profético e psicológico, Tocqueville, que previu com precisão que o regime democrático estava destinado a se espalhar por todos os lados, descreve a futura alma de um homem sob um governo aparentemente benevolente e democrático, o qual trabalha deliberadamente para a promoção da felicidade pública, "mas quer ser o único agente e o único árbitro dessa felicidade". Um governo como esse acabaria por "suprir as necessidades [das pessoas], facilitar os seus prazeres, administrar suas preocupações centrais". O que restaria senão "poupá-los de todo cuidado com o pensar e de todos os problemas da vida?". Quando isso se der, "a vontade dos homens não será despedaçada, mas amolecida, dobrada e guiada". Os homens não seriam forçados a agir, mas seriam precavidos de agir; o governo não destruiria mas impediria uma existência humana completa. Não tiranizaria mas "debilitaria, extinguiria e estupidificaria um povo".

E essa é exatamente a condição à qual parte da população foi reduzida sob a ação de inquestionáveis governos democráticos. Ao viver em casas subsidiadas, com os filhos educados gratuitamente, com suas contas médicas pagas e com uma renda suficiente para garantir alimentação e diversão perpétua pela televisão, essas pessoas encontram as suas "preocupações principais resolvidas", exatamente como Tocqueville disse que aconteceria, e dessa forma perderão "gradualmente, a faculdade de pensar". Temos aqui uma população dependente do Estado de bem-estar social, em meio à qual eu trabalho, e que se encontra de tal forma debilitada e imbecilizada que não é capaz de cozinhar para si mesma, mesmo quando encontra ao seu redor somente alimentos pré-preparados, e de tal forma debilitada e imbecilizada que, ao encontrar lixo jogado em seu jardim, não é capaz de ter a iniciativa de recolhê-lo por conta própria, mas precisa — isso quando nota a presença do lixo — chamar o serviço público para realizar a tarefa.

Se eu costumava levar Custine como guia toda vez que viajava ao mundo comunista, posso, pelo mesmo motivo, carregar comigo um pequeno ensaio de Tocqueville sobre o tema da mendicância, toda vez que tenho que trabalhar em hospital nos bairros mais degradados — o que significa, em certo sentido, viajar para o exterior. De fato, trabalho entre pessoas que são pedintes, e Tocqueville compreendeu, como poucos escritores modernos compreendem, que essa condição é, antes de tudo, psicológica, e não econômica. E ele percebeu no sistema inglês de assistência social a mesma ameaça insidiosa à independência de caráter dos homens que ele vira, apenas de forma potencial, na democracia norte-americana.

A obra *Mémoire sur le Paupérisme* de Tocqueville foi publicada em 1835, logo depois do primeiro volume de *A Democracia na América*. Ele visitara a Inglaterra, na época a economia mais próspera da Europa, e provavelmente do mundo. Mas havia um aparente paradoxo: um sexto da população inglesa era composto de pedintes, os quais se faziam completamente dependentes das doações públicas. Essa era uma proporção mais alta do que a de qualquer outra nação europeia, mesmo em lugares incomparavelmente mais pobres como Espanha ou Portugal. Em meio ao que era então a mais alta prosperidade, Tocqueville encontrou não só imundície física, mas também degradação emocional e moral.

Tocqueville supôs que o motivo estivesse no fato de a Inglaterra ser, na época, o único país na Europa a fornecer, como um direito, assistência pública para aqueles aos quais faltavam os meios para se manter. O reinado de Elizabeth I havia conferido esse direito, como uma forma de lidar com a epidemia de mendicância que se seguiu à dissolução dos monastérios. No passado, os monastérios haviam providenciado serviços de caridade essencialmente privados e voluntários aos pobres, em base discricionária.

Num primeiro momento, observa Tocqueville, a substituição de uma caridade discricionária pela assistência pública garantida como um direito parece ser mais profundamente humana. O que, ele pergunta, poderia ser mais nobre do que a determinação de que ninguém passasse fome? O que seria mais justo e razoável do que a determinação de que os mais prósperos cedessem um pouco do que têm para o bem-estar daqueles com nada?

Se os homens não fossem seres pensantes, que reagem diante das circunstâncias e tomam o que parece lhes trazer vantagens, esse sistema teria proporcionado, sem dúvida, o resultado desejado. Mas, em vez disso, Tocqueville observou a ociosidade voluntária que o aparente sistema de garantia de direitos fez proliferar, capaz de destruir tanto a gentileza quanto a gratidão (pois o que é dado burocraticamente é recebido com ressentimento), encorajando a fraude e a dissimulação de vários tipos e, acima de tudo, como esse sistema dissolveu os laços sociais que protegiam as pessoas dos piores efeitos da pobreza. A provisão do auxílio como direito atomizou a sociedade. Tocqueville cita o caso de um homem que, embora financeiramente capaz, recusou dar auxílio a sua cunhada e a seu neto depois da morte de seu filho, precisamente porque havia a assistência pública à disposição como um direito. Ao pagar os seus impostos, por que ele deveria fazer mais? A constituição do auxílio assistencial como um direito destruía a motivação para a solidariedade humana diante das situações difíceis, minando tanto os laços de afeição pessoal quanto o senso de dever para com os mais próximos. Criado como uma expressão de responsabilidade social, acabou gerando o egoísmo. Como Tocqueville apreendeu, a mudança de responsabilidade do individual para a coletividade exerce um enorme efeito deletério sobre como as pessoas pensavam e sentiam e, portanto, sobre a sociedade como um todo. Onde quer que fosse verificada essa mudança, o progresso econômico tornava-se perfeitamente compatível com toda sorte de misérias, e a riqueza geral com toda a sorte de degradações.

Não foi senão no final do século XX, com sua prosperidade sem precedente e seu militante relativismo moral, que a antevisão de Tocqueville se tornou clara. Até muito pouco tempo, na história humana, uma absoluta pobreza material foi realmente uma grande ameaça, muito mais real e maior do que a ameaça oferecida pelas tentativas sociais de aliviar a pobreza. Mas nenhuma das patologias sociais encontradas nos guetos britânicos ou dos Estados Unidos teria surpreendido Tocqueville, que as previu há mais de 165 anos.

Custine e Tocqueville analisaram a sutil interação entre cultura, regime político e caráter humano em duas sociedades muito diferentes – podia-se dizer até opostas – e chegaram a conclusões políticas semelhantes. Subjacente à análise que fizeram, encontra-se uma mesma compreensão: de que aquelas sociedades, embora lhes fossem estrangeiras, eram, no entanto, inteligíveis pelo fato de existir uma natureza humana fundamental, da qual eles compartilhavam; eles sabiam que alguns arranjos políticos e sociais alimentam as excelências das quais é capaz a natureza humana, enquanto outros arranjos comprimem e deformam essa mesma natureza. Contudo, eles nunca procuraram exibir qualquer desapego pseudocientífico que se tornou a marca registrada de boa parte da crítica social moderna. Dessa forma, eles continuarão a ser lidos muito depois que todos esses analistas e agentes estatísticos tiverem sido esquecidos.

2000

Por que Havana Estava Condenada

Quando não levada ao exagero, a decadência exala certo charme, afinal de contas, há romantismo nas ruínas, e de fato elas são tão românticas que os cavalheiros ingleses do século XVIII as construíam em seus jardins, como agradáveis e melancólicos lembretes sobre a transitoriedade da existência terrena. Fidel Castro, todavia, não é um aristocrata inglês do século XVIII, e Havana não é sua propriedade privada, para que possa usá-la como *memento mori* privado. As ruínas que hoje existem em Havana compreendem, na verdade, as moradias de mais de um milhão de pessoas, cuja vontade coletiva, como atestam as ruínas, não equivale em seu poder à vontade de um homem. "*Comandante en jefe*", lê-se nos cartazes políticos que substituíram todos os anúncios comerciais, "é você quem dá as ordens". É desnecessário dizer que resta, a todos os demais, simplesmente obedecer.

Havana pouco mudou desde que lá estive pela última vez, doze anos atrás. O vasto subsídio soviético desapareceu; a economia depende agora do turismo europeu. O afluxo de turistas, a maior parte deles em busca de férias baratas nos trópicos e ignorando alegremente a política cubana, deu margem a um pequeno campo de flexibilidades. Pequenos restaurantes familiares, chamados de *paladares*, dentro dos quais não cabem mais do que doze pessoas, são atualmente tolerados, embora a contratação de empregados que não sejam da família, tida por definição como exploração capitalista, ainda não seja permitida. Apenas certos pratos são autorizados – peixe e lagosta estão reservados aos restaurantes do Estado –, e os *paladares* que violam as regras operam como os estabelecimentos ilegais na época da Lei Seca, e os seus proprietários, contrabandistas de peixe, precisam manter os olhos abertos por causa dos informantes (os Comitês de Defesa da Revolução ainda estão em operação em todos os lugares). Um proprietário desse tipo de estabelecimento que visitei, onde não havia qualquer sinal externo que indicasse a sua existência, olhava nervosamente pelo olho mágico da porta antes de deixar as pessoas entrarem. Fazer uma simples refeição, em uma das três mesas disponíveis, transformava-se numa cena digna de um romance de espionagem.

Mercados de pulgas também são ilegais em Cuba, onde subsiste um diminuto comércio de roupas usadas e de produtos domésticos. Doze anos atrás era impensável comprar ou vender qualquer coisa em público, uma vez que comprar e vender seriam expressões do individualismo burguês e, consequentemente, contrárias à visão socialista de Fidel, na qual tudo precisa ser racionado – racionalizado, por assim dizer – segundo a necessidade. Na prática, obviamente, isso significava racionar segundo o que havia à disposição, e não havia muito.

Aberturas para comércios de pequena escala vez por outra foram permitidas durante os quarenta anos de governo de Fidel Castro, mas sempre sucumbiram frente a períodos de "retificação". Ficara demasiado aparente que as pessoas respondiam com muito mais vigor aos incentivos econômicos do que jamais haviam respondido aos incentivos "morais" exortados nas teorias adolescentes de Che Guevara. Mas, agora, a atividade comercial se tornou um pouco mais segura, uma vez que é essencial à sobrevivência econômica do regime. Quando estive em Havana pela última vez, mesmo o estrangeiro abarrotado de dólar não conseguia encontrar lugar para comer fora dos hotéis – uma situação que certamente não encorajava o turismo em larga escala. Agora, por pura necessidade, são muitos os cafés e bares que recebem o visitante.

A economia foi extensivamente dolarizada, o que é um tanto quanto curioso e irônico depois de décadas de ferrenho nacionalismo. Quando pedi no hotel para trocar meu dinheiro em pesos, disseram pronta e acertadamente que eu não precisaria usar pesos. As poucas lojas empoeiradas que estavam preparadas para trocar seus produtos por pesos, a moeda nacional, anunciavam esse fato extraordinário em suas vitrines, como se estivessem a operar um milagre, embora os produtos à venda fossem poucos e da mais baixa qualidade. Da última vez que estive em Cuba, a posse de qualquer valor em dólar por um cidadão cubano era tida como crime, praticamente uma prova de deslealdade e desafeição, caso não fosse considerada crime de sabotagem contra a revolução. Dólares eram manuseados como se fossem nitroglicerina, capazes de explodir em seu rosto ao menor descuido; mas agora se tornaram meras unidades monetárias que qualquer um pode manusear sem preocupação.

O grande número de visitantes estrangeiros em Cuba significa que, embora os *lobbies* dos hotéis ainda sejam patrulhados por um forte esquema de segurança a impedir a entrada de cubanos não autorizados, as relações entre cubanos e estrangeiros estão mais relaxadas do que nunca. Falar com um estrangeiro não é mais considerado um sinal de desconfiança política, e as conversas não mais precisam ser furtivas, atrás de paredes e em alerta contra eventuais espiões e bisbilhoteiros. Cheguei a receber alguns pedidos para que mandasse medicamentos, já que há uma total carência deles nas farmácias locais – um reconhecimento que seria inaceitável alguns anos atrás, ao revelar que as coisas não vão bem no outrora tão vangloriado sistema de saúde cubano.

As pessoas até mesmo falam do lado *bueno* e *malo* da revolução, em geral dizendo que o lado *malo* foi muito, muito ruim. Um homem criado na década de 1970 contou-me que ele fora incendiado pelo romantismo revolucionário e tinha Che Guevara e John Lennon como seus heróis. Ele me disse, com orgulho, que Havana era uma das três cidades do mundo com um memorial para Lennon, as outras duas eram Liverpool e Nova York. Na época ele pensou que um novo mundo estivesse em construção, mas agora ele sabia que a coisa fora um fracasso total. As pessoas mais velhas, em particular, murmuram *jabón* (sabão) aos turistas que passam, na esperança de que você possa ter um exemplar desse raro e precioso bem para doar. Quando pela primeira vez uma senhora se aproximou de mim e me pediu *jabón*, pensei que ela fosse louca, mas ela seria a primeira de muitas.

Existem, agora, sinais de uma pequena abertura intelectual. Em La Moderna Poesía, uma livraria localizada num prédio *art déco* na Calle Obispo, encontrei uma tradução para o espanhol do livro *A Sociedade Aberta e Seus Inimigos*, de Karl Popper. O preço em dólar provavelmente não atrairia muitos interessados cubanos. Talvez estivesse lá somente no intuito de convencer os estrangeiros em relação à tolerância intelectual do regime. Talvez, qualquer cubano que tentasse comprá-lo seria imediatamente delatado às autoridades. Mas, mesmo assim, a mera presença pública de uma obra tão antitética à filosofia do regime teria sido impensável doze anos atrás.

Por outro lado, os jornais, *Granma* e *Rebelde*, não sofreram qualquer mudança, lê-los quarenta anos atrás, hoje e daqui a dez anos implica a mesmíssima experiência, caso o regime dure tanto tempo. O interminável recital sobre o progresso social em Cuba enquanto adversidades e terríveis colapsos sociais afetam outros lugares (especialmente, é claro, os Estados Unidos), é capaz de aborrecer até o mais fiel dos entusiastas do regime. Não foi por acaso que não vi um único cubano lendo o jornal, tampouco dando qualquer atenção aos idosos vendedores de jornal, que carregavam não mais que cinco exemplares. Quando expressei meu interesse em comprar um, o velhote aproveitou a oportunidade para pedir dinheiro. Vender jornais era apenas um pretexto para abordar turistas e mendigar. A pergunta "quanto custa o jornal?" sempre acionava a resposta "o quanto você quiser pagar".

Quarenta e três anos de ditadura totalitária deixaram a cidade de Havana, uma das mais belas do mundo, suspensa num estado peculiar entre a preservação e a destruição. No meu caso, percebi a ausência dos aspectos mais uniformes do comercialismo de massa como uma experiência esteticamente agradável. Restaurantes McDonald's e estabelecimentos do tipo teriam arruinado a paisagem urbana de Havana, tanto quanto o tempo e o descaso já arruinaram. E uma comparativa falta de tráfego de automóveis nessa cidade mostra o quanto a inevitável disseminação dos automóveis representa um duvidoso avanço na qualidade de vida urbana. Se Havana tivesse se desenvolvido "normalmente", suas ruas estreitas estariam agora sufocadas de carros e poluição, um inferno asfixiante como na Cidade da Guatemala, ou San José, na Costa Rica, onde respirar significa sufocar, onde o barulho do trânsito faz os ouvidos zunirem, e onde o único pensamento é o de escapar dali o quanto antes.

As ruas de Havana não são assim; são lugares agradáveis para se transitar. O ar é limpo e não há buzinas e sirenes por todos os lados. É possível ouvir os próprios pensamentos e a própria voz. A maior parte dos carros que trafega por ali é de relíquias norte-americanas da época de Batista, muito usados, mas retificados; eles chacoalham e chiam como burros de carga a trabalhar duramente. Alguns parecem andar de lado, como grandes caranguejos. Sob a pátina do tempo, esses veículos que um dia foram bens comuns, produtos de massa de uma sociedade industrializada, incorporaram uma aura de romance, quase uma personalidade. São amados e reverenciados como antigos e insubstituíveis amigos, e quando se olha para eles se começa a pensar quantos objetos que tomamos como garantidos podem um dia ser percebidos dessa maneira. Eles nos ajudam a ver o mundo de uma nova forma.

São poucos os prédios novos que foram construídos em Havana, o que é um bom sinal, certamente, uma vez que esses poucos prédios novos foram concebidos no estilo do modernismo totalitário, arruinando a paisagem. Além disso, no centro da cidade, um setor que a Unesco declarou como patrimônio da humanidade, um bom trabalho de restauração já começou a ser realizado. Na Plaza Vieja, um grande edifício colonial foi transformado em apartamentos de luxo alugados para turistas, com um excelente restaurante no térreo, e a ideia de um excelente restaurante em Cuba era impensável dez anos atrás. A burguesia assemelha-se, dessa forma, um pouco com a natureza, embora você a contenha com uma revolução, ela acabará voltando no final.

Mas a escala de restauração em Havana é quase nada comparada à escala de sua ruína. A cidade está literalmente desmoronando. Uma de suas ruas mais magníficas, dentre suas já magníficas ruas, é conhecida como Prado, uma larga avenida que desemboca no mar, com um passeio central arborizado e em mármore, no qual as pessoas passeiam à noite sob a brisa do mar. Alguns dos belos edifícios a adornar o passeio haviam sido reduzidos a escombros desde a última vez que lá estive; outros tinham suas fachadas – o que restara delas – estacadas com vigas de madeira. O palácio ao longo do Prado que abriga a Escola Nacional de Balé se tornou uma mera carapaça, com o térreo em escombros. É uma experiência extraordinária ouvir o som de *répétiteurs* emergindo do andar de cima dessa carapaça. Havana é como Beirute, mas sem ter passado por uma guerra civil em seu processo de destruição.

Não há palavras para se descrever com justiça a genialidade arquitetônica de Havana, uma identidade que se estendeu do classicismo renascentista do século XVI, com seus edifícios severos mas perfeitamente harmônicos com seus pátios colunados, ventilados e suavizados por árvores tropicais e trepadeiras, à exuberante *art déco* das décadas de 1930 e 1940. Os cubanos ao logo dos séculos criaram um todo harmonioso arquitetônico quase sem paralelo no mundo. É muito difícil encontrar um edifício que esteja fora de lugar, um detalhe supérfluo ou de mau gosto. O multicolorido do prédio Bacardi, por exemplo, que ficaria berrante em outro lugar, está perfeitamente integrado – naturalmente, pode-se dizer – à luz, ao clima e ao temperamento cubano. Os arquitetos cubanos compreendiam a necessidade de ventilação e sombra num clima como o de Havana, proporcionando edifícios e ambientes de acordo. Eles criaram um ambiente urbano que, com suas arcadas, colunas, varandas e terraços, era elegante, sofisticado, conveniente e alegre.

É claro, nem todo cubano compartilhava desses espaços, pois havia grandes favelas ao redor da cidade, e no interior boa parte dos camponeses vivia em extrema pobreza. Em 1958, Cuba tinha talvez os mesmos níveis de consumo *per capita* da Itália, mais ou menos, mas esse consumo era desigualmente distribuído. Não obstante, o que é tão notável a respeito do *glamour* e da beleza em Havana é a sua extensão, e quão rica e sofisticada deve ter sido a sociedade que os produziu. O esplendor de Havana, em vez de ficar confinado a um pequeno reduto da cidade, estende-se por quilômetros.

Esse esplendor já está bastante deteriorado, é claro. A cidade é como um grande conjunto de variações de Bach sobre o tema da decadência urbana. O estuque deu lugar ao mofo e os antigos telhados se foram, substituídos por telhas metálicas; persianas apodreceram e a pintura é um fenômeno do passado; escadarias terminam em precipícios, as janelas não têm vidro e as portas estão empenadas; pedaços inteiros de paredes caíram e o que resta é sustentado por vigas de madeira, embora ninguém garanta que a coisa ficará em pé; a antiga fiação fica exposta como se os fios fossem pequenas larvas fincadas num pedaço de queijo; vemos sacadas moldadas em ferro absolutamente enferrujadas, e o gesso está a descascar em todos os lugares, como se a cidade sofresse de uma terrível doença de pele; as lajes estão destruídas por outros motivos. Os grandiosos e belamente harmonizados salões – visíveis pelas janelas ou em alguns pontos através de paredes que caíram – foram subdivididos em pequenos cômodos, usando-se compensados de madeira, e abrigam atualmente famílias inteiras. Roupas estendidas sobre as janelas dominam uma paisagem que um dia exibia as fachadas de palácios. Todas as entradas são escuras, e durante a noite a iluminação elétrica mais lampeja do que de fato ilumina. Nenhuma deterioração é grande o suficiente para impedir que pessoas continuem habitando um edifício em ruínas. Havana é como uma cidade que foi varrida por um terremoto e cuja população foi forçada a sobreviver entre os destroços, até que chegue ajuda.

Todavia, não dá para dizer que os habitantes de Havana demonstrem estar infelizes – longe disso. As crianças jogam alegremente beisebol nas ruas, com bolas feitas de farrapos comprimidos e bastões de canos metálicos. (Curiosamente, os países latinos de tradição política mais fortemente antiamericana são justamente aqueles onde o beisebol é jogado com mais entusiasmo.) Há uma vida social vigorosa nas ruas, muitos sorrisos e risadas, e não é difícil encontrar uma pequena festa com música e dança. Quando contemplamos os lares que as pessoas fizeram em meio às ruínas, é possível encontrar pequenos e tocantes sinais de orgulho e respeito próprios, os quais também se encontram nos barracos da África. Vemos flores de plástico, cuidadosamente arranjadas, dentre outros ornamentos baratos, por exemplo. Um gosto pelo *kitsch* entre os abastados é sinal de empobrecimento espiritual; mas entre os pobres representa um esforço em nome do belo, uma aspiração sem a probabilidade de sua realização. Apenas os velhos são abatidos e esmagados; o pensamento deles naturalmente se volta ao passado, e o contraste entre a Havana da juventude deles e a Havana de sua senilidade deve ser percebido de forma dolorosa.

O evidente contentamento da população entre as ruínas da cidade não diminui, todavia, meu profundo pesar (e pior do que pesar, pois é algo indefinível e que oprime o coração) em ver a destruição de uma obra-prima que exigiu um longo esforço coletivo humano que atravessou eras. Pelo contrário, percebo tamanha despreocupação como algo muito perturbador. O que pode significar o fato de pessoas viverem felizes entre as ruínas de sua própria capital, uma ruína que não foi gerada pela guerra ou pela ação de um terrível desastre natural, mas por um prolongado e deliberado descaso? Não se trata de bárbaros que despedaçam e destroem aquilo que não compreendem e valorizam; tampouco se trata de algo que não percebam, como poderiam não perceber que os edifícios em que vivem estão à beira do colapso? Não é difícil encontrar pessoas dispostas a nos mostrar os decrépitos cômodos em que vivem, um serviço que elas prestam sorrindo e dando risada. Parece que viver dessa forma se tornou natural para elas, e o colapso de paredes e escadas parece ser tão inevitável quanto as mudanças climáticas.

Um artista com o qual conversei, e que cautelosamente tentava usar suas fotografias para chamar a atenção de seus compatriotas a respeito da decadência e destruição da herança arquitetônica que lhes cercava, explicou-me a negligência para com a cidade como resultado das prioridades do governo, que se concentrara muito mais na educação e no serviço de saúde, ele me disse, do que na preservação arquitetônica de Havana. Embora ele compreendesse por que o governo devesse considerar a redução da mortalidade infantil uma meta mais importante do que o cuidado com meros objetos materiais como os prédios, ele próprio passara a ver, gradualmente, a importância em se preservar aquela herança, pois, uma vez perdida, seria irrecuperável. Mas, para ele, a maior parte das pessoas não se preocupava com isso.

Lamentavelmente, suspeito que o descaso com Havana apresente uma lógica mais profunda e sinistra do que aquela que o artista me propôs. Não é difícil imaginar a raivosa resposta de Castro à acusação de que teria sido ele o responsável pela extrema deterioração de Havana. Ele afirmaria que, devido ao embargo norte-americano, fora obrigado a estabelecer prioridades orçamentárias, e que os gastos com escolas, hospitais e remédios eram muito mais importantes para a vida do povo do que a manutenção da capital, na qual vivia apenas uma parcela da população. A vida era mais importante que os objetos, e a baixa taxa de mortalidade infantil e a alta expectativa de vida justificavam suas políticas.

Mas, a meu ver, essa resposta não seria completamente honesta – mesmo sem precisar entrar na questão sobre se o avanço nos índices de alfabetização e de saúde pública justifica a evidente falta de liberdade do povo cubano diante das políticas de Castro. Suspeito que a deterioração deliberada de Havana está a serviço de um propósito profundamente ideológico. Afinal de contas, o descaso foi contínuo por quase meio século, mesmo quando maciços subsídios da União Soviética ainda afluíam para o país. Um ditador absoluto como Castro poderia ter preservado a cidade caso tivesse desejado, e poderia ter encontrado sem dificuldade um pretexto econômico para agir dessa forma.

Todavia, Havana ostentava a refutação material de toda a historiografia apoiada pelo ditador – a historiografia que sempre sustentou suas políticas e justificou sua ditadura por quarenta anos. Segundo seu relato, Cuba era uma pobre sociedade agrária, empobrecida em razão de sua relação de dependência com os Estados Unidos, incapaz, sem uma revolução socialista, de resolver os seus problemas. Uma pequena classe exploradora de intermediários beneficiava-se enormemente do relacionamento neocolonial, enquanto as massas estavam afundadas na mais abjeta miséria e pobreza. Mas, em vez disso, Havana era uma cidade extensa, portadora de extraordinária riqueza e grandeza, a qual não podia estar confinada nas mãos de uma diminuta minoria, apesar de haver uma coexistência entre riqueza e extrema pobreza. Centenas de milhares de pessoas obviamente viviam bem em Havana, e não é plausível que tantas pessoas enriquecessem simplesmente à custa da exploração de uma população rural relativamente pequena. Essa população urbana deve ter sido dinâmica, produtiva e criativa. Sua sociedade deve ter sido consideravelmente mais complexa e sofisticada do que Castro está disposto a admitir, sem antes destruir a justificativa de seu próprio governo.

Portanto, diante das circunstâncias, tornou-se ideologicamente essencial que os traços materiais e mesmo a própria memória dessa sociedade fossem destruídos. Em publicações oficiais (e todas as publicações em Cuba são oficiais), os únicos personagens positivos do passado são rebeldes e revolucionários, que representam uma continuada tradição nacionalista da qual Castro é a apoteose: não há deus algum; há a revolução, e Castro é o seu profeta. O período entre a independência cubana e o advento da era Castro é conhecido como "pseudorrepública", e a corrupção criminosa de Batista, como também a existência da pobreza, é tudo o que precisa, ou que é permitido, ser conhecido sobre a vida antes de Castro.

Mas quem criou Havana e de onde veio sua magnificência, se antes de Castro só havia pobreza, corrupção e criminalidade? Melhor destruir a evidência, embora não seja preciso usar o grosseiro método do Talibã de dinamitar estátuas de Buda, o que poderia levantar a reprovação da comunidade internacional. Melhor deixar grandes contingentes humanos acamparem permanentemente nas propriedades roubadas, e então deixar que o tempo e o descaso terminem o serviço. Numa população jovem como a cubana, com pouco ou nenhum acesso à informação, já que tudo é filtrado pelos canais oficiais, a vida entre as ruínas parecerá normal e natural. Em pouco tempo, as pessoas serão radicalmente desconectadas do passado em cujas paredes residem. Portanto, as atuais ruínas de Havana são a consequência material de uma historiografia monomaníaca colocada em prática.

Entretanto, uma memória encurtada pode ser colocada a serviço de uma readaptação ideológica, como vem acontecendo com a restauração de uma pequena área da cidade – uma restauração bastante necessária, já que ruínas habitadas não atrairão turistas em massa. Assim sendo, um grande e elegante livro foi publicado, registrando, por meio de fotografias tiradas antes e depois das obras iniciadas, os esforços hercúleos do regime a fim de restaurar alguns dos edifícios da antiga Havana que estavam praticamente em ruínas. Intitulado *Para que Não nos Esqueçamos*, o livro, todavia, esquece-se de mencionar como foi possível chegar a tamanha ruína. Assim, a restauração passa a ser mais um triunfo da revolução.

O terrível estrago que Castro promoveu sobreviverá ainda por muito tempo, ultrapassando tanto a sua vida quanto a de seu regime. Uma quantidade incalculável de dinheiro será necessária para restaurar Havana; problemas legais referentes ao direito de propriedade e de residência serão custosos, amargos e intermináveis; e a necessidade para se balancearem considerações de ordem social, econômica e estética na reconstrução de Cuba solicitará a mais alta sabedoria regulatória. Nesse ínterim, Havana permanece como um medonho aviso para o mundo – caso precisássemos de mais avisos dessa ordem – contra os perigos de monomaníacos que acreditam estar em posse de uma teoria que explica tudo, inclusive o futuro.

2002

As Conveniências da Corrupção

Fui pela primeira vez à Itália quando era um garoto, em 1960, o ano das Olimpíadas de Roma; naquela época o país ainda era visivelmente pobre. O padrão de vida não era muito distinto do padrão cubano, antes da queda de Batista. Numa cidade da Sicília, a região mais pobre do país, 3.404 seres humanos dividiam setecentos cômodos com 5.085 animais, entre eles porcos, bodes e jumentos. Esterco animal, ainda usado como fertilizante, era empilhado nas ruas da Sicília esperando uso. Os visitantes britânicos às cidades italianas eram obrigados a tomar certos cuidados ao usarem água encanada. Minha primeira estadia na Itália terminou de forma abrupta quando, aos dez anos, fui acometido por uma febre que me deixou em tal estado de delírio que precisei ser transferido para a Suíça, onde pude me recuperar. Apesar dos muitos avisos e alertas, eu tomara água da torneira. Não queria pedir aos meus pais, toda hora, por *acqua minerale*.

No ano em que nasci, o índice de mortalidade infantil era na Itália quase três vezes maior do que na Grã-Bretanha. Agora, meio século depois, é mais baixo que o da Grã-Bretanha, e os italianos, em geral, vivem mais e são mais saudáveis do que os ingleses. Não apenas a Itália é visivelmente mais rica do que a Grã-Bretanha, mas é consideravelmente mais limpa. Recentemente, o jornal *La Repubblica* exibia um artigo que discutia o motivo da comida inglesa ser tão impura e insalubre.

Trata-se de uma extraordinária inversão. Durante dois séculos e meio, no mínimo, a Grã-Bretanha foi muito mais rica do que a Itália em quase tudo, exceto em seu passado. Os britânicos sentiam pena e comiseração de seus contemporâneos italianos. A Itália ainda mantinha o seu charme inexaurível, seu prazer sibarítico e riqueza cultural, é claro, mas não podia ser levada a sério no sentido político ou econômico. Mesmo Mussolini concluíra, próximo do final de sua vida, que a Itália não era de fato um país sério.

Segundo a maior parte dos números hoje à disposição, a Grã-Bretanha e a Itália se equiparam em sua renda *per capita*. Existem divergências em relação à precisão desses números, e há certamente flutuações nos valores cambiais que podem alterar a riqueza relativa entre os dois países, sem que haja qualquer alteração no resto. No entanto, nenhuma fonte sugere que haja grandes diferenças entre os dois países. Em 1950, as mesmas fontes colocavam a renda *per capita* italiana como aproximadamente 40% da britânica.

Todavia, aprendi a não confiar completamente nessas aferições. É muito fácil supor que um número qualquer represente um fato indubitável, como aquilo que encontramos num balanço bancário. Mas a própria precisão desses números é suspeita. Estive em países, tais como a Romênia, cujas economias eram favoravelmente descritas por especialistas em cálculos de PIB, e segundo os quais estariam em constante crescimento em taxas extraordinárias há muitos anos, mas esses eram lugares nos quais, não obstante, as pessoas tinham de ficar na fila durante horas sem fim para poder comprar um punhado de batatas podres, nas raras ocasiões onde havia sequer batatas. Quantos anos de fantástico crescimento seriam necessários para tornar as batatas um produto regularmente disponível nos mercados da Romênia? Tanto quanto as estatísticas, observações com base no senso comum também são necessárias para se avaliar o sucesso de uma economia.

E ao fazer uma comparação baseada no senso comum, comparando-se com a Grã-Bretanha, a economia italiana é visivelmente bem-sucedida. Ter feito essa comparação já poderia ser considerado o seu maior sucesso, mas *il sorpasso*, a ultrapassagem sobre a Grã-Bretanha tornou-se evidente em quase todos os lugares onde se olha. Por exemplo, não se vê na Itália os quilômetros de desolação urbana e de imundície que hoje tanto caracterizam a Grã-Bretanha. Um tipo de miséria que os visitantes britânicos na Itália costumavam ressaltar, em posse de uma eloquente e natural superioridade, e que agora predomina aqui em casa, na Grã-Bretanha. A população italiana não parece nem de longe tão deprimida e esmagada pelas circunstâncias como acontece com a população britânica. As lojas em cada uma das pequenas cidades provinciais na Itália, mesmo na Sicília, oferecem artigos de qualidade numa quantidade e variedade que não se encontram mesmo nas maiores cidades britânicas, a não ser Londres. Bari é incomparavelmente mais rica e menos dilapidada do que Dover.

Em 1950, a frota britânica de veículos era doze vezes maior do que a italiana, atualmente a frota italiana é maior. Naquele ano a indústria automobilística britânica era a segunda maior do mundo, mas hoje a única montadora de automóveis cujos donos são britânicos, a Rover, produz meros duzentos mil veículos por ano, e a Itália tem três montadoras de veículos. Uma delas, a Fiat, está entre as maiores do mundo.

Como foi possível tamanha reviravolta nos destinos das duas nações? E o que estaria por trás disso? Os dois países são praticamente idênticos no que se refere à densidade populacional, e os recursos naturais desempenham um papel muito pequeno em suas economias. Caso haja diferenças, a Grã-Bretanha detém certa vantagem nesse ponto, pois há mais de vinte anos extrai grandes quantidades de petróleo no Mar do Norte, o que parcialmente compensa suas outras dificuldades em sua colocação no mundo.

Uma comparação da estabilidade política entre os dois países também favorece visivelmente a Grã-Bretanha. Silvio Berlusconi, eleito como o primeiro-ministro italiano, liderou o 59º governo do país desde o fim da guerra. Temos aí um índice de formação e dissolução de governos que só se iguala ao da Bolívia. Os governos britânicos, por contraste, duram ao menos seis vezes mais. A estável alternância de poder entre dois partidos políticos bem estabelecidos parece, até o momento, uma característica permanente do cenário político britânico.

Tampouco a política econômica explica os diferentes índices de crescimento entre os dois países. A administração econômica italiana – ou falta de gestão – não difere muito da britânica. A inflação italiana tem sido, caso conte, pior do que a britânica; a lira perdeu mais de duas vezes seu valor perante a libra esterlina nos últimos quarenta anos. A distribuição de renda na Grã-Bretanha e na Itália é bastante semelhante, com os dois extremos da escala a receber a mesma proporção da renda nacional. Nem uma maior igualdade econômica e tampouco uma maior desigualdade explicam a diferença.

Em relação ao Estado italiano, ele absorve, há muitos anos, uma quantidade muito maior do produto econômico italiano do que o Estado britânico. Com uma renda *per capita* oficialmente equivalente em 1992, o Estado italiano gastou 25% mais do que o britânico.

Num primeiro momento, pode-se pensar que esse fato vindica a favor de um dirigismo econômico – mas apenas quando não se tem a menor ideia de como realmente funciona o Estado italiano. O único propósito da burocracia italiana é aparentemente produzir obstáculos insuperáveis sobre a atividade produtiva, em quantidade ainda maior do que o seu equivalente na burocracia britânica (porque na Itália o aparato burocrático é maior e mais convoluto). O mais simples dos procedimentos a envolver a burocracia italiana rapidamente se transforma – para o não iniciado – num labirinto de complexidade bizantina, do qual é praticamente impossível sair. Estrangeiros que tenham vivido na Itália invariavelmente recontam suas épicas batalhas contra funcionários públicos e agentes de monopólios estatais para a instalação de uma simples linha telefônica, por exemplo, ou para o pagamento de uma conta de gás. Como é possível explicar o funcionamento de uma economia moderna, para não falar de seu florescimento, em circunstâncias como essas?

Todavia, a administração pública italiana tem tradicionalmente um mérito especial comparando-se com sua contrapartida britânica: sua corrupção. No entanto, notoriamente, a corrupção seria um tipo estranho de virtude, mas o mesmo acontece com a honestidade, quando busca fins nocivos e desnecessários. Em geral, a corrupção é tida como um vício e, em termos abstratos, é realmente um vício. Mas, às vezes, um mau comportamento é capaz de produzir bons efeitos, como também um bom comportamento pode gerar, por vezes, efeitos danosos.

Sempre que exista uma administração leve e uma burocracia enxuta, a honestidade burocrática torna-se uma virtude incomparável; mas ao se fazer pesada e tentacular, como acontece a todas as nações europeias de nossos tempos, incluindo-se Itália e Grã-Bretanha, essa honestidade pode obstruir o espírito inventivo e o dinamismo. Onde existam burocratas genuinamente honestos, ninguém consegue se esquivar de suas garras laconianas. Seus procedimentos, independentemente de quão onerosos, antiquados e sanguinolentos forem, deverão ser suportados com paciência. Esse tipo de burocrata não precisa apressar suas deliberações e tampouco considerar o senso comum. De fato, a própria absurdidade ou pedantismo dessas deliberações é, para eles, a garantia de sua isenção, imparcialidade e desinteresse. Tratar todas as pessoas igualmente com desprezo e indiferença é a perfeita ideia de equidade para o burocrata.

Em circunstâncias como essa, o uso de influência pessoal e de suborno por um solicitante, no balcão da burocracia, pode de fato representar um aumento de eficiência. É claro, seria melhor se a burocracia simplesmente não existisse, mas existe e é bastante improvável que venha a desaparecer tão logo. Na Grã-Bretanha, tornou-se muito evidente que todas as tentativas oficiais para a redução da burocracia apenas a ampliaram. O homem que tem a opção do suborno ou pode se valer da influência ilícita de um "padrinho" não se vê obrigado a esperar, passivamente, pelo decreto do Olimpo burocrático, uma vez que consegue reter para si uma dose de controle sobre a situação (e também, por conseguinte, uma porção de respeito próprio).

Quando o Estado se sobrepõe à vida das pessoas, certo grau de corrupção exerce um efeito benéfico sobre o caráter das pessoas. Mas, apenas até determinado ponto, é claro; uma vez que o Estado se torne todo-poderoso e a corrupção oficial também se torne total, ambos sufocarão a criação de riquezas, e haverá um empobrecimento generalizado. No final desse processo, será constatada uma desmonetarização aguda da economia, como se deu no comunismo. Todavia, a Itália nunca chegou a esse estágio, e os burocratas italianos sempre foram espertos o suficiente para não matar a galinha dos ovos de ouro. Quanto mais a sociedade ao seu redor enriquece, mais se pode extrair dela. Nesse sentido, o que é bom para os negócios é bom para eles. (Os burocratas chineses da relativamente próspera província de Guangdong parecem ter aprendido o mesmo princípio.)

A completamente escancarada corrupção dos burocratas italianos convenceu a população de seu país que o Estado sempre fora o inimigo, não um patrono ou protetor, e os italianos sempre o viram com profunda desconfiança. Por conseguinte, pessoas de todas as classes sonegam impostos, sem sofrer qualquer opróbrio moral. Na Itália, considerar revelar toda a renda às autoridades e pagar os devidos impostos sobre ela seria visto como algo cômico por sua ingenuidade. As pessoas ocultam suas fontes de renda das garras do Estado o mais que puderem, dando origem à notória economia informal italiana, uma espécie de mercado paralelo, que é, segundo os próprios italianos, maior e mais sofisticado do que em qualquer outra nação europeia. O tamanho dessa economia informal provavelmente explica por que a Itália, com uma renda *per capita* oficialmente semelhante à britânica, parece ser muito mais próspera do que a Grã-Bretanha.

A necessidade de escapar das depredações do Estado e de fazer arranjos alternativos para funções de que o Estado supostamente se encarregaria, mas que em geral é incapaz de atender, como no caso do sistema previdenciário, fez com que os italianos resolvessem cuidar de si próprios. Acostumados a governos que sobem e caem como garrafas de boliche, passando por longos períodos onde simplesmente não há governo, nenhum italiano é louco o suficiente para pensar que os políticos ou o Estado detêm a chave para a prosperidade do povo. No caso da Itália, foi menos a necessidade e mais a flexibilidade econômica, oportunismo (no melhor sentido do termo) e solidariedade familiar os responsáveis pelo dinamismo econômico. Não é mera coincidência que os índices de divórcios e de nascimentos ilegítimos sejam, na Itália, um sexto dos índices britânicos – uma situação cujo resultado não se deve apenas ao catolicismo italiano.

Na Grã-Bretanha, por sua vez, a probidade financeira da administração pública, um legado da era vitoriana, durante a qual o Estado mal interferia na vida das pessoas, conduziu a população a um erro fatal de julgamento. Ficou entendido que, uma vez que nenhum funcionário público jamais pedia ou contava com subornos, ou mesmo que jamais poderia ser facilmente convencido a adotar outras formas ilícitas de exercer sua influência, esses funcionários públicos realmente existiam para o bem público e para o bem dos indivíduos. Assim, as pessoas passaram a acreditar na beneficência ou ao menos numa neutralidade benevolente do Estado. Seus agentes eram honestos e justos, portanto, tratava-se de algo bom.

Vejo as consequências deletérias dessa equivocada crença em muitos de meus pacientes. Alguns desperdiçam suas vidas a tentar extrair das autoridades aquilo que acreditam ser de seu direito, e o fracasso delas em lhes fornecer o que esperam lhes parece algo inexplicável, uma vez que ninguém pessoalmente se beneficia desse fracasso. Se um agente público lhes dissesse "dê-me cem libras que eu resolvo isso para você", as coisas pelo menos fariam sentido, mas isso não acontece. Portanto, permanece a ilusão, às vezes durante anos, de que as autoridades estão genuinamente procurando ajudar. O passatempo nacional chama-se *Esperando Godot*.

Meus pacientes que vivem em habitações públicas, por exemplo, habitam um mundo de intermináveis atrasos do governo e de prevaricação. A retórica dos políticos e a integridade financeira do Ministério da Habitação os convenceram de que o sistema público de habitação existe para o benefício daqueles que o usam, de modo que sofrem de uma dissonância cognitiva paralisante sempre que surgem problemas. Presencio isso frequentemente. Quando uma mancha de umidade apareceu na parede da sala de um de meus pacientes, espalhando-se, logo depois, por todo o apartamento, a ponto de afetar a fiação elétrica e obrigando-o a morar juntamente com toda a sua família no único cômodo que não fora afetado, ele achou que as autoridades tinham se mostrado – e para ele misteriosamente – infrutíferas. Por dezoito meses ele buscou a assistência das autoridades públicas, mas as suas cartas foram perdidas, e as autoridades negaram tê-las recebido. Mandaram um inspetor que disse que não havia umidade, apesar de um mofo negro ter tomado quase todo o apartamento. Por fim, enviaram um servente que simplesmente cobriu as paredes úmidas com papelão, o qual rapidamente foi consumido pela umidade. No final das contas, o inquilino foi acusado de ser o responsável pela umidade porque havia superaquecido os cômodos mantendo as janelas fechadas. Portanto, declararam que nada mais poderiam fazer para ajudá-lo. Uma vez que não ocorrera a meu paciente pensar que poderiam existir outras formas de desonestidade que não financeira, ele persistiu em sua busca por um longo tempo, acreditando ser uma desafortunada vítima isolada, em vez de perceber-se como vítima de uma sistemática negligência.

Quando ele enfim percebeu que só a má sorte não poderia explicar a sua experiência, sua disposta e paciente dependência deu lugar a um ressentimento colérico, mas nem a dependência nem o ressentimento são construtivos. Uma extensa e honesta, embora indiferente e incompetente, burocracia estatal cria expectativas que dão origem a essa dialética de dependência e ressentimento, a qual não existe na Itália, onde ninguém suporia a honestidade e, portanto, a benevolência da administração pública, em primeiro lugar.

O vasto e aparentemente benevolente Estado erodiu por completo a orgulhosa e vigorosa independência da população britânica, tão notada pelos estrangeiros em outros tempos. Quarenta por cento dos britânicos dependem, hoje em dia, do subsídio governamental, e recebem pagamento direto dos cofres públicos como parte, ou mesmo a totalidade, de sua renda. Ainda assim, o governo promove, regularmente, campanhas publicitárias a fim de garantir que as pessoas exijam todos os seus direitos. Além do mais, o Estado britânico retirou, de várias áreas importantes da vida humana, a responsabilidade que tem o indivíduo sobre si mesmo e sua família: saúde, educação, previdência, pensões e (ao menos para um quarto da população) habitação. A renda que lhes resta, deduzidos os impostos, ou recebida do seguro-desemprego, é, portanto, uma espécie de mesada, e os aspectos mais sérios do orçamento pessoal de um sujeito, justamente os mais chatos e incômodos, passam então à responsabilidade do governo. Isso explica o motivo pelo qual, sempre que o governo britânico considera um corte de impostos, quase todos os jornais, não importa qual seja sua orientação política, descrevem a medida como um presente – um dinheiro extra para a diversão, como um pai que dá um trocado às crianças para o fim de semana.

A armadilha em que caíram as pessoas nessa psicológica e economicamente debilitante dialética que acabei de descrever não é um fenômeno marginal, mas de massa. Ele desconecta o cérebro e paralisa a ação. Ajuda a explicar a degradação e a falta de respeito próprio que se tornaram tão óbvias nas ruas de Londres, mas que estão visivelmente ausentes das ruas italianas.

Quando trabalhei num projeto na costa leste da África, testemunhei um contraste instrutivo entre as equipes de construção italiana e britânica, as quais estavam poucos quilômetros distantes uma da outra. Os operários da construção civil britânicos bebiam demais, eram violentos, depravados, sujos, sem qualquer traço de dignidade ou de vergonha. Completamente egoístas, sem apresentar, contudo, muita individualidade, eles danificavam maquinários muito caros ao manuseá-los bêbados, e respondiam com indignação quando repreendidos. Eles intimidavam seus gerentes, que pouco faziam para controlá-los. Eram tipos genuinamente representativos de uma população que perdera todo e qualquer orgulho, tanto em si mesma quanto naquilo que fazia, e que de alguma forma forjara uma frivolidade desprovida de contentamento.

Por outro lado, os italianos eram trabalhadores, disciplinados e limpos, e sabiam se divertir de uma forma civilizada, mesmo na savana africana, bebendo com moderação, sem cair naquela completa falta de controle sobre si mesmo, característica dos britânicos de hoje. Diferentemente dos últimos, eles nunca se tornavam um incômodo para a população local, e todos os viam como pessoas que estavam lá para fazer o seu trabalho. Automaticamente mais sociais e autônomos do que os seus colegas britânicos, eram homens cuja dignidade não fora destruída por uma cultura de dependência.

A administração pública italiana supera em muito a britânica em apenas uma área: a preservação do patrimônio urbano do país. Todavia, esse singular sucesso burocrático é crucial, uma vez que eleva consideravelmente o padrão de vida italiano em relação ao britânico. A destruição do patrimônio urbano britânico e a sua substituição por horrendos edifícios modernistas de escritório e garagens, embora inflacione o PIB, representa um decréscimo na qualidade de vida de cada britânico.

Poderia se pensar que a Grã-Bretanha, com uma herança arquitetônica menos rica a ser preservada do que a italiana, conservaria aquilo que tem de forma ainda mais zelosa. Mas não é isso que ocorre. A paisagem urbana britânica, no passado civilizada e graciosa, foi vítima de uma manobra ideológica. Em um dos polos do espectro político, os interesses comerciais mais crus e obtusos exigiram e ganharam a liberdade para fazer o que quisessem com a paisagem urbana, do modo mais barato e lucrativo possível, de maneira que harmoniosos conjuntos de edifícios antigos passaram pelas mais disparatadas e mesquinhas remodelações, que arruinaram por completo qualquer possibilidade de restauro. Do outro lado do espectro, tínhamos reformadores radicais imbuídos de um ódio fanático em relação aos símbolos arquitetônicos do passado, meramente por serem símbolos do passado. Eles desprezavam uma cultura elitista que viam supostamente a se fundamentar somente na exploração, racismo, escravidão, e daí por diante.

O arquiteto oficial e planejador urbano da cidade na qual moro, por exemplo, quis literalmente derrubar todo e qualquer edifício local anterior à segunda metade do século XX, incluindo ruas georgianas inteiras e muitas obras-primas do renascimento gótico vitoriano. Felizmente, ele se aposentou quando, talvez, ainda sobrava um décimo dos edifícios, já que o resto fora substituído pelos leviatãs corbusianos, tão medonhos e desumanos que muitos deles já estão programados para ser demolidos, menos de trinta anos depois de sua construção. A cidade de veraneio georgiana de Bath oferece um exemplo ainda mais surpreendente: na década de 1950, os seus representantes municipais pensaram em demolir a cidade por inteiro, reconstruindo-a com base em algo mais afinado com os novos tempos.

Pensamentos bárbaros como esses jamais teriam ocorrido a qualquer italiano, desconsiderando-se o quão corrupto ou politicamente extremista ele possa ser. Como observa Giorgio Bassani das ruas e palácios onde seus protagonistas vivem em O Jardim dos Finzi-Contini: "A Via Ercole I d'Este é tão bela, e uma atração turística tão grandiosa, que o conselho de esquerda que governa Ferrara por quase quinze anos resolveu que ela precisa ser preservada exatamente como está, e que esteja estritamente protegida contra a especulação imobiliária e comercial; de fato, que seu caráter aristocrático seja absolutamente preservado". Isso jamais aconteceria na Inglaterra.

Na verdade, a política municipal italiana é muito mais esclarecida do que sugere essa passagem. Empreendimentos comerciais em antigas vilas e cidades devem obedecer a padrões estéticos, com o resultado de que os italianos não estão, como os britânicos, acampados sobre as relíquias de uma civilização mais antiga e superior, cujas belezas foram esquecidas. As prefeituras italianas também souberam manter suas cidades vibrantes ao dosar os impostos sobre os pequenos negócios, promovendo a proliferação de uma variedade de lojas, as quais, por sua vez, promovem vários ofícios, desde a fabricação do papel ao vidro artesanal, saberes que de outra forma poderiam ter morrido.

Portanto, um homem inculto na Itália ainda pode ser um nobre artesão, ao passo que na Grã-Bretanha ele é obrigado a se submeter a um trabalho simples e de baixa remuneração – caso encontre trabalho. Os centros urbanos italianos não são como os ingleses, onde se localiza uma sucessão de deprimentes e uniformes redes de loja sem caráter ou individualidade, empórios de vidro amontoados nos térreos de edifícios históricos em completa desarmonia com a arquitetura original. Os italianos resolveram, ao contrário dos britânicos, o problema de se viver de uma forma moderna em um ambiente antigo, o que, em termos econômicos, constitui uma riqueza herdada.

A preservação da qualidade estética da vida italiana, mas a sua completa destruição na Grã-Bretanha, cujas ruas foram brutalizadas em um grau sem paralelos na Europa, exerceu profundas consequências sociais e econômicas. Em lugares onde tudo é feio e esteticamente indiferente, é fácil ao comportamento se modelar a esse padrão, tornando-se vulgar e grosseiro, fazendo evaporar o orgulho municipal coletivo. Temos um universo onde a conduta das pessoas parece não importar, pois não há mais nada para estragar. Atenção aos detalhes, importante tanto na produção de bens quanto na provisão de serviços, é rebaixada num ambiente de generalizada feiura. Qual é o sentido de limpar uma mesa se o ambiente em volta é irremediavelmente asqueroso? Certamente, respeito próprio pode encorajar as pessoas a dar o seu melhor mesmo na mais ingrata das tarefas, mas depender do Estado destruiu as bases do respeito próprio.

Num mundo que se tornou mais rico, a qualidade estética traz óbvios benefícios econômicos. Tomando-se o abismo entre a excelência do *design* italiano, educado nas belezas do passado, e a persistente falta de gosto da modernidade britânica, não é coincidência que a Itália tenha um dos maiores superávits comerciais entre as nações, ao passo que a Grã-Bretanha tem um dos maiores déficits.

A Itália, em outros tempos, estimava os ingleses, ou tinha ao menos certa admiração pela suposta retidão da vida britânica, que os italianos consideravam um modelo que deveria ser imitado. Essa retidão, acreditavam os italianos, caracterizava a conduta tanto do governo quanto da população, a qual se fazia por demais orgulhosa e digna para que sucumbisse à desonestidade. Lamentavelmente, essa é uma visão do passado, não do presente.

De qualquer forma, os italianos se conhecem bem o suficiente para não acreditarem piamente na possibilidade de um governo honesto em seu país, e esse é o motivo pelo qual as alegações de desonestidade despejadas contra o primeiro-ministro Berlusconi antes de sua eleição nunca se tornaram um verdadeiro problema. Mesmo que tais acusações sejam verdadeiras, o primeiro-ministro terá apenas feito em grande escala aquilo que boa parte dos italianos faz em pequena. O eleitorado provavelmente entendeu a nocividade do Estado leviatã por ser um leviatã, não por ser corrupto. Na verdade, um Estado leviatã incorruptível é mais temível do que um Estado meramente corrupto. De fato, se o Estado italiano se tornasse honesto sem uma simultânea redução em seu tamanho, o resultado seria uma enorme catástrofe econômica e cultural para a Itália.

Por outro lado, os britânicos ainda estão ligados em seu Estado como o bezerro à teta. Eles votaram maciçamente num partido e num homem que alegam ser responsáveis por tudo – cujo governo publicou há pouco, por exemplo, um livreto descrevendo as vantagens e desvantagens do casamento, como se a população fosse incapaz de pensar por si própria sobre coisas que a tocam mais intimamente (o que, num regime como esse, é crescentemente o caso).

Qual será o futuro de um país cujo governo acredita que a população precisa ser instruída para que saiba que o casamento pode, por vezes, resultar em desarmonia matrimonial?

2001

A Deusa das Tribulações Domésticas

Soube da morte da princesa Diana numa manhã de domingo na penitenciária. A bandeira estava hasteada a meio-mastro, e perguntei ao agente carcerário o motivo.

"Você não soube?", respondeu ele. "Diana morreu – num acidente de carro em Paris, enquanto despistava os *paparazzi*."

Experimentei um momento de pesar pela perda de uma vida jovem, encerrada de forma tão desnecessária e sem sentido, mas o dever me chamava. Um prisioneiro que fazia greve de fome se encontrava em estado grave de saúde. Ele protestava contra o que considerava uma injustiça: as sérias medidas de segurança que foram adotadas em seu caso, embora da última vez em que foram amenizadas, ele tentara fugir ao explodir o camburão que o transportava ao tribunal. Outro detento tentara se enforcar. Como um novo recruta da cultura penitenciária – os antropólogos diriam –, ele cometera o erro de delatar o roubo de seu rádio aos carcereiros, que o recuperaram para ele. Mas, a partir de então, passou a ser identificado como um *dedo-duro*, um delator, a única condição como detento que está abaixo do *duque-treze*;[1] e ele avaliou que seria melhor se enforcar logo de uma vez, antes que os outros

---

[1] A gíria usada pelo autor é o termo "nonce", no Brasil uma das gírias comumente empregadas é "duque-treze" que faz referência ao artigo 213 do Código Penal, sobre crimes de estupro. (N.T.)

prisioneiros fizessem isso por ele. Também havia outro detento que eu precisava ver: ele cortara seu antebraço alguns dias antes e se recusava a passar pela cirurgia necessária para dar os pontos. Ele resolvera fazer as vezes de médico e enfiara pedaços de papel e de talheres plásticos dentro da ferida.

Em resumo, tudo corria como de costume dentro da prisão, apesar da morte da princesa Diana. Apenas muito mais tarde percebi que uma histeria em massa fora desencadeada, fazendo com que a morte de Little Nell[2] se assemelhasse a um desapegado relatório clínico.

No momento em que Diana sofria o fatal acidente no túnel de Paris, as prensas do jornal *The Observer*, o jornal de domingo da *intelligentsia* progressista britânica, imprimiam o seguinte artigo, intitulado "O Diário da Sra. Blair", em uma coluna satírica: "Sempre me causa espanto que a imprensa faça uso dessas coisas [aquilo que Diana diz] como se viessem de um tocante e genial *insight* de sabedoria aristotélica e sagacidade shawiana,[3] e não fossem, na verdade, o gorjear de uma mulher cujo QI, caso fosse cinco pontos mais baixo, teria que receber cuidados especiais para fazer sua limpeza pessoal". Tão orgulhoso estava o jornal de sua deliciosa peça satírica que a chamada dominava toda a coluna, na qual se lia: "Caso o seu QI Fosse só um Pouco Mais Baixo, Ela Precisaria de Cuidados Especiais". Em outra parte do jornal, uma foto de Diana exibia a legenda: "Anta".

Esse tom cruelmente satírico não sobreviveria aos eventos trágicos daquele dia, certamente. Mas se é verdade que os bons modos exigem que não se fale mal de um recém-falecido, tampouco exigem que se façam exageradas elegias. Não obstante, o *The Guardian* – controlado, editado, escrito e lido pelas mesmas pessoas que leem o *The Observer* – logo começou a tecer bajulações nauseantes a respeito da falecida princesa. Entre outros milagres, o jornal lhe atribuía a revolução benéfica em nossas maneiras. Por exemplo, na terça-feira seguinte à sua morte, dois articulistas do *The Guardian*, um deles professor de ciências políticas da Universidade de Oxford, asseveravam que a princesa criara e refletira uma Grã-Bretanha

---

[2] A referência é Nell Trent, a principal personagem do romance *A Loja de Antiguidades*, de Charles Dickens. (N. T.)

[3] A referência é a reconhecida sagacidade de George Bernard Shaw. (N. T.)

mais afetuosa, após desalmados anos de arrogância thatcherista. Ela também nos transformara, de uma nação de pessoas que escondem seus sentimentos para uma na qual as pessoas são francas e expressam abertamente o que sentem – uma mudança para melhor, sem dúvida.

"Ela pregou uma doutrina de abraços, acolhimento e confissão", escreveu elogiosamente um dos articulistas, "uma doutrina revolucionária, cujo inimigo era a frigidez de nossa reserva habitual". Que a perda de reserva possa implicar outras perdas – profundidade, por exemplo – foi o tipo de reflexão não contemplado naquele momento.

O que estaria por trás dessa abrupta mudança de atitude, de um cruel abuso pessoal para um respeito absurdamente exagerado? Para os progressistas, que habitualmente avaliam o próprio valor e posicionamento moral em função do grau de ódio e de oposição teórica que sentem diante de tudo que exista, a princesa Diana fora útil tanto viva quanto morta. Diana era útil porque – ao mesmo tempo – atuava como integrante e proscrita do *status quo*, ou seja, alguém que poderia ser representado tanto como um símbolo do *establishment* quanto como seu inimigo. Desdenhada como foi pela família real, ela permanecia, não obstante, uma aristocrata a viver uma vida extremamente privilegiada.

Enquanto viva, ela fora usada como prova inequívoca de que pessoas sem grandes méritos ou inteligência especial desfrutavam de uma indevida projeção no país, o qual necessitaria, portanto, de reformas radicais, como aquelas exigidas pela *intelligentsia* progressista. Uma vez morta, ela poderia ser igualmente útil, a fim de demonstrar que a podridão de nossas instituições, como a monarquia, destruíra uma esplêndida mulher, com a qual o *establishment* não soubera conviver. A solução? Reformas ainda mais radicais, como aquelas exigidas pela *intelligentsia* progressista.

Após receber uma temporária canonização secular, para que castigue devidamente nossas instituições, Diana será (e isso é mais certo que o nascer do sol) desmistificada pelo *Observer* e pelo *The Guardian*, para que se confirmem as credenciais de absoluta independência de julgamento desses veículos de comunicação. Eles a retratarão como uma patricinha histérica, egoísta e manipuladora. E a roda terá feito a sua completa revolução.

Já a imprensa marrom – o único campo produtivo no qual a Grã-Bretanha, sem dúvida, ainda é líder mundial, e um reflexo fiel do nível cultural e educacional da população como um todo — perdeu momentaneamente o *status* devido à sugestão de que os fotógrafos, os quais eram rotineiramente contratados para flagrar a princesa em todos os ângulos e situações imagináveis, foram os grandes responsáveis pelo seu falecimento prematuro. Assim sendo, a imprensa marrom decidiu não publicar as fotos de Diana no acidente.

Mas, ao ficar estabelecido que o motorista que conduzia o veículo estava altamente alcoolizado e que acelerara de forma absurda dentro do túnel, a imprensa sensacionalista recuperou sua confiança e logo montou uma campanha para forçar a rainha a expressar o seu pesar em público e hastear a bandeira a meio mastro no palácio real, embora isso fosse contra o uso e o costume há séculos. A combinada circulação diária desses jornais fica na casa dos doze milhões de exemplares, e talvez metade da população do país leia um ou outro desses jornais; de modo que a rainha se viu obrigada a curvar-se diante daquilo que parecia ser uma pressão popular, ainda que, na verdade, manifestasse a cólera simulada de um punhado de editores, os quais lutavam para manter os níveis de circulação em tempos difíceis. Ninguém parou para perguntar se a tradição de não hastear a bandeira a meio mastro dentro do palácio não seria uma representação e defesa da ideia de que, enquanto os indivíduos são efêmeros, as instituições são permanentes e os ultrapassam; ou se, ao exigir que a rainha expressasse publicamente a sua dor, os jornais a obrigavam a exibir uma emoção que não sentia, ou mesmo que não lhe seria permitido sofrer em privado. De qualquer forma, trivializava-se e se barateava a emoção.

Mas a rainha foi mais esperta do que os editores. Em seu pronunciamento em cadeia nacional, que eles haviam exigido, ela conseguiu evitar o que teriam sido expressões patentemente desonestas de afeição por sua ex-nora ao expressar admiração por certas qualidades dela como, por exemplo, a sua energia — uma qualidade distintamente dúbia, atribuída a alguém cujas atividades não são inteiramente aprovadas.

O novo primeiro-ministro, Tony Blair, capturou com exatidão (na verdade, ele em parte a criou) a atmosfera nacional ao se referir a Diana como "a princesa do povo". No mesmo instante, essa alcunha pegou e se tornou universal, deixando duplamente mais difícil para alguém expressar reservas a respeito da adulação que era oferecida em sua memória, ou lançar dúvidas sobre a importância histórica atribuída a sua vida e sua desafortunada morte. Uma vez que ela se tornara a princesa do povo, exibir esse tipo de reserva ficaria caracterizado como atitude elitista e antidemocrática, oposta aos interesses do povo. Uma vez confabulado e universalmente aceito, um termo é capaz de obstruir o discernimento.

Mas teria a princesa do povo alguma coisa em comum com o povo mais do que a República Popular Democrática da Coreia tem em comum seja com a democracia, seja com o povo coreano? Sim e não: ela era sem dúvida uma figura popular, apesar de sua vida ser tão distante daquela do povo quanto a de um anacoreta que vive numa caverna no deserto.

A popularidade de Diana se assentava tanto na extrema diferença que tinha em relação às pessoas comuns quanto em sua semelhança diante delas. Ela era aristocrata, rica e glamorosa. Nascida para brilhar, casara com um príncipe, e sua vida tinha uma aura de conto de fadas, reconhecida no mundo inteiro. Lembro-me perfeitamente do momento em que assisti ao seu casamento pela TV enquanto trabalhava no Peru. A chamada anunciava o evento como *La Boda del Siglo*, o casamento do século. Não pude imaginar – tampouco ninguém poderia – que ele terminaria como *Los Funerales del Siglo*, o primeiro funeral verdadeiramente global.

Nela, a mística da realeza à qual Bagehot se referiu em *A Constituição Inglesa* [The English Constitution] foi substituída pela mística da celebridade; e, enquanto a primeira mística sempre dependeu da ocultação, a última depende da revelação, em geral em sua variante mais vulgar, lúbrica, banal e baixa. O culto à realeza, enquanto durou a mística, sugeria àqueles que o seguiam que haveria um plano de existência a transcender o mundo prosaico, e que existiria algo mais grandioso e importante do que eles próprios; ao passo que o culto à celebridade nada mais é do que a adoração disfarçada de nossos próprios desejos e apetites, os quais em sua grande maioria não foram lapidados. Uma silenciosa reverência por aquilo que não pode ser visto virou um ruidoso mexerico do ordinário, cujo resultado é uma viciosa espiral de apetites coletivos cada vez mais grosseiros, uma vez que o falatório precisa ser progressivamente libidinoso a fim de nos satisfazer.

Se por um lado a vida de Diana era inacessível às pessoas comuns e, portanto, o substrato para a projeção de fantasias, por outro lado era altamente acessível. Sucedeu-se que o seu príncipe revelou não ser tão encantado assim, ao menos para ela. O coração dele era de outra, mesmo no altar. Diana fora selecionada para se casar com o príncipe da mesma forma que um criador de cavalos seleciona os reprodutores, e pelos mesmos motivos: a linhagem de sangue deve prosseguir. Ela tinha dentes saudáveis e era fértil. Além do mais, a família com a qual se unira em função do casamento, interessante somente por causa de sua posição, não era nem um pouco normal. Dificuldades surgiram.

Portanto, Diana apresentava a marca de todos aqueles que haviam sido infelizes em seus casamentos, abandonados ou traídos por seus maridos ou esposas, que tiveram contratempos com suas sogras ou sogros, e que sofreram humilhações nas mãos de terceiros; isto é, uma altíssima porcentagem da raça humana. Os problemas dela eram os mesmos que podem afligir a todos, em particular qualquer mulher; logo, as pessoas comuns identificaram-se naturalmente com ela. Ela se tornou a deusa das tribulações domésticas.

Quando Diana revelou que sofria de bulimia, essa confissão selou sua popularidade universal. Numa época em que a força de caráter consiste em ser capaz de exibir as próprias fraquezas diante do olhar lúbrico de milhões de fofoqueiros ociosos, nada melhor para estabelecer a autenticidade da própria boa-fé do que uma confissão como essa, de que ela induzia o próprio vômito após comer demais, igual a milhões de garotas ansiosas por perder peso. Diana é uma de nós: alcoólatra, dependente química, depravada, cleptomaníaca, agorafóbica, anoréxica, ou qualquer uma das milhares de diagnoses encontradas no *Manual Diagnóstico e Estatístico da Associação de Psiquiatria Americana*.

Tão universalmente aceita tornou-se a abordagem patológico-terapêutica sobre a vida que o herdeiro apostólico de Santo Agostinho da Cantuária – quer dizer, o atual arcebispo da Cantuária – rendeu graças a Deus, durante o serviço funerário, agradecendo a vulnerabilidade da princesa Diana, como se uma sessão com o psiquiatra representasse a mais alta aspiração cultural e moral de uma pessoa. Sem dúvida, os prelados da Igreja da Inglaterra de nossos dias têm a consistência de um sorvete derretido, mas, ainda assim, soa absurdo render graças ao Autor do Universo pelas deficiências de uma princesa.

A outra qualidade que fez de Diana a princesa do povo foi, sem dúvida, a extrema banalidade de seus gostos e prazeres. Como ela mesma era a primeira a admitir, nunca fora particularmente inteligente, pelo menos no sentido intelectual do termo, embora fosse bastante intuitiva. Descontando o seu refinamento em moda, suas preferências eram comuns; em outras palavras, ela não era uma ameaça para os homens e as mulheres nas ruas, os quais sabiam que os gostos dela eram iguais aos seus, e que vivera da mesma forma que eles viveriam caso ganhassem na loteria. Mesmo sua afeição para com os pobres e desafortunados do mundo correspondia ao sentimento que as pessoas comuns sentem, de tempos em tempos. Nesse sentido, sua semelhança com Eva Perón, que abraçava os mais desfavorecidos em frente às câmeras e aos fotógrafos, é bastante notável, como também a similaridade da aura de santidade conferida pelo público – de forma um tanto inadequada –, depois de sua morte igualmente prematura.

Que os gostos dela fossem, apesar de ter recebido uma educação privilegiada, absolutamente banais e plebeus ficaram evidentemente atestados durante o funeral, quando Elton John entoou sua canção sentimentaloide, logo após o primeiro-ministro ter lido as magníficas palavras de São Paulo, em Coríntios. Foi altamente apropriado (e simbólico) que esse tolo lúgubre, com seu implante capilar, cantasse uma versão reciclada de uma música inicialmente dedicada à memória de Marilyn Monroe – uma celebridade que ao menos batalhou o próprio espaço no mundo, e que também fez alguns filmes dignos de nota. "*Goodbye, England's rose*", ele entoou com um sotaque norte-americano, e que diz muito sobre a perda de confiança na cultura britânica, "*from a country lost without your soul*".

No caldeirão sentimental dentro do qual boa parte do país afundou depois da morte de Diana, uma coisa fica evidente: os britânicos, sob a influência da mídia de comunicação de massa, a qual exige que todos tenham sempre à mão suas emoções ou pseudoemoções, perderam suas únicas qualidades admiráveis – estoicismo, autocrítica e um agudo senso de ironia – e ganharam, no lugar, qualidades desprezíveis. Trocaram profundidade por superficialidade, pensando que levaram vantagem nessa negociação. São como aquelas pessoas que pensam que o tratamento adequado para a constipação intestinal seja a promoção da diarreia.

"Expor as Emoções Revela Sinceridade" – ostentava a manchete do *The Guardian*; e esse é o motivo pelo qual uma enorme multidão em volta da Abadia de Westminster aplaudira efusivamente o discurso do conde Spencer, durante o funeral, apesar de sua óbvia e grotesca desonestidade. Que um discurso possa ser ao mesmo tempo emotivo e mendaz é uma percepção por demais sutil para aqueles que foram criados pela mídia da cultura de massa. Não apenas o agora grande defensor dos filhos de Diana fornecera um ambiente familiar muito aquém da estabilidade necessária para os seus próprios quatro filhos, mas de certa forma insinuava que os príncipes William e Harry tinham sido gerados por partenogênese, sem qualquer contribuição do príncipe Charles. Porém, ao castigar os odiosos tabloides ele se esqueceu de mencionar que eles satisfaziam o gosto degradado do público em geral, dois milhões dos quais se reuniam do lado de fora da abadia, lamentando o fato de que não haveria mais fotos de Diana em seus biquínis e beijando o último de seus amantes-celebridade. De fato, o conde Spencer (muito previsivelmente apelidado de "conde do povo") preferiu não dizer que a fama desfrutada por Diana era em grande parte o resultado da odiosa imprensa que ele excluíra do funeral, que os milhões que estavam de luto estavam na verdade lamentando a perda de um personagem de novela, e que as próprias relações simbióticas que Diana estabelecera com essa imprensa de répteis estavam muito longe de ser abertamente antagônicas. O bom conde agiu como os antissemitas de outros tempos, que acusavam os judeus pela existência da usura praticada por todos.

Ele não foi, de modo algum, a única pessoa a não perceber a conexão entre a demanda por invasões de privacidade e a subsequente oferta midiática, na era da celebridade. No dia do funeral, um paciente meu tentou suicidar-se com pílulas, ao sentir o dever que se impunha sobre ele de expressar sua lealdade à princesa Diana. Ele era um homem sozinho na casa dos cinquenta anos, vivia por conta própria e criara um culto pessoal pela princesa. Ele me disse que recortava e colecionava as fotos dela. Perguntei-lhe onde ele encontrava boa parte das fotos que colecionava. "No *Sun*", ele respondeu.

O tabloide *The Sun* – desnecessário dizer – é um dos que mais usaram de expedientes imorais em busca de fotos inéditas de Diana, um dos tabloides que o conde Spencer responsabilizou pela morte de sua irmã. Mas a ironia foi completamente ignorada, tanto por meu próprio paciente quanto pelo conde.

Diana já forjou o primeiro de seus milagres. Um sujeito alcoólatra e multimilionário insistira, durante muitos anos, em dirigir alcoolizado, mas o acidente no túnel de Paris provocou-lhe uma grande mudança, forçando-o a repudiar o seu antigo hábito, diante do qual médicos, a justiça, amigos e parentes não haviam produzido qualquer efeito até então. Faltam apenas mais dois milagres!

As teorias conspiratórias abundam, é claro, e já estão afetando os pacientes. Por exemplo, um canal francês de televisão sugeriu que a princesa Diana fora morta a mando da família real a fim de salvaguardar esta última do constrangimento de vê-la casar-se com um muçulmano. Uma teoria que, sem dúvida, ganhará terreno, sobretudo porque muitos suspeitam que a sua escolha de ter como amante o filho de um homem com o qual o governo britânico tem travado uma mordaz disputa por muitos anos não poderia ser mera coincidência. Muitos já acreditam que ela foi assassinada, mesmo sem a publicação de espúrios livros "investigativos". Uma paciente minha me disse que seria melhor para o marido dela recuperar o hábito de fidelidade marital, "senão"..., e eu lhe perguntei o que esse "senão" significava, e ela me disse, sombriamente, "um túnel em Paris".

Como se vê, nem todo mundo foi tomado pelo sentimentalismo em relação à morte de Diana, e o próprio funeral propiciou um ou dois momentos marcantes. Um dos comentaristas de um dos canais de televisão, por exemplo, cometeu um recorrente lapso freudiano, quando, à medida que o cortejo de Diana passava pela Banqueting House, notou que esse magnífico edifício era a única parte sobrevivente do Palácio de Westminster, "em cujas escadarias", ele acrescentou, "o *príncipe* Charles fora executado". O exíguo remanescente da população, que ainda sabe que a Inglaterra teve um rei Carlos [Charles],[4] e que este foi executado, caiu na risada com essa prova conclusiva de que, afinal de contas, Freud sabia do que estava falando.

Mas também houve momentos genuinamente tocantes, como quando a rainha mãe, aos seus 97 anos, subiu as escadarias da abadia e percorreu o seu corredor sem a ajuda de ninguém, graças a uma operação de substituição de quadril à qual se submetera quando tinha 95. Todavia, lembrei-me, inevitavelmente, que um dos cirurgiões que trabalhara nesse feito técnico extraordinário pedira, logo depois, um mês de licença, para retornar ao hospital como mulher. O doutor decidira mudar de sexo. O que mais podemos esperar de uma época em que, por todos os lados, é sugerido que a insistência da família real para que

---

[4] Trata-se do rei Carlos I, decapitado em 29 de janeiro de 1649. (N.T.)

os filhos de Charles e Diana se comportem com dignidade em público significa uma forma de abuso infantil, perpetrado por dinossauros pré-freudianos?

Uma paciente minha me fez lembrar que, em outros tempos, a contenção e reserva não estavam confinadas às camadas mais altas da aristocracia britânica. Essa paciente me consultou poucos dias depois da morte de Diana. Era uma senhora trabalhadora de 75 anos, cuja presença emanava dignidade e que passara por mais de uma tragédia em sua vida. Seu irmão morrera na destruição do submarino no qual servia durante a guerra, e sua cunhada fora morta durante um bombardeio, deixando a cargo dela a tarefa de cuidar do órfão do casal. O marido dela morrera relativamente jovem, e o seu primeiro filho falecera de ataque cardíaco aos 42 anos. "Ele tinha acabado de jogar uma partida de futebol, doutor, e estava no vestiário. Ele caiu no chão, e os seus amigos pensaram que ele havia escorregado, e disseram-lhe para que parasse de fazer drama. Ele olhou para os amigos, sorriu e foi embora." Contudo, o golpe mais amargo fora a morte do outro filho, recentemente morto num acidente no qual uma jamanta, conduzida de modo irresponsável, batera em seu carro. Ele tinha 50 anos. Ela me mostrou a foto do filho, sua mão tremia levemente ao me passar o retrato. Ele fora um homem de negócios bem-sucedido que devotara seu tempo livre levantando fundos para o Hospital Infantil e produzindo programas para sua própria estação de rádio.

"De algum jeito, não me parece certo", ela disse, "que ele fosse antes de mim". Perguntei-lhe se ainda chorava. "Sim, doutor, mas apenas quando estou sozinha. Não está certo, está? Deixar que as pessoas vejam. Afinal de contas, a vida segue."

Alguém poderia duvidar da profundidade de seu sentimento e de seu caráter? Qualquer pessoa decente não ficaria tocada diante de tamanho autocontrole, a fundação de sua força e dignidade? Não obstante, a fortaleza dela é precisamente a virtude que os acólitos da cultura do "dê-me um abraço e confesse" desejam extirpar do caráter nacional britânico, como se fosse uma obsolescência, em favor de uma banal, autocomiserada, estúpida e rasa incontinência emocional, em relação à qual a histeria gerada com a morte da princesa revela-se como rosado exemplo.

1997

O Criminoso Faminto

Raramente o *British Journal of Psychiatry* produz no leitor algo que não seja um *déjà-vu*, na melhor das situações, ou um *ennui*, na pior; mas um artigo na edição de julho surpreendeu e, consequentemente, recebeu ampla publicidade.

Pesquisadores conduziram testes completamente randômicos para verificar o efeito de suplementos vitamínicos e minerais no comportamento de detentos, os quais tinham entre 18 e 21 anos. Foram divididos aleatoriamente em dois grupos 231 detentos. Um dos grupos recebeu vitaminas verdadeiras, e o outro recebeu placebo. Aqueles que receberam vitaminas de verdade cometeram cerca de um terço das infrações de indisciplina e atos de violência durante o período de averiguação, em relação ao grupo que recebeu placebo.

Os pesquisadores mostraram que os dois grupos de detentos não apresentavam quaisquer diferenças significativas antes do teste (embora, um fato importante, eles não controlaram o uso prévio ou corrente de drogas ilícitas). Assim sendo, a redução do comportamento antissocial foi atribuída, com alta probabilidade, à ação dos vitamínicos. É verdade, os mesmos resultados terão que ser reproduzidos em outros lugares, e a reprodutibilidade é a marca registrada da genuína descoberta científica. Verdade, também, os pesquisadores não ofereciam qualquer explicação sobre o motivo pelo qual as vitaminas produziam tais efeitos — e os suplementos continham tantas vitaminas, minerais e ácidos graxos que demorariam muitas vidas a fim de se estabelecer exatamente quais foram os elementos que produziram os efeitos alegados.

Não obstante, a pesquisa levantava novas esperanças de progresso no combate contra os males de uma sociedade varrida e tomada pelo crime. Poderia ser o caso de, ao se manipularem doses de complexos vitamínicos sobre criminosos potenciais, os nossos lares e ruas se tornarem mais seguros?

Aqueles que há muito buscam razões para eximir os criminosos da responsabilidade pelos seus atos – um sinal da grande generosidade de espírito dessa gente – concluirão, a partir desses resultados, que o crime é a manifestação de uma doença física cerebral, ou que é o resultado da pobreza que a gera, em seu interior. Mas devemos nos manter cautelosos, pois, como sempre, outras interpretações são possíveis. Que muitos jovens internos estejam severamente desnutridos quando chegam à prisão, não tenho qualquer dúvida disso, uma vez que testemunho todos os dias casos graves de nutrição deficiente entre os recém-chegados no presídio em que trabalho. De uma média diária de vinte detentos novos, talvez seis, dentre os quais quatro são drogados, mostram óbvios sinais externos de desnutrição. Uma estimativa por alto poderia sugerir que cerca de mil detentos desnutridos são levados anualmente ao presídio em que trabalho. Isso significa que (se esse presídio for típico, e não há razão para se pensar o contrário) anualmente 25 mil homens desnutridos entram no sistema penitenciário britânico. No entanto, o estado de desnutrição que observo no presídio pode também ser encontrado no hospital no qual trabalho, entre os homens e as mulheres (embora num índice menor) da mesma classe social que os detentos.

Caso um diretor cinematográfico precisasse de extras para atuar como bósnios famintos num filme sobre as atrocidades cometidas pelos sérvios, ele encontraria abundante material humano nos novos internos que chegam à penitenciária todos os dias. Olhos fundos e protuberantes ossos faciais, costelas visíveis e peitorais encurvados, peles maceradas e amareladas, repletas de hematomas não curados, são características que se encaixariam perfeitamente no esquema do diretor. Os dentes de muitos deles estão caindo; suas línguas são avermelhadas e inchadas, e os cantos da boca estão rachados, típicos casos de deficiência de vitamina B. Esses detentos têm entre vinte e trinta anos.

Do ponto de vista dietético, a liberdade desempenha sobre eles o mesmo efeito que um campo de concentração; por outro lado, o encarceramento lhes restaura a saúde nutricional. Esse é um fenômeno novo, ao menos na escala em que presencio. Por exemplo, na semana passada tratei de um homem esquelético que fora solto da prisão apenas dois meses antes e perdera, nesse curto tempo, cerca de vinte quilos. Um reincidente, ele cumprira diversas sentenças leves por roubo, e seu peso subia e descia conforme estivesse preso ou solto, respectivamente. Esse é um padrão bastante comum de ganho e perda de peso entre os homens que compõem a classe baixa de minha cidade, um modelo um tanto quanto estranho para aqueles que acreditam que a desnutrição moderna seja um mero sintoma da pobreza e da desigualdade.

Cerca de dois terços desses jovens desnutridos são usuários de drogas. Esses jovens gastam uma quantia tal com drogas que, desconsiderando como esse dinheiro é ganho, poderia lhes garantir banquetes todas as noites. As drogas que consomem eliminam o apetite. Por exemplo, a náusea induzida pela heroína inibe o apetite, ao passo que a cocaína e seus derivados o suprimem totalmente. Não muito longe de onde moro, as prostitutas que ficam nas esquinas, e essas moças trabalham num sistema de turnos e se deslocam até o seu ponto de trabalho em vans que são alugadas pelos proxenetas, encontram-se, da mesma forma, bastante desnutridas (elas frequentemente vão parar no hospital em que trabalho) pelo mesmo motivo. Poderia se pensar que a fome assola o nosso país.

Nem todos os desnutridos são drogados, todavia. Somente quando se começa a investigar os hábitos alimentares dessas pessoas, não apenas como se alimentam no momento, mas ao longo de suas vidas, é que todo esse problema de deficiência nutricional começa a fazer sentido. O caminho mostra uma combinação entre má nutrição moderna, família moderna e relações sexuais modernas.

Consideremos o caso do jovem ladrão que tratei na prisão na semana passada. Não havia nada de extraordinário no seu caso, pelo contrário — ele representava, se assim posso afirmar, um típico ladrão britânico. Sua história era igual às milhares de outras que já ouvi. Aqui temos um típico exemplo da banalidade do mal.

Ele consumia heroína, mas nele a conexão entre hábito e comportamento criminoso não se dava como convencionalmente se supõe, ou seja, que sua dependência química produzira um desejo muito intenso e uma necessidade incontrolável de evitar os sintomas da abstinência, e ele se viu obrigado a recorrer ao crime como única saída. Pelo contrário – e como geralmente é o caso –, sua ficha criminal é bem anterior ao consumo de heroína. Na realidade, sua decisão de começar a consumir heroína foi, em si, uma continuação, quase um desdobramento lógico, de sua opção pela vida criminosa.

Esse jovem era magro e desnutrido da forma como descrevi. Ele tinha quase um metro e oitenta e pesava menos de sessenta quilos. Ele me disse o que muitos jovens nessa situação já haviam me dito: pedira ao juiz que não lhe concedesse liberdade provisória para que ele pudesse recuperar sua saúde na prisão – algo que sabia que não conseguiria fazer em liberdade. Alguns meses na detenção o colocariam de novo em forma para que pudesse, mais tarde, se entregar novamente ao consumo de heroína. A detenção funciona como centro de reabilitação médica para esse universo de pessoas. Eu o examinei e disse: "Você não se alimenta".

"Não muito", ele respondeu. "Não sinto vontade."

"E quando se alimenta, você come o quê?"

"Biscoitos e chocolate."

Esse padrão alimentar não fora imposto pela heroína, como os dependentes por vezes colocam. No entanto, marcava a história de sua vida.

Ele não conhecera seu pai, o qual não chegou sequer a alcançar o *status* de mito em sua mente. A existência de seu pai assemelhava-se mais a uma dedução lógica, o produto do silogismo a anunciar que todos os humanos têm pai, sou um humano, logo, tenho um pai. Para compensar essa carência, ele tivera padrastos em profusão, o último dos quais se envolvera em um breve, mas violento, relacionamento com sua mãe, um relacionamento que frequentemente exigia a intervenção da polícia a fim de prevenir um final prematuro por homicídio. Ele saiu de casa aos dezesseis anos, quando seu padrasto lhe deixou claro que ele se tornara um peso morto.

Perguntei a esse jovem se sua mãe, alguma vez, cozinhara para ele.

"Não, desde que meu padrasto chegou. Ela cozinhava para ele, mas não para nós."

Perguntei-lhe o que ele e seus irmãos e irmãs comiam e como se alimentavam.

"Comíamos o que encontrávamos", disse ele. "Procurávamos comida sempre que sentíamos fome."

"E o que havia para comer?"

"Pão, cereais, chocolate... esse tipo de coisa."

"Então, vocês nunca se sentavam à mesa e comiam juntos?"

"Não."

De fato, ele acabou dizendo que fazia quinze anos que não se sentava à mesa para comer junto com outras pessoas. Para ele, alimentar-se era uma experiência solitária, algo que se faz quase furtivamente, sem qualquer prazer associado ao ato e, claro, sem qualquer envolvimento social. As ruas eram a sua sala de jantar, como também seu cesto de lixo, e, no que se refere aos seus hábitos alimentares, ele se aproximava mais de um caçador-coletor do que de um homem que vivia numa sociedade altamente desenvolvida.

Longe de ser um caso à parte, a história desse rapaz é corriqueira, uma história que já ouvi centenas ou até mesmo milhares de vezes. Outro rapaz, também expulso de casa ainda muito jovem, uma vez que o seu mais recente padrasto, apenas alguns anos mais velho do que ele, considerava-o um estorvo desnecessário, viu-se obrigado a peregrinar de casa em casa de amigos por seis anos. Desprovido de formação profissional ou educacional para executar qualquer trabalho específico, ele fazia ocasionalmente alguns bicos, que duravam poucas semanas, de modo que nunca conseguia adquirir uma suficiente estabilidade financeira para poder pagar o aluguel de uma moradia (em condições de escassez, as habitações públicas são disponibilizadas às mães solteiras, e ele piorara sua situação ao ter dois filhos com duas garotas diferentes). É desnecessário dizer que ele tampouco possuía habilidades domésticas, pois isso nunca lhe fora ensinado, e seus amigos, todos provenientes do mesmo meio social, eram igualmente despreparados. Eles também se alimentavam como andarilhos e esperavam que ele se virasse por conta própria, o que fazia comendo chocolate, o único alimento que recordava ter ingerido de forma consistente nos últimos anos. Fora o tempo em que estivera na prisão, por furto de veículos, fazia uma década que ele não tinha uma refeição. Não demorará muito tempo até que alguém sugira que a solução para um problema como esse seja o fortalecimento do chocolate com minerais e vitaminas.

Toda semana no hospital encontro ao menos um jovem que me conta uma história semelhante a essa. É uma narrativa que me irrita e me frustra. A desnutrição desses jovens é a marca de todo um modo de vida, e não o resultado de uma crua e inescapável pobreza. Outro paciente que vi pouco depois, também desnutrido, disse-me que não comia praticamente nada, sobrevivendo à base de refrigerantes.

Não é necessário pensar muito para perceber, a partir daquilo que se vê na cor e na consistência da língua desses jovens, a conexão entre esse estado nutricional e certo tipo de ideologia dos relacionamentos humanos, encorajada por nossas leis e por nosso sistema fiscal, ambos forjados nas políticas de bem-estar social. Trata-se da dissolução da estrutura familiar, e esse é o fenômeno central por trás desse estado de desnutrição na Grã-Bretanha de hoje – uma dissolução tão completa que as mães não mais consideram como seu dever alimentar os próprios filhos, tão logo eles alcancem a idade na qual podem coletar seu próprio alimento na geladeira. Esse tipo de má nutrição afeta hoje, segundo o Sistema Público de Saúde, milhões de lares britânicos. E não é de se estranhar que jovens que não aprendem a viver socialmente, dentro dos limites de seus próprios lares, e que não dominam sequer as rotinas sociais mínimas de refeição em família, sejam completamente antissociais em outros aspectos.

Portanto, um dos serviços de grande utilidade que as prisões britânicas poderiam oferecer, mas que não ousam, seria o de ensinar esses jovens a se alimentar coletivamente. Em vez disso, elas reforçam o padrão de consumo solipsista, ao fazer com que os detentos levem sua refeição para suas celas, onde se alimentam da mesma forma furtiva e solitária como se masturbam.

Se os efeitos desse tipo de desnutrição, ligado a um comportamento profundamente antissocial, estimulam o desenvolvimento de outras formas de comportamento antissocial – ao afetar o cérebro e, portanto, a capacidade do doente de fazer escolhas racionais –, é uma pergunta que só poderá ser respondida em investigações futuras. Pessoalmente, não considero essa ideia de todo improvável.

A existência de desnutrição em meio à abundância de alimentos para todos não foi totalmente ignorada pela *intelligentsia* ou pelo governo, o qual, é claro, começou a propor medidas para combater esse mal. Todavia, como de costume, nem os analistas tampouco suas pesquisas estatísticas desejam olhar o problema de frente, ou mesmo estabelecer as conexões óbvias. Para eles, a mais real e inadiável questão que se levanta frente a qualquer problema social é a seguinte: "Como faço para parecer que estou preocupado e que sou bom diante dos amigos e dos colegas?". É desnecessário afirmar que, diante desse quadro mental, o primeiro imperativo é evitar qualquer insinuação de imputar responsabilidade à suposta vítima ao se avaliar as más escolhas que ela fez. Não é permitido sequer olhar para as motivações por detrás dessas escolhas, uma vez que, por definição, vítimas são vítimas e, portanto, não podem ser responsabilizadas por seus atos, ao contrário da pequena e relativamente diminuta classe de seres humanos que não são vítimas. Pode-se, talvez, estender a famosa máxima de La Rochefoucauld de que não se pode olhar fixamente, por muito tempo, nem para o sol nem para a morte, e dizer que nenhum membro da *intelligentsia* progressista consegue olhar fixamente, por muito tempo, para um problema social. Esse intelectual sentirá uma incontrolável necessidade de escapar para as divagações impessoais e abstratas, referindo-se às estruturas ou alegadas estruturas sobre as quais a vítima não tem qualquer controle. E a partir dessa necessidade de evitar a dureza da realidade ele fiará esquemas utópicos de engenharia social.

Assim sendo, a *intelligentsia* britânica já propôs uma abstração que se encaixa perfeitamente à questão – ou seja, a necessidade de explicar uma desnutrição disseminada, em meio à abundância de alimentos, sem precisar se referir à conduta dos próprios mal nutridos. A solução recebe o nome de "desertos alimentares".

Um deserto alimentar é uma área pobre de uma cidade, grande ou pequena, na qual são poucos os estabelecimentos que vendem alimentos, e na qual esses poucos estabelecimentos oferecem uma pequena variedade de gêneros alimentícios, geralmente com baixa qualidade nutricional e preços altos. As grandes cadeias de supermercado, que recusam cumprir o seu dever social, isolaram-se nas áreas prósperas, onde podem vender com lucros exorbitantes para um público consumidor que não precisa se preocupar com seus gastos e escolhas alimentares. Há uma carência particular de alimentos frescos nos desertos alimentares. Aquilo que está à disposição são alimentos processados ou pré-prontos, cheios de sal e do pior tipo de gordura, aos quais faltam ingredientes vitais. As pessoas que vivem nesses desertos alimentares, portanto, não têm outra escolha a não ser se alimentar de forma precária. Certamente, a causa real – ou seja, fundamental – desses desertos alimentares é o capitalismo moderno, o sistema responsável pela criação e perpetuação desse problema.

Tornou-se uma verdade universalmente reconhecida que esses desertos alimentares existam e que os grandes responsáveis sejam as cadeias de supermercados (e, por extensão, o Sistema). O governo, com sua benevolência ditatorial, sempre disposto a encontrar novos campos para controlar a vida das pessoas, propôs uma nova legislação a fim de erradicar aquilo que ficou conhecido como "pobreza nutricional" ao irrigar esses desertos com subsídios aos fornecedores de alimentos. As emendas adicionais da lei ainda não foram todas aprovadas, exceto o estabelecimento de uma Autoridade para Avaliação da Pobreza Nutricional em cada distrito, uma entidade certamente controlada por burocratas, os quais aferirão os índices de pobreza nutricional e contarão a distância que as pessoas terão que percorrer na obtenção de legumes e verduras frescas. A pobreza de um gera a oportunidade de emprego de outro, e isso vale, no mínimo, desde o século XVI, quando um bispo alemão observou o quanto os pobres eram uma mina de ouro.

Recentemente, durante um almoço do qual participei, oferecido por uma revista de esquerda para a qual por vezes contribuo, surgiu a questão sobre a pobreza nutricional e os seus desertos alimentares, e foi com grande surpresa que ouvi a descrição de uma área, distante não mais de um quilômetro e meio de onde moro, como o pior caso desses desertos, positivamente o Atacama alimentar.

Por ser a única pessoa presente que tinha conhecimento pessoal – aquilo que Bertrand Russell costumava chamar de "conhecimento por familiaridade" – da área em questão, senti-me na obrigação de dizer que eu frequentemente fazia minhas compras na região, num pequeno mercado indiano onde se podia comprar, por exemplo, dez quilos de cebolas por 3,40 libras, e onde uma imensa variedade de legumes e verduras frescas podia ser encontrada pela metade do preço que era normalmente cobrado nas redes de supermercados. No entanto, as únicas pessoas pobres que compravam na loja eram os indianos imigrantes ou seus descendentes – donas de casa que vasculhavam os produtos procurando cuidadosamente os melhores preços. Praticamente não se viam brancos ou negros da classe baixa nesse mercado, embora fosse uma região onde houvesse muitos brancos e negros. Apenas algumas pessoas de classe média branca, que vinham de outros bairros, eram clientes regulares e aproveitavam os preços excepcionalmente baixos daquele estabelecimento.

Além do mais, diferentemente das pessoas que falavam com tanta propriedade de desertos alimentares, eu tinha, em função de meus deveres médicos, visitado muitas casas da região. As únicas casas nas quais havia sinais de vida culinária e de refeições como atividade social, em que as famílias discutiam os assuntos do dia a dia e reafirmavam seus laços recíprocos, eram as das famílias de imigrantes indianos. Nas casas dos brancos e dos negros, cozinhar significava, na melhor das hipóteses, reaquecer o alimento no forno de micro-ondas, e não havia uma mesa em torno da qual as pessoas podiam se sentar juntas a fim de comer sua refeição requentada. Nesses lares, as refeições eram solitárias, pobres, grosseiras, britânicas e curtas.[1]

Os imigrantes indianos e seus descendentes herdaram uma culinária muito melhor e mais elaborada do que a dos britânicos, certamente, mas isso não seria uma explicação suficiente para entender a disposição dos primeiros em comprar alimentos frescos e cozinhá-los. Eles continuam a cozinhar porque ainda vivem em famílias, e a culinária é uma

---

[1] O autor faz uma alusão mordaz à célebre frase de Thomas Hobbes em *Leviatã*: "E a vida do homem é solitária, miserável, sórdida, brutal e curta". (N. T.)

arte socialmente motivadora. Mesmo entre os indianos dependentes de heroína, sobretudo muçulmanos, o tipo de desnutrição que descrevi é raro, uma vez que eles ainda não vivem no mesmo nível de isolamento solipsista dos seus concidadãos brancos, os quais estão na solidão mesmo quando existem outras pessoas habitando a casa ou o apartamento onde moram. Portanto, a dependência em narcóticos é uma condição necessária para boa parte do tipo de desnutrição que testemunho, mas não é uma condição suficiente.

Os donos desse mercado distante um quilômetro e meio da porta da minha casa, que oferecem os seus produtos aos imigrantes indianos, provavelmente são muito ricos, e o fato de seus clientes serem pobres não os impediu de estabelecer um negócio próspero. Todavia, se analisarmos as lojas de conveniência em bairros de trabalhadores predominantemente brancos (onde a renda *per capita* não é mais baixa), encontraremos uma variedade muito menor de produtos e uma quantidade menor ainda de produtos frescos, a maioria processada para facilitar a preparação. Enquanto o mercado indiano dá a impressão de intensa atividade e de esperança, a loja de conveniência num bairro branco da classe trabalhadora passa a impressão de passividade e desespero. Caso realmente existam desertos alimentares – a explicação se encontra na demanda, não na oferta. E a demanda é um fenômeno cultural.

As conexões que delineei são óbvias, embora sejam negadas, ou apenas ignoradas, na típica abordagem moderna dos problemas sociais na Grã-Bretanha. Pelo menos, o artigo no *British Journal of Psychiatry* não tenta afirmar que o fenômeno de desnutrição dos jovens detentos pode ser explicado sem as referências de suas escolhas, ideias, hábitos, modos de vida e padrões de relacionamento social e familiar. O artigo é completamente agnóstico em relação à fonte ou às razões de suas deficiências dietéticas. Tampouco tenta desagregar os resultados segundo grupos étnicos: os números envolvidos na pesquisa eram provavelmente muito pequenos para que essa abordagem fosse viável, mesmo que os autores desejassem usar esse procedimento.

Ao não querer enxergar a conexão entre mazela e modo de vida, a *intelligentsia* progressista tem muitas razões para não querer perceber ou mesmo admitir as dimensões culturais do fenômeno da desnutrição em meio a uma economia de fartura alimentar, e responsabiliza as redes de supermercado. A primeira razão para isso é a necessidade de evitar o confronto com as consequências provenientes das mudanças na ordem moral, dos costumes e das políticas sociais que essa *intelligentsia* tem constantemente apoiado. A segunda é evitar imputar qualquer responsabilidade às pessoas pobres cujas vidas são pouco invejáveis. Que essa abordagem leve a uma visão dessas pessoas como irrecuperáveis autômatos, enredados por forças que não podem influenciar, muito menos controlar – e que, portanto, não podem assumir sua completa condição humana – não preocupa nem um pouco os membros da *intelligentsia*. Pelo contrário, aumenta a importância do suposto papel providencial dessa elite na sociedade. Acusar as redes de supermercado é, de forma implícita, exigir que a elite progressista e burocrática deva receber doses ainda maiores de controle sobre a sociedade. É assim que a atual lei da erradicação da pobreza nutricional do governo britânico deve ser interpretada. Ao tentar combater as fontes de fornecimento em vez de compreender os fatores da demanda, ela contornará a questão sobre todo um modo de vida – um problema cuja apreensão exigiria uma genuína coragem moral – para mirar, em seu lugar, um alvo muito mais fácil. O governo aumentará a burocracia e a regulamentação sem reduzir, contudo, a desnutrição.

Em resumo, essa é a história da moderna Grã-Bretanha.

2002

Não Legalizem as Drogas

É possível observar uma progressão das mentalidades: num primeiro momento, o impensável se torna pensável. Mais tarde, torna-se uma ortodoxia cuja verdade parecerá tão óbvia que ninguém mais ousará lembrar que alguém já pensou a coisa de forma diferente. É exatamente isso que está acontecendo com a ideia sobre a legalização das drogas, sobre a qual já se chegou ao estágio no qual milhões de cérebros estão em unânime acordo. Deve-se permitir o consumo daquilo que as pessoas queiram usar, essa é a solução óbvia, e de fato a única diante dos problemas sociais que surgem do consumo de narcóticos.

O desejo que as pessoas têm de consumir substâncias que alteram o estado de consciência é tão antigo quanto a própria sociedade – como são antigas as tentativas para se regulamentar seu consumo. Se, de uma forma ou de outra, o uso de substâncias desse tipo é inevitável, então, o mesmo vale para as restrições habituais ou legais contrárias ao seu consumo. No entanto, antes da nossa, nenhuma outra sociedade teve que lidar com quantidades tão gigantescas de entorpecentes, aliada a uma histeria coletiva que exige a garantia de direitos associados a prazeres pessoais cada vez mais ampliados.

Os argumentos favoráveis à legalização das drogas têm dois vieses: um filosófico e outro pragmático. Nenhum deles é desprezível, mas creio que sejam equivocados e errem o alvo.

O argumento filosófico diz que, numa sociedade livre, deve ser permitido aos adultos fazer o que lhes agrade, levando-se em conta que estejam preparados para assumir as consequências de suas próprias escolhas, e que não prejudiquem ou causem danos diretos a terceiros. O *locus classicus* desse entendimento é o famoso ensaio de John Stuart Mill, *Sobre a Liberdade*: "O único propósito com o qual se legitima o poder sobre algum membro de uma comunidade civilizada, contra a sua vontade, é evitar danos aos demais", Mill escreve. "Seu próprio bem, seja físico ou moral, não é garantia suficiente." Esse individualismo radical não confere à sociedade qualquer parte na modelação, determinação ou aplicação de um código moral: em resumo, não temos nada em comum, a não ser nosso acordo contratual para não interferirmos nas vidas uns dos outros, enquanto prosseguimos em busca de nossos prazeres privados.

Na prática, contudo, é extremamente difícil garantir que as pessoas assumam todas as consequências de seus próprios atos – como elas deveriam fazer, caso o grande princípio de Mill pudesse servir como um guia filosófico para a tomada de decisões políticas. A dependência química ou o uso regular de drogas não afeta apenas a pessoa que as consome, uma vez que não poupa cônjuges, filhos, vizinhos e empregadores de sofrerem consequências. Nenhum homem, com a possível exceção de um eremita, é uma ilha. Assim, é praticamente impossível que o princípio de Mill possa ser aplicado a qualquer ação humana, e muito menos aos casos de consumo de heroína ou crack. Um princípio como esse é quase inútil em determinar o que deveria e o que não deveria ser permitido.

Talvez não devêssemos ser tão duros com o princípio de Mill, já que não está claro que alguém tenha pensado algo melhor. Mas é precisamente esse o ponto. As questões humanas não podem ser resolvidas a partir do apelo exercido por uma regra que se apresente como infalível, e que esteja expressa em poucas palavras, cuja simples aplicação seria capaz de resolver todos os casos, incluindo se o consumo de drogas deve ou não ser liberado para a população adulta. Fundamentalismo filosófico não é preferível à variante religiosa, e uma vez que os anseios da vida humana são muitos, e eles quase sempre estão em conflito entre si, a mera inconsistência filosófica das políticas adotadas – tal como permitir o consumo de álcool enquanto se proíbe o consumo de cocaína – não é um argumento suficiente contra essa política. Todos valorizamos a liberdade e a ordem; por vezes sacrificamos a liberdade em nome da ordem, e por outras sacrificamos a ordem em nome da liberdade. Mas uma vez que não haja mais proibição, é muito difícil restaurá-la, mesmo quando a nova liberdade adquirida prova ser equivocada e socialmente desastrosa.

Mill chegou a perceber as limitações de seu princípio como um guia para a aplicação de políticas e negou que todos os prazeres tivessem um significado igual para a existência humana. Melhor seria um Sócrates descontente a um tolo satisfeito, ele disse. Mill reconheceu que alguns objetivos eram intrinsecamente mais valiosos que outros.

Assim sendo, nem todas as liberdades se equiparam, tampouco se equiparam as limitações de liberdade, pois algumas são sérias e outras triviais. A liberdade de que desfrutamos – ou de que deveríamos desfrutar – não compreende somente a satisfação de nossos apetites, sejam lá quais forem eles. Não somos Harold Skimpole de Dickens, exclamando em protesto que "até as borboletas são livres!". Não somos crianças irritadas com restrições apenas *por serem* restrições. E chegamos mesmo a reconhecer o aparente paradoxo de que algumas limitações impostas sobre nossas liberdades nos tornam, afinal de contas, mais livres. O homem mais livre não é aquele que, servilmente, obedece aos seus apetites e desejos por toda a vida – como um bom número de meus pacientes acaba descobrindo depois de muito sofrimento.

Estamos preparados a aceitar limites em nossas liberdades por muitos motivos, e não apenas pelos motivos que emanam da ordem pública. Tomemos um caso hipotético e radical: exibições públicas de necrofilia não são, felizmente, permitidas, embora, segundo o princípio de Mill, elas devessem ser. Um cadáver não tem interesses e não pode sofrer danos, já que não é mais uma pessoa, e nenhum membro da comunidade seria prejudicado caso concordasse livremente em ir a uma exibição como essa.

Além do mais, nossa decisão em proibir exibições como esta não seria alterada caso descobríssemos que milhões de pessoas desejassem assistí-las ou mesmo caso descobríssemos que milhões de sujeitos já estivessem de fato participando ilegalmente dessas exibições. Nossa objeção não se baseia em considerações pragmáticas ou no número de cabeças, e sim no equívoco das exibições como tal. O fato de a proibição representar uma restrição genuína sobre nossa liberdade não conta nesse caso.

Pode ser defendido que a liberdade de escolher entre uma variedade de substâncias tóxicas é uma liberdade muito mais importante, na qual milhões de pessoas desfrutam de um divertimento inocente ao consumir estimulantes e narcóticos. Mas o consumo de drogas tem o efeito de reduzir a liberdade das pessoas, ao reduzir drasticamente o âmbito de seus interesses. O consumo prejudica a busca de objetivos humanos mais importantes, tais como constituir uma família e cumprir obrigações públicas. Muito frequentemente prejudica a habilidade de construir uma vida profissional e promove o parasitismo. Além do mais, longe de expandir a consciência, a maior parte das drogas a limita. Uma das características mais universais dos drogados é a forma intensa e tediosa como ficam absortos em si mesmos, e as jornadas que empreendem ao espaço interior são geralmente incursões a vácuos internos. Consumir droga é uma forma preguiçosa de buscar felicidade e sabedoria, e esse atalho acaba se tornando a mais sem saída das ruas sem saída. Perdemos realmente muito pouco com a proibição do consumo de drogas.

A ideia de que a liberdade é a mera habilidade de um sujeito fazer valer os seus caprichos é um tanto quanto rasa, e mal consegue capturar as complexidades da existência humana; um homem cujos apetites são sua lei nos chama a atenção não como alguém liberto, porém escravizado. E quando uma liberdade tão estreitamente concebida transforma-se no critério das políticas públicas, a dissolução da sociedade estará próxima. Nenhuma cultura que tenha na autoindulgência publicamente sancionada o seu mais alto bem pode sobreviver por muito tempo, e um egotismo radical será desencadeado, no qual quaisquer limites sobre o comportamento pessoal serão experimentados como infrações contra os direitos básicos. Perceber as distinções entre o importante e o trivial, entre a liberdade de criticar ideias recebidas e a liberdade para se consumir LSD, por exemplo, é o tipo de discernimento que mantém as sociedades livres do barbarismo.

Dessa forma, a legalização das drogas não pode ser defendida a partir de um princípio filosófico. Mas caso o argumento prático a favor da legalização fosse suficientemente forte, ele poderia facilmente sobrepujar outras objeções. É sobre esse argumento que grande parte dos defensores da legalização se sustenta, de que a maciça maioria dos danos causados à sociedade pelo atual consumo ilícito de drogas não se deve às propriedades farmacológicas dos entorpecentes, e sim à própria proibição e à decorrente atividade criminal que a proibição sempre acaba encetando. Uma simples reflexão nos diz que uma oferta invariavelmente cresce a fim de suprir uma demanda; e quando a demanda é disseminada, a supressão se torna inútil. De fato, essa supressão se torna danosa, uma vez que – ao subir o preço do bem em questão – ela aumenta os lucros dos intermediários, o que lhes traz incentivos ainda mais poderosos para estimular futuras demandas. Os enormes lucros acumulados do mercado da cocaína e da heroína – não fosse pela ilegalidade, essas substâncias seriam mais baratas e facilmente obtidas mesmo pelos mais pobres no universo das sociedades ricas – exercem um efeito profundamente corruptor sobre produtores, distribuidores, consumidores e, também, sobre agentes policiais e legais. Além disso, é bem conhecido que a ilegalidade, em si mesma, apresenta atrativos para a juventude já inclinada à rebeldia. Muitos dos danosos efeitos físicos das drogas ilícitas são provenientes de seu *status* ilegal, por exemplo, os diferentes graus de pureza e impureza da heroína que circula nas ruas são responsáveis por muitas das mortes por overdose. Se a venda e o consumo dessas drogas fossem legalizados, os consumidores teriam mais controle sobre as doses reais e, portanto, evitariam as overdoses.

Além do mais, uma vez que a sociedade já permite o uso de algumas substâncias alteradoras de consciência, as quais causam dependência e são nocivas, tais como o álcool e a nicotina, a proibição de outras pode parecer hipócrita, arbitrária e ditatorial. Sua hipocrisia, como também seu patente fracasso em aplicar com êxito as proibições, leva inevitavelmente a um declínio no respeito às leis como um todo. Então, tudo se parte, o centro não se sustenta.[1]

Portanto, parece razoável pensar que todos esses problemas seriam resolvidos de uma só vez, caso fosse permitido que as pessoas fumassem, ingerissem, cheirassem ou injetassem o que quisessem. A corrupção

---

[1] O autor usa o célebre terceiro verso do poema "O Segundo Advento", de William Butler Yeats. Em inglês: "Things fall apart; the center cannot hold". (N.T.)

policial, a cooptação de crianças de onze e doze anos em atividades ilegais, a acumulação de fortunas pelo tráfico, que faz o trabalho honesto parecer tolo e sem sentido por comparação, as guerras entre as gangues que tornam os bairros pobres excessivamente violentos e perigosos, todas essas coisas cessariam de uma só vez, caso houvesse a descriminação das drogas, e caso o fornecimento fosse regulado da mesma forma que o álcool.

Mas certa modéstia diante de um futuro inerentemente desconhecido é aconselhável. Esse é o motivo pelo qual a prudência é uma virtude política. O que a razão pensa que *deveria* acontecer nem sempre acontece, necessariamente, na prática. Mas, como disse Goethe, toda teoria, meu amigo (incluindo teorias do livre mercado e teorias monetárias), é cinza. E verde a árvore dourada da vida. Caso as drogas sejam legalizadas, creio que a árvore dourada da vida frutificará algumas surpresas bastante desagradáveis.

É certamente verdade, mas apenas de forma trivial, que a atual ilegalidade das drogas é o que mantém a criminalidade que domina a sua distribuição. O mesmo acontece com a ilegalidade do roubo de veículos, cuja existência cria os ladrões de carro. De fato, a causa primeira de toda criminalidade é a lei. Até onde sei, nem por isso ninguém jamais sugeriu que a lei devesse ser abandonada. Além do mais, a impossibilidade de vencer a "guerra" contra furtos, roubos, assaltos e fraudes nunca foi usada como argumento para se revogar a criminalidade dessas práticas. E desde que uma demanda por bens materiais supere a sua oferta, as pessoas ficarão tentadas a cometer atos criminosos contra a propriedade de terceiros. A meu ver, isso não é um argumento contra a propriedade privada, ou um que favoreça a propriedade comum de todos os bens. Todavia, o argumento sugere que continuaremos precisando de uma força policial por um bom tempo.

De qualquer forma, há motivos para se duvidar se realmente o índice de criminalidade cairia abruptamente como os defensores da legalização costumam sugerir. Amsterdã, onde o acesso às drogas é relativamente aberto, está entre as cidades mais violentas e sórdidas da Europa. A ideia que está por trás do crime – de ficar rico, ou ao menos mais rico, depressa e sem muito esforço – pouco provavelmente desaparecerá uma vez que as drogas se tornem livres e disponíveis a todos que queiram consumir. E pode ser que um comportamento antissocial oficialmente sancionado –

a supressão oficial dos tabus — gere novas formas de comportamento antissocial, como sugere a teoria das "janelas quebradas".

Tendo conhecido muitos traficantes, duvido que essas pessoas vivam de forma respeitável caso o principal produto de seu negócio seja legalizado. Longe de mostrar um desejo de serem reincorporados ao mundo do trabalho regular, eles expressam um profundo desprezo por ele, e consideram aqueles que aceitam a barganha de um honesto dia de trabalho em troca de um pagamento honesto como covardes e estúpidos. Uma vida criminosa tem os seus atrativos para muitos que, de outra forma, levariam uma existência mundana. Desde que haja a possibilidade de lucrativos expedientes criminosos como o tráfico ilegal de entorpecentes, entre outros, essas pessoas irão se envolver nessas atividades, ampliando-as. Portanto, embora os favoráveis à legalização hesitem diante da perspectiva de permitir o consumo de drogas para as crianças, a descriminação pode facilmente resultar na criação de um mercado, entre os traficantes, que vise mais e mais ao público infantil, o qual — na atmosfera permissiva que já prevalece — foi introduzido à subcultura das drogas em números absolutamente alarmantes.

Aqueles que não estão envolvidos com o tráfico de drogas, mas que cometem crimes a fim de financiar o consumo pessoal de entorpecentes são, por certo, mais numerosos do que os traficantes de larga escala. É verdade que uma vez que esses viciados em ópio, por exemplo, participem de programas de tratamento, os quais em geral incluem a manutenção de pequenas doses de metadona, constata-se que o índice de seus crimes cai drasticamente. A clínica para drogados em meu hospital alega uma redução de 80% nas condenações por crimes entre os dependentes de heroína, ao serem estabilizados com metadona.

Esse é um dado impressionante, mas não é certo que os resultados possam ser generalizados. Em primeiro lugar, esses pacientes estão lá por conta própria, ou seja, já têm alguma motivação para querer mudar, caso contrário eles não estariam na clínica. Apenas uma pequena minoria dos dependentes ingressa nesse tipo de tratamento, portanto não é seguro concluir que, caso outros dependentes recebessem metadona, sua atividade criminosa também diminuiria.

Em segundo lugar, um declínio nas condenações não corresponde necessariamente a um declínio na criminalidade. Se a metadona de fato estabiliza a vida de um viciado, pode ser que ele se torne um criminoso mais eficiente e ardiloso. Além do mais, quando a polícia em nossas cidades prende um viciado, há uma grande possibilidade de ele escapar de qualquer processo caso prove que está passando por algo que remotamente se assemelhe a um tratamento psiquiátrico. As autoridades o levam diretamente ao médico. Ter passado por uma consulta psiquiátrica é um álibi bastante funcional para o assaltante ou ladrão; a polícia, que não quer preencher mais de quarenta formulários que agora são necessários para se processar alguém, sobre qualquer coisa, na Inglaterra, considera um único contato com um psiquiatra um motivo suficiente para privar o sujeito de qualquer responsabilidade criminosa para sempre.

Em terceiro lugar, o índice de criminalidade entre esses viciados, que recebem metadona das clínicas, embora reduzido, permanece bastante alto. O diretor representante da clínica estima que o número de ações criminosas cometidas em média por um paciente seu (segundo os relatos do próprio paciente) era de 250 por ano antes de entrar no tratamento, e 50 depois do tratamento. Pode muito bem ser que a diferença real seja consideravelmente menor, já que os pacientes têm um incentivo para exagerar a melhora, a fim de garantir a continuidade das doses de metadona. Mas, claramente, viciados em opiáceos que recebem legal e gratuitamente suas doses da droga continuam a cometer um grande número de ações criminosas. Nas clínicas das prisões nas quais trabalho, conheço numerosos detentos que estavam sob o tratamento à base de metadona quando cometeram o crime pelo qual estão encarcerados.

Por que esses viciados que recebem suas doses de graça continuam a praticar crimes? Certamente, alguns viciados continuam a consumir outras drogas, além daquelas que estão prescritas e precisam financiar o seu consumo. Enquanto houver restrições que regulem o consumo de drogas, muitos dependentes continuarão a buscá-las de forma ilícita, desconsiderando-se o que já recebem legalmente. Além do mais, as drogas, em si mesmas, exercem um efeito de longo prazo sobre a habilidade de uma pessoa ganhar a própria vida, limitando severamente, em vez de expandir, os seus horizontes e a sua capacidade mental. As drogas minam a vontade própria ou a capacidade do dependente de fazer planos de longo prazo. Enquanto as drogas forem o foco da vida de um dependente, elas absorverão todos os seus esforços, e muitos dependentes continuam a procurar o resto do que precisam por meio de ações criminosas.

Para que a proposta de legalização das drogas gere seus tão vangloriados benefícios de redução do índice de criminalidade, essas drogas precisariam ser baratas e prontamente acessíveis. Os defensores da legalização supõem que exista um limite natural na demanda para essas drogas e, caso seu consumo fosse legalizado, a demanda não cresceria de maneira significativa. As pessoas psicologicamente instáveis que consomem drogas continuariam a fazer isso, mas, agora, sem a necessidade de cometer crimes, ao passo que aquelas pessoas psicologicamente mais estáveis (tais como eu, você e nossas crianças) não seriam seduzidas ao consumo apenas por causa de seu *status* legal e seu preço acessível. Mas preço e disponibilidade, todos deveriam saber, exercem um profundo efeito sobre os níveis de consumo. Por exemplo, à medida que cai o preço das bebidas alcoólicas, o seu consumo sobe, ao menos dentro de limites bem amplos.

Tenho uma experiência pessoal sobre esse efeito. Certa vez trabalhei como médico num projeto de ajuda do governo britânico na África. Construíamos uma estrada através da remota savana africana. O contrato estipulava que a construtora poderia importar, livre de impostos, bebidas alcoólicas do Reino Unido. Essas bebidas a construtora, então, vendia aos empregados a preço de custo e em moeda local, segundo a taxa de câmbio do dia, que era aproximadamente um sexto da taxa do mercado negro. Assim sendo, uma garrafa de um litro de gim custava menos que um dólar e podia ser vendida no mercado por quase dez dólares. Portanto, em tese se tornou possível permanecer completamente bêbado por muitos anos com um dispêndio inicial de menos de um dólar.

É claro, a necessidade de ir ao trabalho de alguma forma limitava o consumo alcoólico dos empregados. Não obstante, a embriaguez entre eles ultrapassava, por completo, qualquer coisa que jamais vira ou que cheguei a ver. Descobri que, quando o álcool é gratuito, um quinto dos operários da construção civil britânicos dormem tão bêbados que se tornam incontinentes, tanto em urina quanto em fezes. Lembro-me de um homem que raramente conseguia chegar em sua cama e desmaiava no banheiro, onde era quase sempre encontrado na manhã seguinte. Metade desses homens tremia de manhã e recorria a um mata-leão para deixar as mãos firmes, antes de dirigir retroescavadeiras e outros maquinários pesados, que eles frequentemente estragavam, um gasto enorme para os contribuintes britânicos; as ressacas eram colossais. Esses homens ou estavam bêbados ou de ressaca, meses a fio.

Claro, os operários da construção civil são notórios beberrões, mas nessas circunstâncias mesmo consumidores até então moderados transformavam-se em alcoólatras e acabavam sofrendo *delirium tremens*. O altíssimo consumo de álcool não ocorria por causa do isolamento na savana africana, a empresa não só fornecia quadras esportivas para seus trabalhadores, havia também muitas outras formas de se ocupar. Outros grupos de trabalhadores na savana que visitei, os quais não recebiam os mesmos direitos de importação de bebidas e tinham que comprá-las a preço de mercado, não estavam nem de longe na mesma situação. E quando a empresa perguntou aos seus operários o que poderia fazer para melhorar as condições deles, eles, de forma unânime, pediram uma redução ainda maior no preço das bebidas alcoólicas, uma vez que não podiam pensar em nada mais para pedir.

A conclusão foi inescapável: uma população suscetível responderá ao baixo preço das bebidas alcoólicas, junto com a falta de outras contenções eficientes sobre o seu consumo, bebendo, de forma destrutiva, altíssimas quantidades desses produtos. A saúde de muitos homens sofreu a consequência, o que também afetou a sua capacidade de trabalho; e eles ganharam uma bem merecida reputação local por seu comportamento repreensível, violento e antissocial.

Portanto, é perfeitamente possível que a demanda por narcóticos, incluindo os opiáceos, aumentasse drasticamente, caso os preços diminuíssem e crescesse a sua disponibilidade. E caso seja verdade que o consumo dessas drogas predisponha comportamentos criminosos, como sugerem os dados de nossa clínica, é também possível que o efeito sobre o índice de criminalidade, com o aumento do consumo, anularia o decréscimo resultante da descriminação. No agregado, teríamos tantos crimes quanto antes, porém um número muito maior de viciados.

A posição intermediária em relação à legalização das drogas, tal como a defendida por Ethan Nadelmann, diretor do Lindesmith Center, um instituto de pesquisa em políticas para o uso de drogas, patrocinado pelo financista George Soros, não é, de forma enfática, a resposta aos crimes relacionados ao mundo das drogas. Essa visão sustenta que seria mais fácil para os dependentes receberem opiáceos dos médicos, seja de graça ou a preço de custo, e que eles deveriam receber essas doses em instalações municipais de injeção, tais como as que existem hoje em Zurique. Mas consideremos apenas o caso de Liverpool, onde duas mil pessoas de uma população de seiscentas mil recebem prescrições oficiais para o consumo de metadona. Essa uma vez orgulhosa e próspera cidade ainda é a capital mundial do roubo motivado pelas drogas, segundo a polícia e pesquisadores independentes.

É claro, muitos dependentes de Liverpool ainda não estão na metadona, uma vez que as clínicas são poucas e não dão conta da demanda. Se a cidade gastasse mais dinheiro com clínicas, talvez os números de dependentes em tratamento pudessem aumentar em cinco ou dez vezes. Mas isso resolveria o problema dos roubos em Liverpool? Não, uma vez que o lucro obtido com a venda ilegal de opiáceos continuaria grande. Os traficantes fariam esforços para expandir seu negócio para setores da população até então relativamente intocados, a fim de proteger os seus lucros. Os novos dependentes continuariam a roubar a fim de sustentar o seu vício. Mais clínicas liberando maiores quantidades de metadona seriam então necessárias. De fato a Grã-Bretanha, que tem adotado uma abordagem relativamente liberal na prescrição de drogas opiáceas para dependentes desde 1928 (eu mesmo já prescrevi heroína para pacientes dependentes), testemunhou um aumento explosivo na dependência de substâncias opiáceas e todos os males a elas associados desde a década de 1960, apesar de toda essa política liberal. Aquilo que compreendia algumas centenas se tornou mais de cem mil.

No cerne da posição de Nadelmann, então, encontra-se uma evasão. A provisão legal e liberal de drogas para pessoas que já são dependentes não reduzirá os benefícios econômicos dos traficantes para que continuem a empurrar o consumo dessas drogas, ao menos até que toda a população suscetível esteja viciada e dentro de um programa de tratamento. Desde que existam dependentes que recorram ao mercado negro para a obtenção de suas doses, o crime associado ao tráfico de drogas continuará a existir. Nadelmann supõe que o número de dependentes potenciais não explodiria sob leis consideravelmente mais liberais. Não consigo mensurar um otimismo tão panglossiano.

O problema relativo à redução de crimes cometidos individualmente por viciados não é, enfatizo, o mesmo que o problema relativo à redução do crime cometido por viciados como um todo. Posso ilustrar o que estou dizendo com uma analogia. Muitas vezes se diz que o sistema carcerário não funciona porque muitos detentos são reincidentes, os quais, por definição, não conseguiram ser impedidos de cometer outros crimes depois de cumprirem sua última sentença. Mas qualquer pessoa sensata perceberia que a abolição do sistema carcerário, em sua totalidade, não traria como resultado a redução do número de infratores. Os índices de homicídio em Nova York e o índice de embriaguez no trânsito na Grã-Bretanha não foram reduzidos em razão de um súbito surto de amor pela humanidade por parte dos criminosos e infratores, mas como consequência de uma efetiva ameaça da punição. Uma instituição como a prisão pode funcionar para a sociedade, mesmo quando não funciona para um indivíduo.

Todavia, a situação poderia estar muito pior, caso legalizássemos o consumo das drogas não opiáceas. Até agora considerei apenas as opiáceas, que provocam um efeito narcótico, geralmente tranquilizador. Se um dependente opiáceo comete crimes, mesmo quando recebe de graça as suas doses, é porque é incapaz de satisfazer suas necessidades de outra forma. Mas, e infelizmente, existem drogas cujo consumo incita comportamentos violentos, em razão de suas propriedades psicofarmacológicas e não meramente devido à criminalidade associada a sua distribuição. Drogas estimulantes como o crack provocam paranoia, aumentam a agressividade e incitam a violência. Boa parte dessa violência se dá em casa, como testemunham os parentes de dependentes de crack. Isso é algo com o qual estou familiarizado ao trabalhar na emergência e nas enfermarias do hospital. Somente alguém que nunca foi atacado por viciados psicóticos pelo uso de drogas consegue considerar, com equanimidade, a perspectiva de uma disseminação maior no abuso de estimulantes desse tipo.

Ninguém deve subestimar a possibilidade de o uso de drogas estimulantes se expandir ainda muito mais, tornando-se muito mais genérico do que é agora, caso restrições contra o seu uso sejam relaxadas. A importação do estimulante leve, o khat [cantinona], é legal na Grã-Bretanha, e uma grande parcela da comunidade de refugiados somali dedica sua vida a mastigar as folhas que contêm esse estimulante. Isso contribui para a estagnação desses refugiados numa pobreza muito maior do que eles poderiam experimentar. O motivo pelo qual o hábito do consumo do khat não se espalhou entre o resto da população tem relação com o fato de sua baixa intensidade, pois é preciso mastigar, durante um dia inteiro, folhas horrivelmente amargas a fim de obter um comparativamente moderado efeito farmacológico. Todavia, uma vez que o uso de determinado estimulante se torne culturalmente aceitável e normal, ele pode se alastrar e provocar efeitos sociais devastadores. E os tipos de estimulantes à disposição nas cidades ocidentais (cocaína, crack, anfetaminas) são muito mais atraentes do que o khat.

Ao alegar que a proibição, não as drogas em si, seja o problema, Nadelmann e muitos outros – mesmo policiais – disseram que a "guerra contra as drogas está perdida". Mas exigir uma resposta afirmativa ou negativa à questão "a guerra contra as drogas está sendo ganha?" é como exigir o mesmo tipo de resposta à questão "Você já parou de bater em sua esposa?". Nunca uma metáfora tão fundamentalmente estúpida e sem imaginação exerceu um efeito mais completo sobre o pensamento.

Seria o caso de perguntar se a medicina está vencendo a guerra contra a morte. A resposta é obviamente negativa, pois não está vencendo. A regra fundamental da existência humana permanece, infelizmente: um homem, uma morte. E isso apesar do fato de 14% do PIB dos Estados Unidos, para não falar dos esforços em outros países, destinar-se à luta contra a morte. Já houve tão custosa guerra perdida? Então, não seria o caso de abolirmos as escolas de medicina, hospitais e departamentos de saúde pública? Já que, em algum momento, todo homem tem que morrer, não importa muito quando.

Se a guerra contra as drogas está perdida, da mesma forma estão perdidas as guerras contra o roubo, os acidentes por velocidade, incesto, fraude, estupro, assassinato, incêndios criminosos, estacionamento proibido. Poucas delas, caso exista alguma, são vencíveis. Logo, vamos fazer o que quisermos.

Mesmo o argumento de certos defensores da legalização que alegam que, ao liberar livremente a aquisição e o uso, como sugerido por Milton Friedman, isso resultará, necessariamente, em menos interferência governamental, dentre outras interferências oficiais em nossas vidas, não se sustenta. Pelo contrário, caso o uso de narcóticos e estimulantes se tornasse praticamente universal, e isso não é uma hipótese nem um pouco improvável, o número de situações compulsórias de checagem sobre as pessoas, por razões de segurança pública, aumentaria enormemente. Farmácias, bancos, escolas, hospitais – de fato, todas as organizações que lidassem com o público – poderiam se sentir obrigados a checar e regular aleatoriamente o consumo de drogas entre seus empregados e funcionários. O uso generalizado dessas drogas aumentaria o *locus standi* de inúmeras agências, públicas e privadas, ampliando a interferência sobre nossas vidas e estrangulando nossa liberdade contra as ingerências; ou seja, longe de aumentar, a liberdade seria drasticamente encolhida.

A situação presente é ruim, sem dúvida; mas poucas são as situações ruins que não possam se tornar ainda piores, por meio de equivocadas decisões políticas.

A extrema elegância intelectual da proposta para se legalizar a distribuição e o consumo das drogas, tida como a solução simultânea de muitos problemas (Aids, crime, superpopulação carcerária, e até a sedução que as drogas exercem sobre os jovens) deve ensejar o nosso ceticismo. Os problemas sociais não funcionam assim. Analogias com o período da Lei Seca, em geral usadas pelos pró-legalização, são falsas e inexatas. Uma coisa é tentar banir uma substância que é usada costumeiramente por séculos, por pelo menos 90% da população adulta, e outra, bem diferente, é manter o banimento sobre substâncias que não fazem parte do costume, num esforço para que nunca se tornem habituais. Certamente, nos últimos trinta anos, já escorregamos ladeira abaixo, e não precisamos procurar outras ladeiras mais íngrimes para escorregar.

1997

Sexo e Mais Sexo, o Tempo Todo

Caso exista uma coisa sobre a qual o homem moderno se encontra absolutamente convencido, é a de que alcançou o estado de esclarecimento sexual. Deixados para trás, por completo, estão os dias de insalubre ocultamento, de absurdos tabus vitorianos, os quais solicitavam a aplicação de aparatos cruéis e desajeitados para prevenir a masturbação infantil, de circunlocuções puritanas a respeito de assuntos sexuais, além de medidas como cobrir os pés dos pianos, a fim de preservar a pureza dos pensamentos masculinos nos salões. Estamos à vontade com nossa sexualidade, e os famosos versos irônicos do poeta Philip Larkin,

"A relação sexual começou em 1963[...]"

nos diz uma grande verdade: pela primeira vez na história podemos desfrutar de nossas relações sexuais sem quaisquer das desnecessárias acumulações sociais e psicológicas do passado, que tanto complicavam e reprimiam a vida. Fora com a culpa, vergonha, ciúme, angústia, ansiedade, frustração, hipocrisia e confusão. "Finalmente livres, finalmente livres, obrigado meu Deus, Estou finalmente livre!"

Não obstante, embora esclarecidos como acreditamos estar, uma época dourada de contentamento ainda não despontou – muito longe disso. Os relacionamentos entre os sexos estão tão atormentados como sempre estiveram. A revolução sexual não produziu tranquilidade mental, mas confusão, contradição e conflito. A única certeza que temos diz respeito à inevitabilidade e à irrevocabilidade do caminho que trilhamos.

A noventa metros de onde escrevo este ensaio, prostitutas de doze anos fazem ponto, embaixo de postes de luz na esquina, durante a noite, à espera de clientes. O chefe da polícia local disse que não vai removê-las por considerá-las suficientemente sofridas, e ele não está preparado para vitimizá-las ainda mais (seu trabalho, aparentemente, seria o de afeiçoar-se, em vez de fazer cumprir a lei). Muitas vezes, as autoridades locais de saúde enviam uma van durante a noite para a distribuição de preservativos entre as garotas, o que vale dizer que a principal preocupação das autoridades é garantir que o sexo que as garotas oferecem seja feito de forma segura, do ponto de vista bacteriológico e viral. As autoridades se gabam ao dizer que 100% das prostitutas locais usam agora, e de forma rotineira, preservativos, o que custa $ 135 mil por ano ao bolso dos contribuintes, uma quantia que em breve aumentará com o emprego de mais um profissional de auxílio, cuja qualificação principal, segundo o anúncio de emprego na imprensa local, será "sua habilidade para auxiliar sem julgar" – ou seja, um indivíduo desprovido de escrúpulos morais ao auxiliar e cooperar na prática da prostituição infantil. Enquanto isso, os moradores locais (tais como os meus vizinhos, um banqueiro, um advogado, um dono de sebo de livros e dois professores universitários), que reclamam dos preservativos usados e jogados em seus jardins e na rua em frente às suas casas, receberam um instrumento especial para coletá-los, em vez de lhes ser oferecida uma solução para que essas coisas não aconteçam. Ao mesmo tempo, a maior parte do trabalho feito pelos assistentes sociais da cidade se destina a combater o abuso sexual de menores, perpetrado principalmente por padrastos e namorados de mães que passam a morar com eles depois que os pais biológicos saem de casa.

Uma forte evidência de caos sexual se espalha por todos os lugares. Nem um único dia se passa sem que muitos de meus pacientes me forneçam amplo testemunho disso. Por exemplo, ontem tratei uma mulher que tentara se matar depois que sua filha, com quase dezesseis anos, saiu de casa com o filho de oito meses para viver com seu novo namorado de vinte e dois anos. Não é preciso dizer que esse namorado não era o pai do bebê, mas um rapaz que ela conhecera recentemente numa boate. O pai da criança estava "fora de campo". Nesse sentido, esses pais têm suas saídas e suas entradas, as saídas intercalando as entradas com indecente rapidez.

A mãe tinha quatorze anos quando o pai, com vinte e um, fez sua entrada. Ao descobrir que ela estava grávida, ele fez aquilo que muitos jovens fazem hoje em dia, numa situação como essa: ele a espancou. Isso não apenas alivia os nervos, mas ocasionalmente gera um aborto. Todavia, nesse caso, o aborto não ocorreu; em vez disso, o pai foi pego em flagrante delito por minha paciente, a mãe da garota, a qual instantaneamente se lançou contra ele, conseguindo feri-lo a tal ponto que ele foi parar no hospital. Enquanto estava internado, ele e minha paciente fizeram um trato informal: ela não o delataria por ter feito sexo com uma garota de quatorze anos, caso ele não a processasse por tê-lo agredido.

Minha paciente gastou o pouco dinheiro que tinha e comprou para o seu neto roupas, carrinho de bebê, berço, enxoval, e assim por diante, endividando-se em $ 1.500 em prol do conforto da criança. Então sua filha decidiu se mudar, e minha paciente ficou arrasada. Devastada pela ausência de seu neto, pelo qual tanto se sacrificara. Essa foi a primeira objeção que fez durante todo o caso. Ela não considerou a conduta sexual de sua filha, ou a de qualquer um dos dois homens, como algo a ser repreendido. Se o pai de seu neto não fosse violento, nunca teria passado por sua cabeça que ele agira mal ao ter relações sexuais com sua filha; e, de fato, ela nada fez para desencorajar a ligação, ela a encorajara. Sua filha se comportara da forma como ela esperava que qualquer garota da sua idade se comportasse.

É claro, pode ser discutido que sempre existiram comportamentos equivocados como esse, pois quando se trata de infrações sexuais não há nenhuma novidade, e a história nos mostra uma profusão de exemplos, repletos de perversões e condutas reprováveis. Mas, pela primeira vez na história, testemunha-se uma negação, em massa, de que as relações sexuais constituam uma prática que necessite de reflexão moral, ou que deva ser governada por restrições morais. O resultado dessa negação, como não poderia deixar de ser, está nos alarmantes índices de divórcio e de filhos ilegítimos, dentre outros fenômenos. A revolução sexual provocou, acima de tudo, uma alteração na sensibilidade moral, na direção de um consistente embrutecimento dos sentimentos, pensamento e comportamento.

Recentemente, ao assistir a uma comédia britânica da metade da década de 1950, apreendi a velocidade e a totalidade dessa mudança. No filme havia uma cena na qual o indignado e trabalhador pai de família de uma filha adolescente grávida exigia que o garoto de classe média, que fizera amor com ela, se casasse com a menina. O público presente gargalhou diante dessa exigência extravagante, tão ultrapassada, a qual, somente 45 anos antes, teria soado perfeitamente normal, de fato indiscutível. Todavia, tamanha ingenuidade não é páreo para o nosso superior estado de esclarecimento. Provamos nossa sofisticação achando a coisa ridícula.

Mas quem, cabe perguntar, tinha uma compreensão moral mais profunda e sutil dos relacionamentos humanos: o público da metade da década de 1950 ou o público de hoje? Para o público daquela época teria sido desnecessário salientar que, ao ser concebida uma criança, o pai tinha obrigações não somente perante a criança mas perante a mãe; que os seus desejos pessoais não eram primordiais diante das circunstâncias, para não dizer que não tinham importância nenhuma; e que ele não era só um indivíduo, mas um membro de uma sociedade, cujas expectativas ele tinha que cumprir, caso quisesse ser respeitado; e que um senso de obrigação moral em relação a uma mulher não seria impróprio na construção de um relacionamento satisfatório, mas a sua precondição. Por outro lado, para o público de nossos dias, as únicas considerações, numa situação como essa, seriam as inclinações individuais das partes envolvidas, livres e desimpedidas de constrangimentos sociais e morais. Na visão moderna, uma incontida liberdade pessoal é o único bem a ser buscado; qualquer obstáculo a isso é um problema a ser superado.

Ainda assim, e ao mesmo tempo – com o mesmo público –, temos muitos jovens que anseiam precisamente pelas certezas que se sentem obrigados a ridicularizar. Garotas que esperam encontrar um homem que as cortejará, amará, respeitará e protegerá, e que será um pai para seus filhos. Também há muitos homens com um desejo recíproco. Quantas vezes ouvi de meus pacientes, homens e mulheres, seu doloroso anseio de se estabelecer e construir uma família normal, embora não tenham a mínima ideia de como alcançar esse objetivo, o qual há não muito tempo estava ao alcance de quase todo mundo!

Nossos jornais confirmam, diariamente, a dissolução dos últimos vestígios das normas tradicionais a governar as relações sexuais. Na semana passada, por exemplo, os jornais britânicos deram a notícia sobre o terceiro bebê britânico nascido de um casal homossexual por métodos substitutivos. Um jornal progressista relatava, com implícita aprovação e admiração, uma tendência crescente entre as mulheres de contrair gravidez valendo-se de inseminação artificial, como fazem com o gado. É claro, a atividade sexual humana nunca esteve exclusivamente confinada à procriação, mesmo antes do advento do controle de natalidade; mas certamente essa é a primeira vez na história que a procriação foi totalmente divorciada da atividade sexual humana.

Graças à revolução sexual, são múltiplas as confusões atuais. Numa sociedade que molda suas relações sexuais sem a menor reflexão, uma sugestiva observação passageira pode resultar em processo judicial; o uso de um linguajar explicitamente sexual se tornou rigor nos círculos literários, mas, ao mesmo tempo, periódicos médicos temem imprimir o termo "prostituta" e usam o delicado eufemismo "profissional do sexo" em seu lugar; articulistas usam o termo "transgressivo", sobretudo em relação ao sexo, como um termo automaticamente elogioso ao descreverem as obras de arte, ao passo que os molestadores sexuais, quando chegam à prisão, têm que ser protegidos das agressões homicidas de seus colegas internos; a angústia a respeito do abuso sexual contra menores e crianças convive com a total indiferença na era do consentimento; educação sexual compulsória e livre e contracepção provaram não ser incompatíveis com o aborto e a gravidez indesejada em massa, entre adolescentes; a efetiva eliminação da distinção legal entre casamento e concubinato é contemporânea à exigência de que seja liberado o casamento entre os casais homossexuais, para que desfrutem dos direitos legais tradicionais do casamento; embora tenha se tornado cada vez mais difícil o processo de adoção para casais tradicionais sem filhos, os casais homossexuais têm agora o direito de adotar. O direito das lésbicas a utilizar métodos de concepção artificiais com o esperma de homossexuais masculinos também foi, da mesma forma, concedido em nome do princípio de não discriminação, e mulheres com sessenta anos, naturalmente, começam alegar ter os mesmos direitos de fertilização *in vitro*. A liberdade sexual gerou um aumento, e não uma diminuição, da violência entre os sexos, afetando da mesma forma homens e mulheres, uma vez que as pessoas raramente cedem, ao objeto de sua afeição, a mesma tolerância e liberdade que defendem e praticam para si mesmas, promovendo um consequente aumento no nível da desconfiança e do ciúme – um dos maiores e mais velhos incitadores de violência, como atesta *Otelo*. Vivemos em uma era que admira o atletismo sexual, mas condena a conduta predatória. As fronteiras entre os sexos foram derretidas, à medida que homens se tornam mulheres por meios cirúrgicos, e mulheres se tornam homens, enquanto renovadas exigências por tolerância e compreensão ficam cada vez mais estridentes e mandatórias. O único julgamento permitido na sociedade educada passa a ser aquele que diz que nenhum julgamento é permitido.

Uma reação de mais de um século contra o pudor, a repressão e a hipocrisia vitoriana, liderada por intelectuais que confundiram seus problemas pessoais com os da sociedade como um todo, gerou essa imensa confusão. É como se esses intelectuais estivessem constantemente fugindo de seus duros, inflexíveis e sisudos antepassados – e como se adotassem como guia infalível para uma sábia conduta o oposto daquilo que seus antepassados disseram e fizeram, ou aquilo que mais os teria escandalizado, caso pudessem conceber a possibilidade desse tipo de conduta.

As revoluções raramente são o resultado de distúrbios espontâneos que estouram da massa dos oprimidos, os quais seriam pressionados, pela miséria, para além de sua capacidade de resistência; e a revolução sexual certamente não foi, nesse sentido, uma exceção. Essa revolução também teve como seus progenitores intelectuais pessoas suficientemente fúteis, deformadas e desonestas, como manda o figurino. Eram todos utópicos, faltando-lhes compreensão sobre as realidades da natureza humana; todos pensavam que as relações sexuais poderiam ser levadas ao cume da perfeição, seja ao despojá-las de todo e qualquer significado moral ou revertendo-se os julgamentos morais tradicionalmente vinculados a elas; todos acreditavam que a infelicidade humana era única e exclusivamente o resultado das leis, costumes e tabus. Não caracterizavam o tipo de pessoa que levaria a sério o alerta de Edmund Burke: "Estabelece-se, na eterna constituição das coisas, que homens de mente intemperada não podem ser livres". Pelo contrário, da mesma forma que o apetite é ainda mais estimulado na visão do banquete, as exigências dos revolucionários sempre escalaram ao infinito, depois de concedido o derradeiro pedido. Quando fracassou a chegada da esperada felicidade, a análise do problema e as soluções propostas foram sempre as mesmas: mais licenciosidade, menos autocontrole. Por volta de 1994, John Money, talvez o sexólogo acadêmico mais influente da última parte do século XX, ainda era capaz de escrever, com toda a seriedade, que vivemos numa sociedade antissexual e dominada por tabus. Livremo-nos dos tabus que ainda restam, ele sugeria, e a infelicidade humana terá que cuidar de si mesma.

Não que existam muitos tabus a serem destruídos. Por exemplo, no hospital onde trabalho, adolescentes e jovens adultos que vão visitar as suas namoradas e namorados internados por vezes escalam a cama hospitalar e se entregam em preliminares sexuais com o paciente, em plena visibilidade tanto dos funcionários do hospital quanto de outros internados que estão nas camas ao lado. Essa horrenda desinibição seria considerada, em outros tempos, um claro sinal de loucura, mas é, hoje em dia, aceita como perfeitamente normal. De fato, qualquer objeção a esse tipo de comportamento pareceria questionável e ridícula. Todavia, ninguém percebeu que a perda do sentido de vergonha significa a perda da privacidade; e que a perda da privacidade significa a perda da intimidade; e que a perda desta última produz a morte da profundidade. Com efeito, não existe maneira mais eficiente de produzir pessoas rasas e superficiais do que as deixar viver vidas completamente expostas, sem a ocultação de nada.

Praticamente não existe nenhum aspecto, na desastrosa situação sexual da sociedade moderna, que não encontre seu apologista e talvez seu "exclusivo" progenitor, no trabalho de revolucionários sexuais que viveram cinquenta ou cem anos antes. É impossível ignorar a conexão entre o que eles disseram que deveria acontecer e o que de fato aconteceu. Ideias têm consequências, mesmo que tardias.

Tome-se a questão da sexualidade adolescente. Há muito tempo que se consolidou, como uma ortodoxia entre a classe dos bem-pensantes e esclarecidos, que essa sexualidade é perfeitamente normal e, portanto, bem-vinda. Qualquer tentativa de promover formas de autocontenção seria um desprazer e conduziria essa sexualidade novamente ao subterrâneo, restabelecendo os comportamentos furtivos e ocasionando um aumento do número de adolescentes grávidas. Esse é o motivo pelo qual os médicos britânicos devem ser coniventes diante de condutas sexuais ilegais, ao distribuir contraceptivos para crianças sem informar aos pais.

A santa padroeira dessas ideias é Margaret Mead. Em 1928, aos 27 anos, ela publicou *Adolescência, Sexo e Cultura em Samoa*, um livro que a tornou famosa pelo resto de sua vida. Quando veio a falecer, cinquenta anos mais tarde, o seu livro ainda vendia cem mil exemplares por ano. Durante esse meio século, poucos foram os estudantes universitários que não leram ou apreenderam a mensagem central da obra.

Mead fora pupila do antropólogo Franz Boas, um radical determinista cultural que decidira provar que a angústia da adolescência era, da mesma forma que as realidades humanas mais importantes, produto da cultura, não da biologia, como até então se acreditara. Se existisse alguma sociedade no mundo em que os adolescentes não sentissem angústia, seria possível concluir que o motivo dessa angústia não era hormonal. Mead, intelectualmente empolgada com Boas e dependente dele para avançar em sua carreira acadêmica, foi preordenada para encontrar em Samoa aquilo que ele queria que ela encontrasse.

E ela fez a lição de casa – ou pensou que fez. Em Samoa tínhamos um paraíso do Pacífico Sul no qual os adolescentes passavam os anos, entre a puberdade e o casamento, entregando-se em desinibidas atividades sexuais, da forma mais numerosa e intensa possível. Não havia qualquer traço de ciúme, rivalidade, angústia ou culpa, apenas diversão – e, *mirabile dictu*, a gravidez indesejada era praticamente inexistente, um fator bastante surpreendente que nunca chamou a atenção de Mead. Dessa forma, ela fornecia, então, um caso empírico à proposição de Boas: tínhamos aqui uma cultura que lidava melhor com o sexo do que nós, como provava a ausência de infelicidade entre os adolescentes de Samoa.

É claro que o retrato que Mead fez de Samoa era um equívoco. Ela fora conduzida por informantes irônicos. A moralidade sexual em Samoa era puritana, em vez de liberal – e devia muito disso aos esforços da Sociedade Missionária de Londres –, e não promovia o amor livre durante a adolescência, ou mesmo durante qualquer outro período da vida.

Mas são poucas as pessoas que não são seduzidas diante da mensagem de que é possível se entregar livremente às tentações sem causar terríveis consequências, tanto para si quanto para os outros, de modo que o livro de Mead foi tido como inequívoco. E se a libertinagem sexual adolescente era possível em Samoa, produzindo efeitos sociais e psicológicos benéficos, por que não em Sheffield e Schenectady? Mesmo se o seu retrato de Samoa, *per impossibile*, tivesse sido preciso, ninguém parou para pensar se Samoa seria, de fato, um modelo plausível para a Europa ou para os Estados Unidos, ou se a mera existência de um comportamento sexual – como, por exemplo, o celibato entre certas comunidades religiosas – endossaria sua adoção universal.

Gerações de pessoas educadas aceitaram as ideias de Mead a respeito da sexualidade entre adolescentes como algo substancialmente correto e racional. Tomaram o suposto modelo de Samoa como natural, agradável, saudável e psicologicamente benéfico. Sem dúvida, as ideias de Mead foram um tanto quanto distorcidas, à medida que foram filtradas na classe de pessoas que não a leram, ou mesmo leram qualquer outro livro; mas não me causa surpresa encontrar, hoje em dia, pessoas que ao começar a ter uma vida sexual com um namorado ou namorada, aos onze ou doze anos, o façam sob o olhar complacente dos pais. Somente alguém a quem falte, por completo, qualquer conhecimento sobre o coração humano – de fato, alguém semelhante a Margaret Mead – teria fracassado em prever as consequências: uma grosseira precocidade seguida de uma adolescência permanente, além de um prematuro cansaço do mundo.

Por exemplo, uma jovem e inteligente paciente de vinte anos veio me procurar na semana passada para se queixar da monotonia da vida. Ela abandonara os estudos aos treze anos a fim de se dedicar, em tempo integral, aos seus encontros sexuais, mas a empolgação inicial desgastara-se, deixando um rastro acinzentado e uma vaga repulsa autodirigida. É claro que, na época em que iniciou a vida sexual, ela já comprara a crença de que isso seria a chave para a felicidade e para toda a realização, que nada mais importaria. Porém, como acontece a todas as descrições monocromáticas de objetivos de vida, isso provou ser uma amarga decepção.

Uma vez que certos limites são ultrapassados, tais como o da idade do consentimento, e que são, em certa medida, arbitrários mas, não obstante, socialmente necessários, esse tipo de transgressão tende a erodir todo o resto. Portanto, as crianças habitam, cada vez mais cedo, um mundo altamente erotizado, e a pressão sobre elas para que exibam um comportamento sexualizado também começa cada vez mais cedo. Uma amiga minha que é professora escolar me disse que confortara um garotinho de sete anos que estava em lágrimas porque uma menina da classe dele o insultara, chamando-o de virgem. Ela lhe perguntou, então, se ele sabia o que significava aquele termo.

"Não", respondeu o garoto. "Mas, sei que é algo terrível."

Até um passado recente, as revolucionárias teorias sexuais sobre as relações entre homens e mulheres – implicando doses cada vez maiores de licenciosidade sexual e uma crescente incapacidade de conter os apetites – eram tão absurdas e utópicas que fica difícil compreender como puderam ser levadas a sério. Mas a mera absurdidade nunca impediu o triunfo das más ideias, caso estejam de acordo com fantasias facilmente estimuladas de uma existência liberta de limitações.

Um dos primeiros revolucionários sexuais, o médico e literato inglês Havelock Ellis, tinha opiniões fortes a respeito do casamento e da relação entre os sexos em geral. Durante muitos anos, esse homem supremamente estranho e repulsivo, embora culto – que parecia ser um cruzamento entre Tolstói, Rasputin e Bernard Shaw; e que foi um dos muitos ideólogos do nudismo semipagão que a Inglaterra produziu no final do século XIX; e que nunca experimentara uma ereção sexual completa, até sua mulher urinar nele quando ele já passava da meia-idade –, ganhou respeito nos dois lados do Atlântico como um sábio sexual. Suas obras desfrutaram de um prestígio imenso e obtiveram uma ampla circulação durante os primeiros trinta anos do século XX. Ele atribuía uma importância suprema, quase mística, ao ato sexual (talvez, muito em função das claras dificuldades que tinha com ele); sua concepção sobre relações ideais, entre homens e mulheres, se encontrava intocada por qualquer consideração sobre a realidade humana, sendo, ao mesmo tempo, implicitamente sórdida. Muitos foram os que veneraram suas visões e as tornaram base de toda uma filosofia de vida, como foi o caso de D. H. Lawrence, outro pagão sexual inglês.

Ellis acreditava na completa fusão entre duas almas durante o ato sexual, as quais atingiriam união com o criador do universo (o qual, sendo um pagão moderno, ele se abstinha de chamar de Deus). Mas para que essa fusão mística tivesse lugar, as relações entre homem e mulher tinham que, primeiro, se libertar de todos os resquícios de considerações piedosas, tais como leis, costumes, e aquilo que era chamado de moralidade. "Nossos pensamentos de dever, bondade e castidade são as coisas que precisam ser alteradas e colocadas de lado; essas são barreiras para a verdadeira bondade", Ellis escreveu. "Antevejo a negação positiva de *toda* moral positiva, a remoção de *todas* as restrições. Não reconheço nenhuma forma de licenciosidade, como a chamamos, que não possa pertencer ao perfeito estado do Homem." Uma vez liberto de todos os impedimentos – sociais, morais, legais e políticos –, o homem reconquistaria sua beleza natural e sua generosidade de caráter. Ele se tornaria novamente o nobre selvagem sexual. Nunca ocorreu a Ellis, e tampouco à sua laia, que esse homem poderia se tornar, em vez disso, o arquetípico homem das cavernas dos cartunistas, arrastando pelos cabelos aquela com quem irá copular.

Nessa utópica fantasia adolescente de sexo ilimitado sem sofrimento, como a chave tanto da felicidade quanto do bem humano, Ellis não estava sozinho. Outro médico inglês, e que ganhou notoriedade internacional como sexólogo mais de cinquenta anos depois, Alex Comfort, cujos manuais sexuais foram vendidos aos milhões, compartilhava a mesma opinião. Embora, ao menos aparentemente, ele tivesse grande dificuldade para explicar os fatos que defendia ao seu próprio filho, ele aconselhava todos os garotos de quinze anos – novamente, com a exceção de seu próprio filho – a levar preservativos para as festas, e explicava aos adolescentes em seu manual *Os Fatos do Amor* que pornografia era "uma longa palavra atribuída a qualquer tipo de livro ou filme sobre sexo que alguém deseja proibir". Um anarquista e pacifista que via todas as instituições como meras emanações de poder, as quais ele acreditava que fossem o inimigo supremo da felicidade humana. Esse homem se opusera a uma resistência armada contra o nazismo, durante a Segunda Guerra Mundial. Em *Barbarismo e Liberdade Sexual* (dois fenômenos que ele considerava diametralmente opostos), ele escreveu: "A normalidade do tipo biológico [...] exclui coerção religiosa, pressão econômica e costume social. Instituições baseadas no Estado e outros organismos semelhantes, civis ou religiosos, não encontram lugar na sexualidade biológica". Em outras palavras, o sexo deve seguir livre de todas as considerações, exceto a atração sexual do momento.

O que resta, a não ser capricho pessoal, na determinação dessa conduta sexual? Semelhante a todas as outras funções naturais no ser humano, é precisamente o envolvimento do sexo com uma aura de significados mais profundos que confere humanidade ao homem, distinguindo-o do resto da natureza animal. Remover esse significado, reduzir o sexo a uma função biológica, como todos os revolucionários sexuais fazem na prática, é retroceder ao nível do comportamento primitivo, do qual não temos registro na história humana. Todos os animais fazem sexo, mas só os seres humanos fazem amor. Quando o sexo fica privado dos significados que apenas as convenções sociais, tabus religiosos e contenções pessoais, tão desprezados pelos revolucionários sexuais como Ellis e Comfort, podem infundir, tudo o que resta é a incessante busca – fundamentalmente enfadonha e sem sentido – pelo orgasmo transcendente. Ao ser afetado pela falsa perspectiva de felicidade por meio do sexo ilimitado, o homem moderno conclui, quando não está feliz com sua vida, que sua vida sexual não foi suficientemente explorada. Logo, se o bem-estar social não elimina a miséria, precisamos de mais bem-estar; se o sexo não gera felicidade, necessitamos de mais sexo.

É curioso notar que um disparate tão pueril como esse viesse a ser confundido como pensamento sério; mas o fato é que as visões de Ellis e de Comfort, sobre as quais seriam erigidas as bases apropriadas para um perfeito relacionamento entre homens e mulheres, são, agora, comumente aceitas, ou seja, tornaram-se uma ortodoxia. Ao explicar sua decisão pela separação, meus pacientes me dizem, rotineiramente, que não experimentam com o outro o prazer que esperavam sentir, e que a união entre eles não tinha significância cósmica *à la* Ellis. A possibilidade de que a união entre eles pudesse servir a outros propósitos, ligeiramente mais mundanos e fraternos, nunca lhes ocorre. Que a profundidade do sentimento seja, no mínimo, tão importante quanto a intensidade (e a longo prazo mais importante) é um pensamento estranho a eles. Livres de pressões sociais que os mantenham juntos, fundamentalmente desprovidos de crenças religiosas para guiar suas vidas, e com o Estado por meio de suas leis e provisões de bem-estar a encorajar positivamente a fragmentação da família, os relacionamentos se tornam caleidoscópicos, tanto em seu ininterrupto estado de alteração como em sua esdrúxula uniformidade repetitiva.

Testemunho, todos os dias, a utopia de Comfort, e ela não funciona.

É preciso apenas comparar os escritos dos revolucionários sexuais com um único soneto de Shakespeare, o que significa utilizar apenas uma entre as miríades de reflexões sutis sobre o amor na literatura, para perceber o terrível retrocesso, na compreensão e no refinamento, que esses escritos revolucionários revelam:

> Quando jura ser feita de verdades,
> Em minha amada creio, e sei que mente,
> E passo assim por moço inexperiente,
> Não versado em mundanas falsidades.
>
> Mas crendo em vão que ela me crê mais jovem
> Pois sabe bem que o tempo meu já míngua,
> Simplesmente acredito em falsa língua:
> E a patente verdade os dois removem.
>
> Por que razão infiel não se diz ela?
> Por que razão também escondo a idade?
> Oh, lei do amor fingir sinceridade
>
> E amante idoso os anos não revela
> Por isso eu minto, e ela em falso jura,
> E sentimos lisonja na impostura.[1]

---

[1] Tradução de Ivo Barroso. (N. T.)

A sutileza dessa compreensão do coração humano, para não falar da beleza com a qual é expressa, nunca foi superada. Está tudo aí: a necessidade humana por uma companhia profunda que seja por toda a vida, a inevitabilidade de um comprometimento, caso essa companhia dure, e a aceitação das limitações inerentes à existência, essencial para a felicidade. A visão de Shakespeare responde às necessidades do ser humano como um ser físico, social e espiritual – e ninguém com a menor familiaridade com seu trabalho o acusaria de antissexual.

Outra manobra retórica usada pelos revolucionários sexuais, sem contar o apelo às fantasias eróticas sem limites, é tentar dissolver as fronteiras sexuais. Eles pregam que todo comportamento sexual é, por natureza, um contínuo. E pensam que, se puderem mostrar que o sexo não tem fronteiras naturais, toda proibição legal ou impedimento social sobre o sexo seria visto, de uma só vez, como arbitrário e artificial e, portanto, moralmente insustentável. Apenas diferenças de natureza poderiam ser legitimamente reconhecidas pelos tabus legais e sociais.

O arquidefensor desse ponto de vista foi Alfred Kinsey, autor dos famosos relatórios, um homem que passou a primeira metade de sua vida profissional estudando e classificando vespas da bílis, e a segunda estudando e classificando orgasmos; muito embora durante essa trajetória ele acabasse por descobrir a taxonomia das vespas da bílis como algo muito mais complexo do que a dos orgasmos, uma vez que ele chegou à conclusão de que todos os orgasmos foram criados iguais, dotados por seu criador de certos direitos inalienáveis, etc.

O programa de Kinsey tinha dois pilares, concebidos para libertar as pessoas das contenções sexuais, que ele considerava ser a origem de todas as misérias. O primeiro seria estabelecer, por meio de uma extensiva investigação, que o comportamento sexual dos norte-americanos era muito diferente do que deveria ser segundo a moral tradicional. Sem dúvida, ele distorceu sua pesquisa a fim de garantir o resultado intensamente desejado. Ele tinha motivações bem pessoais, é claro. Era um homem de apetite sexual pervertido, embora, como acontece com a maior parte dos revolucionários sexuais, isso tenha florescido com certo atraso. Ele colocou *piercing* no próprio prepúcio, e o filme que fez com dois mil homens se masturbando até a ejaculação (ostensivamente, a fim de descobrir a que distância poderiam projetar o sêmen) deve ser visto como um dos feitos mais prodigiosos de *voyeurismo* da história.

Ao estabelecer, para sua grande satisfação, que 37% dos homens norte-americanos tinham tido ao menos uma experiência homossexual que os levara ao orgasmo, e ao ter gasto três vezes mais espaço em seu relatório para falar da homossexualidade do que da heterossexualidade, além de insinuar que todas as formas de sexualidade se colocam num espectro, em vez de existir como atividades separadas e discretas, Kinsey pôde estabelecer, então, o segundo pilar de sua filosofia sexual, que poderia ser chamado de: Cinquenta Milhões de Franceses Não Podem estar Enganados.[2] Nossa moral sexual, ele disse, não deve se basear num empenho em direção ao bem, em direção a um ideal, mas deve buscar o que realmente acontece, no aqui e agora. Caso contrário, estaremos buscando quimeras. O fato de essa moral estender o escopo daquilo que realmente acontece, ao fornecer uma justificativa instantânea a qualquer coisa que alguém faça, parece não ter ocorrido a Kinsey; mas, caso tivesse, não o teria preocupado.

Aplicado à esfera da honestidade financeira, o argumento de Kinsey teria sido percebido, de imediato, como um disparate. Uma pesquisa desse tipo, conduzida para se verificar a probidade financeira, teria sem dúvida revelado que quase todas as pessoas no mundo foram, em algum momento de suas vidas, desonestas – tendo alguma vez na vida afanado um clip de papel ou exagerado os gastos visando a restituição do imposto de renda. Porém, nenhuma pessoa sensata concluiria, a partir disso, que o empenho por ser honesto seja uma farsa, que não faz sentido ter leis para se regular a conduta financeira das pessoas, que seja perfeitamente normal que lojistas roubem no troco de seus clientes, e que estes roubem os artigos daqueles. E, no entanto, é exatamente isso que os revolucionários sexuais, Kinsey em primeiro entre eles, defendem na esfera da conduta sexual.

O trabalho de dissolução das fronteiras sexuais nunca está satisfeito com os seus avanços – como se aceitar uma limitação ou tabu significasse

---

[2] A referência é a canção de 1927 "Fifty Million Frenchmen Can't Be Wrong". A letra dessa música contrasta o liberalismo comportamental parisiense com o tradicionalismo norte-americano da época. (N. T.)

admitir a legitimidade de todos os tabus. Recentemente, li num periódico sobre criminologia que o único argumento conclusivo contra a bestialidade com galinhas seria o fato de as galinhas não consentirem, e que, portanto, seus direitos – humanos? aviários? – seriam infringidos. No momento em que Kinsey lutava por nivelar toda a atividade sexual, o psicólogo e terapeuta sexual John Money foi ainda mais longe, insistindo na quase infinita plasticidade do que ele designou "identidade de gênero". Ele escreveu que:

> Além das quatro funções reprodutivas [fecundação, menstruação, gestação e lactação], nada – nada mesmo – das diferenças entre os sexos se encontra imutavelmente ordenada por linhas sexuais [...] Desde que as quatro funções reprodutivas básicas sejam permitidas, [...] nenhum estereótipo de gênero particular é inalterável. Uma sociedade tem uma escolha quase ilimitada de definição e redefinição de papéis.

Portanto, não há normal e tampouco anormal: seja lá o que decidirmos escolher, isso será bom, ou, ao menos, não será mau.

John Money se tornou, nem precisaria dizer, um herói entre as feministas radicais, que desejavam afirmar que "os papéis sexuais" lhes foram impostos, arbitrariamente, pela sociedade. Um autoproclamado "missionário do sexo", que defendia sexo e mais sexo, o tempo todo, ele dava a cada indivíduo o livre-arbítrio para criar sua própria identidade sexual. Nenhuma perversão lhe era estranha, incluindo-se a pedofilia, e apenas aqueles em estado de "ignorância moralista", ele asseverava, condenariam essa prática. John Money se tornou o multiculturalista do sexo, com a perversidade polimorfa a substituir a diversidade cultural como um bem em si mesmo.

Money não foi apenas um teórico, mas também um praticante quando chefiou a Johns Hopkins Gender Identity Clinic. Foi sua crença na maleabilidade ilimitada da sexualidade humana que o levou, em seu caso mais famoso, a aconselhar os pais de um bebê, cujo pênis fora quase decepado durante uma circuncisão desastrada, de que esse menino deveria, a partir de então, ser criado como se fosse uma menina. Afinal de contas, o que era uma menina senão um menino de saias? O que seria um menino senão uma menina que ganhava um revólver de plástico para brincar? Uma vez executadas as cirurgias necessárias sobre a infeliz criança, a fim de completar o que a desastrada circuncisão quase realizara, tudo ficaria bem.

O garoto criado como uma menina continuou a mostrar as qualidades de menino, familiares a qualquer mãe. Ele ou ela brincava como cavaleiro e se interessava mais por carros e trens do que por bonecas. Era aventureiro e barulhento e, ao ganhar uma corda de pular de presente, usou-a apenas para amarrar seu irmão gêmeo. À medida que ele ou ela crescia, ele ou ela não expressava qualquer interesse sexual por meninos. O professor Money continuou a descrever o caso como um sucesso total, e durante um longo tempo o universo científico e jornalístico foi enganado. Sim, seria possível, por decreto, transformar garotinhos em meninas. Não, a identidade sexual não era fixada pela biologia, mas socialmente construída, um produto da convenção e do costume. A visão de Money foi aceita passivamente como verdadeira e, portanto, tornou-se ortodoxia (lembro-me de aprender sobre ela quando ainda era estudante de medicina).

Quando, aos quatorze anos, o objeto de estudo de Money soube o que lhe acontecera em seus primeiros dias de vida, ele ou ela logo decidiu recuperar integralmente sua masculinidade, pois ele ou ela, deprimido e inadequado durante toda a sua infância, soubera, o tempo todo e de uma forma inarticulada, que havia algo de errado, e valendo-se de cirurgias reconstrutivas fez um reajuste expressivo em direção a sua masculinidade. Hoje em dia, esse homem está feliz e casado com uma mulher. Essa foi a parte da história que Money nunca contou, pois contestava a filosofia à qual ele dedicara o trabalho de toda sua vida. A realidade de seu ensaio sugeria que não podemos construir uma utopia sexual do tipo que ele, no passado um garoto rancheiro reprimido da Nova Zelândia, sonhara.

Teorias desse tipo somente encorajariam e abririam caminho para formas cada vez mais bizarras de condutas, é claro. E a escalada de atração que Jeffrey Dahmer experimentou, ao encontrar satisfação sexual somente na companhia dos intestinos do crescente número de suas vítimas, também pode ocorrer em massa, como bem atesta um filme recente, financiado pelo Canadian Arts Council, o qual "normaliza" a necrofilia.

De modo que, agora, toda vez que recebo pacientes lésbicas que usaram seringa cheia de sêmen de amigos masculinos para engravidar, elas logo me advertem, caso eu ouse julgá-las. Quem seria eu para julgar o que é natural ou não, normal ou anormal, bom ou ruim? Por experiência, sei que os transexuais exalam uma superioridade moral triunfalista, conscientes de terem forçado o mundo a aceitar o que, anteriormente, era tido como inaceitável. Talvez, caso não tenham lido John Money, tenham lido a opinião semelhante e mais antiga de Havelock Ellis, de que as perversões sexuais (chamadas por ele de "simbolismos eróticos") são aquilo que mais distingue o homem dos animais, e são a sua realização suprema: "De todas as manifestações da psicologia sexual [...] elas são as mais especificamente humanas. Mais do que quaisquer outras, elas envolvem a potente força plástica da imaginação. Elas nos trazem o verdadeiro homem individual, não apenas diferente de seus companheiros, mas em oposição, a criar o seu paraíso privado". Constituem o triunfo supremo do idealismo.

Aqui, temos a reversão gnóstica do bem e do mal no âmbito do sexo, a técnica que Sartre e Mailer empregaram no âmbito da criminalidade, transformando Jean Genet e Jack Abbott em heróis existenciais. É claro que a sexualidade humana difere da dos animais, mas certamente isso não se deve ao fato de os homens desejarem transar com galinhas ao passo que as galinhas não podem corresponder. Precisamos ir para a literatura, e não para os sexólogos, caso queiramos compreender a diferença. É claro, não é necessário que as pessoas leiam as fontes originais das ideias para que essas ideias se tornem parte de seu arcabouço mental. Mas as ideias e sensibilidades dos revolucionários sexuais permeiam de forma tão exaustiva toda nossa sociedade que nos tornamos incapazes de perceber qual a extensão dessa penetração. O dionisíaco definitivamente triunfou sobre o apolíneo. Fora com a graça, a reticência, a medida, a dignidade, a discrição, a profundidade e a limitação do desejo. A felicidade e a boa vida são concebidas como um prolongado êxtase sexual, e nada mais. Quando, em meu trabalho nos guetos ingleses, observo o que a revolução sexual forjou, penso nas palavras que homenageiam o arquiteto Sir Christopher Wren, no piso da catedral de Saint Paul: *si monumentum requiris, circumspice*.[3]

2000

---

[3] "Caso procures o monumento, olhe em volta". (N. T.)

Quem Matou a Infância?

Na metade do século XIX, Macaulay escrevia que nada seria mais absurdo que o espetáculo oferecido pelo público britânico durante os seus periódicos ataques de moralidade; hoje em dia, porém, além de absurdos eles se tornaram sinistros. A fim de compensar a sua atual falta de compasso moral, o público britânico se tornou, então, exímio em seus arroubos de sentimentalismo *kitsch*, que são seguidos de veementes demonstrações de indignação, tudo encorajado pelo barato e cínico sensacionalismo da imprensa. Espasmos de bondade autoproclamada passaram a funcionar como substituto da vida moral.

Em nenhuma outra esfera o público britânico se viu tão volúvel e suscetível a ataques emocionalmente carregados – embora pueris – quanto a da infância. Por exemplo, não faz muito tempo que a casa de um pediatra ao sul de Gales foi atacada por uma multidão incapaz de distinguir um pediatra de um pedófilo. Os agressores vinham, obviamente, do exato meio social em que floresce todo tipo de negligência e abusos contra as crianças, em que a idade do consentimento já foi na prática abolida, e no qual os adultos temem os próprios filhos, tão logo estes alcancem a idade da violência. Em boa parte da Grã-Bretanha a educação das crianças se tornou um grande caldeirão, no qual são misturadas grandes doses de sentimentalismo, brutalidade e negligência, e no qual uma permissividade excessiva em relação aos modismos e brinquedos, ou roupas e televisão no quarto, é considerada a mais alta — de fato, a única — manifestação de genuína preocupação com o bem-estar das crianças.

Não existe estímulo mais poderoso para a desonestidade emocional do que uma consciência culpada, o que talvez explique o motivo pelo qual durante alguns dias — mas, apenas por poucos dias — o país foi tomado pelo julgamento conjunto de Ian Huntley e de Maxine Carr. Huntley foi acusado pelo sequestro e assassinato de duas garotinhas de dez anos, Holly Wells e Jessica Chapman, na até então tranquila, ou ao menos insuspeita, cidadezinha de Soham, em Cambridgeshire. Carr foi acusada de obstrução à justiça ao dar um falso álibi a Huntley.

Era a segunda vez que o caso mobilizava a nação, monopolizando a quase totalidade da atenção pública. A primeira mobilização ocorreu durante o desaparecimento das duas meninas, melhores amigas, na noite de 4 de agosto de 2002. Elas saíram da casa de Holly, provavelmente para comprar guloseimas, por volta das 5 horas da tarde, e nunca mais voltaram. A busca de duas semanas pelo paradeiro das garotinhas, e que finalmente terminou com a descoberta dos cadáveres próximo a uma vala perto da Base Aérea de Lakenheath, foi a maior caçada humana da história da Grã-Bretanha. A imprensa divulgava, incessantemente, cada pista falsa; e pessoas que eram basicamente céticas acendiam, por todo o país, velas nas igrejas, e oravam pelas meninas em conjunto. Uma vez que as duas vestiam camisetas do Manchester United quando desapareceram, um imenso cartaz pedindo informações sobre o paradeiro das meninas foi exibido no estádio de Budapeste, onde o time do Manchester United jogava uma partida pela Liga dos Campeões. O *Daily Express*, um jornal cujo proprietário é Richard Desmond (que fez fortuna na indústria pornográfica produzindo séries de filmes como *Donas de Casa Excitadas* e *Garotas Asiáticas*), oferecia uma recompensa de $ 1,8 milhão por informações que conduzissem ao paradeiro das duas meninas. Rapidamente, essa oferta fez com que levas de pessoas fossem atraídas para Soham com a esperança de encontrar os corpos nos descampados que cercavam a cidade, para que pudessem, então, receber a recompensa. Por conseguinte, a polícia se viu inundada por milhares de chamadas sem a menor utilidade investigativa.

As redes de televisão transmitiram um apelo ao sequestrador feito por David Beckham, o loiro e *superstar* jogador de futebol (as meninas vestiam camisetas com o número dele, quando desapareceram). Em Soham, entre as pessoas que pediam pela televisão e em lágrimas para que o sequestrador devolvesse as crianças aos seus lares estava, justamente, o homem que as matara, Ian Huntley. Ele aparecia como um dos líderes das buscas, ajudando na organização das coletivas de imprensa da polícia, e chegou inclusive a consolar o pai de uma das meninas. A janela de sua casa exibia um cartaz pedindo para que o sequestrador devolvesse as garotas a salvo.

Logo após o desaparecimento, sabia-se que Huntley, que trabalhava como porteiro da escola das duas meninas, fora a última pessoa que sem dúvida as vira vivas, mas a namorada dele, Maxine Carr, mentiu para a polícia ao alegar que ela estivera com Huntley a noite toda, na ocasião do desaparecimento das meninas. No entanto, depois de dez dias de investigação, apareceram evidências que não somente ligavam Huntley ao desaparecimento como também mostravam que Carr mentira para a polícia. Naquele dia ela fora a Grimsby, sua cidade natal, visitar sua mãe. A polícia deixou Huntley e Carr sob custódia e os corpos foram achados logo depois.

O nível de publicidade e de envolvimento emocional disparado pelo assassinato das garotas foi tamanho que as torcidas de futebol, notórias em todo o mundo por sua propensão às bebedeiras, xingamentos e brigas, observaram um minuto de silêncio antes do início dos jogos durante aquele final de semana. Dez mil buquês de flores, misturados com ursos de pelúcia e efusões poéticas, foram depositados no entorno da igreja de Soham, por pessoas que vinham de grandes distâncias. Uma reedição da comoção pela princesa Diana, tudo de novo. Não demorou muito para que um berçário oferecesse um novo produto em homenagem à tragédia de Soham (por um preço inicial de apenas $ 36).

O caso revelou o pântano moral em que vive a Grã-Bretanha de hoje. Para o total constrangimento da polícia, dois de seus investigadores, que trabalhavam no caso, foram presos logo depois da descoberta dos corpos, ao encontrarem, em seus computadores pessoais, conteúdos com pornografia infantil. A imprensa começou a tratar Huntley e Carr como se a culpa deles já estivesse sumariamente estabelecida – como se a presunção de inocência não se aplicasse ao caso deles –, a tal ponto que o juiz encarregado do julgamento precisou considerar se eles, afinal de contas, poderiam receber um julgamento. Fiéis aos ditames da multidão enfurecida, centenas de pessoas se reuniam diante do tribunal, de onde gritavam, berravam, atiravam ovos e exigiam a restituição da pena de morte. Essas pessoas teriam linchado e despedaçado os acusados caso lhes fosse dada a oportunidade.

Para deixar a coisa ainda mais sombria, muitas mães acharam que seria perfeitamente adequado levar seus filhos pequenos para participar dessa peleja. As crianças presentes se mostravam claramente aterrorizadas, e muitas começaram a chorar convulsivamente, mas a multidão, tomada de um autoatribuído zelo de justiça, não percebia nessa conduta uma forma de abuso infantil em massa. Pelo contrário, as mães diziam que elas estavam lá para exigir a proteção das crianças contra pervertidos e monstros.

Num dos menores escândalos envolvendo o caso, um fotógrafo do *News of the World*, um jornal sensacionalista dominical, conseguiu ser contratado como guarda penitenciário, tendo acesso ao presídio de segurança máxima onde Huntley aguardava o seu julgamento, e assim pôde tirar fotos proibidas do homem mais odiado da Grã-Bretanha. Durante a seleção de emprego, esse fotógrafo forneceu o nome de uma empresa inexistente como referência curricular e usou um endereço pessoal falso. Além disso, aqueles que o haviam contratado não perceberam que, em seu passaporte, havia a informação de que ele era jornalista.

O julgamento ocorreu quinze meses após os assassinatos, dominando a completa atenção da imprensa e das emissoras durante as seis semanas em que se passou. A defesa de Huntley disse que ele encontrara as garotas fora de casa; o nariz de Holly Wells sangrava. Ele levou as meninas para o seu banheiro, onde acabara de tomar banho. Sentado na borda da banheira, enquanto segurava um lenço de papel para estancar o sangue, Holly escorregou e caiu na banheira ainda cheia, acabou se afogando. Jessica Chapman berrou e, querendo silenciá-la, Huntley tapou a boca da menina com a mão. A próxima coisa da qual ele se lembrava é de vê-la no chão, morta.

Maxine Carr, a namorada de Huntley, que passara o dia fora em Grimsby, disse que enganara a polícia porque acreditou que Huntley fosse inocente, e porque ele lhe contara que já havia sido acusado de estupro.

Ele dissera que não suportaria sofrer uma nova acusação falsa. Cega de amor – ou possivelmente morrendo de medo dele, caso fosse absolvido –, ela disse que estivera com ele quando as meninas desapareceram. Apesar de Maxine não ter participação nos assassinatos, ela foi prontamente rotulada como uma segunda Myra Hindley, a notória assassina dos prados, que junto com o seu comparsa, Ian Brady, sequestrou, torturou, matou e enterrou ao menos cinco crianças na região de Lancashire, no início da década de 1960, e que, até a sua morte na prisão no ano passado, permanecera um símbolo do mal absoluto.

O júri levou um tempo surpreendentemente longo para chegar a um veredicto. Sem dúvida, o júri encontrou dificuldade para decidir se Maxine Carr sabia ou não do crime de Huntley quando mentiu à polícia. Caso soubesse, ela seria obviamente culpada de um crime muito mais sério. No final, o júri optou pelo crime menos grave. No entanto, Huntley foi acusado pelos dois homicídios, e o juiz o sentenciou, devidamente, a cumprir duas prisões perpétuas.

Não é preciso dizer que os seus crimes foram horrendos – e isso foi reiterado de diversas formas. Um articulista do *Daily Mirror*, um tabloide popular, escreveu um artigo cuja mensagem central era praticamente uma instigação ao assassinato: "O enforcamento seria uma punição suave demais para ele", como se evocasse o infame panfleto anônimo de 1701, "A Forca não é um Castigo Suficiente".[1] "Ele sabe o que os detentos fazem com aqueles que abusam e matam crianças. Felizmente, agora que a justiça foi feita, ele receberá o que merece."

Em outras palavras, é como se esse articulista estivesse exortando para que os presos matassem, estuprassem ou mutilassem Huntley, aparentemente alheio ao fato de que a grande maioria dos presídios na Grã-Bretanha abriga pessoas que geraram e depois abandonaram os seus filhos, deixando-os à sorte do ambiente social, no qual a simples negligência é o melhor dos desdobramentos que essas crianças podem esperar, e o abuso é o que provavelmente receberão. Talvez não seja uma

---

[1] A referência é um panfleto anônimo de 1701, o qual incitava formas extremamente cruéis de punição capital. (N.T.)

completa coincidência que o *Daily Mirror* tenha uma grande circulação nesse nicho de mercado.

Depois de encerrado o julgamento, uma enxurrada de notícias sobre o passado de Huntley inundou os noticiários. Parece que ele fora um recorrente molestador sexual que nunca respondera devidamente por seus crimes, mas que fora, certa vez, acusado de estupro e atraiu a suspeita da polícia local em várias ocasiões. Ele e sua namorada se mudaram para Soham no intuito de recomeçar a vida; e quando ele foi pedir emprego de porteiro escolar, uma checagem de sua ficha policial (agora obrigatória para todos os que querem trabalhar em escolas) não foi capaz de levantar nenhuma das suspeitas que envolviam o seu passado. Assim sendo, caso acreditemos na imprensa, o público transferiu discretamente sua fúria do acusado para a polícia, pelo fato de ter fracassado em evitar que aquele monstro fosse contratado. Então, começaram a aparecer os gritos histéricos, a suspeitar que diversos Ian Huntley estariam à espreita em todos os lugares e prontos para atacar. Pesquisas mostraram que uma grande quantidade de pais temia mais do que nunca pela segurança de seus filhos, e um décimo da população adulta chegou a dizer que os assassinatos de Soham os desencorajara de ter filhos.

As histórias sobre o passado de Huntley expuseram a precária situação moral da sociedade britânica e de seus membros adultos. Uma garota, Laura, revelou como Huntley, na época um rapaz de dezoito anos, fizera sexo com ela quando ela tinha doze anos, mais ou menos à força. A mãe dessa menina, quando descobriu o que acontecera, não chamou a polícia.

Outra garota, Janine, relatou como fora morar com Huntley quando tinha quinze anos. Onde, pode-se perguntar (embora ninguém na imprensa britânica tenha levantado tal questão), estavam os pais dessa garota quando isso aconteceu? Mas o relacionamento não durou muito. "Ele me traía com outras meninas, incluindo algumas amigas minhas da escola", Janine relatou. Ela o deixou logo após ter completado dezesseis anos.

Karen contou uma história comovente. Quando ele tinha dezoito e ela dezesseis, ela "se apaixonou por ele", mas ele era de tal forma rude quando faziam sexo que isso a dissuadia de "fazer de novo". No entanto, Karen continuou a vê-lo, até ele se tornar extremamente ciumento e possessivo.

"Aqueles olhos maravilhosos que as garotas notavam podiam ser malignos e charmosos", ela recordava. Infelizmente, contudo, ela o encontrou de novo num bar cinco anos depois, numa época em que estava noiva e prestes a se casar. "Agora, ele já era um homem. Rimos e ficamos bêbados. Ele estava me seduzindo de novo, e eu mais uma vez caí na dele." O feliz casal foi para a casa de Huntley. "Ele trancou a porta do quarto. Então ele mudou de humor. Ele me dominou fisicamente, subiu em cima de mim e me forçou a fazer sexo."

Alguém poderia pensar que agora ela já tivera o suficiente do Sr. Huntley, mas não. O relacionamento entre eles continuou, embora não por muito tempo. "Durou apenas um pouco mais até que a sua então atual namorada atirasse pedras na janela." Karen acrescentou: "Eu não podia contar nada a ninguém [a respeito dele] porque eu estava noiva".

Louise, aos onze anos, conheceu Huntley num parque de diversões e ficou lisonjeada por parecer atraente a um homem de 22 anos. Ele a levou para casa e fez sexo com ela. Ele insistiu em suas investidas sexuais até que ela entrou em pânico. Louise continuou a ver Huntley até que "o relacionamento se esgotou porque ele perseguia outras garotas". Na época, ele vivia no tipo de cidade onde todo mundo conhece todo mundo.

Huntley atirou Alison escada abaixo quando ela tinha dezesseis anos e dissera a ele que estava grávida. Eles já viviam juntos há vários meses (isto é, antes da idade legal do consentimento), e ele já a espancara com um taco de bilhar. Até onde sabemos, os pais de Alison nada fizeram a fim de interromper esse relacionamento, tampouco exerciam qualquer tipo de controle sobre ela.

Chantel tinha quinze anos quando conheceu Huntley (na época com 21) e foi viver com ele. Na verdade, seus pais ajudaram-na a montar um lar com ele, em pleno conhecimento e conivência diante daquilo que segundo a lei é crime. O pai da garota, um encanador, disse: "Fizemos tudo o que podíamos para ajudá-los a criar um lar [...] Ele chegou a trabalhar comigo durante um tempo".

Huntley encarcerou Chantel, deixando-a passar fome ao trancá-la num encardido aposento por duas semanas. Depois de algum tempo, ela então desmaiou de fraqueza, exaustão e desidratação, e foi parar num hospital.

Seu pai continua a história: "Eu fiquei lívido quando descobri, mas não queria a polícia envolvida, e quis resolver pessoalmente com Huntley". O que ele fez, então? "Nós o obrigamos a sair da cidade. Ele recebeu o aviso de que seria melhor dar o fora senão sofreria as consequências." Não é preciso fazer um grande esforço de imaginação para saber quais teriam sido essas consequências. Na verdade, esse pai não quis recorrer à polícia porque agira como o cafetão de sua filha, pois, ao contrário de Huntley, ele não poderia jamais alegar que desconhecia a idade dela.

Ainda assim, outra mulher teve um filho com Huntley. Ela tinha quinze anos quando ela e Huntley se mudaram para um quarto, "apesar dos protestos de seus pais, que ficaram alarmados ao saber que sua filha menor de idade tinha relações sexuais com um homem seis anos mais velho", segundo a história que relatou ao *Daily Mirror*. Todavia, eles não foram procurar a polícia, e logo depois o casal se mudou para a casa da mãe de Huntley, que parecia estar perfeitamente preparada a aceitar que seu filho vivesse com uma garota de quinze anos. (Depois do julgamento, ela pediu que seu filho recebesse a pena de morte.) Todavia, os pais da garota não se encontravam tão indefesos como a história sugere: quando Huntley foi acusado de estupro, eles o proibiram de ver a criança que ele tivera com a filha deles.

A polícia tentou investigar outro caso de uma garota que fizera sexo com Huntley antes da idade do consentimento, mas nem ela nem tampouco sua mãe cooperaram com os policiais.

Huntley chegou a ficar casado. Sua esposa sabia de seu histórico de violência com outras mulheres, mas se casou com ele mesmo assim. Dentro de pouco tempo, ele a forçaria a um aborto utilizando o método geralmente empregado por homens do naipe dele: chutar o estômago da mulher repetidas vezes.

Ela o deixou logo depois e foi morar na casa do pai de Huntley. Lá percebeu que "tinha sentimentos fortes pelo irmão dele", com quem posteriormente se casou.

A única acusação de estupro contra Huntley teve que ser retirada por falta de evidências. A reclamante alegava que ele a estuprara enquanto ela voltava para casa depois de sair de uma boate. Mas havia uma gravação da boate mostrando que ela dançara com ele naquela noite, um fato do qual não se lembrava por estar muito bêbada. A polícia decidiu, não sem razão, que uma testemunha que não conseguia se lembrar de momentos capitais porque estava muito bêbada não poderia apresentar um testemunho convincente diante da lei, especialmente num caso no qual seria a palavra dela contra a do acusado.

Todas as vítimas descrevem Huntley como um homem ciumento, possessivo e controlador, que fazia questão de ser o único foco da atenção de uma garota, pouco importando o quanto ele próprio fosse regularmente infiel. Certamente, essa foi uma das razões que os comentaristas levantaram para explicar por que Maxine Carr estava disposta a mentir para beneficiá-lo. Na verdade, teorizou-se que ela cessara de ser uma pessoa autônoma e pensante, passando apenas a seguir as vontades dele. Por outro lado, a mãe dela sugeriu outo motivo: que ela estava profunda e loucamente apaixonada por ele e que queria protegê-lo a todo custo.

Todavia, na noite em que Huntley assassinou as duas garotas, Carr foi para uma boate em Grimsby, onde, após alguns drinques, insinuou-se libidinosamente a um garoto de dezessete anos e a um homem de 22, mostrando os seios para ambos. Ela fora à boate em companhia de sua mãe, que presenciou a cena. Não obstante, essa mãe não foi capaz de ver qualquer anormalidade na conduta da filha, no sentido de reconsiderar a visão que tinha sobre o alegado amor que sua filha sentia por um homem que estava a 160 quilômetros de distância, em Soham. A manchete do *Times* a respeito de Maxine Carr no dia seguinte à condenação era: "Uma Sossegada Garota de Família com um Talento Especial para se Apaixonar pelo Homem Errado".

Depois de terminado o julgamento, a imprensa se concentrou exclusivamente no fracasso da polícia de Grimsby para informar a polícia de Cambridgeshire sobre as inclinações de Huntley. É verdade que eles fracassaram, com lamentável ineficiência, na condução de seus deveres profissionais. Todavia, a imprensa não dedicou uma única linha ao significado social dos relacionamentos que Huntley tivera com várias garotas menores, tampouco falou da cumplicidade e conivência dos pais, ou sobre o promíscuo alcoolismo entre as jovens, que pode ser visto no centro de todas as grandes e pequenas cidades britânicas e torna impossível investigar muitas acusações de estupro. A polícia frequentemente pede a minha opinião em casos como esses: o último dos quais foi com uma jovem, mãe de três crianças, que, ao confiar seus filhos, de pais distintos, a uma babá, saiu para a balada, onde ficou tão bêbada que não conseguia se lembrar como fora parar no quarto de um estranho. Então, ao acordar, gritou que havia sido estuprada. Também não houve comentários sobre os motivos pelos quais tantos jovens britânicos do sexo masculino são ciumentos, possessivos e controladores no mesmo padrão de Ian Huntley, ou por que, com a exceção dos próprios assassinatos, o seu comportamento não pôde ser enquadrado como algo muito fora do comum. Numa era democrática, apenas o comportamento das autoridades está sujeito à crítica pública; mas nunca o das pessoas. Temos, então, uma versão moderna da doutrina de Rousseau: não fosse pelas autoridades, as pessoas seriam boas.

Já a efusão do luto nacional, reminiscente das cenas que se seguiram à morte da princesa Diana, certamente não indicou a presença de um sentimento, mas de uma incapacidade egoísta de sentir, compensada por uma grande encenação. Os britânicos não parecem apenas ter se esquecido, mas parecem não poder sequer mais compreender as palavras de seu poeta nacional:

Nor are those empty-hearted whose low sound
Reverbs no hollowness.[2]

À medida que havia pessoas realmente de luto – com a óbvia exceção dos parentes e amigos das meninas – isso não se dava somente pela morte daquelas crianças, mas também pela morte da infância.

2004

---

[2] "Nem tampouco sentirão menos as pessoas cuja voz grave não ressoa no vazio", *Rei Lear*, Ato I, Cena I. O sentido é de haver mais sentimento genuíno justamente nas pessoas mais caladas. (N. T.)

Uma História de Terror

Na visão de mundo psicoterapêutica adotada por todo bom progressista, o mal simplesmente não existe; temos apenas vitimização. O ladrão e o roubado, o assassino e o assassinado, são todos vítimas das circunstâncias, subjugados e unidos pelos acontecimentos. As futuras gerações (espero) acharão curioso como, justamente no século de Stálin e Hitler, pudemos ser tão veementes em nossa obstinada negação quanto à capacidade do homem para o mal. De tempos em tempos, todavia, aparece um caso capaz de reabilitar uma débil memória sobre a realidade dessa capacidade — mas que será em breve esquecida.

O caso de Frederick e Rosemary West é um exemplo desse fenômeno. Ele começou envolto em futilidade pública, passou por um breve estágio de horrorizada repugnância, tornando-se, agora, uma oportunidade comercial sobretudo para editores e agentes de turismo. Mas quando bem considerado, ele nos lembra do que os homens são capazes, uma vez removidos todos os impedimentos; e ao se saber que os crimes cometidos pelos West ultrapassam completamente o âmbito de qualquer justificativa que possa ser oferecida pelas circunstâncias pessoais, o caso também nos faz lembrar aquilo que deveria ser óbvio, mas que, desafortunadamente, não é: nenhuma concebível perfeição de vida social e de sociedade jamais tornará redundante as restrições externas sobre a conduta humana.

Tão logo a polícia desenterrava os primeiros restos humanos no quintal do imóvel número 25 da Rua Cromwell em Gloucester, em fevereiro de 1994, apostadores em todo o país começaram a receber palpites que procuravam adivinhar quantos cadáveres seriam, ao todo, encontrados naquele lugar. Não há nada mais eficiente para levantar o moral do povo inglês do que um assassinato realmente sórdido, e assassinatos não podem ser mais sórdidos do que aqueles que foram cometidos na Rua Cromwell.

No final da operação, nove pontos contendo restos mortais foram desenterrados naquele endereço, incluindo o corpo da filha dos orgulhosos proprietários, o Sr. Frederick e a Sra. Rosemary West (nascidos em 1943 e 1953, respectivamente). Os restos da filha adotiva do casal foram encontrados no endereço anterior, o número 25 na Estrada Midland, também em Gloucester, ao passo que os restos da primeira esposa do Sr. West, Rena, e de uma de suas amantes – grávida no momento em que foi assassinada – foram descobertos em dois campos próximos ao local em que o Sr. West nasceu, o vilarejo pitorescamente chamado de Much Marcle. Como Agatha Christie certa vez observou tão astutamente, há sempre um traço de malignidade num vilarejo inglês.

Antes de se enforcar em 1º de janeiro de 1995, na prisão de Winson Green, em Birmingham, o Sr. West confessara a um confidente – ao qual desde então foi oferecido mais de $ 150 mil para que revelasse as confidências, ainda não publicadas, a um jornal – que ele matara ao menos vinte outras pessoas. Todavia, é difícil dar muito crédito a essa confissão, uma vez que Fred nunca fora muito bom com números e, segundo um dos membros de sua família, nunca conseguia lembrar exatamente quantos filhos tinha, ou os seus nomes. Ouvi um rumor que dizia que o número real de suas vítimas se aproximaria de sessenta pessoas, e não vinte. É preciso dizer que o portador desse rumor era um homem com bons motivos para estar nervoso. Ele era um médico cuja ampliação de seu consultório fora recentemente concluída por Fred, que fazia bicos como pedreiro. Fred tinha obsequiosamente se oferecido para preparar as fundações da ampliação, enquanto o médico estava de férias; uma consideração que, em retrospecto, pode ter sido motivada por algo mais do que o mero desejo de poupar o médico do barulho que uma construção inevitavelmente acarreta.

Outra pessoa que conheço declinou uma oferta de Fred para que este lhe construísse um conservatório. O jeito do operário o desmotivara. De fato, havia algo distintivamente estranho em relação à aparência do assassino. Ele parecia manifestar aquele estágio intermediário durante a transformação de um homem em lobisomem. Extremamente peludo, era atarracado e baixo, e mancava devido a um acidente de motocicleta quando ainda jovem. Ele ostentava a tradicional dentição ruim da classe trabalhadora inglesa, mas os seus olhos brilhavam intensamente, e não resta dúvida de que, apesar de sua pobre educação, seu sotaque do interior e seu vocabulário limitado, ele era capaz de exercer um charme hipnótico sobre jovens garotas suscetíveis e inexperientes.

A aparência de Rosemary era muito mais comum. Ela ganhou peso ainda jovem e parecia uma matrona muito antes do tempo. Não havia nada em seu rosto ou modos que sugerisse um voraz apetite sexual ou um sadismo incontrolável. Enquanto estava na prisão, aguardando julgamento, ela se assemelhava, em cada detalhe, à adorável vovozinha que costura meias aos seus netinhos.

É improvável que um dia saibamos com precisão quantas vidas Fred e Rose tiraram. Um país inteiro teria que ser escavado, e uma vez que as escavações, relativamente limitadas realizadas pela polícia, compreendendo no máximo 200 metros quadrados, já custaram $ 2,25 milhões, uma investigação realmente meticulosa levaria a nação à falência. Seja lá qual for o verdadeiro número de vítimas, a Gloucester dos West já se encontra agora firmemente estabelecida no imaginário nacional, como o Whitechapel[1] de Jack, o Estripador. O julgamento de Rose monopolizou a atenção do público da mesma forma que ocorreu com o julgamento de O. J. Simpson nos Estados Unidos, e, embora tudo fosse transmitido pela imprensa, a presença de câmeras (de maneira acertada) não foi permitida nas salas de julgamento, a fim de preservar o pouco que resta da majestade da lei.

Gloucester é uma pequena cidade catedral com cerca de cem mil habitantes, onde, de forma inconteste, a sua assembleia municipal provou

---

[1] Nome do distrito londrino onde ocorreram os famigerados assassinatos cometidos por esse *serial killer*. (N. T.)

que, ao se combinar os planos urbanísticos da década de 1960 com políticas indiscriminadas de bem-estar social, as degradadas condições urbanas de cidades muito maiores podem ser reproduzidas, com enorme sucesso, em pequenas cidades do interior. O charmoso embora antigo centro medieval da cidade foi substituído, quase em sua totalidade, por prédios de concreto que teriam agradado os corações de outro casal famoso: os Ceauşescu. A própria Rua Cromwell, outrora uma elegante e decente rua residencial do século XIX, degenerou-se à condição de uma via de cortiços, onde uma população rotativa de jovens e adultos desocupados aluga semanalmente pequenos quartos, e onde tudo tem o aspecto de largado, com paredes descascadas, estuque caindo e muito lixo – embrulhos e restos de comida de lanchonete flutuam ao sabor do vento. Na parede dos fundos de um conjunto de habitações geminadas, um grafiteiro retratou a gloriosa marcha das massas britânicas. O painel ilustrava coisas como o desemprego durante a depressão e a maternidade sem pai dos anos 1990; na frente do painel há um rastafári segurando um cartaz em que se lê: "Dê-nos um Futuro". Vale dizer, segundo os cartazes menores exibidos atrás dele por mães solteiras, auxílios mais generosos do bem-estar social. No prédio vizinho à casa dos West, vemos uma pequena e medíocre igreja adventista do sétimo dia, cujos dizeres oferecem aos transeuntes a seguinte mensagem: "Paz e sanidade num mundo insano, deveras insano".

O número 25 da Rua Cromwell recebeu promessas de renovação, todavia. Sugeriu-se que fosse transformado num memorial para as vítimas dos West. Outros, mais preocupados com os ganhos comerciais, sugeriram que fosse feito ali um museu de cera, o que certamente transformaria o local em uma das principais atrações turísticas desta ilha, estimulando a economia de Gloucester como um todo. A ideia do potencial turístico da Rua Cromwell pode ser estimada pelo fato de que, transcorridos dois anos das primeiras descobertas, uma constante e incessante corrente de curiosos passa diariamente em frente à casa, apesar de suas janelas terem sido seladas com cimento e suas portas terem sido fortemente trancadas, de modo que não há nada que possa ser visto. Os lojistas locais já estão tão acostumados com o fluxo de estranhos que informam sobre a localização da Rua Cromwell antes que as pessoas abram a boca para pedir informação.

As revelações durante o julgamento recente da Sra. West (ela foi considerada culpada por três homicídios em 21 de novembro, e por mais sete no dia seguinte) foram tão profundamente chocantes que mesmo a imprensa marrom britânica, amiga do sensacionalismo e do libidinoso, foi unânime ao se recusar a divulgar os detalhes mais sombrios do caso. Aos jurados foram oferecidas seções de psicoterapia depois do julgamento, e alguns deles talvez tenham aceitado. Os repórteres criminais presentes rejeitaram, com injúrias, uma oferta semelhante. A solicitude por parte das autoridades pelo bem-estar emocional das testemunhas do julgamento mostrou um total contraste à prévia indiferença diante das evidências de que os West podiam estar assassinando livremente, acumulando vítimas; e, de fato, eles agiram imperturbáveis – embora não totalmente – durante um quarto de século.

Os West perpetraram esses homicídios tanto por razões práticas quanto por satisfação sexual. Num primeiro momento, Fred matava sozinho. O corpo desmembrado de sua amante grávida, que fora vista com vida pela última vez em 1967 (quando Fred tinha 24 anos), foi encontrado enterrado num terreno baldio em junho de 1994. Tanto quanto sabemos, ela foi a primeira pessoa assassinada – sem contar uma criança de três anos que morrera acidentalmente atropelada enquanto ele dirigia uma van em Glasgow. Ele matara sua amante porque sua primeira mulher, uma prostituta de Glasgow envolvida em pequenos delitos, com quem ele vivera apenas esporadicamente, tornara-se ciumenta. Logo depois, ele mataria, desmembraria e enterraria a sua primeira esposa, em 1970. Nessa época, ele já vivia com Rosemary, que tinha quinze anos quando eles se conheceram num ponto de ônibus. Os pais dela ficaram tão alarmados com sua ligação com um homem dez anos mais velho (embora o pai a tivesse molestado sexualmente) que a entregaram aos cuidados do departamento de assistência social local, o qual, todavia, permitiu que ela continuasse a ver Fred. Aos dezesseis anos ela deu à luz a filha do casal, Heather, assassinada por ambos dezesseis anos mais tarde.

Em 1971, Rosemary West matou Charmaine, a filha de oito anos da primeira esposa de Fred. O pai da menina era um motorista de ônibus indiano de Glasgow. Charmaine morava com os West, quando não se encontrava sob os cuidados da assistência social. Na época, Fred estava cumprindo pena por crimes contra a propriedade. "Querido, a respeito de Char", Rosemary escreve para ele na prisão. "Acredito que ela aprecie ser tratada de forma rude. Mas, querido, por que tenho que ser eu a fazer esse serviço? Eu a manteria aqui para o bem dela, se não fosse pelo resto das crianças." As outras crianças, naquela época, eram a filha de Fred com sua primeira esposa (a mãe de Charmaine) e a primeira filha dos West.

Quando Charmaine não mais apareceu na escola, aos alunos e colegas (um dos quais vira a Sra. West bater nela severamente com uma colher de pau enquanto seus pulsos estavam atados atrás das costas por um cinto de couro) foi dito que ela fora levada de lá por sua própria mãe – nessa época, sua mãe já estava em decomposição há dois anos num descampado. Não foram feitos quaisquer esforços posteriores para encontrar Charmaine: uma criança simplesmente desaparecera sem deixar rastros.

Fred e Rose se casaram em 1972. Fred se referia a si mesmo no registro de casamento como solteiro. Logo depois, eles atacariam sexualmente a meia-irmã de Charmaine, Anna Marie, na época com oito anos, a filha de Fred com sua primeira esposa. Eles a levaram para o porão com as mãos amarradas e a boca amordaçada. A Sra. West sentou no rosto dela enquanto Fred a estuprava. Eles lhe disseram que ela deveria se sentir grata por ter pais tão cuidadosos, e que tudo aquilo fora feito para o seu próprio bem. Eles a mantiveram fora da escola por alguns dias e lhe disseram que, caso contasse para qualquer um o que havia acontecido, ela receberia uma tremenda surra. Depois disso, Anna Marie começou a ser repetida e regularmente atada a uma estrutura metálica, a qual fora erigida no porão por Fred, de modo que sua esposa pudesse abusar sexualmente da menina. Na escola, Anna Marie se recusava a participar das atividades esportivas, para que os ferimentos infligidos por seus pais não fossem revelados; ninguém percebeu que havia algo de errado ou pensou em intervir.

Foi no final de 1972 que Fred e Rose sequestraram pela primeira vez uma jovem na rua. A presença de uma mulher no carro garantia às vítimas que nada havia a temer com a oferta de uma carona. Essa primeira vítima foi sexualmente violentada por Rose ainda no carro e foi logo depois golpeada por Fred, desmaiando. Eles então a ataram com fita adesiva, arrastaram-na para o porão do número 25 da Rua Cromwell, onde ela foi violentada de novo por Rose, e então estuprada por Fred (enquanto Rose, no andar de cima, preparava um chá para os três, um toque peculiarmente inglês à história). O casal enfim liberou a moça sob uma condição – à qual ela assentiu –, que ela retornasse em breve para mais uma sessão. No entanto, ela foi procurar a polícia.

A polícia a convenceu de que seria melhor processar os West por assédio em vez de sequestro e estupro. Dessa forma, os West assumiriam a culpa, e ela não teria que se submeter a uma aparição traumática nos tribunais. Durante o transcorrer do caso, os West foram multados em $ 75 cada, uma sentença que, por sua leniência, mesmo o mais ardente progressista consideraria, espero, um grande equívoco à luz dos acontecimentos subsequentes.

Foi depois desse golpe de sorte que os livrou do pior que os West resolveram enveredar de vez para o mundo dos assassinatos, quando, ao presumirem que suas vítimas sexuais procurariam a polícia, concluíram que seria melhor livrar-se delas logo de uma vez. Eles começaram então a sequestrar uma série de garotas sozinhas – pelo menos seis delas –, as quais torturaram sexualmente, atando-as e cobrindo-as com fita isolante (e, num caso, inserindo tubos plásticos nas narinas para que a menina pudesse continuar respirando – uma técnica que aprenderam muito provavelmente numa revista pornográfica posteriormente encontrada em posse do casal), para depois matar, desmembrar e enterrar essas moças no porão, que mais tarde seria usado como quarto das crianças.

De forma alguma, essas eram as únicas atividades dos West. Eles recebiam hóspedes, com muitas das quais a Sra. West mantinha relações sexuais, com o encorajamento do marido. Alguns hóspedes ouviam os gritos noturnos de garotas torturadas no porão, mas nada faziam ao aceitar a explicação dos West de que os gritos vinham dos pesadelos das filhas. Eventualmente a polícia fazia incursões ao número 25 atrás de pequenas quantidades de maconha consumidas pelos hóspedes – uma irônica atenção ao detalhe, diante das circunstâncias.

Os West também administravam um bordel (frequentado pela polícia local, segundo boatos), no qual a Sra. West era a única prostituta. Repetidas vezes, os West colocavam anúncios nas revistas locais à procura de homens mestiços bem-dotados dispostos a ter relação sexual com uma dona de casa. Dos oito filhos da Sra. West, apenas quatro eram de Fred, os outros quatro eram de seus clientes, e três deles eram mestiços. No início, a Sra. West divertia os homens só por prazer, tanto o dela quanto o de seu marido; mas, com tantas bocas para alimentar, logo se tornaria uma profissional. Fred gostava de observar e escutar sua mulher enquanto ela atendia os seus clientes, e instalou um sistema de escuta de modo que podia ouvi-la em ação em qualquer lugar da casa. Ele também fez pequenos buracos através dos quais podia espiar e gravar sua mulher em muitas ocasiões, e mais tarde exibia os filmes às crianças em um dos sete aparelhos de vídeo da casa (todos eles roubados, uma vez que, além de ser um assassino em série, Fred também gostava de cometer pequenos furtos). Ele chegou a oferecer vídeos de mulheres sendo torturadas para a locadora de vídeo do bairro, mas o dono da loja recusou a oferta. Logo depois, o proprietário da videolocadora foi à polícia, a qual, ansiosa por mostrar que também tinha uma mentalidade "aberta", afinada com o clima moral da época, nada fez.

Esse não foi o único sinal ignorado a indicar que algo de muito errado ocorria naquele número da Rua Cromwell. Era por demais evidente o sadismo com o qual os West tratavam os seus filhos, levando-os a 31 entradas no setor de emergência do hospital mais próximo, pelos motivos mais diversos, desde punções nos pés até ferimentos genitais, justificados como resultado de abruptas freadas na bicicleta. Uma das filhas, então com quinze anos, foi parar no hospital com uma gravidez ectópica (Fred era o pai, é claro), mas, embora isso significasse que pela lei ela fora *necessariamente* vítima de um estupro, uma vez que a idade mínima de consentimento seria aos dezesseis anos, não ocorreu a ninguém investigar o assunto, ou mesmo perguntar quem seria o pai, pois uma pergunta dessa caracterizaria um comportamento *moralista*.

Rosemary ficou certa vez tão enfurecida com seu filho que o agarrou pelo pescoço e o sufocou a tal ponto que ele quase desmaiou. O ataque deixou hematomas em seu pescoço – marcas de dedo – e vasos sanguíneos estouraram nos olhos; mas, na escola, quando lhe perguntaram o que havia acontecido, ele disse que sofrera um acidente enquanto brincava numa árvore com uma corda em volta do pescoço, e que de repente caiu. Essa foi considerada uma explicação perfeitamente aceitável pelos professores e orientadores. Regularmente ele aparecia na escola coberto de hematomas.

Os West trocaram os hóspedes masculinos por femininos. A Sra. West, sendo bissexual, também se divertia com as meninas; e o Sr. West (que costumava se gabar de suas habilidades na execução de abortos e, de fato, deve ter feito alguns) via as garotas como inquilinas financeiramente mais confiáveis em relação aos homens, sobretudo se elas fossem solteiras, grávidas e recebessem ajuda social do governo.

No entanto, a maior parte das vítimas dos West foi escolhida nas ruas. Boa parte delas – embora não todas – era composta de adolescentes rebeldes e problemáticas provenientes de lares rompidos, as quais ou tinham fugido de casa ou estavam sob os cuidados do serviço social. Todavia, uma delas, uma estudante universitária de história medieval inglesa, era a sobrinha do romancista Kingsley Amis, e outra era filha de um bem-sucedido homem de negócios suíço e pedia carona no intuito de chegar à Irlanda. Extensivas buscas realizadas pela polícia não conseguiam localizar essas meninas, não havia qualquer pista que as ligasse aos West.

Mais típicos foram os casos de Lynda Gough e Juanita Mott. Lynda era uma garota rebelde e voluntariosa de Gloucester que saiu subitamente de casa, deixando um bilhete para os pais: "Por favor, não se preocupem comigo. Arrumei um lugar onde ficar e venho visitá-los qualquer dia desses".

Três sábados depois, ao não receber qualquer notícia da filha, a Sra. Gough conseguiu localizá-la através dos amigos dela, que a conduziram até a Rua Cromwell. Mas, àquela altura, Lynda já havia sido torturada, estuprada, esquartejada e enterrada. Rosemary apareceu na porta da casa usando as sandálias de Lynda; além disso, a Sra. Gough reconheceu as roupas da filha no varal. A Sra. West disse à Sra. Gough que sua filha partira para um resort de beira-mar em Weston-super-Mare, deixando os seus pertences para trás. Passado mais um tempo, a Sra. Gough e seu marido foram a Weston em busca da filha, mas, é claro, não a encontraram. Eles procuraram a ajuda de várias organizações, incluindo o Exército da Salvação, mas nunca foram à polícia para dizer que ela estava desaparecida. Depois disso, eles pararam de procurar a filha. Talvez eles não se importassem, ou pensaram que a filha, que frequentara uma escola para crianças com deficiência de aprendizagem, tinha o dever e a obrigação de assumir a própria vida aos dezenove anos (a idade de seu desaparecimento), sem o auxílio dos pais.

Juanita Mott era a filha de um militar norte-americano cujos pais se separaram quando ela era ainda muito jovem. Ela abandonou a escola e saiu de casa quando tinha quinze anos. Três anos mais tarde, depois de ter sido hóspede dos West em outros tempos, ela aceitou uma carona oferecida pelo casal, e foi sequestrada, suspensa nas vigas do porão, e então assassinada. Ela também nunca foi dada como desaparecida.

À medida que crescia o número de filhos dos West, e à medida que envelheciam, ficou mais difícil enterrar os cadáveres dentro de casa. No entanto, os abusos contra os filhos mais velhos aumentaram, de modo que um dos filhos, então com treze anos, fugiu de casa e foi morar por um tempo com amigos. Ao voltar para casa ele foi espancado e avisado que em breve teria idade suficiente para ter relações sexuais com sua mãe (a coisa normal para um garoto fazer, seu pai lhe disse). Para Heather, a filha mais velha e então com dezesseis anos, disseram que ela só podia ser lésbica, já que recusara veementemente os assédios do pai. Ela foi então amarrada, estuprada, assassinada e enterrada no quintal. Pediram que o filho mais velho ajudasse a cavar o buraco, justificando que seria para fazer um tanque de peixes. Os West explicaram o desaparecimento de Heather aos outros filhos dizendo que ela decidira ir trabalhar numa colônia de férias. Ela seria a última vítima a ser enterrada no número 25 da Rua Cromwell, e os pais construíram a churrasqueira da família exatamente em cima do ponto onde enterraram a filha.

Cinco anos mais tarde – e provavelmente após muitos assassinatos – os West foram presos ao estuprar uma garota de quatorze anos. O caso foi arquivado porque a garota se recusou a testemunhar em público; porém, durante as investigações policiais, uma quantidade imensa de material pornográfico, incluindo 99 vídeos caseiros, foi encontrada na Rua Cromwell. A polícia destruiu os vídeos, aparentemente sem nunca tê-los visto, embora pudesse haver materiais com as gravações dos assassinatos.

Nessa altura dos acontecimentos, a detetive encarregada da investigação (mais tarde, ela seria oficialmente censurada ao tentar vender a sua história a um editor por $ 1,5 milhão) já acumulara fortes evidências sobre terríveis abusos e queria interrogar Heather imediatamente. Todavia, ninguém sabia do paradeiro da menina, embora uma das crianças tivesse contado a uma assistente social que ela fora enterrada no quintal. A assistente social não considerou repassar essa informação à polícia; mas, de qualquer modo, a detetive já suspeitava fortemente do casal. Ela tentou convencer os seus superiores de que o caso exigia uma busca total – de fato, seria preciso escavar a casa dos West, mas os superiores adiaram a autorização por mais de um ano, preocupados com os custos. Enquanto isso, Fred saíra do presídio de Gloucester, onde estivera preso sob a acusação de estupro, rumo a uma pensão para acusados sob fiança em Birmingham (onde, como posteriormente se gabaria, ele matou uma mulher) e para a completa liberdade depois de ser inocentado pelo tribunal.

Depois da prisão final, em 25 de fevereiro de 1994, os West escolheram caminhos distintos. Fred confessou – embora apenas gradual e provocativamente, relatando muitas versões diferentes, sem dúvida com o propósito de ridicularizar a polícia –, ao passo que Rosemary manteve uma postura de inocência ofendida. Quando lhe foi perguntado no inquérito o motivo pelo qual não reportara à polícia o desaparecimento da filha, já que era inocente, ela redarguiu: "Então, agora devo dedurar minha própria filha, é isso?" – revelando dessa forma que, para ela, recorrer ao auxílio da polícia quando do desaparecimento de uma filha de dezesseis anos seria uma forma de traição, em vez de ser a resposta natural de uma mãe preocupada.

Tanto Fred quanto Rose mostraram, todavia, laivos de sentimentalismo, confirmando o aforismo de Jung de que o sentimentalismo é uma superestrutura a encobrir a brutalidade. Fred escrevia suas memórias na época em que se enforcou. Com o título *Fui Amado por um Anjo*, dava conselhos ao seu filho da prisão, em cartas que, aliás, mostram de forma chocante o péssimo nível educacional da Inglaterra: "Trabalhando dia e noite como eu [...] você acaba não *iscutando*, *sê* não sabe o que acontece em casa, por *favô* filho *Fiqui* sempre o quanto *pudé* em casa Com sua Mulher e crianças e ame sua Mulher e filhos, a coisa mais valiosa que você terá na vida então cuide disso filho". O seu bilhete de suicídio incluía a seguinte sugestão para um epitáfio em seu túmulo, como se a sua morte encerrasse uma versão moderna de *Romeu e Julieta*:

> Em memória
> Fred West – Rose West
> Descansem em paz onde não haja sombras
> Em perfeita paz
> Ele espera por Rose, sua esposa

Rose, por outro lado, resolveu se dedicar à poesia. Da prisão ela escreveu à filha, a qual espancara, estuprara e abusara regularmente:

> Amo-a com a alegria dos pássaros e das abelhas
> Amo-a com a doçura da flor
> Amo-a com a profundeza do mar
> Prezadas memórias a ficar.

É como se ambos acreditassem que a mera exposição de um sentimentalismo enfastiado fosse capaz de outorgar a pureza de seus corações, independentemente de suas ações.

É claro, logo começaram a aparecer especulações nos jornais britânicos sobre quais seriam as forças sociais e psicológicas responsáveis pela conduta extremamente depravada do casal. Por exemplo, ambos eram provenientes de famílias grandes e pobres, nas quais a violência doméstica era um lugar-comum. Mas nenhum de seus irmãos e irmãs jamais se aproximou do nível de ferocidade e crueldade de Fred e Rose, mesmo quando se verificou que alguns dos irmãos de Rose tinham cometido pequenos delitos. Fred foi criado num casebre rural sem eletricidade; aos nove anos já era obrigado a abater animais. No entanto, seus irmãos foram criados em condições semelhantes, só que eles não resolveram abater seres humanos. E caso o chamado ciclo da privação explicasse tudo, ou, de fato, alguma coisa, como então se explica o forte senso moral que parece ter se desenvolvido nos filhos mais velhos e maltratados do casal West?

Sem dúvida, sempre existiram pessoas profundamente perturbadas, e foi uma grande infelicidade que duas dessas pessoas, como os West, tenham se encontrado. Mas ao refletirmos sobre a história deles, é difícil se furtar à conclusão de que a senda criminosa do casal foi pavimentada pela crescente incerteza – durante as últimas três décadas – em relação à linha entre condutas aceitáveis e inaceitáveis, ou mesmo pela incerteza em relação à própria existência dessa linha. Uma crescente permissividade sexual arrebatou o comportamento do casal West, cuja libido superava, em muito, a racionalidade, promovendo uma completa ausência de limites. Eles diziam àqueles que estupravam que faziam algo totalmente "natural" e, portanto, não passível de críticas. Eles operavam dentro de uma atmosfera na qual, de forma crescente, a autocontenção não era aceita como condição necessária para a liberdade – na qual o mais fútil capricho se tornava lei. Além do mais, a maior parte de suas vítimas era de jovens perdidas, desprovidas da orientação e proteção de adultos. Em relação à proteção dos adultos, essas moças acreditavam não precisar de qualquer ajuda, e diante deles se tornavam prontamente intolerantes.

O caso dos West revelou o quão facilmente, no moderno ambiente urbano e em meio às multidões, pessoas podem desaparecer; e como esses desaparecimentos são facilitados em razão de uma recusa coletiva – em nome da liberdade individual – dos pais em assumir plena responsabilidade pelos seus filhos, dos vizinhos em notar o que acontece em sua volta, de qualquer um em enfrentar a gozação dos libertinos na defesa de algum padrão de decência. As instituições públicas – a polícia, as escolas, os serviços sociais, os hospitais – provaram ser incapazes de funcionar como substitutos dos cuidados interpessoais que as famílias outrora desempenhavam; mas mesmo essa função, dentro de um clima de permissividade em que a tolerância se degenera muito rapidamente em indiferença, muitas famílias não mais podem desempenhar. O colapso dessas instituições não é acidental, mas inerente à natureza das burocracias. O Estado não é e nunca será um substituto ao antiquado modelo de papai e mamãe.

Todos os dias, no hospital, encontro-me com adolescentes cujas condutas as tornam altamente vulneráveis diante de potenciais West que porventura cruzem os seus caminhos. Essas adolescentes se consideram espertas e descoladas, mas, caso o sejam, são ainda mais tolas. Por exemplo, na semana passada conversei com uma garota de quatorze anos, filha de indianos, que fugira de casa repetidas vezes porque seus pais insistiam que ela não poderia sair mais de uma noite por semana e teria que voltar para casa no máximo às dez da noite.

"Quero que eles sejam como uma família inglesa", ela me disse.

"E como seria uma família inglesa?", perguntei-lhe.

"Eles cuidam de você até os dezesseis", ela respondeu. "Então, você encontra o seu próprio canto."

Sinceramente espero que ela nunca encontre um casal West, pois, caso contrário, ninguém estará lá para resgatá-la. Para que o mal triunfe basta que os bons nada façam, como disse Burke. Hoje em dia, a maior parte dos bons faz exatamente isso. Ao se temer mais a alcunha de intolerante do que a de perverso, temos o cenário perfeito para que a malignidade esteja livre para prosperar.

1996

O Homem que Previu os Distúrbios Raciais

Desde minha breve experiência de trabalho na África do Sul, sob o regime do *apartheid*, onde vivi por certo tempo, eu não via uma cidade tão racialmente segregada quanto Bradford, no norte da Inglaterra. É claro que na África do Sul a segregação racial era uma questão legal, e a única estrada que separava as favelas africanas dos bairros residenciais e centros financeiros dos brancos podia ser facilmente bloqueada por veículos blindados. Portanto, caso os negros se manifestassem, eles (nas palavras de meu informante africâner) "apenas bagunçariam o próprio ninho".

Não é preciso dizer que, em Bradford, não existem leis raciais. Mas não são meras paredes de pedra que fazem um gueto, o que explica por que é possível que, em uma parte de Bradford, vejamos uma típica cidade do norte da Inglaterra, dominada quase que completamente por uma classe trabalhadora de brancos, e em outra (cujo acesso é feito por uma grande via que cruza a cidade) vejamos um posto avançado do islã, cujas pessoas vieram de outro hemisfério, sem, contudo, alterar em nada a sua cultura e o seu modo de vida.

No passado uma próspera e pequena cidade da indústria lanífera, Bradford atingiu seu ponto máximo de prosperidade durante a segunda metade do século XIX, antes que seu sucesso evaporasse, deixando para trás um legado de orgulho e magnificência municipal, de esplêndidos edifícios públicos em estilo neogótico e neorrenascentista. Foi na cabeça de um milionário de Bradford que Elliot colocou, de forma sarcástica, um chapéu de seda em "The Waste Land". Mesmo as casas geminadas da classe trabalhadora são elegantes e dispendiosamente revestidas em pedra, de modo que áreas extensas da cidade se assemelham a uma Bath com moinhos têxteis.

Uma parte da cidade particularmente bela, a Praça Hanover, é uma pequena obra-prima da arquitetura urbana vitoriana. Foi durante muito tempo a residência de Margaret McMillan, que noventa anos atrás fundava o movimento britânico dos berçários e lutava por melhorias na educação da classe trabalhadora. Hoje em dia, não há um rosto branco que seja visto na praça, e tampouco o rosto de qualquer mulher. A rua se tornou um lugar frequentado estritamente por homens, vestidos como os homens da fronteira (exceto pela incongruência de seus tênis); um grupo deles circula sem parar na frente de uma casa que funciona como *madrassa*, uma escola muçulmana. A famosa frase de Horácio de dois mil anos me vem à mente: mudam de céu, mas não suas almas, que percorrem os mares.

O gueto informal que separa as raças, e de uma forma quase tão eficiente quanto aquela que se vê formalmente na África do Sul, torna os distúrbios inter-raciais, no entanto, mais fáceis. Em julho do ano passado, apenas algumas semanas antes do 11 de Setembro, uma série de manifestações violentas (a pior em vinte anos da Grã-Bretanha) de fato estourou em Bradford, e em outras cidades semelhantes do norte da Inglaterra, tais como Blackburn e Oldham. Gangues de brancos entraram em conflito aberto com gangues paquistanesas, as quais se entregaram, durante muitos dias, aos prazeres do saque e dos incêndios, sob a reconfortante ilusão de que estavam lutando por uma causa. Os jovens brancos se acreditavam lesados por algo cujos culpados seriam os jovens muçulmanos, sem que estes, por sua vez, acreditassem ter herdado qualquer coisa dos jovens brancos. Ambos os grupos estavam tomados pelo ressentimento, embora em lados opostos.

No entanto, havia um homem que não ficou surpreso como essa irrupção de fúria racial. Ele se chama Ray Honeyford,[1] então diretor de

---

[1] Ray Honeyford ainda era vivo quando este texto foi escrito, em 2002. Honeyford faleceu em fevereiro de 2012. (N. T.)

uma escola de ensino médio nas imediações de Bradford no início da década de 1980. Ele já sabia que as políticas educacionais do governo, a promover o multiculturalismo que era esperado que ele implantasse, mais cedo ou mais tarde levariam ao desastre social, como se viu durante os distúrbios. E quando ele, por inúmeras vezes, expôs a loucura embutida nessas políticas, os defensores da "diversidade" – os quais postulam que todas as culturas sejam iguais, mas que proíbem a exposição de opiniões contrárias às deles – montaram uma cruel e difamatória campanha contra ele. Durante pelo menos dois anos, o caso Honeyford, como ficou conhecido, tornou-se uma preocupação nacional, gerando inúmeros debates na TV e nos jornais, e esse homem, frequentemente rotulado de racista, foi enfim escorraçado de seu posto. Parece que nem o inferno tem a mesma fúria de um multiculturalista contrariado.

É claro que o 11 de Setembro fez com que ao menos algumas cabeças britânicas pensassem um pouco mais a fundo sobre as questões referentes à diversidade cultural e às lealdades grupais. Uma quantidade perturbadoramente grande de muçulmanos britânicos, vindos dos mais variados contextos sociais, apoiou a Al-Qaeda. Três dos prisioneiros, agora detidos em Guantánamo, eram da Grã-Bretanha, e todos eles produtos do tipo de associação que agora existe em Bradford e em outros lugares aos milhares. Dois PhDs em Química de Bangladesh, estão em julgamento em Birmingham, acusados (não pela primeira vez) de conspiração por fabricar explosivos para fins terroristas. É improvável que eles tenham agido sozinhos. Várias fundações islâmicas da Grã-Bretanha foram identificadas como organizações que repassavam dinheiro para os terroristas. Richard Reid, que tentou bombardear um avião de passageiros com explosivo Semtex em seu tênis, convertera-se ao islã num presídio britânico. O pessoal do serviço de inteligência do presídio no qual trabalho estima que pelo menos metade dos detentos muçulmanos apoie os ataques ao World Trade Center, e uma vez que os prisioneiros muçulmanos compreendem o grupo que de longe mais rapidamente cresce na população carcerária, e que já exerce bastante peso, isso seria o suficiente para perturbar até os mais complacentes. As elites britânicas, parece, teriam sido muito mais sensatas caso tivessem prestado atenção ao que Honeyford dizia duas décadas atrás, em vez de desprezá-lo.

As ideias centrais de Honeyford eram racionais, sensatas e coerentes, na mesma medida em que eram antiquadas. Ele defendia que cerca de 20% da população de imigrantes islâmicos em Bradford estavam na Grã-Bretanha para ficar, sem qualquer intenção de voltar para casa; e que, tanto para o bem deles quanto para o bem dos britânicos, era preciso que fossem completamente integrados à sociedade britânica. As crianças dos imigrantes precisariam se sentir britânicas por completo, para que pudessem participar integralmente da vida nacional; e elas poderiam adquirir uma identidade britânica somente se a educação que recebessem acentuasse a primazia da língua inglesa, junto com a cultura, história e tradições inglesas.

Honeyford não acreditava que a identidade cultural necessária para se prevenir uma completa balcanização de nossas cidades, separadas em hostis facções étnico-religiosas, implicasse uma entorpecente uniformidade cultural ou religiosa. Pelo contrário, ele usava o exemplo dos judeus (os quais imigraram para a Grã-Bretanha, incluindo Bradford e a próxima Manchester, em números substanciais no final do século XIX) para ilustrar o que ele queria dizer. Dentro de uma geração, desde a sua chegada, os judeus tiveram enorme êxito, apesar de um preconceito inicial, em sua contribuição absolutamente incomparável para os altos estratos da vida nacional como acadêmicos, ministros, empreendedores, médicos, advogados, escritores e artistas. A manutenção de suas próprias tradições era um assunto inteiramente interno à comunidade judaica, e eles jamais dependeram de patrocínio oficial ou de doutrinas multiculturalistas. Esse era o ideal de Honeyford, e ele não via qualquer razão pela qual essa fórmula não pudesse funcionar mais uma vez, caso lhe fosse dada uma chance.

Quando a tempestade se abateu sobre a cabeça de Honeyford, em 1984, ele já era o diretor da escola de ensino médio de Drummond há quatro anos. Aquela escola era outra peça da magnífica arquitetura pública vitoriana, grandiosa sem ser impositiva, a transmitir implícitas lições estéticas e morais aos seus pupilos, não importa quão humilde fosse a procedência desses alunos. O colapso na confiança cultural que no passado soubera produzir um edifício escolar como esse ficaria, em breve, completo. Depois de sua partida como diretor, a escola logo receberia um novo nome, em língua urdu,[2] e seria completamente incendiada por um criminoso, o que também aconteceria às escolas vizinhas, as quais foram, desde então, muradas por inteiro. Atualmente, todas as crianças da região vão estudar em horrendos prédios da moderna arquitetura britânica, cuja combinação de funcionalismo Le corbusiano, contenções orçamentárias e mau gosto compõe uma completa educação visual na arte da brutalidade.

Honeyford chamou grandes problemas para si quando publicou um artigo expondo os desatinos da educação multiculturalista no conservador *Salisbury Review*, depois que o valioso mas maçante *Times Educational Supplement*, para o qual ele previamente escrevera, recusou a publicação do artigo. Que o artigo tenha sido publicado no *Salisbury Review* já indicava uma ofensa tão grave quanto o seu conteúdo, uma vez que, na nova Grã-Bretanha oficialmente amante da diversidade, o estigma de conservadorismo cultural do *Salisbury Review* passava de qualquer limite. Assim sendo, o nome do *Salisbury Review* raramente aparece sem os qualificativos que o designam como um veículo da ultradireita, o que vale dizer que nenhum envolvimento ou debate intelectual com as ideias ali expressas seja necessário – somente o tipo de oposição apropriada para se lidar com os camisas-pretas. Todas as opiniões são livres, certamente, mas algumas opiniões são mais livres do que outras.

Em seu artigo, Honeyford enumerou alguns problemas e contradições do multiculturalismo. O rebaixamento da linguagem que os burocratas do multiculturalismo e dos movimentos antirracistas promoveram, ele defendia, tornara extremamente difícil falar com honestidade e clareza a respeito de questões raciais ou culturais. Ao aglutinar todas as minorias étnicas dentro de um mesmo caldeirão racial "negro", a fim de criar uma falsa dicotomia entre opressores brancos, de um lado, e todas as minorias, do outro, esses burocratas conseguiram obscurecer realidades complexas e desagradáveis, tais como as incessantes hostilidades entre os *sikhs* e os muçulmanos, ou os maus-tratos que as mulheres sofrem no mundo

---

[2] Idioma oficial do Paquistão. (N. T.)

muçulmano. Só por meio de uma cegueira monstruosamente deliberada como essa seria possível reconciliar noções como multiculturalismo, feminismo e direitos humanos. Honeyford citou Orwell para dizer que uma linguagem politizada "é elaborada para que mentiras soem como verdades" e "para dar a impressão de solidez ao vento".

Ele apresentou um exemplo bastante concreto a fim de mostrar como a mentalidade multiculturalista solapava a educação. Pais imigrantes, ele observou, frequentemente enviam seus filhos, em determinado momento, de volta ao Paquistão e Bangladesh, por meses, ou até mesmo anos, e na maioria dos casos exatamente para impedi-los de adquirir as características culturais britânicas. Embora essa prática trouxesse óbvias desvantagens sociais e educacionais para pessoas destinadas a passarem suas vidas adultas na Grã-Bretanha – e embora também fosse completamente ilegal – as autoridades se faziam de cegas.

Uma vez que um filho ou uma filha esteja matriculado numa escola, a lei britânica obriga os pais a garantirem a frequência escolar da criança; qualquer pai ou mãe que mantivesse um filho por tanto tempo ausente da escola seria inapelavelmente processado e punido. Todavia, no caso das crianças de imigrantes, as autoridades escolares nunca apresentavam queixas, mas, em vez disso, orientavam os professores para que mantivessem, por tempo indeterminado, os lugares dos ausentes disponíveis, e considerassem a ausência deles como uma experiência cultural e educacionalmente enriquecedora. Como Honeyford resumiu: "Deixam-me com a tarefa eticamente indefensável de cumprir exigências de uma política escolar de comparecimento, mas a qual não é determinada, como requer a lei, pela responsabilidade individual dos pais, mas segundo o país de origem desses pais – uma clamorosa e oficialmente sancionada política de discriminação racial". Dezessete anos depois de Honeyford ter descrito o problema, ele continua sem solução.

O artigo de Honeyford também questionava a infundada, embora bastante disseminada, suposição de que diferenças de desempenho escolar entre grupos refletem uma injusta discriminação, e nada mais. No *Times Educational Supplement*, Honeyford já mencionara o grande e crescente sucesso educacional entre alguns subgrupos de imigrantes indianos, um sucesso que ele atribuía ao seu sistema de valores – com o óbvio corolário de que o fracasso educacional entre outros grupos não seria o resultado de preconceitos raciais britânicos. Por causa disso, um grupo de pressão racial em Londres o rotulou de "racista descarado" e exigiu a sua demissão, caso não aceitasse "intensivos cursos de treinamento para purgá-lo de sua ideologia e perspectiva racista".

Finalmente, e ainda menos perdoável, Honeyford fez menção à situação miserável em que se encontrava outra minoria étnica de sua escola: as crianças brancas, as quais, quando o artigo foi publicado, totalizavam meros 5% dos alunos. A educação delas ficava comprometida numa escola dominada por alunos provenientes de lares onde não se falava inglês, ele disse. No artigo, ele sugeria que os burocratas do ensino desconsideravam a situação dessas crianças porque os pais delas, precariamente educados e desarticulados, não tinham formado qualquer grupo de pressão, e não haveria capital político que os tornassem valiosos. Certa vez, na década de 1960, a assembleia municipal tentara dispersar as crianças de imigrantes que não falavam inglês pelas escolas da cidade inteira, precisamente no intuito de prevenir o desenvolvimento de escolas de gueto tais como Drummond, mas especialistas raciais e burocratas declararam que essa prática seria discriminatória e, portanto, abortaram-na – para a infelicidade de Honeyford.

Ninguém teria se dado conta do artigo de Honeyford – a circulação do *Salisbury Review* é extremamente reduzida – caso o jornal local não tivesse feito referência a ele. Então, uma insistente campanha contra Honeyford ganhou força, sob a liderança de políticos locais e grupos de pressão, alguns dos quais fomentavam a sua demissão imediata. Ele recebeu várias ameaças de morte, e a polícia se viu obrigada a conectar um sistema de alarme em sua casa com a delegacia local. Repito: ele propusera apenas que as crianças muçulmanas devessem ser inteiramente integradas à sociedade britânica – exatamente o oposto de sugerir que elas devessem sofrer discriminação ou devessem ser maltratadas. Durante meses, ele foi obrigado a entrar na própria escola, onde era o diretor, sob forte proteção policial, por causa de um pequeno mas aguerrido grupo de arruaceiros que crescia em tamanho e volume sempre que aparecia uma câmera de televisão. Algumas crianças bem pequenas, e ainda muito jovens para entender o que estava em jogo, aprenderam com seus pais a cantar "Ray-cista! Ray-cista!" e a segurar cartazes de denúncia, alguns com uma caveira e ossos cruzados, desenhados acima do nome dele. A Secretaria da Educação de Bradford considerou a possibilidade de uma ordem judicial contra os manifestantes, uma vez que aquelas crianças que continuavam a frequentar a escola eram da mesma forma insultadas como comparsas e vendidas, mas decidiram que uma ordem como essa apenas inflamaria as paixões ainda mais. Por conseguinte, os extremistas políticos aprenderam uma valiosa lição: a intimidação compensa.

Nenhum insulto desferido contra Honeyford era considerado demasiado indecente. Um comunicado de imprensa transmitido por um grupo extremista autodenominado Grupo de Apoio de Pais de Bradford Drummond anunciava: "Imaginamos se o Sr. Honeyford não será a próxima pessoa a defender agressões contra crianças negras na escola". Após meses de confusão, os superiores de Honeyford, da Secretaria da Educação de Bradford, exigiram que ele comparecesse a uma espécie de julgamento público, numa faculdade local, sob a acusação de deslealdade. Felizmente, o eminente advogado que o representou apresentou uma defesa tão veemente que aqueles que intencionavam condená-lo tiveram que inocentá-lo.

O caso, no entanto, cobrou-lhe um alto preço, pois, afinal de contas, ele não era um carreirista político, mas meramente um diretor escolar que tivera a coragem de declarar em público o que pensava estar errado. A sua saúde e a de sua esposa começaram a sentir o estresse; e quando o seu superior arrumou um encontro secreto com ele, oferecendo-lhe $ 30 mil em dinheiro vivo, desde que ele concordasse em não publicar outros artigos durante os próximos três anos, ele ficou tentado a aceitar. A sua esposa o dissuadiu, todavia, dizendo-lhe que ele não seria capaz de viver em paz consigo mesmo, caso selasse um acordo tão sórdido.

As intimidações se espalharam e se tornaram uma ferramenta contra qualquer um que defendesse Honeyford. Um lojista sikh lhe disse que apoiava a sua posição, ao que Honeyford respondeu: "Por que você não diz isso para o pessoal da TV?". A resposta foi que o negócio dele seria depredado e incendiado caso fizesse isso. Por razões muito semelhantes, a maior parte dos diretores escolares de Bradford, que concordavam com Honeyford em âmbito privado, permaneceu silenciosa em público.

A campanha contra Honeyford desconsiderou completamente o fato de que nenhuma queixa jamais fora feita em relação à sua competência como professor, ou o fato de haver muito mais procura por vagas na escola dele (em especial por pais muçulmanos) do que em outros lugares. Várias tentativas para que ele fosse demitido, realizadas por políticos radicais na assembleia da cidade, fracassaram por falta de embasamento legal. Finalmente, todavia, ele aceitou a antecipação de sua aposentadoria: um abuso constante, por mais injustificado que seja, é extenuante – e ele queria poupar os seus alunos, os quais, como ele, tinham que entrar na escola depois de atravessar uma barreira de quarenta injuriadores. Embora o ensino fosse a sua vocação, Honeyford nunca mais voltou a lecionar. Em vez disso, escreveu vários livros sobre relações raciais e educação, e se tornou um jornalista *freelance*.

Ao encontrá-lo hoje, é difícil acreditar que ele já foi um homem controverso. Ele vive uma aposentadoria modesta. É um homem delicado e absolutamente pacato. Chegou a ser um ingênuo defensor da liberdade de expressão e das virtudes da conversa franca – em outros tempos, uma arraigada tradição no norte da Inglaterra. Ele pensava que opiniões diferentes pudessem ser toleradas, e não soube perceber que o real propósito daqueles que defendem a denominada diversidade cultural é a imposição da uniformidade ideológica. Em sua ingenuidade, ele também anunciou algumas verdades dolorosas, mas que eram apenas tangenciais ao seu argumento central. Por exemplo, que o Paquistão (o país de origem da maior parte dos imigrantes na área de sua escola) fora incapaz, ao longo de toda a sua história, de desenvolver instituições democráticas e tolerância cultural. Embora fosse absolutamente precisa, uma afirmação inflamatória como essa permitiu que seus detratores o imputassem, de modo malicioso, como alguém motivado por preconceitos, uma manobra diversionista que fugia do argumento central de Honeyford, de que a imersão das crianças imigrantes na cultura e tradições britânicas seria necessária tanto para o próprio bem pessoal dessas crianças quanto para a futura harmonia social da nação.

Mas, ao passarmos certo tempo na companhia de Honeyford, é impossível não perceber o quanto ele é um apaixonado defensor do poder redentor da educação e do dever das escolas de dar aos filhos de imigrantes as mesmas oportunidades educacionais dos outros. A única coisa que lamenta, em todo o caso, foi o fato de ter encurtado drasticamente a sua carreira docente. É um tributo ao poder da linguagem orwelliana que um homem que acredita nessas coisas tenha sido difamado, com êxito, com o rótulo de racista.

A sua própria história pessoal teria sugerido um *insight* direto aos problemas dos desfavorecidos. Seu pai fora um trabalhador desqualificado ferido durante a Primeira Guerra Mundial e capaz de trabalhar apenas de forma intermitente depois disso. Sua mãe era filha de pais irlandeses paupérrimos. Seus pais tiveram onze filhos, seis dos quais morreram na infância. Eles viviam em uma pequena casa em Manchester sem banheiro interno (e sem um único livro). Ele cresceu num lugar e numa época nos quais a próxima refeição não tinha horário certo. Não obstante, apesar da pobreza, os roubos praticamente inexistiam, todos deixavam a porta da frente destrancada.

Devido ao nervosismo, e não por falta de preparo, Honeyford não passou no exame, realizado aos onze anos, para seleção e admissão na escola estadual de gramática, uma rota garantida (e de longe a mais fácil) para fora da pobreza. Ele se lembra de seu desapontamento por ter fracassado, mas isso não significou um golpe definitivo em sua autoestima, o que os educadores de hoje dizem que ocorrerá a todos aqueles que sofrerem um tipo semelhante de revés – segundo uma lógica que afirma que o principal objetivo da educação seria a preservação da autoestima da criança, diante dos ataques do escandaloso mundo da competição.

Como era o costume da classe trabalhadora britânica da época, ele deixou a escola na primeira oportunidade a fim de procurar emprego, um trabalho de escritório que o entediava. Irrequieto, ele decidiu estudar à noite a fim de obter uma educação secundária e, mais tarde, foi aceito para receber qualificação para ensinar. Depois de obter o seu diploma de professor, ele conseguiu o bacharelado através de um curso por correspondência, e finalmente o seu mestrado (em Linguística). Um homem como esse dificilmente desejaria negar oportunidades a terceiros, e sua experiência pessoal o levou à conclusão de que somente o tradicionalismo educacional pode oferecer aos duramente desfavorecidos uma oportunidade como essa.

Embora ele próprio não tenha passado no exame de admissão para a escola de gramática, ele lamenta o colapso das instituições absolutamente meritórias, as quais deram a tantas e talentosas crianças pobres a oportunidade de acesso ao mundo da prosperidade e da excelência na sociedade aberta da Grã-Bretanha. Esse fato, por si só, indica a amplitude de sua visão. Quantas são as pessoas verdadeiramente capazes de erigir um princípio geral a partir de decepções pessoais? Tais escolas, as quais os ideólogos rotulam de elitistas, poderiam ter ajudado a prevenir os conflitos que hoje assolam Bradford, ao criar uma cultura comum e uma elite inter-racial. Isso teria atraído as crianças mais inteligentes de diversas áreas (em grande parte, embora não com 100% de precisão), permitindo a formação de amizades e laços duradouros entre pessoas de etnias distintas, que provavelmente se tornariam os cidadãos mais proeminentes de seus respectivos grupos.

Em vez disso, hoje em dia, as escolas pegam crianças com as mais variadas condições, mas a partir de uma única área geográfica. Se a área for predominantemente de brancos, então teremos uma escola de brancos; se for de muçulmanos, a escola será muçulmana. Grupos étnicos e culturais distintos – suas diferenças preservadas em formol educacional – vivem geograficamente próximos, mas sem qualquer contato real. Não é preciso ser um Nostradamus para prever as consequências.

· É claro, as forças que negam uma educação britânica aos muçulmanos de Bradford também a negaram aos brancos, que, sob as bases de uma necessidade renovada por aparência multiculturalista, recebem uma educação escolar que os deixa praticamente tão ignorantes em relação à história e às tradições britânicas quanto os seus conterrâneos muçulmanos, sem lhes proporcionar, contudo, qualquer conhecimento útil sobre qualquer outra história ou tradição. Assim, eles são lançados ao limbo, flutuando livremente ao sabor da cultura popular, desprovidos de firmes sustentáculos culturais e morais, e presas fáceis dos levianos embora perigosos ressentimentos que essa cultura popular inculca com tanto êxito.

Os filhos dos imigrantes muçulmanos de Bradford também ostentam a marca dessa cultura popular e sua completa falta de benéficas referências morais; de fato, esse é o único aspecto do Ocidente com o qual, de forma inescapável, eles têm qualquer contato. Em um centro comunitário muçulmano que visitei em Bradford, a Liga dos Jovens Muçulmanos anunciava um curso de palestras: O Islã para o Século XXI, *mano*.

O cenário está pronto para uma batalha entre ressentimentos concorrentes. Se tivéssemos dado ouvidos a Ray Honeyford, não teríamos plantado o que estamos agora colhendo, e que teremos (assim como outros) que colher ainda por muitos anos.

2002

Quando o Islã Desmorona

Meu primeiro contato com o islã ocorreu quando estive no Afeganistão. Eu cruzara o Irã por terra até chegar lá, mas isso foi nos dias da Revolução Branca do xá,[1] a qual concedera direitos às mulheres e secularizara a sociedade (com a ajuda de algumas prisões sem julgamento e tortura). Tomado de ingenuidade historicista, supôs, na época, que a secularização tornar-se-ia um processo irreversível, como quando quebramos ovos. Uma vez que as pessoas experimentassem a glória da vida sem a compulsória obediência aos homens de Deus, eu pensava na época, elas nunca mais retornariam aos ditames desses homens, como únicos guias para a condução de suas vidas e políticas.

O Afeganistão era diferente, evidentemente. Era uma sociedade pré-moderna. As vastas e inférteis paisagens sob o céu cristalino eram impossivelmente românticas, e as pessoas (isso quer dizer os homens, já que as mulheres não tinham vez) ostentavam certa nobreza e dignidade selvagem. Havia uma postura marcadamente aristocrática. Mesmo a sua hospitalidade era feroz. Eles carregavam mais armas no dia a dia do que um comando britânico em tempos de guerra. Percebia-se que aqueles homens o defenderiam até a morte, caso fosse necessário – ou lhe cortariam o pescoço e

---

[1] Trata-se da série de reformas modernizadoras anunciadas pelo então rei (xá) Mohammad Reza Pahlavi em 1963. (N. T.)

o abateriam como um frango, caso também fosse necessário. A honra era tudo entre eles.

No geral fiquei favoravelmente impressionado. Pensei que eram mais livres do que nós. Não me passou pela cabeça nada que sugerisse um choque de civilizações,[2] e não experimentei qualquer desejo, como também não senti qualquer obrigação, de redimi-los pelo modo de vida que tinham em nome dos meus próprios ideais de civilização. Impressionado pela estética do Afeganistão e alheio a qualquer oposição ou tensão fundamental entre o moderno e o pré-moderno, não percebi qualquer motivo pelo qual o Ocidente e o Afeganistão não pudessem se dar muito bem, cada um em seu pequenino mundo, desde que se respeitassem mutuamente.

Eu estava em companhia de um grupo de estudantes, e a nossa aparição em um país na época raramente visitado foi vista como um pequeno evento nacional. De qualquer forma, encenamos um trecho de *Romeu e Julieta* no deserto (deram-me um modesto papel), e o príncipe do Afeganistão – na época ainda um reino – compareceu. Ele chegou exibindo sua grande propriedade moderna: um Mercedes esporte prata conversível – e lembro-me de ter ficado bastante impressionado com isso. Certamente, não me ocorreria no momento que algumas frases da peça – aquelas em que Julieta pede à mãe para que revogue um casamento indesejado com Paris, arranjado e forçado por seu pai Capuleto – sintetizariam, de forma tão peculiar, a situação vivida por minhas pacientes muçulmanas na Grã-Bretanha, porém mais de trinta anos depois de minha visita ao Afeganistão, e quatro séculos depois que foram escritas:

> Não haverá piedade em meio às nuvens, para a dor que me sonda
>   até o mais fundo?
> Não me repilais, bondosa mãe! Adiai esse casamento pelo prazo de
>   um mês, uma semana,
> Ou se impossível vos for tal coisa, preparai o tálamo nupcial,
> No monumento em que Tebaldo se encontra sepultado.

---

[2] Há aqui uma clara referência à obra de Samuel P. Huntington, *O Choque de Civilizações*. (N. T.)

Quantas vezes fui consultado por pacientes muçulmanas que, levadas ao desespero em consequência de casamentos forçados com parentes próximos (geralmente primos de primeiro grau), que lhes são impostos quando voltam para "casa" na Índia ou no Paquistão, fazem apelos inúteis como esse às mães, seguidos de uma tentativa de suicídio! A atitude dos Capuleto para com a filha refratária é precisamente a mesma dos pais de minhas pacientes muçulmanas:

> Procurai pasto onde bem entenderdes,
> Que aqui em casa não ficareis comigo,
> Refleti, vede bem; gracejar não é meu hábito.
> Quinta-feira está perto, aconselhai-vos com o coração.
> Se fordes minha filha, por mim a meu amigo sereis dada.
> Mas se não o fordes, enforcai-vos, ide pedir esmola, perecer de
>   fome, morrer na rua,
> Pois pela alma juro! Jamais hei de reconhecer-te
> E nunca quanto for meu te poderá ser útil.
> Reflete bem, pois não serei perjuro.

Na verdade, a situação das garotas muçulmanas em minha cidade é ainda pior do que a de Julieta. Em minha cidade, toda menina muçulmana já ouviu falar do assassinato de garotas no Paquistão quando se recusam a casar com o primo. Essas meninas são prometidas pelo pai, sem o conhecimento delas, já nos primeiros anos de infância. A menina rebelde é morta por ter manchado a honra da família ao desfazer a promessa do pai, e qualquer precária investigação sobre a morte da menina, a ser conduzida pelas autoridades paquistanesas, é facilmente comprada ou persuadida. Nos casos em que não for executada, a garota será expulsa da família – "Oh minha doce mãe, não me abandones!" – e passará a ser vista pela "comunidade" como uma prostituta, uma presa desprotegida para qualquer homem que a deseje.

Esse padrão de noivado é causador dos sofrimentos mais terríveis que conheço, e cujas consequências são nefastas. Um pai impediu que sua filha, altamente inteligente e ambiciosa, frequentasse a escola e se formasse em jornalismo, no intuito de garantir que ela não sofresse influências ocidentais e não se tornasse economicamente independente. Então, quando ela tinha dezesseis anos, ele a levou ao Paquistão para a consumação do tradicional casamento forçado (silêncio, ou a falta de explícita objeção, equivale a um consentimento nessas circunstâncias, segundo a lei islâmica) com o seu primo de primeiro grau, com quem ela antipatizou de imediato e o qual se insinuou forçosamente sobre ela. Graças ao visto concedido para vir à Grã-Bretanha, como se esses casamentos fossem em *bona fide* – as autoridades britânicas fazem uma covarde vista grossa à real natureza desses casamentos, a fim de evitar a acusação de discriminação racial –, ele veio e passou a maltratá-la.

Ela teve dois filhos, um atrás do outro, ambos tão deficientes que ficaram internados pelo resto de suas curtas vidas, necessitando de cuidados especiais 24 horas por dia. Ao temer ofender os muçulmanos, a imprensa britânica quase nunca menciona o índice extremamente alto de doenças genéticas nos filhos de casamentos consanguíneos. Ao decidir que a culpa pela deficiência dos filhos era toda dela e ao recusar-se cuidar de criaturas completamente inúteis como aquelas, esse marido abandonou-a, divorciando-se segundo o costume islâmico. A família a marginalizou, ao concluir que uma mulher abandonada pelo próprio marido deveria ser considerada culpada, e era mais do que uma prostituta. Ela se jogou de um penhasco, mas foi salva por uma saliência.

Eu já ouvi centenas de versões dessa emblemática história. Aqui, mais do que nunca, temos situações absolutamente cristalinas de vitimização feminina, mas, não obstante, o silêncio das feministas é ensurdecedor. Quando duas crenças – feminismo e multiculturalismo – entram em conflito, a única forma de preservar a ambas é por meio de um silêncio indecente.

Experiências como essas acabaram por moderar o historicismo que eu levara ao Afeganistão quando mais jovem – a crença ingênua de que religiões monoteístas têm uma única e "natural" senda evolutiva, que é trilhada finalmente por todas elas. Na época em que o cristianismo viveu a situação do islã de nossos tempos – devo ter pensado certa vez – ele ainda não havia passado por qualquer Reforma, e essa ausência é por vezes oferecida como uma explicação para a intolerância e a rigidez islâmicas. Dê tempo ao tempo, eu teria dito, e o islã também evoluirá, como aconteceu ao cristianismo, para uma confissão privada que reconheça a supremacia jurídica do Estado laico – um momento em que o islã se tornará uma crença dentre muitas.

Que as palavras de Shakespeare expressem o desespero das oprimidas garotas muçulmanas numa cidade britânica no século XXI, embora com uma intensidade muito maior, algo que as envenena e cuja dor elas não são capazes de expressar, e que Shakespeare evoque de forma tão vívida os sentimentos de seus pais (embora condenando, em vez de endossá-los), sugere – não sugeriria? – que esse tratamento opressivo contra as mulheres não é historicamente exclusivo ao islã, um estágio que os muçulmanos também deixarão para trás. O islã ultrapassará a sua intolerância religiosa, como fez a Europa cristã há tanto tempo, depois de séculos de perseguições, como aconteceu durante a Guerra dos Trinta Anos, que matou um terço da população alemã, ou quando Filipe II da Espanha declarou "Eu sacrificaria as vidas de cem mil pessoas antes de cessar a minha perseguição aos heréticos".

Todavia, o meu otimismo historicista perdeu o fôlego. Afinal de contas, aprendi rapidamente que a revolução do xá era, de cima para baixo, reversível – ao menos a curto prazo, ou seja, no prazo no qual vivemos, mas certamente longa o suficiente para arruinar as únicas vidas que os iranianos contemporâneos têm. Além do mais, mesmo que não houvesse diferenças relevantes entre o cristianismo e o islã como doutrinas e civilizações em sua capacidade para acomodar a modernidade, uma diferença vital entre as situações históricas vividas pelas duas religiões ajuda a resfriar o meu otimismo historicista. Os muçulmanos devotos podem ver (como Lutero, Calvino, entre outros, não puderam) as consequências de longo prazo da Reforma e o seu decorrente secularismo: uma marginalização da Palavra de Deus, exceto como um eco cultural crescentemente distante – como o "longo e melancólico rugido que se afasta" do antigo "mar da fé", no preciso diagnóstico de Matthew Arnold.

Existe uma boa dose de verdade na sincera crítica muçulmana diante dos aspectos menos atraentes da cultura secular do Ocidente, o que confere certa plausibilidade na exortação que faz de um retorno à pureza como resposta ao sofrimento do mundo muçulmano. O islã vê na liberdade do Ocidente apenas promiscuidade e licenciosidade, que certamente estão presentes; mas ele não vê na liberdade, sobretudo a liberdade de investigação, uma virtude espiritual, tampouco uma fonte única de vitalidade. Sem dúvida, essa consciência estreita e engessada responde pela vertente de revolta reacionária do islã contemporâneo. O muçulmano devoto teme, e não sem bons motivos, que ao ceder um centímetro ele se verá obrigado, mais cedo ou mais tarde, a conceder todo o território.

Esse temor deve ser ainda muito mais agudo entre a grande e crescente população muçulmana em cidades como a minha. Exceto por uma pequena e altamente educada classe média, a qual vive de fato como se o islã fosse uma confissão privada, como qualquer outra no Ocidente, os muçulmanos se reúnem em bairros que eles transformaram em territórios étnicos, onde a vida do Punjab prossegue em meio à arquitetura da Revolução Industrial. O açougue *halal* da esquina é vizinho da biblioteca municipal em terracota, erguida pelos fundadores vitorianos da cidade a fim de aperfeiçoar o nível cultural de uma classe operária já quase que inteiramente extinta.

Os imigrantes muçulmanos dessas áreas nunca buscam uma nova forma de vida quando chegam; invariavelmente, eles esperam prosseguir com os seus antigos costumes, só que em condições mais prósperas. Eles não anteciparam, tampouco desejaram, as inevitáveis tensões culturais ocasionadas pelo deslocamento migratório, e certamente nunca suspeitaram de que a longo prazo não conseguiriam manter sua cultura e sua religião intactas. A geração mais velha só agora começa a perceber que mesmo uma conformidade externa aos códigos tradicionais de vestimenta e de comportamento, que são forçados aos jovens, não confere, todavia, qualquer garantia de uma aceitação interior (uma percepção que torna a vigilância e o controle ainda mais pronunciado e desesperado). Recentemente eu estava no ponto de táxi em frente ao hospital e ao lado havia duas jovens muçulmanas que trajavam longos véus pretos, com apenas uma pequena abertura para os olhos. Uma disse à outra: "Preciso de um trago, amor; estou sem ar". Retire a pressão social imposta sobre essas garotas e, num instante, elas abandonarão esses trajes.

Qualquer um que more numa cidade como a minha e se interesse pelo destino do mundo não deixará de pensar se existe, abaixo e de forma mais profunda que essa imediata temeridade cultural, algo intrínseco ao islã que o torne incapaz de se adaptar confortavelmente ao mundo moderno – além da compreensão instintiva do devoto muçulmano de que a secularização, uma vez iniciada, funciona como uma reação em cadeia irrefreável. Haveria um elemento essencial a condenar o Dar al-Islam (a terra do islã) ao atraso permanente em relação ao Dar al-Harb (a terra do Ocidente), um atraso que é sentido como uma profunda humilhação e é exemplificado, embora não seja provado, pelo fato de a totalidade do mundo árabe, descontadas as suas reservas de petróleo, ter menos significância econômica para o resto do mundo do que a empresa finlandesa de telefonia Nokia?

Acredito que a resposta seja afirmativa. O problema começa com o fracasso do islã ao não poder fazer uma distinção entre Igreja e Estado. Ao contrário do cristianismo, que se viu obrigado a gastar os seus primeiros séculos desenvolvendo suas instituições clandestinamente e, portanto, desde o início, teve que separar a Igreja do Estado, o islã foi desde o seu nascimento Igreja e Estado, e de forma indivisível, sem qualquer distinção possível entre autoridade religiosa e temporal. O poder de Maomé era indistintamente espiritual e secular (embora este fosse proveniente, em primeira instância, daquele), e ele legou esse modelo aos seus seguidores. Uma vez que ele era, segundo a definição islâmica, o último profeta de Deus sobre a terra, o modelo político que dele emanava era um cuja perfeição não poderia ser desafiada, tampouco questionada sem antes indicar um abandono total das pretensões de toda a religião.

Todavia, esse modelo deixou o islã com dois problemas intratáveis. Um era político. Infelizmente, Maomé não deixou quaisquer arranjos institucionais por meio dos quais os seus sucessores, no papel de governantes onipotentes, pudessem ser escolhidos (e, é claro, tivemos um cisma logo que o profeta morreu, com alguns – os sunitas de hoje – que seguiram o seu sogro, e outros – os xiitas de hoje – que seguiram o seu genro). Reforçando essa dificuldade, a legitimidade do poder temporal podia sempre ser desafiada por aqueles que, ao citar a regra espiritual de Maomé, alegavam possuir uma maior pureza religiosa ou maior autoridade; logo, o islã fanático está sempre em vantagem moral vis-à-vis sua contrapartida moderada. Além do mais, o islã – em que a mesquita é um local de encontro, não uma igreja institucionalmente estabelecida – não possui uma hierarquia eclesiástica ungida e fixada, capaz de arbitrar sobre questões de comando, em posse de uma autoridade institucionalmente conferida. Ao dispor de um poder político constantemente suscetível aos desafios de fiéis zelosos, ou que fingem sê-lo, o islã não tem saída, a não ser por meio da tirania como o único elemento capaz de garantir certa estabilidade política, e também por meio de assassinatos como o único meio para implantar reformas. Logo, temos a bomba-relógio saudita, ou seja, mais cedo ou mais tarde, uma revolta religiosa derrubará uma dinastia fundada em sua suposta piedade, mas que há muito foi corrompida pelas seduções do mundo.

O segundo problema é de ordem intelectual. No Ocidente, movimentos como o Renascimento, a Reforma, o Iluminismo, ao agirem no espaço que sempre existira, ao menos potencialmente, no cristianismo entre Igreja e Estado, libertaram os homens como indivíduos para que pudessem pensar por si mesmos e, assim, colocaram em movimento um avanço material sem precedentes, de fato, irrefreável. O islã, sem a separação de uma esfera secular onde a investigação pudesse florescer livre das alegações religiosas, ainda que por objetivos técnicos, foi irremediavelmente deixado para trás, e, mesmo muitos séculos mais tarde, assim continua.

No islã, a indivisibilidade de qualquer aspecto da vida em relação a outro é uma fonte de força, mas também representa, ao mesmo tempo, uma fragilidade e uma fraqueza, tanto para as pessoas quanto para as suas instituições. Onde as condutas e costumes tenham – todos - uma sanção e justificativa religiosa, qualquer mudança implicará uma ameaça ao sistema de crença como um todo. A certeza que eles têm de que o seu modo de vida é o correto coexiste, dessa forma, com o medo de que todo o edifício – intelectual e político – desmorone, caso seja de algum modo infiltrado. A intransigência é a grande defesa contra a dúvida, impossibilitando a convivência, em termos de genuína igualdade, com outros que não compartilham da mesma crença.

Não é coincidência que, no islã, a punição para a apostasia é a morte. Apóstatas são considerados piores do que os infiéis, e são punidos de forma muito mais rigorosa. Em toda sociedade islâmica, e de fato entre imigrantes muçulmanos britânicos, existem pessoas que adotam essa ideia de forma absolutamente literal, como ficou provado no caso do ódio que amalgamaram contra Salman Rushdie.

A doutrina islâmica de apostasia dificilmente favorece a livre investigação ou a discussão franca, para dizer o mínimo, e certamente explica por que nenhum muçulmano, ou antigo muçulmano, numa sociedade islâmica, ousaria sugerir que o Corão não foi divinamente ditado pela boca do profeta, mas que, em vez disso, trata-se de uma compilação das palavras de um homem carismático, feita muitos anos após a sua morte e que incorporava, sem qualquer grande originalidade, elementos judaicos, cristãos e zoroastrianos. Por experiência própria, sei que os muçulmanos devotos esperam e exigem uma liberdade para criticar, frequentemente com perspicácia, as doutrinas e costumes de terceiros, ao mesmo tempo que exigem um exagerado grau de respeito e de isenção de crítica sobre suas próprias doutrinas e costumes. Por exemplo, lembro-me de morar com um muçulmano paquistanês na África oriental, um homem muito decente e devoto, o qual, não obstante, passava várias noites comigo escarnecendo as absurdidades do cristianismo: os paradoxos da trindade, a impossibilidade da Ressurreição e assim por diante. Embora eu não seja cristão, caso tivesse redarguido, fazendo alusões às absurdidades pagãs da peregrinação a Meca, ou às grosseiras, ignorantes e primitivas superstições do profeta em relação aos *jinn* duvido de que nossa amizade durasse muito.

O *status* intocável do Corão na educação, pensamento e sociedade islâmicas é fundamentalmente a maior desvantagem do islã no mundo moderno. Essa intocabilidade não impede uma sociedade de criar grandes encantos e realizações artísticas: muitas e grandiosas civilizações floresceram, mesmo desprovidas da menor liberdade intelectual. Prefiro um zoco[3] a um supermercado, em qualquer circunstância, por ser um local mais humano, embora menos eficiente do ponto de vista econômico. Mas até que os muçulmanos (ou ex-muçulmanos, como então se tornariam) se tornem livres em seus próprios países, a fim de denunciar o Corão como um amontoado inferior de injunções contraditórias, sem qualquer unidade

---

[3] Trata-se de um mercado tradicional ou feira em países árabes. Também pode designar áreas comerciais. Nas culturas turca e persa é o equivalente a "bazar". (N.T.)

intelectual (seja esse o caso, ou não); até que sejam livres para dizer com Carlyle que o Corão é "uma confusa e cansativa miscelânea" com "iterações, circularidades e enredamentos sem fim"; até que se sintam livres para refazer e modernizar o Corão por meio de uma interpretação criativa, eles terão que se contentar em ser, se não como os hilotas, ao menos como uma cultura na retaguarda da humanidade, pelo menos até onde o poder e o avanço técnico estão em questão.

A peça de ficção em edição econômica escrita por Arthur Conan Doyle, e publicada pela primeira vez em 1898, quando seguidores do líder fundamentalista carismático Muhammad al-Mahdi tentaram estabelecer uma teocracia no Sudão ao se revoltar contra o controle anglo-egípcio, toca exatamente nesse ponto e captura a contradição no coração do islã contemporâneo. Intitulado *A Tragédia do Korosko*, o livro narra a história de um pequeno grupo de turistas em viagem ao Alto Egito[4] que é sequestrado por mahadistas. Eles exigirão resgate para libertação dos prisioneiros, que por fim serão resgatados pela Egyptian Camel Corps. Eu hesito, como um francófilo, em esclarecer aos leitores norte-americanos que há na obra um personagem francês, o qual, até ser capturado pelos mahadistas, acredita que eles sejam uma ficção forjada pela imaginação britânica, a fim de dar um pretexto pérfido para que Albião[5] interfira nos assuntos do Sudão. Entre os mahadistas que capturam os turistas, há um mulá que tenta converter os europeus e norte-americanos ao islã, escarnecendo, como algo sem importância e insignificante, o fato de a civilização deles ser tecnicamente superior:

> "Em relação ao saber [científico] ao qual o senhor se refere [...]", disse o mulá, [...] "eu mesmo estudei na Universidade de Al Azhar no Cairo, e sei muito bem sobre o que fala. Mas o aprendizado do fiel não se equipara ao aprendizado do descrente, pois não é apropriado que bisbilhotemos em excesso os modos de Alá. Algumas estrelas têm cauda [...] e outras não; mas do

---

[4] Alto Egito significa a região sul do Egito, as partes altas do Rio Nilo, próxima à fronteira com o Sudão. (N. T.)

[5] Antigo nome dado à Grã-Bretanha. (N. T.)

que nos vale saber distinguir uma da outra? Pois Deus as criou todas, e elas estão muito seguras sob os cuidados Dele. Portanto [...] não fique todo cheio de si com a tola ciência do Ocidente, e compreenda que existe apenas uma só sabedoria, a qual consiste em seguir a vontade de Alá, como o Seu profeta escolhido nos deixou estabelecido em seu livro".

Esse não é, de modo algum, um argumento desprezível. Uma das razões pelas quais apreciamos a arte e a literatura do passado, e por vezes de um passado muito distante, deve-se ao fato de as condições fundamentais da vida humana permanecerem as mesmas, embora tenhamos avançado bastante no sentido técnico. Eu mesmo já defendi que a compreensão do homem, sobre si mesmo alcançou o seu apogeu, exceto em termos puramente técnicos, com Shakespeare. Em certo sentido, o mulá está certo.

Mas caso transformássemos Shakespeare num fetiche (muito mais rico e profundo do que o Corão, no meu ponto de vista), caso o tornássemos o único objeto de nossos estudos e o único guia de nossas vidas, em breve cairíamos no atraso e na estagnação. E o problema é que muitos muçulmanos desejam, ao mesmo tempo, estagnação e poder. Eles visam a um retorno à perfeição do século VII, mas também pretendem dominar o século XXI, na medida em que acreditam que isso esteja conferido como direito inalienável de sua doutrina, o último testamento de Deus aos homens. Caso estivessem satisfeitos em viver inseridos no universo atrasado do século VII, seguros numa filosofia quietista, não haveria qualquer problema para eles ou para nós. O problema deles – e o nosso – é que ambicionam o poder que a livre investigação promove, mas sem querer adotar o livre questionamento, a filosofia e as instituições que garantam a promoção da livre investigação. Eles estão diante de um dilema: ou abandonam a sua estimada religião ou permanecem para sempre na "cola" do avanço técnico humano. Nenhuma das alternativas é muito sedutora; e a tensão entre o desejo que têm de poder pelo sucesso no mundo moderno, por um lado, e o desejo que têm de não abandonar a sua religião, por outro, só é solucionável, por alguns, mediante a explosão de si mesmos como homens-bomba.

Diante de um dilema intratável, as pessoas ficam enfurecidas e partem para a agressão. Sempre que descrevo na imprensa as crueldades que minhas pacientes muçulmanas são obrigadas a suportar, recebo respostas raivosas. Ou me denunciam como um mentiroso contumaz, ou o escritor que me rebate reconhece que tais crueldades de fato acontecem, mas que são atribuíveis à cultura local, nesse caso à cultura Punjab, não ao islã como um todo, e que sou um ignorante ao não saber disso.

Mas os *sikhs* do Punjab também acertam os seus casamentos, todavia, eles não obrigam a realização de casamentos consanguíneos do tipo que ocorre de Madras ao Marrocos. Além do mais – e não por coincidência, acredito – os imigrantes *sikhs* do Punjab, que não têm um *status* social original superior ao de seus conterrâneos muçulmanos das mesmas províncias, se integram muito melhor na sociedade local como imigrantes. Precisamente pelo fato de sua religião ser mais modesta, com menos pretensões universalistas, eles lidam melhor com a dualidade de sua nova identidade. No quinquagésimo aniversário do reinado da rainha Elizabeth, por exemplo, os templos *sikhs* se encontravam completamente enfeitados com genuínas demonstrações congratulatórias e de lealdade. Nenhuma demonstração como essa seria imaginável entre os muçulmanos.

Mas a raiva dos muçulmanos, a exigência de que as suas sensibilidades devam receber mais do que o respeito normal, não são sinal de força, mas da fraqueza – ou em vez disso, da vulnerabilidade – do islã diante do mundo moderno, o desespero que sentem os seus membros ao constatar que tudo pode facilmente desmoronar. O controle que o islã exerce sobre as suas populações, numa era de globalização, me lembra o controle que os partidários de Ceauşescu pareciam ter sobre os romenos, um controle absoluto, até que os Ceauşescu apareceram um dia na sacada e foram vaiados por uma multidão que perdera o medo deles. O jogo estava perdido, pelo menos em relação a Ceauşescu, mesmo que não houvesse qualquer conspiração prévia para derrubá-lo.

Um sinal da crescente fragilidade com que o islã controla os seus membros nominais na Grã-Bretanha – onde a militância é em si nada mais do que outro sinal – pode ser visto na multidão de jovens muçulmanos na prisão. Eles em breve ultrapassarão os jovens de origem jamaicana, tanto em número quanto na extensão de seus crimes. Por outro lado, quase não há jovens *sikhs* e hindus entre a população carcerária, de modo que o racismo não pode ser a explicação para uma super-representação de muçulmanos.

Para confundir ainda mais as expectativas, esses detentos não mostram qualquer interesse pelo islã, em nada; eles foram completamente secularizados. É verdade, eles ainda aderem aos costumes matrimoniais islâmicos, mas só pela óbvia vantagem pessoal de ter uma escrava doméstica. Muitos deles também perambulam pela cidade com suas concubinas – garotas brancas vadias e da classe baixa, ou jovens muçulmanas exploráveis que fugiram de casamentos forçados e que não sabem que seus jovens namorados são casados. Não se trata de religião, mas apenas de aproveitar a oportunidade.

Os jovens muçulmanos nas prisões não rezam; eles não exigem carne *halal*. Eles não leem o Corão. Eles não pedem para ver o imã. Eles não apresentam qualquer sinal visível de piedade. O seu principal símbolo de aliança é um dente frontal de ouro, o que os proclama como membros da subcultura criminosa da cidade – um distintivo (de honra, eles pensam) que dividem com os jovens jamaicanos, embora a relação que tenham com estes esteja repleta de recorrentes hostilidades. Os jovens muçulmanos querem esposas em casa que cozinhem e limpem para eles, concubinas em outros lugares, drogas e rock'n'roll. Em relação ao proselitismo muçulmano na prisão – e a literatura muçulmana foi insinuada em cada pedacinho nas prisões, de forma muito mais meticulosa do que qualquer literatura cristã –, ele é direcionado sobretudo aos prisioneiros jamaicanos. Responde à necessidade que têm de se ver purificados, ao mesmo tempo em que não precisam se render à moralidade de uma sociedade que acreditam que tenha sido profundamente injusta com eles. De fato, a conversão ao islã significa a sua vingança contra a sociedade, e eles sentem que a nova religião adotada é fundamentalmente contrária à sociedade que os prendeu. Portanto, por meio da conversão, eles matam dois coelhos com uma só cajadada.

Porém, o islã não exerce qualquer efeito inibidor ou de melhoria sobre o comportamento desses jovens muçulmanos de minha cidade, os quais, em números assustadores, consomem heroína; um hábito praticamente desconhecido entre os seus contemporâneos *sikhs* e hindus. Esses jovens muçulmanos não são meros consumidores, mas também traficam e já adotaram todos os expedientes criminosos ligados a essa atividade.

Creio que esses jovens muçulmanos detentos revelam que a rigidez do tradicional código pelo qual vivem seus pais, com suas pretensões universalistas e sua ênfase externa de conformidade, é um tudo ou nada; quando se dissolve, a dissolução é completa e não deixa nada em seu lugar. Então, esses jovens muçulmanos ficam quase sem defesa contra a licenciosidade egoísta que veem ao seu redor e que também, de forma absolutamente compreensível, adotam como *summum bonum* da vida ocidental.

É claro que há também, entre a juventude muçulmana, uma diminuta minoria que rejeita essa absorção ao lumpemproletariado e se torna militante ou fundamentalista. Talvez isso seja uma reação natural, ou ao menos compreensível, diante do fracasso de nossa sociedade, que se prostra diante de absurdas e desonestas piedades multiculturalistas, em introduzi-la àquilo que a cultura ocidental tem de melhor: o espírito de livre expressão e de liberdade pessoal, que tanto transformaram as oportunidades de vida de cada pessoa do mundo, sabendo-se ou não disso.

No mundo moderno, o islã se tornou vulnerável e fraco, não o contrário. E isso explica seus constantes histerismos. Mais cedo ou mais tarde, no Irã o xá triunfará sobre o aiatolá, porque a natureza humana assim impõe, embora, por enquanto, milhões de vidas tenham que ser arruinadas e empobrecidas. Os refugiados iranianos que invadiram o Ocidente estão fugindo do islã, e não buscando estender o seu domínio, como bem sei ao conversar com muitos deles em minha cidade. Certamente o islã fundamentalista continuará sendo muito perigoso ainda por algum tempo, e todos nós, afinal de contas, vivemos neste curto prazo; mas esse também será fundamentalmente o destino que aguarda a Igreja da Inglaterra. O melancólico rugido de retirada do islã (diferentemente do da Igreja da Inglaterra) não será só demorado, mas sangrento; porém retirado ele será. Os fanáticos e os homens-bomba não representam o ressurgimento de um islã não reformado e fundamentalista: evidenciam os gemidos de sua morte.

2004

Os Bárbaros nos Portões de Paris

Todos conhecem *la douce France*, a França da cozinha e dos vinhos maravilhosos, de lindas paisagens, esplêndidos castelos e magníficas catedrais. De longe, mais turistas vão à França (sessenta milhões por ano) do que a qualquer outra nação do mundo. Os alemães têm até um ditado, não completamente reconfortante para os franceses: "Viver como Deus na França".[1] Cerca de meio milhão de britânicos já comprou uma segunda residência na França; e muitos deles aborrecem os seus amigos aqui na Inglaterra ao contar que naquele país as coisas fluem melhor.

Todavia, existe a outra face, muito menos reconfortante, mas que vem crescendo na França. Em média, vou a Paris quatro vezes por ano, portanto, tenho uma aguda percepção das crescentes preocupações das classes médias francesas. Alguns anos atrás eram as escolas: o outrora tão louvado sistema educacional francês estava desmoronando; o analfabetismo crescia; as crianças saíam da escola tão despreparadas quanto em seu ingresso, e muito mais mal-educadas. No entanto, nos últimos dois anos, o grande problema passou a ser a criminalidade: *l'insécurité, les violences urbaines, les incivilités*. Todos têm uma história para contar, e nenhum jantar entre amigos fica completo sem a narrativa de uma história horripilante.

---

[1] No sentido de estar muito bem de vida. (N.T.)

Cada novo crime, percebe-se, significa mais um voto para Le Pen, ou para o seu eventual substituto.[2]

Encontrei esse clima de *insécurité* pela primeira vez cerca de oito meses atrás. A coisa aconteceu no Boulevard Saint-Germain, num bairro onde um apartamento minimamente espaçoso custa pelo menos $ 1 milhão. Três jovens romenos tentavam, à vista de todos, arrombar um parquímetro, utilizando para isso grandes chaves de fenda, a fim de roubar as moedas. Eram quatro horas da tarde; as calçadas estavam apinhadas de gente, e os cafés, lotados. Esses jovens, no entanto, comportavam-se como se estivessem fazendo algo absolutamente natural, com nada a temer.

Finalmente, duas mulheres com os seus sessenta anos disseram para que parassem. Os jovens começaram a caçoar, insultando-as e brandindo as suas chaves de fenda. As senhoras recuaram, e os moleques voltaram ao seu "trabalho".

Logo em seguida, um homem com cerca de setenta anos lhes disse que parassem. Eles o repreenderam de forma ainda mais ameaçadora, um deles segurava a chave de fenda como se fosse estocá-la no estômago do senhor. Eu me adiantei a fim de ajudar aquele homem, mas os jovens, falando impropérios e completamente enraivecidos ao ser interrompidos enquanto cuidavam de sua subsistência, decidiram fugir. Mas tudo poderia ter terminado de forma bem diferente.

Muitas coisas me chamaram a atenção em relação ao incidente: o senso de impunidade desfrutado por aqueles jovens em plena luz do dia; a indiferença generalizada diante do comportamento deles, testemunhado por uma quantidade enorme de pessoas que jamais se comportariam daquela forma; o fato de haver apenas pessoas idosas dispostas a fazer alguma coisa diante da situação, embora fossem fisicamente as menos adequadas. Poderia ser o caso de haver, somente entre esses idosos, uma visão suficientemente clara do certo e do errado que os fizesse intervir? Será que todos os mais jovens pensaram algo como: "Refugiados [...] vida dura [...] muito pobres [...] não há outra escolha para eles [...] punir é inútil e cruel [...]?". Talvez os verdadeiros criminosos fossem os motoristas cujas

---

[2] No caso, sua filha Marine Le Pen. (N. T.)

moedas lotavam o parquímetro, afinal de contas, eles não estariam poluindo o mundo com seus carros? Outro motivo para a inação era que, caso aqueles jovens fossem presos, nada lhes teria acontecido. Eles voltariam às ruas em questão de poucas horas. Quem arriscaria receber um golpe de chave de fenda no fígado em defesa dos parquímetros de Paris?

O laxismo da justiça criminal francesa é notório. Frequentemente, os juízes fazem comentários indicando a sua simpatia pelos criminosos que estão julgando (baseados nas generalizações usuais de que a culpa é da sociedade, e não dos criminosos); e no dia anterior à minha experiência com aqueles jovens romenos no Boulevard Saint-Germain, oito mil policiais franceses haviam marchado em protesto por causa da libertação sob fiança de um infame ladrão profissional, e suspeito de assassinato, antes de seu julgamento por mais outro latrocínio, no transcorrer do qual ele atirou na cabeça de alguém. Durante a sua liberdade provisória, ele então assaltou a casa de uma pessoa. Surpreendido pela polícia, ele e seus comparsas atiraram e mataram dois policiais e feriram com gravidade um terceiro. Sobre ele também pesam fortes suspeitas de ter cometido um assassinato quádruplo alguns dias antes, no qual um casal proprietário de um restaurante, e dois de seus empregados, foram mortos a tiros na frente da filhinha de nove anos do casal.

O jornal de esquerda *Libération*, um dos dois jornais diários que a *intelligentsia* francesa lê, desqualificou o protesto dos policiais, referindo-se com desdenhoso sarcasmo a uma *fièvre flicardiaire* – uma febre policial. Sem a menor sombra de dúvida, o mesmo jornal teria tratado o assassinato de um único jornalista – o que vale dizer, um ser humano *de verdade* – de forma bastante diferente, para não falar do assassinato de dois ou seis jornalistas; e certamente ninguém no jornal jamais reconhecerá que uma efetiva força policial é tão vital, na garantia da liberdade pessoal, quanto uma imprensa livre, e que a tênue linha que separa os homens da brutalidade é exatamente assim: tênue. Isso não seria uma coisa decente para um intelectual falar, pouco importa o quão verdadeira possa ser.

Todavia, nas reclamações íntimas de cada um, todos dizem que a polícia se tornou impotente para detectar e reprimir o crime. Histórias medonhas proliferam. Um conhecido parisiense me contou como numa noite recente ele vira dois criminosos atacarem um veículo dentro do qual havia uma mulher que esperava por seu marido. Eles quebraram a janela do passageiro e tentaram agarrar a sua bolsa, mas ela resistiu. O meu conhecido correu para auxiliá-la e conseguiu imobilizar um dos ladrões, mas o outro fugiu. Felizmente, alguns policiais passaram pelo local, mas para a total consternação desse meu conhecido, eles deixaram o agressor partir, o qual recebeu apenas uma reprimenda.

Esse meu conhecido disse à polícia que formalizaria uma queixa. O mais velho entre os policiais o aconselhou para que não desperdiçasse o seu tempo. Àquela hora da noite não haveria ninguém para formalizar uma ocorrência na delegacia de polícia. Ele teria que retornar no dia seguinte e esperar na fila por três horas. Ele teria que retornar várias vezes, com esperas cada vez mais longas.

Em relação à polícia, ele acrescentou, eles pareceram não querer fazer uma prisão num caso como esse. Exigiria o preenchimento de muita papelada. E mesmo que o caso chegasse à Justiça, o juiz não sentenciaria qualquer punição adequada. Além do mais, uma prisão como essa retardaria as suas carreiras. Os chefes locais de polícia são pagos em função de resultados, que são mensurados segundo os índices de criminalidade em suas jurisdições. A última coisa que querem ver são os seus homens patrulhando as ruas, encontrando ladrões e registrando crimes.

Não muito depois, soube de outro caso no qual a polícia simplesmente se recusou a registrar a ocorrência de um assalto, e muito menos tentou prender os culpados.

Atualmente, o crime e a desordem generalizada estão se infiltrando em lugares nos quais, até não muito tempo atrás, eram desconhecidos. Num pacífico e próspero vilarejo perto de Fontainebleau que visitei – um lugar onde moram graduados funcionários públicos aposentados e um ex-ministro –, o crime fizera a sua primeira aparição apenas há duas semanas. Houvera um assalto e uma "corrida" – um improvisado racha com carros roubados pelo parque da cidade, cuja cerca fora derrubada pelos jovens e ousados pilotos.

Um morador do vilarejo chamou a polícia e recebeu a resposta de que eles não poderiam vir no momento, embora educadamente tenham ligado de volta meia hora depois, a fim de perguntar como andavam as coisas. Duas horas mais tarde, a polícia finalmente apareceu, mas a corrida acabara, deixando para trás somente os restos de carros incendiados. As marcas pretas dos pneus ainda eram visíveis quando visitei o local.

Os números oficiais desse recrudescimento, embora estejam sem dúvida amainados, são alarmantes o suficiente. Os crimes registrados oficialmente na França subiram de seiscentos mil por ano em 1959 para quatro milhões atualmente, enquanto o crescimento populacional foi menor do que 20% (e muitos acham que essas estimativas oficiais representam apenas a metade dos números reais). Em 2000, registrava-se um crime para cada seis habitantes de Paris, e o índice cresceu num ritmo de 10% ao ano nos últimos cinco anos. Casos oficiais de incêndio criminoso na França cresceram 2.500% em sete anos, de 1.168 casos registrados em 1993 para 29.192 em 2000; roubos seguidos de violência cresceram 15,8% entre 1999 e 2000, e 44,5% desde 1996.

De onde vem esse aumento na criminalidade? A resposta geográfica: dos projetos habitacionais populares que circundam e cercam de forma crescente todas as cidades e vilas francesas, desconsiderando o seu tamanho, mas sobretudo Paris. Nesses conjuntos habitacionais vive uma população de imigrantes que compreende muitos milhões de pessoas, a maior parte proveniente da porção setentrional e ocidental da África, junto com seus descendentes nascidos na França, além de uma amostragem dos membros menos qualificados da classe trabalhadora francesa. Permitindo o deslocamento a partir desses conjuntos habitacionais, a excelência do sistema de transporte público francês garante que os *arrondissements* mais chiques estejam facilmente ao alcance dos mais inveterados ladrões e vândalos.

Do ponto de vista arquitetônico, esses projetos urbanísticos são crias das ideias de Le Corbusier, o arquiteto totalitário suíço – e ainda o herói intocável da educação arquitetônica francesa –, o qual acreditava que uma casa fosse uma máquina na qual se morava, que as áreas das cidades deveriam estar completamente separadas umas das outras segundo suas funções, e que a linha reta e o ângulo reto seriam a chave para a sabedoria, virtude, beleza e eficiência. A obstinada oposição que combateu o seu grande esquema, de pôr abaixo todo o centro de Paris para reconstruí-lo segundo suas ideias "racionais" e "avançadas", frustrou-o.

A geometria desumana, seca e pontiaguda que compõe esses vastos projetos habitacionais em torno de praças extraterrestres evoca as assustadoras e tirânicas palavras de Le Corbusier: "O déspota não é um ser humano. É [...] o *plano correto, exato e realista* [...] a fornecer a solução uma vez que o problema tenha sido colocado de forma clara [...]. *Esse plano foi concebido muito longe* [...] *dos gritos do eleitorado ou dos lamentos das vítimas da sociedade*. Foi concebido por mentes serenas e lúcidas".

Mas qual é o problema para o qual esses conjuntos habitacionais, conhecidos como *cités*, seriam a solução, concebidos por mentes lúcidas e serenas como a de Le Corbusier? Trata-se do problema de fornecer uma *Habitation à Loyer Modéré* – um imóvel de aluguel barato, que é abreviado como HLM – para os trabalhadores, em sua maioria imigrantes, os quais foram contratados durante a grande expansão industrial francesa entre a década de 1950 até a década de 1970, um período em que a taxa de desemprego era em torno de 2% e quando havia uma forte demanda por mão de obra barata. Todavia, por volta do final da década de 1980, essa demanda já se evaporara, mas o mesmo não poderia acontecer com as pessoas cujo trabalho fora usado; e elas, junto aos seus descendentes e um constante afluxo de novos contingentes, tornaram inadiável a necessidade de oferecer moradia barata.

Um apartamento nesses imóveis do governo é também conhecido como *logement*, um alojamento, o qual transmite prontamente o *status* social e o grau de influência política daqueles que esperam alugá-los. Dessa forma, as *cités* representam a concretização da marginalização social: burocraticamente planejadas, das janelas ao telhado, sem qualquer história própria ou conexão orgânica com qualquer coisa que existisse previamente em seu entorno, dão a impressão de que, em caso de problemas sérios, poderiam ser cortadas do resto do mundo ao se interromper o fluxo dos trens e se bloquear as estradas que as atravessam com alguns tanques e blindados (em geral com uma parede de concreto em cada um de seus lados), isolando-as do resto da França e das melhores partes de Paris.

O turista habitual mal pode perceber essas *cités* de escuridão ao cruzar em velocidade os arredores de Paris, quando sai do aeroporto em direção à Cidade Luz. Mas elas são enormes e consideráveis – e o que o turista encontraria lá o aterrorizaria.

Uma espécie de antissociedade cresceu dentro dessas *cités* – uma população que deriva o significado de suas vidas a partir do ódio que nutre pelo outro, a "oficial" sociedade francesa. Essa alienação, esse abismo de desconfiança – maior do que qualquer outro que encontrei pelo mundo, incluindo as cidades segregadas da África do Sul durante os anos do *apartheid* – está escrita nas faces dos jovens. A maior parte deles permanentemente desempregada, perambulando pelos comprimidos e labirínticos espaços abertos entre os seus *logements*. Ao se aproximar deles para uma conversa, suas faces duramente imóveis não traem a absoluta falta de reconhecimento que sentem por uma humanidade compartilhada; eles não fazem qualquer gesto para suavizar uma interação social. Se você não é um deles, você está contra eles.

O ódio que têm pela França oficial se manifesta de várias formas, deixando cicatrizes em tudo que está a sua volta. Jovens arriscam a vida pichando com grafite os lugares mais inacessíveis com os dizeres – BAISE LA POLICE (foda-se a polícia), seu tema favorito. A iconografia das *cités* expõe um ódio e uma agressão intransigentes: um centro de encontro comunitário incendiado e destruído dentro do projeto habitacional de Les Tarterêts, por exemplo, ostenta a gravura de um humanoide de ficção científica, seus punhos cerrados em direção à pessoa que olha para ele, enquanto a sua direita vemos um admirável desenho de um imenso e salivante *pit-bull*, um cachorro que por temperamento e força é capaz de despedaçar o pescoço de um homem – a única raça de cachorro que vi nas *cités*, os quais desfilam com a mesma jactância ameaçadora de seus donos.

É possível ver carcaças de carros incendiados e destroçados por toda parte. Incendiar coisas virou moda nas *cités*: em Les Tarterêts, os moradores incendiaram e saquearam todas as lojas – com as exceções de um supermercado subsidiado pelo governo e de uma farmácia. O estacionamento do subsolo, carbonizado e escurecido pela fumaça, como a abóbada de um inferno urbano, está permanentemente fechado.

Quando os funcionários da França oficial vão às *cités*, os moradores os atacam. A polícia é odiada: um jovem mali, que acreditava confortavelmente que não conseguiria emprego na França devido à cor de sua pele, descreveu como a polícia chegava como uma tropa de assalto, balançando seus cassetetes – pronta para bater em qualquer um dentro de seu alcance, desconsiderando quem era ou se era um criminoso ou não, antes de se retirar para a segurança da delegacia. A conduta da polícia, ele disse, explicava por que os moradores jogavam coquetéis molotov na polícia de suas janelas. Quem poderia tolerar tal tratamento nas mãos de *une police fasciste*?

Coquetéis molotov também saudaram o presidente da república, Jacques Chirac, e o seu ministro do interior quando, recentemente, fizeram campanha em duas *cités*, Les Tarterêts e Les Musiciens. Os dois dignitários tiveram vergonhosamente que bater em rápida retirada, como se fossem senhores estrangeiros em visita a súditos hostis e parcamente controlados: eles vieram, viram e deram no pé.

Antagonismo contra a polícia pode até parecer compreensível, mas a mesma conduta que esses jovens moradores das *cités* têm contra os bombeiros, os quais estão lá para resgatá-los dos incêndios que eles mesmos provocam, deixa-nos consternados, e podemos vislumbrar as profundezas de seu ódio contra a sociedade estabelecida. Eles saúdam os admiráveis bombeiros (cujo lema é *Sauver ou Périr*, salvar ou perecer) com coquetéis molotov e saraivadas de pedras, quando estes chegam em sua missão de aliviar o sofrimento, de modo que os carros dos bombeiros precisam receber blindagem e uma escolta especial.

Tanto quanto a repressão, a benevolência inflama a fúria desses jovens das *cités*, pois o ódio que sentem já não pode ser dissociado de seu ser. Homens do serviço médico e do resgate, que prestam atendimento a algum jovem ferido durante qualquer incidente, rotineiramente se veem cercados pelos "amigos" do ferido. Enquanto realizam o seu trabalho, esses funcionários são empurrados, ofendidos e ameaçados, um comportamento que, segundo um médico que conheci, prossegue dentro do hospital. Esses amigos exigem então que o seu comparsa receba atendimento prioritário, passando na frente das outras pessoas.

Certamente eles esperam que o seu amigo seja tratado como qualquer cidadão, e nessa expectativa eles revelam a sua má-fé, ou ao menos a ambivalência de sua postura diante da sociedade. Certamente eles não são pobres, pelo menos não segundo os padrões de todas as outras sociedades mais antigas: não passam fome, têm telefone celular, carros, além de muitos outros acessórios que infestam o mundo moderno; eles se vestem segundo o que está na moda – a moda de seu ambiente cultural – e expõem um desdém uniforme contra os valores burgueses, ao mesmo tempo que exibem colares e correntes de ouro em seus pescoços. Acreditam que têm direitos e sabem que receberão tratamento médico, desconsiderando o seu comportamento. Eles desfrutam de um padrão de vida e de consumo muito mais alto do que seria possível nos países de origem de seus pais ou avós, mesmo se nesses lugares trabalhassem quatorze horas por dia no máximo de sua capacidade.

Mas nada disso provoca qualquer sentimento de gratidão – pelo contrário, eles sentem essa diferença como uma ferida ou um insulto, mesmo que a considerem como algo normal e garantido. Mas, como todos os seres humanos, eles desejam o respeito e a aprovação dos outros, mesmo – ou em vez disso, em especial – das pessoas que despreocupadamente lhes jogam as migalhas da prosperidade ocidental. Uma dependência castradora nunca exibe um resultado feliz, e nenhuma dependência é mais absoluta, mais total, do que aquela que vemos na maioria dos habitantes das *cités*. Portanto, eles acreditam na malevolência que os mantém em seu limbo, e desejam manter viva a crença nessa malevolência, pois, ao menos, ela confere sentido – o único sentido possível – para suas vidas raquíticas. É melhor se ver confrontado por um inimigo do que se perceber à deriva no vazio, pois o simulacro de um inimigo confere propósito a ações cujo niilismo seria, em outras circunstâncias, autoevidente.

Esse é um dos motivos pelos quais, quando abordei alguns grupos de jovens em Les Musiciens, muitos deles não ficaram apenas desconfiados (embora tenha logo ficado claro para muitos que eu não era um membro do inimigo), mas mostraram uma franca hostilidade. Quando um jovem de origem africana assentiu uma conversa, os seus companheiros continuaram a me olhar e a se comportar de modo ameaçador. "Não fale com esse cara", eles ordenaram, dizendo-me – expressando medo no olhar – para que eu fosse embora. O jovem também estava nervoso, ele disse que temia ser punido como traidor. Os seus companheiros temiam esse contato "normal" com uma pessoa que claramente não era o inimigo, mas tampouco um deles. Eles temem que um contato mais próximo contamine as suas mentes e arrisque quebrar a visão de mundo do *eles-contra-nós* que os salvaguarda de um completo caos mental. Eles precisam se ver como justos guerreiros numa guerra civil, e não como meros criminosos e vagabundos sustentados pelo dinheiro público.

A ambivalência dos moradores das *cités* se encaixa com perfeição na atitude "oficial" da França em relação a eles: controle excessivo e interferência, que se misturam a aspectos de completo abandono. Os burocratas planejaram cada detalhe do ambiente físico, por exemplo, e não faz diferença quantas vezes os moradores baguncem o ninho (para usar uma expressão africâner), o Estado pagará por sua renovação, esperando com isso demonstrar a sua compaixão e o seu cuidado. A fim de assegurar aos imigrantes que eles e seus descendentes potenciais são verdadeiros cidadãos franceses, as ruas receberam os nomes dos heróis culturais da França: para os pintores em Les Tarterêts temos, por exemplo, a Rua Gustave Courbet; para os compositores, em Les Musiciens, temos a Rua Gabriel Fauré. Na verdade, a única vez que sorri em uma das *cités* foi quando passei a pé por dois bunkers de concreto com janelas metálicas, a École Maternelle Charles Baudelaire e a École Maternelle Arthur Rimbaud. Embora sejam poetas da mais alta qualidade, os seus nomes não podem ser facilmente associados a jardins de infância, para não falar de bunkers de concreto.

Mas esses nomes de heróis da cultura francesa apontam para uma ambivalência ainda mais profunda. O Estado francês está rasgado ao meio por duas abordagens: Courbet, Fauré, *nos ancêtres, les gaullois*, de um lado, e a linguagem dos guetos e das "tribos", do outro. Por determinação do ministro da Educação, a historiografia que as escolas fornecem é aquela do triunfo do unificador, racional e benevolente Estado francês pelas eras, de Colbert em diante, e as garotas muçulmanas não podem vestir o véu nas escolas. Depois da graduação, as pessoas que se vestem segundo os preceitos "étnicos" não conseguirão emprego no grande mercado. Mas, ao mesmo tempo, a França oficial também presta uma covarde homenagem ao multiculturalismo. Por exemplo, à "cultura" produzida nas *cités*. Dessa forma, a música rap francesa recebe elogiosos artigos no *Libération* e no *Le Monde*, para não falar das expressões pusilânimes de aprovação por parte dos dois últimos ministros da Cultura.

Um grupo de rap, o Ministère Amer (Ministério Amargo), recebeu especiais elogios oficiais. Sua letra mais famosa: "Outra mulher apanha / Dessa vez se chamava Brigitte / É a mulher de um polícia / As noviças do vício mijam na polícia / Não é apenas um casinho, cosquinha no clitóris / Brigitte, a mulher do polícia, gosta de negão / Ela está excitada, sua calcinha molhada". Esse lixo vil recebe distinções por sua suposta autenticidade, pois no universo mental do multiculturalismo, no qual os selvagens são sempre nobres, não há critério algum pelo qual seja possível distinguir a boa arte de simples lixo. E se os intelectuais – altamente treinados na tradição ocidental – estão preparados para elogiar uma pornografia brutal e degradada como essa, como exigir daqueles que não receberam o mesmo treinamento uma reverência pela boa arte. Eles com certeza vão pensar que realmente não há nada de valor nessa tradição. Assim sendo, de forma covarde, o multiculturalismo abre as portas para formas extremistas de antiocidentalismo.

Seja verdade ou não que as letras de rap sejam a voz autêntica das *cités*, elas são, certamente, o seu ouvido autêntico. Nas *cités* é possível observar muitos jovens sentados despreocupadamente em volta dos carros, escutando essas coisas por horas a fio, num volume tão alto que o chão vibra a cem metros de distância. A aprovação dos intelectuais e da burocracia intelectual francesa sem dúvida encoraja-os a acreditar que estão fazendo algo de valor. Mas quando a vida começa a imitar a arte e terríveis estupros coletivos começam a ocorrer com crescente frequência, a mesma França oficial fica então alarmada e intrigada. O que pensar daqueles homens de dezoito anos e de duas garotas, que estão sendo atualmente processados em Pontoise por ter sequestrado uma garota de quinze anos e de, durante quatro meses, tê-la estuprado repetidas vezes em porões, escadarias e becos? Muitos desse grupo mostram não somente uma total falta de arrependimento, como parecem estar orgulhosos.

Apesar de a maior parte dos franceses nunca ter visitado uma cité, eles de certo modo sabem que lá o desemprego de longo prazo entre os jovens é tão predominante que já se tornou um estado normal de vida para essas pessoas. De fato, na França, o desemprego entre os jovens é um dos mais altos da Europa – tornando-se mais agudo conforme se desce na escala social, muito em função dos salários mínimos, impostos sobre a folha de pagamento, e de certas leis trabalhistas, entre outros, o que deixa o empregador temeroso em contratar mão de obra que não possa ser facilmente dispensada, e que receberão mais do que compensam as suas habilidades.

Todo mundo reconhece que o desemprego, em particular aquele que se torna permanente, é profundamente destrutivo, e que uma mente vazia serve de oficina para o diabo; mas quanto mais se sobe na escala social, mais forte se torna a ideia de que as leis que engessam o mercado de trabalho e que tanto promovem o desemprego são essenciais tanto para distinguir a França do supostamente selvagem modelo neoliberal anglo-saxão (e logo se percebe ao se ler os jornais franceses a conotação de anglo-saxão nesse contexto) quanto para proteger os menos favorecidos. Porém, essas leis que engessam o mercado de trabalho protegem aqueles que menos precisam de proteção, enquanto condenam os mais vulneráveis a uma desesperança absoluta. E se a hipocrisia sexual é o defeito mortal dos anglo-saxões, a hipocrisia econômica é o defeito mortal dos franceses.

Não é preciso ter grande imaginação para perceber como, nessas circunstâncias, o peso do desemprego cairá de forma desproporcional sobre as populações dos imigrantes e de seus filhos; e por que, ainda culturalmente distintos do grosso da população, eles se sentem vilmente discriminados. Cercados fisicamente em guetos, eles respondem ao construírem um gueto cultural e psicológico para si mesmos. Eles são da França, mas não franceses.

O Estado, embora se preocupe com os detalhes relativos a moradia, educação, assistência médica e com o pagamento de subsídios para essas populações, imobilizando qualquer iniciativa própria, se exime de qualquer responsabilidade no único setor em que a responsabilidade do Estado é absolutamente inalienável: justiça e ordem pública. A fim de aplacar, ou ao menos não inflamar, uma juventude insatisfeita, o ministro do

Interior instruiu a polícia para pegar leve (isso quer dizer, não faça praticamente nada, exceto em ataques coletivos de depredação, quando a inação policial se torna impossível) nas mais de oitocentas *zones sensibles* – áreas sensíveis – que cercam as cidades francesas, as quais são conhecidas coletivamente como *la Zone*.

Entretanto, a sociedade humana, como a natureza, abomina um vácuo, de modo que algum tipo de autoridade, com o seu próprio conjunto de valores, ocupará o espaço onde a justiça e a ordem deveriam estar – refiro-me à autoridade e aos valores brutais dos criminosos psicopáticos e dos traficantes de droga. A ausência de uma verdadeira economia e da justiça significa, na prática, uma justiça e uma economia ilegais ou informais, baseadas no roubo e no tráfico de entorpecentes. Por exemplo, em Les Tarterêts, observei dois traficantes que abertamente distribuíam drogas e coletavam dinheiro enquanto dirigiam e circulavam em seus chamativos BMW conversíveis, claramente os reis locais de toda aquela gente. Ambos descendentes da África norte-ocidental, um deles vestia um boné de beisebol escarlate virado para trás, enquanto o outro tinha cabelos louros obviamente tingidos, o que contrastava de forma gritante com sua compleição física. A face deles era tão rígida quanto a de potentados a receber tributo de tribos conquistadas. Eles dirigiam por todos os lados com o motor em alta rotação, o que gerava um alto ruído. Seria impossível chamar mais a atenção. Eles não temiam a lei, pelo contrário, a lei os temia.

Observei a forma como agiam na companhia de antigos imigrantes argelinos e marroquinos, que vieram para a França no início da década de 1960. Eles também viviam em Les Tarterêts e tinham testemunhado a decadência daquela comunidade a um estado próximo ao grau de insurgência. Eles estavam tão horrorizados pela vida diária que tentavam deixar aquele lugar, escapar de seus próprios filhos e netos, mas uma vez presos nas amarras do sistema público de habitação, eles estavam irremediavelmente presos. Desejavam se transferir para uma *cité*, caso existisse, onde a nova geração não mandasse, mas eles não tinham alavanca, ou *piston* – no gigantesco sistema de subsídios que é o Estado francês. E portanto eles se viam obrigados a ficar engessados, confusos, alarmados, incrédulos e amargos diante daquilo em que seus próprios descendentes haviam se transformado, tudo muito diferente do que haviam ansiado e esperado. Eles eram franceses melhores do que os seus filhos ou netos, eles nunca teriam vaiado o hino nacional, a *Marseillaise*, como fizeram os seus descendentes antes do jogo de futebol entre a seleção da França e da Argélia em 2001, alertando o restante da França sobre o terrível cancro que vive em seu meio.

Se a França tomou ou não uma atitude sábia ao permitir uma imigração em massa de pessoas culturalmente muito diferentes de sua própria população, a fim de resolver uma escassez temporária de mão de obra e aliviar sua própria consciência progressista, isso é motivo de muitas controvérsias. Existem atualmente cerca de oito ou nove milhões de pessoas de origem africana que vivem na França, o dobro do que havia em 1975 – e pelo menos cinco milhões delas são muçulmanas. As projeções demográficas (embora projeções não sejam previsões) sugerem que os seus descendentes compreenderão 35 milhões de pessoas antes do final do século XXI, mais de um terço do total da população francesa.

De forma incontestável, todavia, a França tem lidado com a situação resultante da pior forma possível. A menos que ela assimile com sucesso esses milhões de pessoas, o seu futuro será sombrio. Mas, por enquanto, ela separou e isolou os imigrantes e seus descendentes geograficamente em guetos desumanos; além de insistir em políticas econômicas que promovem o desemprego e que criam mais dependência entre essas populações, com todas as inevitáveis consequências psicológicas. A França tem lisonjeado a repulsiva e desprezível cultura desenvolvida pelos guetos, ao mesmo tempo que retira a atuação da justiça do âmbito de suas vidas, fazendo com que criem o seu próprio sistema de ordem sem lei.

Ninguém deve subestimar o perigo apresentado por esse fracasso, não apenas em relação à França, como também para o resto do mundo. Os habitantes das *cités* se encontram excepcionalmente bem armados. Quando ladrões profissionais assaltam um banco ou um carro-forte que transporta valores, eles o fazem em posse de bazucas e lançadores de foguetes, e se vestem em uniformes paramilitares. De tempos em tempos, a polícia encontra arsenais inteiros de fuzis Kalashnikovs (AK-47) nas *cités*. Existe um vigoroso comércio informal de armas entre a França e os países pós-comunistas do Leste Europeu. Oficinas, em garagens subterrâneas nas *cités*, adulteram as placas e os números de chassi de carros de luxo roubados, antes de enviá-los para o Leste Europeu, em troca de armamento sofisticado.

Uma população profundamente alienada se encontra, dessa forma, armada até os dentes, e em plenas condições de promover violentos distúrbios sociais, tais como a França costuma experimentar a cada vinte ou trinta anos, os quais se revelarão mais difíceis de controlar. O Estado francês está preso num dilema entre honrar os seus compromissos com o setor mais privilegiado da população, muitos dos quais ganham a vida administrando a economia *dirigiste*, e desprender o mercado de trabalho de forma suficiente para dar esperança de uma vida normal aos habitantes das *cités*. Muito provavelmente o Estado procurará resolver o dilema comprando as consciências dos insatisfeitos com mais benefícios e direitos, o que resultará em impostos mais altos, que, por sua vez, estrangularão ainda mais a capacidade de gerar empregos que tanto ajudariam os moradores das *cités*. Caso essa medida falhe, como a longo prazo falhará, testemunharemos uma dura repressão.

Mas entre o terço da população das *cités* composto de descendentes muçulmanos do norte da África, existe uma opção que os franceses, e não apenas os franceses, temem. Pois imaginemos um jovem em Les Tarterêts ou em Les Musiciens, intelectualmente alerta mas sem uma boa educação, que acredita, em função da sua origem, ser desprezado pela maior parte da sociedade à qual pertence, permanentemente condenado ao desemprego pelo sistema que com desdém o alimenta e o veste, e cercado por uma desprezível cultura niilista de desespero, violência e crime. Não seria razoavelmente possível que ele procurasse uma doutrina que, de modo simultâneo, lhe explicasse a sua diferença, justificasse o seu ódio, apontasse o caminho de sua vingança e garantisse a sua salvação, sobretudo se ele estivesse preso? Ele não seguiria uma direção "que valesse a pena", usando a energia, o ódio e a violência que residem dentro dele, uma direção que lhe permitisse fazer o mal em nome de um bem fundamental? Seria preciso apenas alguns poucos com essa mentalidade para causar uma grande devastação. O proselitismo islâmico floresce nas prisões francesas (onde 60% dos detentos são de origem imigrante), como acontece com as prisões britânicas, e é preciso apenas um punhado de Zacarias Moussaouis para começar uma conflagração.

Os franceses sabiam dessa possibilidade bem antes do 11 de Setembro. Em 1994, forças especiais francesas invadiram um avião sequestrado que pousara em Marselha, matando os sequestradores – uma ação incomum dos franceses, que tradicionalmente preferem negociar com terroristas, ou mesmo aceitar as exigências destes. Mas, nesse caso, o serviço de inteligência informara-lhes que, depois de feito o reabastecimento, os sequestradores planejavam chocar o avião contra a Torre Eiffel. Portanto, nenhuma negociação seria possível.

Um terrível abismo foi aberto na sociedade francesa, dramaticamente exemplificado por meio de uma história que um conhecido me contou. Ele dirigia por uma grande rodovia de seis pistas onde havia conjuntos habitacionais dos dois lados, quando um sujeito resolveu atravessar a estrada correndo. Esse meu conhecido o atropelou em alta velocidade, matando na hora o incauto transeunte.

De acordo com a Justiça francesa, os envolvidos num acidente com vítimas fatais devem ficar o mais próximo possível da cena até que os oficiais e a perícia tenham elucidado as circunstâncias. Portanto, a polícia levou esse meu conhecido a uma espécie de hotel das redondezas, onde não havia funcionários e a porta só poderia ser aberta ao se inserir um cartão de crédito num terminal eletrônico de cobrança. Ao chegar a seu quarto, ele descobriu que toda a mobília era de concreto, incluindo a cama e o lavatório, que estavam presos ao piso ou às paredes.

Na manhã seguinte a polícia chegou para levá-lo, e ele perguntou que tipo de lugar era aquele. Por que tudo era feito de concreto?

"Mas o senhor não sabe onde está, *monsieur*?", perguntaram-lhe os policiais. "*C'est la Zone, c'est la Zone.*" *La Zone* é um país estrangeiro, aqui as coisas funcionam de forma diferente.

2002

Depois do Império

Assim que me formei como médico, fui para a Rodésia, país que se transformaria no Zimbábue cinco anos mais tarde. Na década seguinte, trabalhei e viajei bastante por toda a África e não pude deixar de refletir sobre questões como o choque de civilizações, o legado do colonialismo e os efeitos práticos das boas intenções quando imunes a qualquer contato sério com a realidade. Aos poucos comecei a chegar à conclusão de que os ricos e poderosos podem de fato exercer um efeito sobre os pobres e os fracos – talvez, possam até refazê-los –, mas não necessariamente (de fato, necessariamente não) da forma como desejaram ou anteciparam. A lei dos efeitos imprevistos é mais forte do que o mais absoluto poder.

Fui à Rodésia porque queria ver o último verdadeiro posto avançado de colonialismo na África, o último suspiro do império britânico, que tanto influenciara na formação do mundo moderno. É verdade, agora esse lugar se rebelara contra a sua metrópole e se tornara um Estado pária, embora ainda fosse reconhecível como britânico em tudo, exceto pelo nome. Como certa vez descreveu a si mesmo Sir Roy Welensky, o primeiro-ministro da passageira e desafortunada Federação da Rodésia e Niassalândia,[1] ele era "meio polonês, meio judeu e 100% britânico".

---

[1] Também conhecida como Federação Centro-Africana, foi um Estado semi-independente que existiu de 1953 a 1963. (N.T.)

Até a minha chegada ao aeroporto de Bulawayo, o império britânico fora para mim principalmente um fenômeno de filatelia. Quando era garoto, ainda era impressionante a variedade de grandes territórios britânicos – das Honduras britânicas e Guiana até Bornéu do Norte, Basutolândia (Lesoto), Bechuanalândia (República do Botswana) e Suazilândia – cada um deles emitindo lindas gravuras em seus selos, com o perfil da rainha no canto direito superior, a qual olhava serenamente para baixo sobre exóticas criaturas tais como orangotangos ou fragatas, ou sobre os nativos (como ainda os chamávamos ou os considerávamos) dedicando-se a suas tarefas habituais, coletando borracha ou subindo em coqueiros. Na minha mente infantil, qualquer entidade política que expedisse selos tão maravilhosos deveria necessariamente representar um poder a promover o bem. E meu pai – um comunista convicto – encorajava-me a ler as obras de G. A. Henty, histórias de aventura do final do século XIX que exaltavam as explorações dos homens que formaram o império, os quais por bravura, caráter inflexível, inteligência superior e força maior superaram a resistência de povos valorosos, mas condenados, como os zulus e os fuzzy-wuzzies.[2] Henty pode parecer uma escolha literária um tanto quanto estranha para um comunista, mas Marx era, ele próprio, um grande imperialista, e acreditava que o colonialismo europeu fosse um instrumento de progresso em direção ao feliz desenlace da história; somente num estágio posterior, depois que tivesse realizado o seu trabalho progressista, o império deveria ser condenado.

E condenada estava certamente a Rodésia, em alto e bom som, como se representasse a maior ameaça para a paz do mundo e para a segurança do planeta. Quando cheguei, o país não tinha amigos, apenas inimigos. Mesmo a África do Sul, o colosso regional com o qual a Rodésia fazia uma extensa fronteira e diante do qual poderia se esperar certa simpatia, tinha uma relação altamente ambivalente em relação ao país, pois a África do Sul visava insinuar-se às outras nações e era menos do que sincera em sua cooperação econômica com o governo de Ian Smith.

---

[2] O apelido que as tropas coloniais britânicas davam aos hadendoas da Núbia por causa de sua cabeleira. (N. T.)

Portanto, em razão das circunstâncias, eu esperava encontrar, em minha chegada, um país em crise e decadência. Em vez disso, encontrei um país que estava, por todos os lados, a prosperar. As estradas eram bem mantidas, o sistema de transporte funcionava e as cidades e vilas eram limpas e exibiam um orgulho municipal que há muito fora perdido na Inglaterra. Não havia apagões elétricos ou carência nos gêneros alimentícios básicos. O grande hospital ao qual fui designado, embora severo e desconfortável, era extremamente limpo e administrado com eficiência exemplar. Os funcionários, a maior parte negros, exceto pelos seus membros mais velhos, apresentava um vibrante *esprit de corps*, e esse hospital, como soube mais tarde, desfrutava de uma alta reputação por possuir o melhor serviço médico de toda a região. As pobres populações agrícolas faziam enormes e comoventes esforços para ir até ele, e chegavam cobertas de poeira depois de percorrer grandes distâncias. O líder nacionalista africano e inimigo do governo, Joshua Nkomo, era um paciente regular e confiava totalmente nos serviços do hospital, pois a ética hospitalar transcendia todos os antagonismos políticos.

O cirurgião para o qual trabalhei, e que viera da Inglaterra, foi o melhor que já conheci, um homem de caráter exemplar. Ao usar a sua enorme capacidade técnica para tratar dos pacientes mais humildes, ele não era apenas capaz de realizar qualquer procedimento cirúrgico, mas era também excelente na realização de diagnósticos precisos, possuindo uma forte intuição clínica, afiada por uma relativa falta de recursos *high-tech*, de tal modo que os outros médicos do hospital o consideravam a última palavra em questões difíceis. Eu nunca o vi cometer um erro, embora como qualquer outro médico ele os tivesse cometido quando mais jovem. Ele salvava a vida de centenas de pessoas por ano e inspirava a mais absoluta confiança de seus pacientes. Ele nunca entrava em pânico, mesmo nas emergências mais assustadoras; sabia exatamente o que fazer quando lhe chegava um homem cujo corpo fora devorado por um crocodilo ou despedaçado por um leopardo, uma criança que fora picada na perna por uma víbora, ou quando lhe aparecia um homem cujo crânio fora transpassado por uma lança. Quando chamado nas primeiras horas da manhã, como muitas vezes era o caso, ele se encontrava absolutamente equilibrado, como se fosse a um agradável evento social. Maior amor outro homem não terá.

Todavia, ele não era um missionário; nele não estava infundido nada que se assemelhasse a um espírito religioso, pois era tomado somente por uma profunda ética médica, além de um entusiasmo ardente por sua arte e ciência. Era um entusiasta de uma grande e interessante variedade de práticas cirúrgicas, e gostava de salvar vidas humanas. Portanto, a Rodésia da época lhe oferecia condições ideais na utilização de suas habilidades para um benefício máximo (mesmo os melhores cirurgiões dependem de hospitais bem organizados na obtenção de resultados). Logo depois, durante o período de transferência política em 1980, todavia, ele voltou para a Inglaterra — não em função de um sentimento racial ou de qualquer antagonismo político, mas apenas porque a rápida degeneração do padrão do hospital tornara a prática cirúrgica de alto nível impossível. A instituição que, em minha chegada, parecera tão sólida e bem estabelecida desmoronou no piscar de olhos da história.

Ao deixar o Zimbábue e retornar para a Inglaterra, ele aceitou um padrão de vida bem menor, desconsiderando o valor nominal de sua renda. Certa vez, Talleyrand disse que aquele que não experimentara o *ancien régime* (como um aristocrata, certamente) desconhecia as doçuras da vida. O mesmo pode ser dito daquele que não experimentou a vida como colono na África. Eu que tinha um salário modesto diante de outros padrões vivia, no entanto, num nível que raramente igualei depois. É verdade que, na Rodésia, faltavam muitos bens de consumo, devido às sanções econômicas impostas, mas a lição que aprendi dessa carência foi a de perceber o quanto os bens de consumo quase nada acrescentam à qualidade de vida, ao menos num clima ameno tal como o da Rodésia. Definitivamente, a vida não ficava mais pobre sem a presença desses bens.

Os luxos reais eram espaço e beleza — e o tempo para aproveitá-los. Junto com três médicos juniores, alugamos uma espaçosa e elegante casa colonial, antiga para os padrões de um país colonizado por brancos fazia apenas oitenta anos, localizada num belo terreno que era cuidado por um jardineiro chamado Moisés (o nosso "garden boy" não era, contudo, jovem; certa vez, na África oriental, contratei o serviço de um "houseboy" que tinha 94 anos, e que vivera na mesma família por setenta anos e considerava um insulto a possibilidade de aposentadoria). A casa era cercada por uma ampla varanda em laje avermelhada, onde o café da manhã era servido numa mesa coberta em toalha de linho no frescor da manhã, durante a suave luz da aurora. A luz do sol espalhava-se pelas folhagens luxuriantes dos jacarandás e dos ipês-roxos; mesmo os estridentes piados dos pássaros pareciam agradáveis ao ouvido. Essa foi a única época em minha vida na qual eu me levantava da cama sem um pingo de remorso.

Trabalhávamos duro. Nunca trabalhei tão duro, e ainda consigo evocar a dor em minha cabeça, como se estivesse cheia de chumbo e pudesse dobrar o meu pescoço com o seu próprio peso, causado por semanas de pleno cumprimento do dever, durante as quais, de sexta de manhã até a noite de segunda, eu não conseguia dormir mais do que três horas. O luxo de nossas vidas era o seguinte: uma vez cumprido o nosso dever profissional, não precisávamos desempenhar qualquer tarefa doméstica. O restante de nosso tempo, entre as belas paisagens que nos cercavam, era dedicado ao cultivo de amizade, esportes, estudo e caçadas – o que quiséssemos fazer.

É claro, nosso lazer calcava-se sobre uma pirâmide de flagrante desigualdade e diferença social. Os funcionários que nos liberavam de pequenas inconveniências viviam uma existência que nos era opaca, embora morassem a poucos metros de onde vivíamos. As esperanças, os desejos, os medos e as aspirações deles não eram os nossos; suas crenças, seus gostos e seus costumes nos eram estranhos.

A grande distância que nos separava, social e psicologicamente, assegurava uma ausência de conflitos e um bom convívio entre nós. Tomando todo o cuidado do mundo, evitávamos lamentar e reclamar para não parecermos riquinhos mimados, um comportamento infame, embora bastante associado aos colonos. Nunca nos valíamos daquela esperada condução de uma conversa colonial: a indolência dos nativos; pelo contrário, éramos sempre muito agradecidos. Como a maior parte das pessoas que conheci na Rodésia, nos esforçávamos por tratar muito bem os nossos funcionários, oferecendo-lhes ajuda extra diante das frequentes emergências da vida na África – por exemplo, os casos de doenças entre os familiares. Em contrapartida, eles nos tratavam com genuína solicitude. Aliviávamos a nossa consciência ao dizer a nós mesmos, o que sem dúvida era verdade, que eles estariam em muito pior situação sem aquele emprego, mas não podíamos deixar de sentir certo desconforto diante do enorme abismo social entre nós e aqueles nossos irmãos.

Por outro lado, o relacionamento que tínhamos com os nossos colegas médicos africanos era muito mais problemático, uma vez que a distância social, intelectual e cultural entre nós era muito menor. A Rodésia ainda era uma sociedade dominada pelos brancos, mas por motivos de necessidade prática e em função de uma vã tentativa de convencer o resto do mundo de que aquilo não era tão monstruoso como se dizia, ela gerava um crescente contingente de africanos com nível superior, sobretudo médicos. Não é de estranhar que não estivessem felizes em permanecer subalternos, sob a permanente tutela dos brancos; de modo que o nosso relacionamento com eles era superficialmente educado e amigável, mas um verdadeiro calor humano era difícil ou mesmo impossível de ser trocado. Muitos deles pertenciam secretamente ao movimento nacionalista africano, que em breve tomaria o poder; e dois deles acabariam por servir (caso essa seja a palavra para descrever as depredações que promoveram) como ministros da Saúde.

Diferentemente da África do Sul, onde os salários eram pagos segundo uma hierarquia racial (primeiro os brancos; os indianos e pardos em segundo; e os africanos por último), os salários na Rodésia eram iguais para brancos e negros, caso executassem o mesmo trabalho, de modo que um médico júnior negro recebia o mesmo salário que eu. No entanto, havia uma grande diferença em nossos padrões de vida, e o motivo disso me escapou logo de início; mas sua compreensão seria crucial na explicação dos desastres que se abateram sobre os novos países independentes, os quais começavam a desfrutar daquilo que Byron chamou de a primeira dança da liberdade, avidamente esperada.

Os jovens médicos negros que ganhavam o mesmo salário que nós brancos não conseguiam, no entanto, alcançar o mesmo padrão de vida por uma razão muito simples: contavam com um número imenso de obrigações sociais que precisavam cumprir. Esperava-se deles o custeio de todo um círculo familiar que não parava de crescer (e alguns parentes talvez tivessem investido na educação deles), fora as pessoas de sua vila, tribo e província. Uma renda que permitia que um branco vivesse como um lorde, devido justamente à falta desse tipo de obrigações, mal dava para tirar um negro do nível em que nascera. Portanto, a mera igualdade de renda era bastante incapaz de garantir-lhes o mesmo padrão de vida que eles viam os brancos desfrutar, um padrão pelo qual era absolutamente normal que ansiassem – e do qual acreditavam ser merecedores, em razão do talento superior que lhes permitira galgar uma trajetória profissional acima da média de seus conterrâneos. Na verdade, mesmo um salário mil vezes mais alto mal teria sido suficiente, já que as obrigações sociais desses médicos negros aumentavam *pari passu* com a sua renda.

Essas obrigações também explicam o fato de as lindas e bem localizadas vilas dos antigos senhores coloniais terem sofrido uma rápida degeneração, tão logo os africanos se mudaram, transformando-se numa espécie de favela mais espaçosa e mais requintada, um desdobramento que é frequentemente salientado de forma desdenhosa por ex-colonos. Do mesmo modo que os médicos africanos eram perfeitamente aptos diante de suas obrigações médicas, do ponto de vista técnico, a degeneração das vilas coloniais nada tinha que ver com uma suposta incapacidade intelectual dos africanos para mantê-las em ordem. O afortunado herdeiro de uma vila via-se invariavelmente esmagado pelos parentes e outros dependentes que lhe exigiam favores. Eles traziam inclusive os seus bodes com eles; e um bode pode desfazer numa tarde o que se levou uma década para construir.

Diante dessa realidade, é fácil perceber por que um serviço civil, controlado e guarnecido em suas camadas superiores pelos brancos, podia permanecer eficiente e incorruptível, e perdia a sua eficiência uma vez que fosse guarnecido por africanos, que, em tese, seguiam as mesmas regras e os mesmos procedimentos. Obviamente, o mesmo é válido para qualquer outra atividade administrativa, pública ou privada. Essa espessa rede de obrigações sociais explica o motivo pelo qual, embora fosse impensável tentar subornar os burocratas da Rodésia colonial, em poucos anos se tornaria impensável o contrário, isto é, não tentar subornar os burocratas do Zimbábue, cujos parentes os teriam acusado de fracassar em obter, em nome deles, as vantagens oferecidas pelas oportunidades oficiais à disposição. Assim sendo, as mesmíssimas tarefas executadas nos mesmos lugares – mas que, não obstante, são desempenhadas por pessoas provenientes de diferentes cenários sociais e culturais – produzem resultados bastante diversos.

Visto dessa forma, o nacionalismo africano foi uma luta cujo objetivo era tanto a obtenção de poder e privilégio quanto a conquista da liberdade, embora o movimento tenha se valido da retórica da liberdade na obtenção de óbvias vantagens políticas. Em matéria de liberdade, mesmo a Rodésia – certamente nenhum paraíso da liberdade de expressão – era superior ao Estado que lhe sucedeu, o Zimbábue. Ainda tenho em minha biblioteca os panfletos oposicionistas e as análises marxistas sobre a controvertida questão da terra na Rodésia, que comprei quando Ian Smith era o primeiro-ministro. Uma crítica enfática contra o regime do Sr. Mugabe teria sido inconcebível – ou pelo menos viveria atormentada por perigos muito mais terríveis do que os autores oposicionistas experimentaram sob o governo de Ian Smith. E de fato, em todos os países, com exceção de um ou dois Estados africanos, a conquista da independência não trouxe qualquer avanço na liberdade intelectual, mas, em vez disso, em muitos casos, vimos a consolidação de tiranias incomparavelmente muito piores do que os regimes coloniais anteriores.

É claro que essa solidariedade coletiva e suas inescapáveis obrigações sociais que corromperam tanto a administração pública quanto a privada, na África, também conferiam um charme e uma humanidade única diante da vida, servindo para proteger as pessoas das piores consequências dos males que as acometiam. Sempre haveria parentes cuja obrigação inquestionável implicava ajudar e proteger caso pudessem, de modo que ninguém se visse obrigado a enfrentar o mundo sozinho. Os africanos tendem a considerar a falta dessas obrigações entre nós como intrigante e desprovida de sentimento – e eles não estão completamente enganados.

Essas considerações ajudam a explicar o paradoxo que tanto chama a atenção dos estrangeiros em visita à África: a evidente decência, gentileza e dignidade das pessoas comuns, em contraposição à insondável injustiça, desonestidade e brutalidade dos políticos e administradores. Esse contraste voltou a me chocar recentemente quando um advogado pediu que eu preparasse um relatório clínico sobre uma mulher do Zimbábue que residia ilegalmente na Inglaterra.

Essa mulher tinha por volta de quarenta anos e sofria evidentemente de distúrbios mentais. A maior parte do tempo, ela passava olhando para o chão, evitando qualquer contato visual. Quando olhava para cima, os seus olhos pareciam focados no infinito, ou ao menos num outro mundo. Ela mal enunciava uma só palavra. A história dela me fora relatada por sua sobrinha, uma enfermeira que viera ou fugira para a Inglaterra alguns anos antes e com quem ela agora morava.

Durante a guerra de "libertação", o irmão dela se alistara no exército da Rodésia. Um dia a guerrilha nacionalista chegou ao vilarejo onde morava e obrigou os seus pais a informar o paradeiro do rapaz, para que eles pudessem executá-lo como traidor da causa africana. Mas, por não saber do paradeiro do rapaz, os pais não puderam dar qualquer informação; então, diante dos olhos dela e obrigando-a a assistir (na época ela tinha dezessete anos), eles amarraram os pais dela em troncos de árvores, ensoparam-nos em gasolina, e os queimaram vivos. Nesse ponto do relato, não pude deixar de recordar-me do argumento, comum entre os radicais da época, de que aqueles países africanos que se libertavam pela força das armas dispunham de um futuro melhor e mais glorioso do que aqueles aos quais a liberdade havia sido entregue de bandeja, uma vez que a guerra de libertação forjaria uma liderança genuína e uma unidade nacional. Argélia? Moçambique? Angola?

Fosse ou não o fato de ter testemunhado essa terrível cena a causa de seu problema mental, nunca mais essa mulher foi capaz de levar uma vida normal. Ela não se casou, uma catástrofe social para uma mulher no Zimbábue. Assim sendo, foi acolhida e cuidada por uma prima que trabalhava para um fazendeiro branco, e continuou a passar a vida olhando para o espaço. Então, chegaram os "veteranos de guerra", aqueles que supostamente haviam lutado pela liberdade do Zimbábue – na realidade, facções armadas de bandidos dispostos a despossar os fazendeiros brancos de suas terras, em cumprimento às instruções demagógicas e economicamente desastrosas do Sr. Mugabe. O fazendeiro branco e seu gerente negro foram mortos e todos os trabalhadores que o fazendeiro abrigara foram expulsos da terra. Ao saber do estado absoluto de miséria da tia, a sua sobrinha na Inglaterra lhe enviou uma passagem.

Essa história ilustra tanto a brutal sede de poder e domínio a castigar a África desde a experiência colonial – uma sede que se tornou muito mais obscena com a ajuda das engenhocas tecnológicas provenientes da civilização dos colonizadores – quanto a generosidade da grande maioria dos africanos. A sobrinha cuidaria com afeto de sua tia pelo resto de sua vida, nada exigindo em troca e considerando tal coisa um mero dever, e também nada pedindo do Estado britânico. A gentileza com que tratava a sua tia, que em nada podia retribuir-lhe, era comovente.

Minhas experiências com o Zimbábue me sensibilizaram ao caos que mais tarde testemunharia por toda a África. O contraste entre a gentileza, por um lado, e a rapacidade, por outro, era por demais evidente em todo lugar; e aprendi que não existe um ditado mais desalmado do que aquele a afirmar que as pessoas têm o governo que merecem. Quem, em massa, poderia merecer um Idi Amin ou um Julius Nyerere? Certamente não os camponeses africanos que conheci. O fato de que esses monstros pudessem, de forma explicável, emergir do povo de nenhum modo significava que o povo os merecesse.

As tradicionais elaborações que procuram explicar os sofrimentos da África pós-colonial sempre me pareceram fáceis. Era dito com frequência, por exemplo, que os Estados africanos eram artificiais, criados por uma canetada dos governantes europeus, os quais ignoravam as realidades sociais dos lugares; que as fronteiras ou eram determinadas com uma régua em linhas retas ou em função de um acidente geográfico natural tal como um rio, apesar de pessoas do mesmo grupo étnico viverem em ambos os lados.

Essa noção ignora dois fatos relevantes: que aqueles países africanos que realmente expressam unidades sociais, históricas e étnicas mais definidas – por exemplo, Burundi, Ruanda e Somália – não se saíram de forma alguma muito melhor do que aqueles que não as expressam. Além do mais, na África, as realidades sociais são tão complexas que nenhum sistema de fronteiras poderia jamais fielmente representá-las. Por exemplo, dizem que há algo em torno de trezentos grupos étnicos só na Nigéria, os quais com frequência se encontram profundamente inter-relacionados e misturados em sua geografia; apenas uma extrema balcanização seguida de uma ampla e profunda limpeza étnica poderia resultar o tipo de fronteiras que agradaria à crítica de certo pensamento geográfico europeu. Por outro lado, o pan-africanismo nunca foi viável, pois o tipo de integração que não pode ser alcançado nem em pequena escala jamais o seria em uma escala absolutamente mais ampla, envolvendo diversas nações.

De fato, foi a imposição do modelo europeu de Estado-nação sobre a África, em relação ao qual ela se apresenta peculiarmente inadequada, que causou tantos desastres. Sem qualquer lealdade para com a nação, mas apenas para com a tribo e a família, aqueles que controlam o Estado conseguem vê-lo somente como um objeto e um instrumento de exploração. Acumular poder político é a única forma que as pessoas ambiciosas enxergam como meio para se alcançar o padrão de vida incomensuravelmente maior que os colonizadores balançaram por tanto tempo na frente de seus narizes. Considerando-se a natural malignidade dos seres humanos, e até onde estão dispostos a se exceder no intuito de amealhar poder – juntamente com os seus seguidores, que esperam compartilhar os espólios –, podemos dizer que não há limites definidos. O sentido de o vencedor levar tudo e o perdedor nada é o que torna o universo sócio-político africano tão frequentemente perverso.

É também importante compreender por que outra explicação, comumente apregoada durante as convulsões na África pós-colonial, está equivocada – a visão de que a grande carência de pessoal qualificado na África, na época da independência, teria sido o maior problema. Nenhuma história sobre a catástrofe do Congo moderno é completa sem referência à total falta de graduados universitários, durante a retirada dos belgas, como se as coisas viessem a ser melhores caso houvesse mais graduados nativos. Portanto, a solução seria óbvia: treinar mais pessoas. A questão da educação na África tornou-se um mantra secular, cuja objeção seria um ato de extrema impiedade.

A expansão da educação na Tanzânia, onde morei por três anos, era de fato impressionante. O índice de alfabetização melhorou de forma gritante, de modo a superar a situação no período colonial, e era tocante ver os sacrifícios que os camponeses e moradores das vilas estavam dispostos a fazer para que pelo menos um de seus filhos pudesse receber educação escolar. A mensalidade escolar tinha precedência sobre qualquer outro dispêndio familiar. Se alguém ainda tivesse dúvida sobre a capacidade que têm os pobres de investir em seu próprio futuro, a conduta dos tanzanianos seria suficiente para dirimi-la. Eu emprestava dinheiro aos moradores dos vilarejos para que pudessem custear a escola dos filhos e, mesmo pobres, eles nunca deixavam de me pagar.

Infelizmente, havia um lado menos louvável, de fato positivamente prejudicial, nesse esforço. Em quase todos os casos, o objetivo de dar educação aos filhos era no sentido de torná-lo um membro da burocracia estatal, para que ao menos um integrante da família pudesse escapar ao que Marx desdenhosamente chamou de idiotice da vida rural, arranjando um cargo no governo, de onde ele poderia então extorquir as únicas pessoas produtivas no país — isto é, os camponeses. Ter um filho no governo representava garantia previdenciária e assistencialista, e tudo num pacote só. A agricultura, a indispensável base econômica do país, passou a ser vista como a ocupação de incapazes e fracassados, de modo que não foi surpresa nenhuma verificar que a educação de um crescente número de funcionários do governo caminhava de mãos dadas com uma economia que não parava de se contrair. Isso também explica por que não existe uma correlação entre o número de graduados em nível superior, em um país durante a sua independência, e o seu subsequente sucesso econômico.

A ingênua suposição a favor da educação apresenta o argumento segundo o qual o treinamento escolar fortalece uma visão de mundo cultural. Um homem educado não seria nada mais que um clone de seu educador, segundo essa teoria, compartilhando cada atitude e visão dele. Mas, na realidade, o resultado é uma mistura curiosa, cujas crenças fundamentais podem ser insensíveis à educação recebida.

Tive um notável exemplo desse fenômeno recentemente, quando recebi um paciente congolês que se refugiara aqui na Inglaterra da terrível guerra na África Central, a qual até agora já ceifou a vida de três milhões de pessoas. Ele era um homem inteligente e tinha aquele charme fácil do qual bem me recordo dos dias em que atravessei o Zaire do marechal Mobutu Sese Seko — não sem dificuldade e desconforto. Ele tinha bacharelado e mestrado em agronomia e recebera treinamento em Toulouse para interpretar fotos de satélite para propósitos agronômicos. Portanto, era um homem que reconhecia o poder da ciência moderna. Além disso, trabalhara para o Departamento de Alimentos e de Agricultura da ONU, e se acostumara a lidar com os doadores e investidores ocidentais, e também com os acadêmicos.

Terminado o exame, começamos a falar sobre o Congo. Ele estava extasiado de conhecer alguém que de fato estivera em seu país, uma raridade na Inglaterra. Perguntei-lhe sobre Mobutu, que ele conhecera pessoalmente.

"Ele era muito poderoso", ele me disse. "Ele trouxe para junto de si os melhores feiticeiros e curandeiros de todo o Zaire. É claro, ele podia ficar invisível e era assim que ele sabia tudo a respeito de nós. Podia se transformar em leopardo caso assim desejasse."

Isso foi dito na mais total seriedade. Para ele, os poderes mágicos de Mobutu eram mais impressionantes e consideráveis do que o poder fotográfico dos satélites. A magia pisoteava a ciência. Nisso ele não era de todo anormal, sendo difícil ou mesmo impossível para um africano subsaariano negar o poder das práticas mágicas, do mesmo modo que é para um habitante da Península Arábica negar o poder de Alá. Meu paciente congolês estava completamente relaxado. Em geral, os africanos se sentem constrangidos a disfarçar dos europeus as suas crenças mais viscerais, pelas quais sabem que os europeus frequentemente sentem desprezo, como se fosse algo primitivo e supersticioso. E assim, ao lidar com os estrangeiros, os africanos se sentem obrigados a desempenhar uma elaborada charada, negando as suas crenças mais profundas numa tentativa de obter o mínimo respeito alheio. Ao enganar terceiros a respeito de suas crenças mais internalizadas, o que é geralmente fácil de fazer, e ao manter os seus pensamentos ocultos, eles equalizam a disparidade de poder. Os fracos não são tão impotentes assim, eles têm o poder, por exemplo, de ludibriar o estrangeiro.

Talvez, o legado mais funesto dos britânicos e de outros colonizadores na África tenha sido a ideia de rei-filósofo, cujo papel era aspirado pelos oficiais colonizadores e o qual eles com frequência desempenhavam, legando-o para os seus sucessores africanos. Muitos colonizadores governantes de fato fizeram grandes sacrifícios em nome de seus territórios, devotando suas vidas para o bem-estar da população e esforçando-se para governar com sabedoria, dispensando imparcialmente a justiça. Mas eles deixaram para os nacionalistas os instrumentos necessários para a organização das tiranias e cleptocracias que marcaram a África pós-independência. Esses nacionalistas herdaram o legado de tratar o simples e não instruído africano comum como se fosse uma criança, incapaz de tomar decisões por si mesmo. Nenhuma atitude seria mais grata ao aspirante a déspota.

Peguemos um exemplo: os diretórios de comercialização de safras da África ocidental. Por toda a África ocidental, milhões de camponeses, sob o domínio britânico, estabeleceram pequenas lavouras para a extração do óleo de palma e do cacau. Uma vez que os cacaueiros amadurecem apenas depois de cinco anos, isso mostra a habilidade do camponês africano de pensar à frente, atrasando a sua gratificação e investindo no futuro, apesar de sua grande pobreza. O governo colonial britânico teve a ideia, bem-intencionada, de proteger os cultivadores camponeses das flutuações do preço de mercado. Eles, então, criaram um fundo de estabilização sob o comando de um diretório para comercialização das safras. Nos bons anos o diretório reteria no fundo parte do dinheiro da colheita dos camponeses; nos anos ruins usaria o dinheiro obtido nos anos bons a fim de aumentar as rendas. Com rendas estáveis, eles poderiam planejar.

É claro, para que esse sistema funcionasse esses diretórios teriam que acumular poderes monopolistas na compra das safras. E não requer grande esforço de imaginação antever o quanto esses diretórios se tornariam uma suculenta tentação aos aspirantes a déspota, como o Dr. Nkrumah e suas ideias grandiosas: ele poderia usá-los, de fato, para taxar os produtores de Gana a fim de financiar os seus projetos insanos e subsidiar a população urbana que representava a fonte de seu poder, como também para acumular uma fortuna pessoal. Do outro lado do continente, na Tanzânia, Nyerere usou precisamente os mesmos meios para expropriar os plantadores de café, o que no fim fez com que eles arrancassem os seus cafezais e plantassem milho no lugar, um produto que eles ao menos podiam comer, embora para o total e completo empobrecimento do país.

Por trás desses diretórios temos a inequívoca marca do paternalismo colonial: os cultivadores camponeses seriam muito simples para lidar com as flutuações de preço e os reis-filósofos colonizadores tinham, portanto, que protegê-los dessas flutuações – isso apesar do fato de serem os próprios cultivadores que, afinal de contas, plantavam essas *commodities*.

Depois de muitos anos na África, concluí que a empreitada colonialista fora fundamentalmente um equívoco e um fracasso, mesmo quando, o que muitas vezes foi o caso em seus estágios finais, mostrou-se benevolentemente bem-intencionada. O bem que proporcionou foi efêmero; o mal, duradouro. O poderoso pode mudar o impotente, é verdade, mas não da forma como pretende. A imprevisibilidade humana é a vingança do impotente. O que emergiu politicamente do empreendimento colonial foi com frequência algo pior, ou pelo menos mais perverso, porque mais bem equipado, do que aquilo que existia antes. Boas intenções não garantem a obtenção de bons resultados, certamente.

2003

Índice

11 de Setembro, 322
1984 (Orwell), 136, 145
   como profético, 139, 146
   e Shakespeare, 148
   e stalinismo, 143
   tratamento da família em, 146

A

Aceleração Zigótica, Biogenética, Modelo Libidinal Dessublimado [*Zygotic Acceleration, Biogenetic, De-sublimated Libidinal Model*] (escultura), 181
Adelson Galleries (Nova York), 149, 152
Admirável Mundo Novo (Huxley), 136, 140-42
   como profético, 139
   e Shakespeare, 147
Adolescência,
   e gravidez na, 286
   e sexualidade, 286-87
Adolescência, Sexo e Cultura em Samoa (Mead), 286

Adorno, Theodor, 55
   morte da arte, 155
Afeganistão, 147, 198, 333-34, 336
África do Sul, 46, 321-22, 353, 364, 368
África Ocidental, diretórios de comercialização de safras da, 376
África Oriental, 341, 366
África, 50, 193, 363, 366, 375
   apetite por poder na, 372-74
   convulsões pós-coloniais na, 373-74, 376
   e ideia de rei-filósofo, 375-76
   generosidade do povo da, 371
   obrigações sociais na, 370
   paradoxo da, 370
   tirania na, 370, 376
Ahora, 159
Aids, 278
Alemanha, 28, 91, 101, 133, 197
   queima dos livros na, 201
   versus a Grã-Bretanha, 103, 105
Alma-Tadema, Lawrence, 152
Al-Qaeda, 323

Altmann, Lotte, 121
Amante de Lady Chatterley, O (Lawrence), 84
    acusação de obscenidade, 85
Ambição, 53
    e o mal, 60, 62
América Central, guerra civil na, 28
América. *Ver* Estados Unidos.
Amin, Idi, 372
Amis, Kingsley, 315
Amor, 291
    e sexo, 71
Amsterdã, 270
Angola, 371
Annenkov, Pavel, 108
Anschluss [Anexação da Áustria], 157
Antígona (Sófocles), 101, 103
Antissocial, comportamento, e a teoria das janelas quebradas, 270
Apartheid, 46, 321
Arábia Saudita, 340
Argélia, 360, 371
Arnold, Matthew, 337
Arquipélago Gulag (Solzhenitsyn), 54, 60
Arte japonesa, 152
    gravuras em estampa com blocos de madeira, 153
Arte ocidental, 152
    fontes do anarquismo da, 155
    sensibilidade, mudança na, 154
Arte, 157, 159, 120, 190
    como moral, 179
    dissolução da, 158
    função da, 182
    inglesa, falta de interesse pela, 175
    morte da, 155
    quebra de tabus da, 182

Assembleia Nacional, 173
Astray, Millan, 159
Atitude transgressora, admiração da, 66, 161
Auschwitz, 55, 155
Austen, Jane, 98
Áustria, 123, 132
Autocontrole, 16
Autodestruição, padrão de, 48
Autoindulgência,
    e consumo de drogas, 268
    e egotismo, 268
Automóveis, disseminação dos, 224
Autoridade para Avaliação da Pobreza Nutricional, 260
Ayacucho (Peru), 44
Ayer, A. J., 20

B

Bakunin, Mikhail, 108, 117
Bangladesh, 326
Barbarismo e Liberdade Sexual (Comfort), 290
Barbarismo, 268
    e civilização, 20, 194, 199, 200-02
    no século XX, 135
    surgimento do, 204
Bari (Itália), 233
Bassani, Giorgio, 240
Basutolândia (Lesoto), 364
Bath (Inglaterra), 240, 322
Batista, era, 225, 229, 231
Bauer, Bruno, 108
BBC e mídia de massa, 145
Beauvoir, Simone de, 93
Bechuanalândia (República do Botswana), 364

Beckham, David, 299
Bélgica, 139
Berkeley, bispo, 46
Berlim, Muro de, 143
Berlusconi, Silvio, 233, 242
Birkenhead, Lord, 100
Bishkek (Quirguistão), 214
Blackburn (Inglaterra), 322
Blade Runner [O Caçador de Androides] (filme), 136
Blair, Tony, 175, 246
Blake, William, 129
Bloomsbury, grupo, 87, 92
Boas, Franz, 286
Bôeres, Guerra dos, 137
Bolívia, 233
Bornéu britânico, 364
Boswell, James, 189
Bradford (Inglaterra), 321
    como racialmente segregada, 321
    distúrbios em, 322
    imigrantes islâmicos em, 323
    islã em, 321
    muçulmanos de, 332
Brady, Ian, 66, 176-77, 301
Brasil, 121-22
British Journal of Psychiatry, 253, 262
Brutalidade, como fenômeno de massa, 184
Bucareste, 205, 214
Burguês, 115, 157
    e *O Manifesto Comunista* (Marx e Engels), 109
Burguesas, virtudes, 52, 161
    como heroicas, 53
Burke, Edmund, 171-72, 189, 285
    como sem humor, 172
Burundi, 55, 372
Byron, Lord, 368

C

Calderón, 108
Califórnia, 140
Calvino, João, 133-34, 337
Camboja, Khmer Vermelho no, 20
Cambridge Guide to English Literature, 92
Canadian Arts Council, 295
Canning, George, 173
Caos sexual, 280
Caráter humano, e interação com condições políticas, 206
Caridade, como direito, 218
    e egoísmo, 218
Carlyle, Thomas, 111, 119, 341
Carr, Maxine, 298-300
    julgamento de, 298
Cassatt, Mary, 149-50, 152, 158
    como defensora do sufrágio feminino, 150
    coragem moral de, 150
    estilo de, 152
    influência dos gravuristas japoneses, 152
    tema de, 151
Castellio, 132-33
Castidade, 74-75
Castro, Fidel, 221-22, 229
Catedral de St. Paul (Londres), 296
Ceauşescu, Nicolae, 144, 344
    sistematização de, 115-16
Celebridade, culto à, 247, 249-50
Censura, 71
Chapelle, Dickey, 44
Chapman, Jessica, 298, 300

Chardin, 149
Charles, príncipe, 250-52
China, 201
　Revolução Cultural na, 20, 201
Chirac, Jacques, 354
Churchill, Winston, 106
Cidade da Guatemala, 224
Cités (projetos habitacionais), 352, 356
　alienação nas, 353
　armados até os dentes nas, 360
　como guetos, 360
　crime nas, 358-59
　dependência nas, 355
　desemprego nas, 357-58
　e a polícia, 354, 358
　muçulmanos nas, 361
　música rap nas, 356-57
　ódio da sociedade oficial, 354
　ódio nas, 353. Ver também França; Paris
Civilização,
　como algo que vale a pena defender, 204
　como palavra, 201
　e barbarismo, 20, 194, 199-201
　erosão dos padrões da, pelos intelectuais, 202
　fragilidade da, 19
　intelectuais, assalto à, 202
　necessidade de conservação, 21
　requisições para a, 196
　restrições sociais, como indispensáveis para a vida em, 74
Classe baixa inglesa, 98
　como extensa, 21
Classe trabalhadora, ideia de, 179

Coiffure ou Woman Bathing, The (Cassatt), 153
Colbert, Jean-Baptiste, 356
Coleção Wallace (Londres), 152
Coleridge, Samuel Taylor, 67
Colonialismo, 363-64
Comentário social, desapego do, 186
Comfort, Alex, 289-91
Comitês de Defesa da Revolução, 222-23
Comportamento sexual dos norte-americanos, 287
Comunismo, 19, 135, 145
　disseminação do, 205-06
Comunistas e proletariado, 115
Conduta, da vida pessoal, 202
　e recompensa, 32
Congo, 373, 375
Conrad, Joseph, 202-03
Consciência Contra a Violência: Castellio contra Calvino, Uma (Zweig), 132
Consequências Econômicas da Paz, As (Keynes), 22
Cordeiro do Pobre, O (Zweig), 128
Coreia do Norte, 29, 148, 214
Courbet, Gustave, 356
Crime, 278
　e pobreza, 201
　e punição, 276
Criminalidade, 295
　como traço biológico, teoria da, 70
　e responsabilidade, 254
Cristianismo, 336, 339-40
Cuba, 222, 229-30
　e os Estados Unidos, relacionamento com, 228
　economia de, 223

embargo norte-americano, 228
expectativa de vida, tão alta quanto, 228
índice de mortalidade infantil, tão baixo quanto, 228
mercado de pulgas em, 223
pobreza em, 226
progresso social em, 224
retificação, períodos de, 223
sistema de saúde em, 224
visitantes estrangeiros em, 224.
Ver também Havana
Cuidado da Piedade (Zweig), 127
Cultura britânica, vulgarização da, 187
Cultura popular britânica, mau gosto da, 186
Cultura popular, 322
vulgarização da, como internacional, 187
Cura Através do Espírito, A (Zweig), 124
Custine, Astolphe de, 208
Custine, Marquês de, 205-07, 210-12, 214, 216-17, 219
caráter russo, compreensão do, 215
e Tocqueville, históricos semelhantes entre, 215
histórico de, 208

D
Dahmer, Jeffrey, 295
Daily Express (jornal), 298
Daily Mirror (jornal), 301, 304
Daily Telegraph, 176
Darwinismo social, 138
Davies, Peter, 185
Democracia na América, A (Tocqueville), 215, 217

Democracia, 201
Departamento de Alimentos e de Agricultura da ONU, 375
Depressão, 53
e infelicidade, 32
Desempregado, relações pessoais como diversão, 45
Desertos alimentares, 259,
e capitalismo, 258. *Ver também* Desnutrição,
Desmond, Richard, 298
Desnutrição,
dimensão cultural da, 262
e a *intelligentsia*, 258-59, 262-63
e as redes de supermercados, 262-63
e comportamento antissocial, 258
e dependência química, 255, 260
e o colapso da estrutura familiar, 255, 257
e os desertos de alimentos, 259
entre os detentos, 254, 262
Despotismo, 206, 213
como charada, 207
psiquismo humano, efeito sobre o, 214
Destruição cultural, 83
e dissolução das convenções, 84
Diana, princesa, 299, 306
bulimia da, 248
canonização secular da, 245
casamento da, 247-48
celebridade da, 247
como vulnerável, 248
culto à, 250
e tabloides, 246, 250
e teorias conspiratórias, 251

fama da, 250
funeral da, 246-51
gostos da, 248
histeria em massa pela, 245, 250
morte da, 244
popularidade da, 247
realeza, mística da, 248
sofrimento público, expressão de, 246, 252
Dickens, Charles, 147-48, 162-63
Dictionary of National Biography, 96, 101
Direito, e pobreza, 217
Discurso (Reynolds), 189
Distopias, 135, 139
   pessimismo das, 136
   tema das, 147
Ditaduras, 56
Diversidade cultural, como uniformidade ideológica, 294
Dostoiévski, Fiódor, 84
Dover (Inglaterra), 233
Doyle, Arthur Conan, 342
Drogas, 266
   consumo de, 268
   descriminação das, 270-71, 275
   e atividades criminosas, 268-74
   e crack, 276
   e desnutrição, 254
   e drogas estimulantes, 274
   e hipocrisia, 269
   e metadona, 270-71
   e o khat (cantinona), 277
   e parasitismo, 267
   efeitos nefastos das, 268-71, 275
   legalização das, 265, 268-70, 272-74, 276, 278
   proibição das, 275
   status ilegal das, 268-69
Dryden, John, 67
Duchamp, Marcel, 154
Duckworth, George, 96
Duckworth, Gerald, 96
Duncan, Glen, 80, 82, 90

E

Eddy, Mary Baker, 124
Educação, e visões de mundo culturais, 375
Egoísmo, 193
Eliot, T. S., 322
Elites intelectuais, 79, 103, 105-06
   a nova sensibilidade das, 155
   a responsabilidade das, 83
   amoralidade das, 39, 189
   complacência das, 74
   covardia moral das, 41
   desonestidade das, 157
   e as classes baixas, 87
   e convenção social, 30
   e esnobismo, 189
   e *O Amante de Lady Chatterley* (Lawrence), 84
   e tradição, 20
   e transgressão, 161
   erosão dos limites, 80
   na França, 349, 357
   perda do gosto, 85
   quebra dos tabus, 161
   vulgaridades das, 189
Elizabeth I, 218
Elizabeth II, 246, 344
Ellis, Havelock, 288-90, 296
Engels, Friedrich, 114
English Convict, The (Goring), 70

Escola Real de Medicina, 187
Escolha, 38
Esnobismo, 168
Espanha, 218
Estado de bem-estar social, 14, 37, 217
    e alastramento do mal, 38
    na Grã-Bretanha, 35
Estados Unidos
    colapso social nos, 224
    e Tocqueville, 215
    relacionamento com Cuba, 228
Europa oriental, 206
    e a França, 260
Exibição "Sensation", 175, 180, 182, 187
    controvérsia gerada pela, 176
    niilismo moral da, 187
    vulgaridade da, 184, 186
Expectativa de vida, 19

F
Família nuclear, 50
Fascismo, 81-82
Fatos do Amor, Os (Comfort), 289
Fauré, Gabriel, 356
Federação da Rodésia e da Niassalândia, 363
Feeding the Ducks (Cassatt), 153
Felicidade, 47, 285, 290, 296
Felipe II, 336
Feminismo, 326
Fertilidade, declínio da, 100
Fiat, 233
Fidelidade, 75
Fletcher, E. F., 104
Fontainebleau (França), 350
Forster, E. M., 52, 85

Fox, Charles James, 165, 171
França, 121, 156, 168, 215, 352, 354
    classe média na, 348
    criminalidade na, 351
    e Europa oriental, 361
    e multiculturalismo, 356
    imigrantes na, 360
    impotência da polícia na, 350-51
    laxismo do sistema da justiça criminal, 349
    muçulmanos na, 360-62
    prisões na, 362
    projetos habitacionais na (*cités*), 350, 353, 356-57, 360. Ver *também* Cités
Francisco José, 124
Frédéric, Léon, 152
Freud, Sigmund, 124
Friedman, Milton, 278

G
Gaitskill, Mary, 82
Galsworthy, John, 111
Gana, 376
Gardner, Helen, 86-87
Garrick, David, 189
Genebra (Suíça), 133
Genocídio, 55
George III, 163, 166, 168
Gibbon, Edward, 189
Gillray, James, 161-62, 172
    a arte do desenho de, 164
    caricatura política de, 166
    como figura enigmática, 161
    como grande artista, 173
    como patriota, 166-67
    Edmund Burke, relações com, 139

John Bull, retrato de, 169
loucura de, 164
medicina, interesse em, 165-66
opinião pública, apelo a, 165
Gillray, John, 163
Globalização, 345
Gloucester (Inglaterra), 308-11
Goethe, Johann Wolfgang von, 270
Goldsmith, Oliver, 189
Gombrich, Ernst, 157
Gordon Riots, 169
Goring, Charles, 70-71
Goring, Marius, 70
Gough, Lynda, 315-16
Governo, promoção do comportamento sem restrições, 31
Grã-Bretanha, 29-31, 93, 121
a paisagem urbana da, 238, 242
burocracia na, 234, 236-38
características da, 175
caráter nacional da, 249
classe trabalhadora na, 118-19.
comportamento lascivo da imprensa na, 79, 245
conjuntos habitacionais na, 236
crescimento do divórcio na, 39, 235
crescimento dos filhos ilegítimos na, 39
criminalidade na, 253-54
cultura da dependência na, 239
dependência do Estado na, 242
dependência em opiáceos na, 275
desnutrição na, 258
distúrbios na, 322
e estabilidade política, 233
e o casamento gay, 283
e o Estado de bem-estar social, 37
e o petróleo do Mar do Norte, 233
e Tocqueville, 215
educação das crianças na, 297
elite intelectual na, 38, 79
embriaguez em massa na, 79
falta de respeito próprio na, 237
gravidez adolescente na, 283
hedonismo na, 79
índice de filhos ilegítimos na, 236
judeus na, 321
muçulmanos na, 322-23, 325, 331-32, 336-46
os déficits comerciais da, 242
padrão de vida na, 238
patologia social da, 28, 38, 40
perda de autocontrole na, 238
permissividade sexual na, 68
prisões na, 361
subsídios governamentais na, 238
versus Alemanha, 103, 105
versus Itália, 190-200
vulgarização da, 79, 175. *Ver também* Inglaterra; Gales
Grande Enciclopédia Soviética, 212
Granma (jornal), 224
Gratificação instantânea,
consequências da, 142-43
e infantilização, 143
e solidão, 143
Griffith-Jones, Mervyn, 84, 86
Grunge, 186-87
Grupo de Apoio de Pais de Bradford Drummond, 328
Guardian, The (jornal), 244-45, 249
Guerra Civil Espanhola, 145
Guerra do Vietnã, 41, 43, 45, 50

morte de fotógrafos na, 41
Guerra dos Trinta Anos, 156, 336
Guerra justa, 104
Guevara, Che, 222-23
Guiana britânica, 363
Guiné Equatorial, 28
Gulag, 55, 156

H

Habitação pública, 37
   em Paris, 351-53
   na França, 351, 353, 356-57, 359
   na Grã-Bretanha, 236. Ver também Cités.
Hamlet (Shakespeare), 67
Hanói (McCarthy), 43
Hanói, 42-43
Hardy, Thomas, 96
Harry, príncipe, 250
Harvey, Marcus, 178-80
Hasui, Kawase, 153
Hathaway, Anne, 73
Havana, 205, 221
   a beleza de, 226, 229
   ausência de atividade comercial em, 224
   ausência de tráfego em, 224
   beisebol em, 226-27
   como gênio arquitetônico, 223
   decadência em, 225-27, 229-30
   e turismo de massa, 229
   economia de, 221
   negligência diante de, 227-28
   política do governo em relação a, como propósito ideológico, 228-29
   restauração em, 225, 229
   União Soviética, subsídios da, 228.
   Ver também Cuba

Havemeyer, Louisine, 150
Henrique VIII, 187
Henty, G. A., 364
Herwegh, Georg, 108
Herzen, Alexander, 111
Herzl, Theodor, 126
Hess, Myra, 194
Hindley, Myra, 66, 176-80, 300
Hiroshi, Yoshida, 153
Hirst, Damien, 184, 186-88
História,
   necessidade de preservação da, 147
   perda da, 147
Hitler, Adolf, 101-02, 133-34, 307
Hoffenberg, Raymond, 187
Hogarth, William, 186-87
Holanda, 139
Holocausto, 55
Honduras britânica, 364
Honduras, 46
Honeyford, caso, 322
Honeyford, Ray, 322
   campanha contra, 319, 327
   e educação multicultural, 321, 326
   histórico de, 321
Hooch, Pieter de, 152
Howards End (Forster), 152
Humanidade, 106
   compreensão religiosa da, 78
   e poder, 110
   e proporção, 76
   problemas da, 53
Hume, David, 119, 121
Hume, Gary, 184
Huntley, Ian, 298-300, 303-04, 306
Huxley, Aldous, 136, 139-40, 148
   como socialista, 147

e William Shakespeare, 147
família, ambivalência em relação à, 141
gratificação instantânea, como superficial, 141
ideias de, como pertinentes, 145

I
Idealismo, 295
Identidade cultural, 323
Identidade sexual, 294-95
Ideologia, 171
    e genocídio, 55
    e o mal, 54-55
    e regimes totalitários, 57
Igreja da Inglaterra, 103, 346
Iluminismo, 340
Império britânico, 363
Império Habsburgo, 123
Implorando Por [Begging for it] (Hume), 184
Índia, 334
Indianos, 345-46
Individualismo, e códigos morais, 266
Indústria automobilística britânica, 233
Infância, 297
Infelicidade, 32
    e depressão, 32
Inglaterra,
    americanização da, 139
    assistência social na, 217
    aumento da criminalidade na, 31
    declínio nacional da, 139
    dissolução dos monastérios na, 217
    epidemia de pedintes na, 217
    pauperismo na, 216-17
    pessimismo na, 138-39
    sovietização da, 139
    Tocqueville na, 217-18. *Ver também* Grã-Bretanha
Instituições sociais, mentalidade, efeito sobre, 215
Irã, 198, 346
    Revolução Branca no, 333, 336
Irresponsabilidade, efeitos da, 39
Islã, 321, 333, 336
    a vulnerabilidade do, 345-46
    apostasia no, 340-41
    crítica à cultura ocidental, 338
    e a Igreja e o Estado, 339
    e o Corão, 341-42
    e o fundamentalismo, 346-47
    intransigência do, 340
    no mundo moderno, 339, 341-43, 345-46
    tirania do, 340. *Ver também* Muçulmanos
Itália, 226
    burocracia na, 233-37
    conservação do patrimônio urbano na, 239
    corrupção na, 234-35
    e estabilidade política, 233
    índice de divórcio na, 235
    índice de filhos ilegítimos na, 235
    índice de mortalidade infantil na, 231
    indústria automobilística na, 233
    padrão de vida na, 239
    pequenos negócios na, 240
    políticas municipais da, 240

preservação da qualidade estética na, 241
superávit comercial na, 241
versus Grã Bretanha, 231-42

J

Jack, o Estripador, 309
Jamaicanos, 345-46
James I, 58
James, Henry, 118
Japoneses, 155
Jardim dos Finzi-Contini, O (Bassani), 240
Jenkins, Roy, 85
John, Elton, 249
Johns Hopkins Gender Identity Clinic [Clínica de Identidade de Gênero], 294
Johnson, Samuel, 46

K

Keynes, John Maynard, 21
Khmer Vermelho, 193
Kim Il Sung, 6, 143
Kingsley, Mary, 150
Kinsey, Alfred, 292-93
Korolenko, V. G., 19, 48
Koslovsky, Peter, 211
Kramer, Peter, 53

L

L'Express, 159
La Moderna Poesía, 223
La Repubblica (jornal), 231
La Russie en 1839 (Custine), 205, 207
Laing, R. D., 50
Lancet (jornal), 187
Larkin, Philip, 189, 279

Lawrence, D. H., 84, 86-88, 289
  pornógrafo, acusado de, 89
Le Corbusier, 351
Le Monde (jornal), 357
Le Pen, Jean-Marie, 348
Leach, Edmund, 50
Leavis, Q. D., 100
Lei da cultura de Gresham, 79
Lei da erradicação da pobreza nutricional, 263
Leiris, Michel, 93-95
Leis contra a obscenidade, 84-85
Lenin, 159, 205
Lennon, John, 223
Libération (jornal), 349, 357
Liberdade, 266
  e as drogas, 267
  e autoindulgência, 268
  limites à, 267
Liberdade, efeito no caráter humano, 217
Libéria, 6, 199-201
Libertinismo, 39
Life of Johnson (Boswell), 190
Liga dos Jovens Muçulmanos, 332
Ligações Perigosas, 48
Lindesmith Center, 275
Lindo, Paga um Pau para o meu Quadro [Beautiful, Kiss my Fucking Ass Painting] (Hirst), 184
Lister, Joseph, 100
Liverpool (Inglaterra), 223, 275
Lombroso, Cesare, 70
London Missionary Society, 287
London, Jack, 138-39
Lucas, Sarah, 184
Luis XIV, 101, 135
Lutero, Martinho, 336

M

Macaulay, Thomas, 297
Macbeth (Shakespeare), 15, 53-66
   universalidade da grande literatura, 56
Madras, 344
Mailer, Norman, 295
Mal, 27, 54, 56-57, 59, 104, 320
   banalidade do, 255
   como endêmico, 29
   como escolha, 30, 61
   disseminação do, 38
   e ambição, 60-61
   e ideologia, 54-55
   e natureza humana, 60
   e o Estado de bem-estar social, 37
   e vitimização, 307
   frivolidade do, 35, 39
   lógica do, 65
   origens do, 36
   perpetuação do, 34
   político, 28
   triunfo do, 35
Manchester (Inglaterra), 321
Manifesto Comunista (Marx e Engels), 109, 114, 117
   generalização no, 109
   intolerância no, 108
Mann, Thomas, 134
Manson, Marilyn, 80, 90
Maomé, 339
Máquina do Tempo, A (Wells), 136-37
Marconi, Guglielmo, 100
Marrocos, 344
Marselha (França), 362
Martin Chuzzlewit (Dickens), 163
Marx, Eleanor, 117

Marx, Groucho, 100
Marx, Karl, 98, 106, 111, 114-15, 120, 205, 364, 374
   escatologia de, 119
   funeral de, 120
   histórico de, 117
   influências literárias de, 108
   Ivan Turgenev, comparado a, 115
   no exílio, 108
   raça humana, falta de afeto pela, 117
Marx, Laura, 117
Marxismo, 206
Maugham, Somerset, 88
MCAA (Mães Contra Assassinato e Agressão), 178
McCarthy, Mary, 43-44
McMillan, Margaret, 322
Mead, Margaret, 286-88
Medida por Medida (Shakespeare), 67, 69-70
   tema de, 71
Mein Kampf [Minha Luta] (Hitler), 180
Mémoire sur le Paupérisme (Tocqueville), 217
Mesmer, Franz Anton, 124
Michelangelo, 149
Mídia de massa, potencial de manipulação da, 145
Midland, banco, 187
Milgram, Stanley, 63
Mill, John Stuart, 97, 266-68
Milton, John, 94
Ministère Amer, 357
Minsk (Bielorrússia), 214
Miró, Juan, 149-50, 153, 159
   anarquia artística de, 155

como desonesto, 157
visões de, 157-59
Miséria,
como escolha, 49
e medicação, 53
Moçambique, 198, 371
Modernidade, 145
Money, John, 285, 294-96
Mongóis, 55
Monroe, Marilyn, 249
Monróvia, 44, 199
Moralidade sexual, 287
Moralismo,
e bondade autoproclamada, 297
preconceito, equiparação a, 187
Moravianos, 163
Moscou, 205
Mott, Juanita, 315-16
Moussaouis, Zacarias, 362
Movimento britânico dos berçários, 322
Muçulmanos britânicos, apoio da al-Qaeda a, 323
Muçulmanos,
como fundamentalistas, 346
como imigrantes, 337
e heroína, 346
mulheres, casamentos forçados, 334-35
na França, 359-61
na Grã-Bretanha, 322-23, 325, 331-32, 336-46
nos presídios, 345
subcultura do crime entre os, 345.
Ver também Islã
Mugabe, Robert, 370-71
Mulheres,
e a Igreja da Inglaterra, 103
e os muçulmanos, 334-36
no Irã, 333
tratamento opressivo às, 336
Multiculturalismo, 323, 325-26, 336, 346
na França, 356-57
Mundo que Eu Vi, O (Zweig), 122
Mussolini, Benito, 232-33

N

Nadelmann, Ethan, 275-76, 278
Napoleão, 164, 168
National Portrait Gallery (Londres), 164, 175
Natureza humana, 48, 54, 72, 202, 284
como inalterável, 71
e limites, 65
e o mal, 61
e o pecado original, 60-61
humanidade, problemas relativos à, 53
limites, necessidade de, 202
Nazismo, 19, 20, 103-06, 134-35, 290
na Alemanha, 102
na Áustria, 132
Neue Freie Presse, 126
Neurociência, 54
Neuroquímica, 53-54
News of the World (jornal), 300
Newseum, exibição "Requiem", 41, 44, 48, 50, 52
Newton, Isaac, 101
Nicarágua, 46
Nigéria, 372

Niilismo, 183
Nkomo, Joshua, 365
Nkrumah, Kwame, 376
Nova York, 41, 194, 223, 276
Novilíngua, como politicamente correto, 145
Nyerere, Julius, 372, 376

O

Obediência à Autoridade (Milgram), 64
Observer (jornal), 80, 82, 244, 245
Ofili, Chris, 184, 186
Oh, Trouxa, Gostou? Então Me Liga [*Dudley, Like What You See? Then Call Me*] (Harvey), 179
Oldham (Inglaterra), 322
Olimpíadas de Roma, 231
Ortega y Gasset, 184
Orwell, George, 136, 138-39, 143, 148, 167, 177
    como socialista, 147
    e Shakespeare, 147
    ideias de, como pertinentes, 145
Otelo (Shakespeare), 284
Ouvindo o Prozac (Kramer), 53

P

País de Gales, aumento do crime no, 31. *Ver também* Grã-Bretanha.
Países de terceiro mundo, 21
Paixão versus razão, 121-22
Pan-africanismo, 372
Panamá, 198
Papai Morto [*Dead Dad*] (escultura), 183-84
Paquistão, 326, 335-36
Para que Não nos Esqueçamos, 230

Paris und London, 165
Paris,
    classe trabalhadora em, 352
    criminalidade, preocupação com a, 348
    imigrantes em, 351-52
    projetos habitacionais públicos em (cités), 351-53. *Ver também* Cités
Pasteur, Louis, 198
Pauperismo (mendicância), 217
Pecado Original, e a natureza humana, 61-67
Pedofilia, 294
Pedro, o Grande, 216
Peinture (Miró), 154
Penguin, editora, julgamento da, 84-85
Pensamento duplo, 145
Perigo, atrações pelo, 46
    como droga, comparado a, 47
Perkins, Benjamin, 167, 173
Permissividade, 140
    e sociedade civilizada, 72
Perón, Eva, 249
Pitt, William, 163, 165, 167, 170, 172
Planejamento urbano comunista, 214
Pobres, 106
    patologia dos, 27
Pobreza, 19, 27
    e criminalidade, 201, 254
    e direitos, 218
    virtude da, 94
Pol Pot, 115
Politicamente correto,
    como mal, 213
    como novilíngua, 146
Popper, Karl, 195, 224

Pornografia, 85, 89, 289, 299
Portugal, 218
Positivismo italiano, 70
Presidiários, 27
    como desnutridos, 254
    comportamento antissocial, redução de, 253
    suplementos vitamínicos e minerais, efeitos nos, 253
Presídios,
    jamaicanos nos, 345-46
    muçulmanos nos, 323, 345-46, 361
    superlotação dos, 278
Price, Richard, 173
Primeira Guerra Mundial, 20, 93, 127-29, 157
    e a elite intelectual, 155
Progresso, 19
Proibição, 278
Proletariado, 107
    e o *Manifesto Comunista* (Marx e Engels), 109
Prostituição, 280-81
Prússia, 165
Punk, 186-87
Puritanos, 69
Pyongyang (Coreia do Norte), 147-48, 205, 214

Q
Quinn, Mary, 187

R
Raeburn, Henry, 175
Rascunhos da Memória de Caçador (Turgenev), como subversivo, 109
Razão *versus* paixão, 121-22

Rebelde (jornal), 224
Reforma, 340
Reid, Richard, 323
Relações sexuais, 286
    e filhos ilegítimos, 281
    e índices de divórcios, 281
    e restrições morais, 281
    rompimentos das, 282-83
    violência entre os sexos, aumento da, 283
Renascença, 340
República Popular Democrática da Coreia, 247
Responsabilidade,
    e o caso dos West, 319
    mudança de, 220-21
Retórica moderna, 101
Retrato de uma Jovem (Miró), 154
Revolução Francesa, 165, 168, 173, 215
Revolução Russa, 206
Revolução sexual, 279, 281, 286, 288, 295-96
    e confusão, 281
    fronteiras, dissolução das, 291, 293
    sensibilidade moral, mudança na, 279
Reynolds, Joshua, 178, 189-90
Ricardo II, 38
Ricardo III, 48
Rodésia, 50, 363-65
    desigualdade social na, 366-67
    movimento nacionalista africano na, 368, 370
    obrigações sociais na, 368
    salários na, 368. *Ver também* Zimbábue

Romênia, 145, 233, 345
Romeu e Julieta (Shakespeare), 334
Rosenthal, Norman, 180, 182-83, 187
Rousseau, Jean-Jacques, 306
Rover, 233
Rowlandson, Thomas, 186-87
Royal Academy of Art (Londres), 165, 168, 190
   exposição "Sensation" na, 175, 187
Royal Opera House (Londres)
   elitista, acusações de, 187
Ruanda, 20, 55, 193, 372
Rushdie, Salman, 340
Ruskin, John, 119
Russell, Bertrand, 261
Rússia, 112
   caráter da, 215
   comportamento na, 206-07, 211
   comunismo, legado do na, 215
   czarismo, efeito do na, 205, 215
   despotismo na, 207-09, 211, 214
   espiões, rede de na, 213
   inverdade na, 211-13
   não pessoas na, 212
   paradas militares na, 214
   sistema político da, 208
   verniz na, 207

S
Saatchi, Charles, 175, 178
Salander-O'Reilly Galleries (Nova York), 149, 155
Salisbury Review, 325, 327
Samoa, 287
San José (Costa Rica), 224
São Petersburgo, 207, 211, 213-14
São Salvador, 47
Sartre, Jean-Paul, 93, 295
Secretaria da Educação de Bradford, 328
Século XX, 55
   barbarismo do, 135
   desastres do, 20
   distopias no, 135-36, 147
   e engenharia social, 135
   horrores do, 156
   otimismo durante, 19
   pessimismo do, 138-39
   prosperidade do, 219
   relativismo moral do, 219
Segunda Guerra Mundial, 52, 139, 155, 194, 290
   e a burocracia da BBC, 145
Seko, Mobutu Sese, 374
Servidão, 109, 111
Sétimo Discurso sobre a Arte (Reynolds), 183
Sexo,
   e amor, 74
   significado de, 290
Sexualidade, 279, 295
   e autocontrole, 286
   e gravidez adolescente, 286
   e os adolescentes, 286-87
   maleabilidade da, 94
Shakespeare, William, 53-56, 66-69, 100, 108, 147-48, 165, 291-92, 337, 343
   e a natureza humana, 57, 61
   e as virtudes, 71
   e o mal, 57, 59
   gênio de, 58
   humanidade de, 147
   sobre o amor, 291
Shaw, George Bernard, 83

Sicília, 231, 233
Sikhs do Punjab, 344
Sikhs, 345-46
Simpson, O. J., 309
Sionismo, 127
Smith, Adam, 119, 144
Smith, Ian, 364, 370
Smyth, Ethel, 106
Sobre a Liberdade (Mill), 266
Sociedade Aberta e seus Inimigos, A (Popper), 224
Sócrates, 267
Sófocles, 101, 103
Sofrimento, 33, 161
Soham (Inglaterra), 198, 299
Solidão, uma gratificação súbita, 143
Solzhenitsyn, Alexander, 54-57, 60
Somali, 277, 372
Soros, George, 275
Spaceshit [Espaço-merda] (Ofili), 185
Spencer, conde, 249-50
Stálin, Joseph, 206, 307
Stalinismo, 143, 145
Stephen, James Fitzjames, 97
Stephen, Leslie, 97
Suazilândia, 363
Sudão, 342
Suécia, 100
Suíça, 231
Sun (jornal), 250
Sunitas, 339
Swift, Jonathan, 162

T
Tabus,
    e a vida civilizada, 183
    e infelicidade, 279
    enfraquecimento dos, e consequências sociais, 84
    quebra de, 161, 182-83
Tacão de Ferro (Londres), 138
Talleyrand, 366
Tanzânia, 373
    expansão da educação na, 370
Tate Gallery (Londres), 162
Teatros, fechamento dos, 70
Text Painting (Davies), 185
Three Guineas [Três Guineas] (Woolf), 91-93, 101
Ticiano, 149
Times Educational Supplement, 325-26
Times Literary Supplement, 20
Timor Leste, 46
Tintoretto, 149
Tirana, 205
Tirania, 56, 66
Tocqueville, Alexis de, 215-16
    antevisão de, 218
    e assistência social, 217
    e Custine, histórico semelhante entre, 215
    e direito, 217
    responsabilidade, mudança de, 217-18
Totalitarismo, 114, 206
Tradição, 158
    e os intelectuais, 20
    e Virginia Woolf, 93-94
    preservação, necessidade de, 147
Tragédia do Korosko, A (Doyle), 342
Transexuais, 295
Tratado dos Heréticos (Castellio), 132
Turgenev, Ivan, 107, 111
    e Mumu, 109-12, 114

em exílio, 108
funeral de, 113
influências literárias de, 108
Karl Marx, comparado a, 108
oprimidos, simpatia pelos, 112
prisão domiciliar de, 108-09
Turgeneva, Varvara Petrovna, 111
Turismo de massa, 42
Turner, Joseph, 101

U

Uma Mulher a Descascar Maçãs para sua Filha (Cassatt), 152
Unamuno, Miguel de, 159
Unesco, 225
União Soviética, 30, 206
  e Cuba, 229. *Ver também* Rússia
Utamaro, Kitagawa, 152
Utopia, 153

V

Van Dong, Pham, 43-44
Vão se Ferrar, Babacas [*Sod You Gits*] (Lucas), 185
Vergonha, 286
Verhaeren, Émile, 126-27
Vermeer, 151-52, 156
Viagem, 198
Viardot, Pauline, 108
Viena dos Habsburgos, 122-24
Viena, 127-29, 157
  como civilizada, 123
  convenções sociais de, 125
  decadência política de, 124
Vietnã do Norte, 43
Vinte e Quatro Horas na Vida de uma Mulher (Zweig), 128-29

Virtude, 75, 161
  como proporcional, 72
Von Westphalen, Jenny, 117

W

Welensky, Roy, 363
Wells, H. G., 136-37
Wells, Holly, 298-99, 300
West, Frederick, 307-14, 318
  absolvição de, 316
  prisão de, 316
  suicídio de, 316-17
  vítimas de, 315
West, Heather, 311, 316
West, Rebecca, 85
West, Rena, 308
West, Rosemary, 307-09, 311-13, 317-18
  julgamento de, 310
  prisão de, 315-16
  vítimas de, 315
Whitlam, Gough, 101
Wilde, Oscar, 180, 182
William, príncipe, 250
Wittgenstein, Ludwig, 94
Woolf, Virginia,
  abuso sexual de, 97-98
  Alemanha, turismo na, 103-04
  casamento, atitude em relação ao, 98
  como figura moderna, 100
  e a guerra, 94
  e convenções sociais, 93
  e educação, 93, 95
  Grã-Bretanha *versus* Alemanha, 103-04
  histórico de, 91

mulheres, condição das, 94-95, 97-98, 100
  patriotismo, falta de, 101
  realizações do passado, como negação, 100
  ressentimento de, 98, 100, 103
  sentido de direito, 98
  status icônico de, 94
  suicídio de, 106
  tradição, eliminação da, 95
Wordsworth, William, 94
World Trade Center, ataques ao, 193, 323
Wren, Christopher, 101, 296

X
Xiitas, 339

Z
Zaire, 375
Zhdanov, Andrei, 206
Zimbábue, 50, 363, 365, 370-71. *Ver também* Rodésia
Zurique (Suíça), 275
Zweig, Stefan, 127
  caráter de, 94
  crônica, mestre da, 128
  e os nazistas, 128-29
  em Viena, 122
  histórico de, 122-24
  Londres, exílio em, 128
  no Brasil, 121-22
  pacifismo de, 123-24
  sentimentalismo, acusações de, 127
  suicídio de, 121-23
  temas de, 121-22

Do mesmo autor, leia também:

Criminalidade, drogas, violência doméstica, relacionamentos, educação e política são alguns assuntos de que trata Theodore Dalrymple. A partir da narrativa de casos concretos – a mulher que matou seu marido e agressor, o viciado em drogas que muda de tom quando fala com uma autoridade ou as brigas de gangue nas boates londrinas –, o autor denuncia o discurso que legitima estilos de vida nocivos à sociedade e aos próprios indivíduos.

Podres de Mimados trata de um único tema: como o culto do sentimento "tem destruído nossa capacidade de pensar e até a consciência de que é necessário pensar". Ou, em outras palavras, quais são as consequências sociais e políticas das ações de uma sociedade que se permite pautar predominantemente pelos sentimentos.

EM DEFESA DO PRECONCEITO
a necessidade de se ter ideias preconcebidas

Theodore Dalrymple

Prefácio de Reinaldo Azevedo

COLEÇÃO ABERTURA CULTURAL

Neste livro, Dalrymple não pede que abandonemos o racionalismo, pede apenas mais humildade de nossa parte e mais respeito aos preconceitos tradicionais. Como escreve o autor: "É necessário bom senso para saber quando um preconceito deve ou não ser abandonado". E bom senso é algo que tem sido esquecido na nossa luta contra os preconceitos ruins, que são deixados de lado junto com os bons.

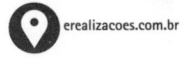

facebook.com/erealizacoeseditora
twitter.com/erealizacoes
instagram.com/erealizacoes
youtube.com/editorae
issuu.com/editora_e
erealizacoes.com.br
atendimento@erealizacoes.com.br